Handlettering
Layout und Komposition

Julia Winkler

Handlettering
Layout und Komposition

mitp

Bibliografische Information der Deutschen Nationalbibliothek
Die Deutsche Nationalbibliothek verzeichnet diese Publikation in der Deutschen Nationalbibliografie; detaillierte bibliografische Daten sind im Internet über <http://dnb.d-nb.de> abrufbar.

Bei der Herstellung des Werkes haben wir uns zukunftsbewusst für umweltverträgliche und wiederverwertbare Materialien entschieden.
Der Inhalt ist auf elementar chlorfreiem Papier gedruckt.

ISBN 978-3-7475-0281-5
1. Auflage 2021

www.mitp.de
E-Mail: mitp-verlag@sigloch.de
Telefon: +49 7953 / 7189 - 079
Telefax: +49 7953 / 7189 - 082

klimaneutral
natureOffice.com | DE-077-529981
gedruckt

Lektorat: Sabine Schulz
Sprachkorrektorat: Petra Heubach-Erdmann
Covergestaltung und Layout: Julia Winkler
Satz: Petra Kleinwegen
Druck: Plump Druck & Medien GmbH, Rheinbreitbach

INHALT

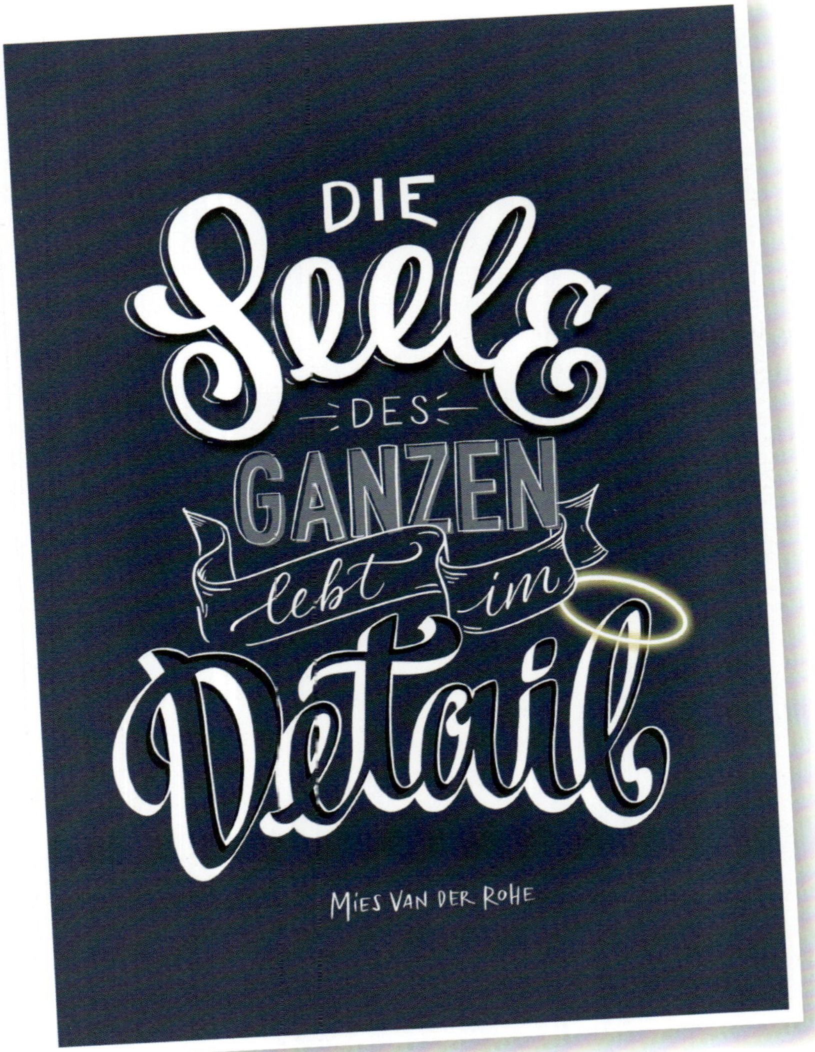

Ich widme dieses Buch der besten Community der Welt – der Lettering-Community. Du bist ein Teil davon und ich wünsche dir viel Freude mit diesem Buch.

Einleitung

Du bist Buchstaben-Fan, liebst Alphabete und das Gestalten mit Schrift? Egal ob du gerade erst die ersten Schritte im Handlettering gehst oder ob du bereits etwas geübter im Umgang mit Bleistift und Brushpens und schon länger dabei bist: Dieses Buch ist der perfekte Begleiter auf deiner Lettering-Reise. Denn was unterscheidet ein nettes Lettering von einem herausragenden Lettering? Die Komposition!

Mit dieser Anleitung zu Layout und Komposition erreichst du das nächste Level. Denn grandiose Letterings sind kein Hexenwerk, wenn du dich vertraut machst mit den Grundlagen der Typographie, Wortgestaltung und der Statik einer Komposition. Du wirst einen ganz neuen Blick für das Wesentliche bekommen und die Liebe zum Detail entdecken.

Ich nehme dich mit durch meinen kreativen Prozess der Bauplanung eines Handletterings. Ich erkläre dir anhand vieler Beispiele, wie du selbst deine eigenen beeindruckenden Layouts und Kompositionen vorbereiten, aufbauen und umsetzen kannst. Ganz egal, mit welchem Material du kreativ bist, ob analog mit Filzstift, Watercolor und Co. oder lieber digital mit dem iPad, mit diesem Buch wirst du zum Kompositions-Experte oder zur Stararchitektin deiner Letterings.

Was erwartet dich in diesem Buch?

In **Teil 1** erfährst du das Wichtigste zu Bauplanung und Vorbereitung für deine Handletterings. Lerne den Unterschied zwischen Layout und Komposition kennen, mach dich mit dem notwendigen Übungsmaterial vertraut und entdecke das richtige Format für dein Lettering.

In **Teil 2** geht es um dein Baumaterial, das du benötigst, um dein Lettering-Haus zu erstellen. Ich gebe dir einen Einblick in die Typografie, zeige dir die Grundlagen des Handletterings und den Einsatz von Schriftarten und stelle dir meine Lieblingsschmuckelemente vor.

In **Teil 3** lernst du das wichtigste Fundament für jede Komposition kennen: die Wortgestaltung. Ich zeige dir anhand kleiner Mini-Kompositionen, was es bei der Gestaltung von Wörtern zu beachten gilt und mache dich vertraut mit den Regeln zu Balance und Weißraum. Hier findest du alles zu Buchstabenvariationen sowie zum Einsatz von Schnörkeln.

In **Teil 4** lernst du, wie du sowohl mit kurzen als auch längeren und komplexeren Texten ein Lettering harmonisch gestalten kannst. In den Kapiteln dieses Teils stelle ich dir Übungen zu den Symmetriearten und der Weißraumgestaltung vor und zeige dir Möglichkeiten für besondere Kompositionen wie z. B. Kreise.

Teil 5 hat das Ziel, deine Letterings aufzuhübschen. Schau dir an, wie du deiner Komposition die richtige Farbe gibst oder wie du Verzierung einsetzen kannst. Natürlich findest du auch Tipps zur Reinzeichnung und Ausgestaltung deines Handletterings.

Anschließend wirst du deine eigenen Letteringwerke mit neuen Augen sehen und mit Leichtigkeit eigene Handlettering-Kompositionen erstellen können, die dich und andere begeistern werden.

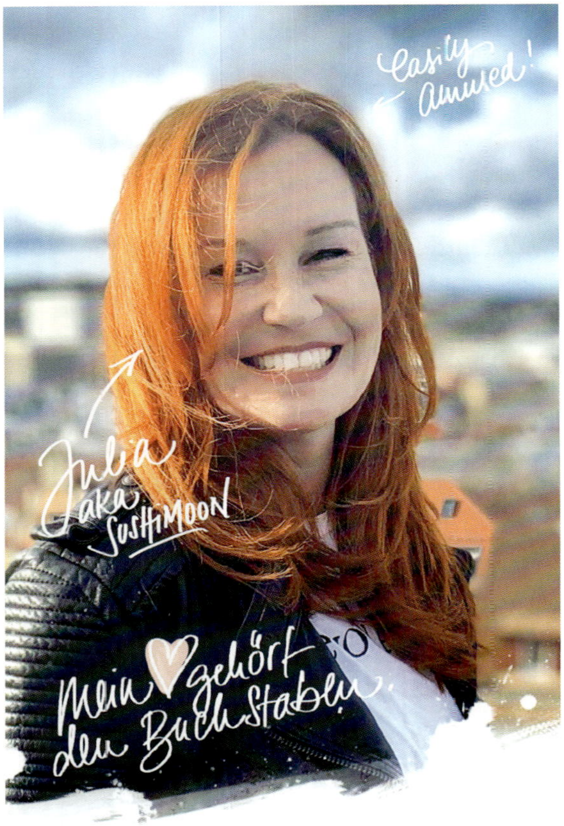

Die Autorin

Hey, wie schön, dass du mein Buch in den Händen hältst – am liebsten würde ich gemeinsam mit dir darin blättern. Ich bin Julia Winkler und freue mich sehr, dass ich ein großes Stück meiner Leidenschaft für Schrift hier teilen darf.

Mein Herz schlägt für Buchstaben. Sie sind mein Soulfood, mein Hobby, mein Beruf. Ich arbeite selbständig in meinem Gestaltungsbüro ›Sushimoon Studio‹ in Stuttgart. Ich habe mich auf Lettering und Illustration spezialisiert und erstelle individuelle Schriftbilder und Zeichnungen für Grafik, Verpackung, Wandgestaltung und Erklärfilme. Das ist toll!

Durch meine große Liebe zur Kalligrafie kam ich zum Handlettering und fühle mich in beiden Bereichen sehr zuhause. Ich gebe mit viel Enthusiasmus regelmäßig Workshops und es ist eine große Freude, wenn ich auch dich für Buchstaben begeistern und für deine Letterings inspirieren kann.

Auf Instagram findest du mich und viele Beispiele meiner Werke unter @sushimoon und, ganz ehrlich, ich freu mich immer über Fragen und Anregungen.

Und jetzt, be pen-tastic! Ich wünsche dir viel Spaß beim Lesen und Zeichnen.

Julia

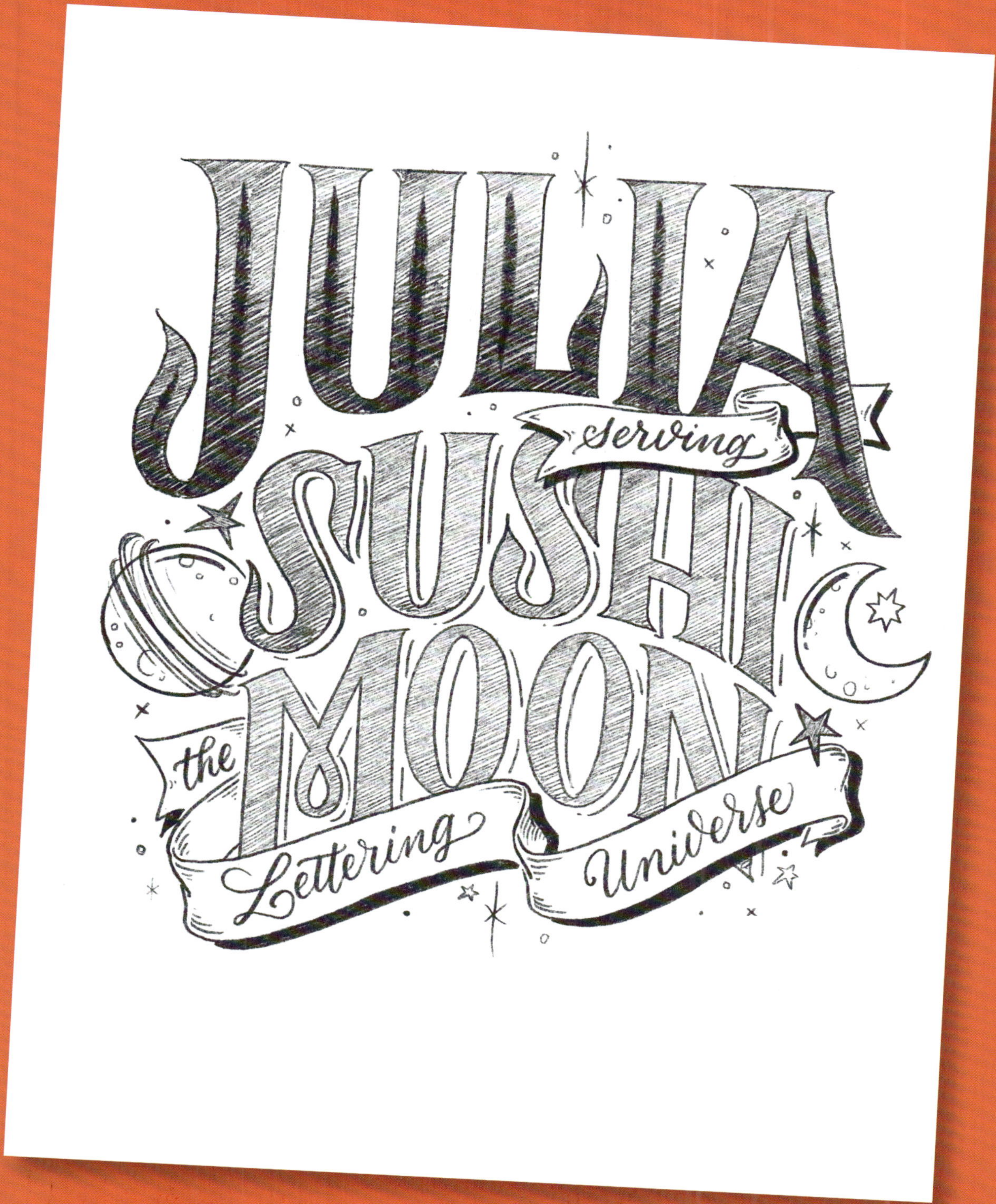
JULIA
serving
SUSHI
MOON
the
Lettering
Universe

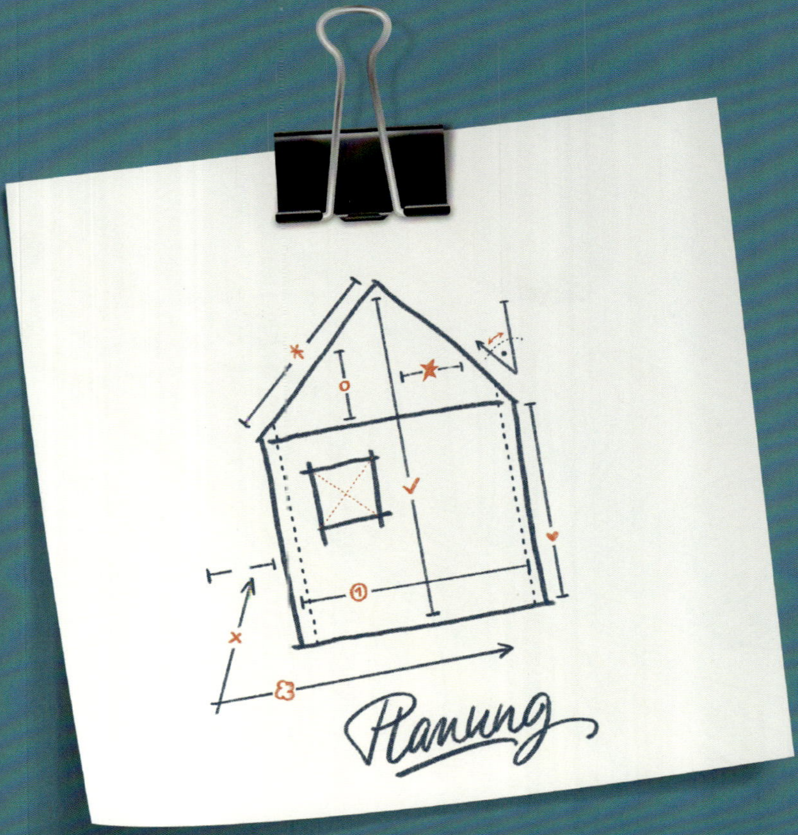
Planung

TEIL 1

BAUPLANUNG

Ein Haus zu bauen, benötigt Vorbereitung, eine gute Planung und natürlich auch etwas Basiswissen. Mach dich in den nächsten Kapiteln vertraut mit der wichtigsten Ausstattung, die du gut brauchen kannst, um deine eigenen Lettering-Kompositionen entstehen zu lassen.

Kapitel 1 **Bauplanung**
Hier findest du zum Start ein paar allgemeine Gedanken zu Harmonie & Schönheit. So bekommst du richtig Lust auf deine eigenen tollen Kompositionen und lernst gleichzeitig den Unterschied zwischen Layout & Komposition.

Kapitel 2 **Werkzeug**
Lerne das Material kennen, das ich dir für deine Übungen und Skizzen empfehle.

Kapitel 3 **Grundstück**
Entdecke das richtige Format für dein Handlettering und mach dich mit der optimalen Blatteinteilung vertraut.

1 / VORBEREITUNG

Lass dich in diesem Kapitel einstimmen auf harmonische Gestaltung und schöne Kompositionen, dann wirst du schon bei der Vorbereitung auf erste Ideen für dein eigenes Handlettering kommen.

1/1 Bau ein Haus

Kennst du dieses friedvolle Gefühl, wenn du dich an einem umwerfend schönen Ort befindest? Wenn du eine gelungene Komposition eines Handletterings betrachtest, fühlt sich das genauso an. Stell dir das Layout und die Komposition deines Letterings als fertiges und behaglich eingerichtetes Haus vor.

Es mag etwas verrückt klingen, ein Handlettering mit einem Haus zu vergleichen, aber bis du dich darin mit einer Tasse Tee in der Hand auf dem Sofa lümmeln kannst, bedarf es auch einiger Vorbereitungen und Grundlagen, die es zu wissen gilt, damit einem das Dach nicht auf den Kopf fällt.

Und sowohl ein **Handlettering** als auch ein **Haus** benötigen eine gute Planung, Kenntnis von Statik und Stabilität, sinnvolles Baumaterial, ein geschultes Auge und natürlich Spaß und Lust am kreativen Schaffen. Es muss auch an vieles gedacht werden, das wir gar nicht sehen, wenn wir auf unserem Sofa liegen, wie z. B. funktionierende Heizungsrohre, sicherer Strom, die Unterkonstruktion für den Fußboden usw. Bei deinem Lettering sind das Dinge wie Weißraum oder Balance.

Denn die Architektur eines Hauses ist ja auch eine Art Komposition auf dem erworbenen Grundstück und eine Zusammenstellung verschiedener Ideen und Elemente. Durch viele statische Prinzipien, Designgrundregeln und letztendlich auch Geschmack wird ein Haus zu einem bewohnbaren und gemütlichen Heim – und dein Lettering zu einem echten Hingucker!

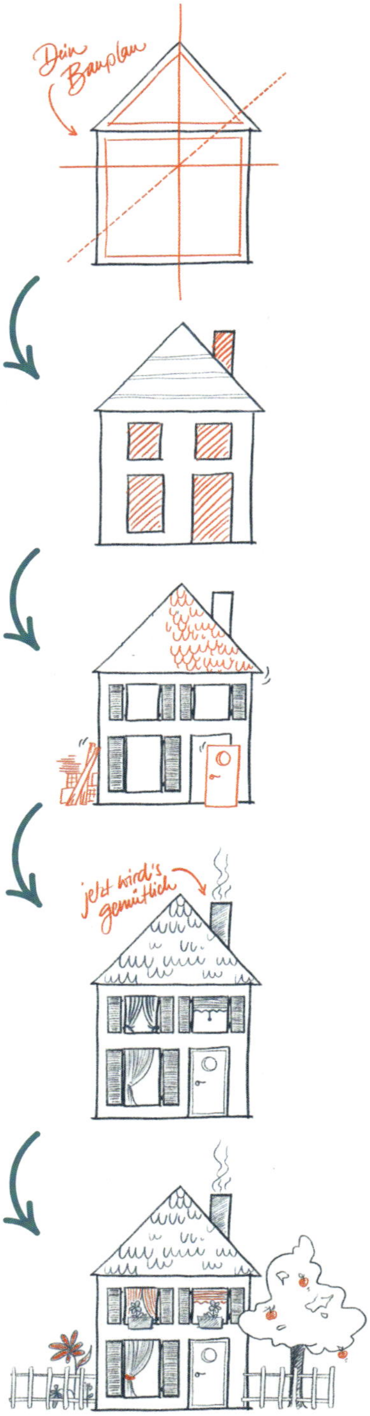

Mir hat dieser Vergleich auf meinem Weg durch die Welt des Handletterings immer sehr geholfen, und ich freue mich darauf, dir mein Vorgehen in diesem Buch zu zeigen.

1/2 Warum ist was schön?

Man sagt, Schönheit läge im Auge des Betrachters – jein!

Um ein behagliches Gefühl zu bekommen und etwas schön zu finden, haben sich einige Gesetzmäßigkeiten seit Jahrtausenden in unsere Wahrnehmung gebrannt.

Wir empfinden etwas als schön, ohne zu wissen, warum. Es gefällt mir oder es gefällt mir eben nicht. Das ist natürlich sehr subjektiv, aber emotional gesehen, sind wir da alle ganz ähnlich gestrickt. Und meistens reicht das doch auch. Erst mal ist es ja nicht wichtig, warum es schön ist. Es ist eigentlich auch nicht wichtig, dass andere was schön finden. Etwas schön zu finden, ist äußerst subjektiv, und bei kreativer Arbeit gilt zunächst: Dir muss es gefallen. Ich weiß schon, das sagt sich immer so leicht, es ist aber tatsächlich das Wichtigste – denn dann gefällt es meistens den anderen auch. Win, win!

Wenn du nun etwas Schönes selber gestalten willst und mehr Einfluss darauf haben möchtest, dass es hübsch, süß oder einfach ansprechend wird, dann macht es Sinn, doch mal ganz kurz zu überlegen, warum uns was gefällt.

Es scheint viele Untersuchungen darüber zu geben, warum wir z. B. gewisse Gesichter als hübsch ansehen oder warum ein Sonnenuntergang uns fasziniert. Es beschert uns ein wohliges Gefühl von Harmonie und Freude. Es tut uns gut. Und macht uns glücklich, diese Schönheit selbst zu erschaffen, daher spielt sie auch in diesem Buch und bei deinen Kompositionen eine große Rolle.

Schönheit besteht in der Kombination aus Gestalt, Farbe, Material, Komposition und einer

Form, die unseren Sinn für Ästhetik anspricht, natürlich im Speziellen unser Sehen. Zum Beispiel würden die meisten Menschen eine Kugel dem Würfel vorziehen, da wir eine Vorliebe für weiche, runde und organische Formen haben. Sie wirken ungefährlich, freundlich und einladend. Die vollkommene Symmetrie der Kugel fasziniert uns und sie vermittelt Ruhe und Harmonie.

Kein Wunder, dass wir uns zu Symmetrie hingezogen fühlen, denn wir Menschen sind ja auch ziemlich symmetrisch. Nicht im geometrischen Sinne, aber optisch: zwei Augen, zwei Ohren, zwei Arme, zwei Beine usw. Symmetrie ist uns sehr vertraut. Kreis und Kugel sind demnach so ansprechend wie ein Sonnenuntergang oder ein süßes Babygesicht. Natürlich möchtest du nicht nur kreisförmige und symmetrische Letterings gestalten, und bei der Komposition deines Handletterings geht es weniger um rosa Wolken und rosige Wangen, sondern vielmehr um Ausgewogenheit, die anspricht. Es geht um **Symmetrie & Harmonie**, aber auch um **Spannung & Kontrast**.

Mit diesem Buch bekommst du einen Kompositionsbaukasten, mit dem du das alles in deine eigenen Letterings einfließen lassen kannst und die wunderschöne Welt der Buchstaben weiter erkunden wirst.

Los geht's!

1/3 Warum eine gute Komposition so wichtig ist

Wenn du dir vorstellst, dein Wohnzimmer einzurichten, dann möchtest du sicher, dass es hübsch aussieht, viel Platz für die Familie bietet oder dein Schreibtisch auch noch hineinpasst oder dass es einfach gemütlich ist. Wenn du nun deine Möbel zwar nach deinem Geschmack aussuchst, sie aber dann nur einfach in den Raum schiebst, wird sich kein behagliches Gefühl einstellen, und es bleibt chaotisch.

Daher machen wir uns normalerweise Gedanken darüber, was ins eigene Wohnzimmer passt, was zu uns passt. Wir nehmen Maß und suchen Muster aus, die gut zusammen aussehen. Damit sind wir schon auf einem guten Weg, ein schönes Zuhause zu haben.

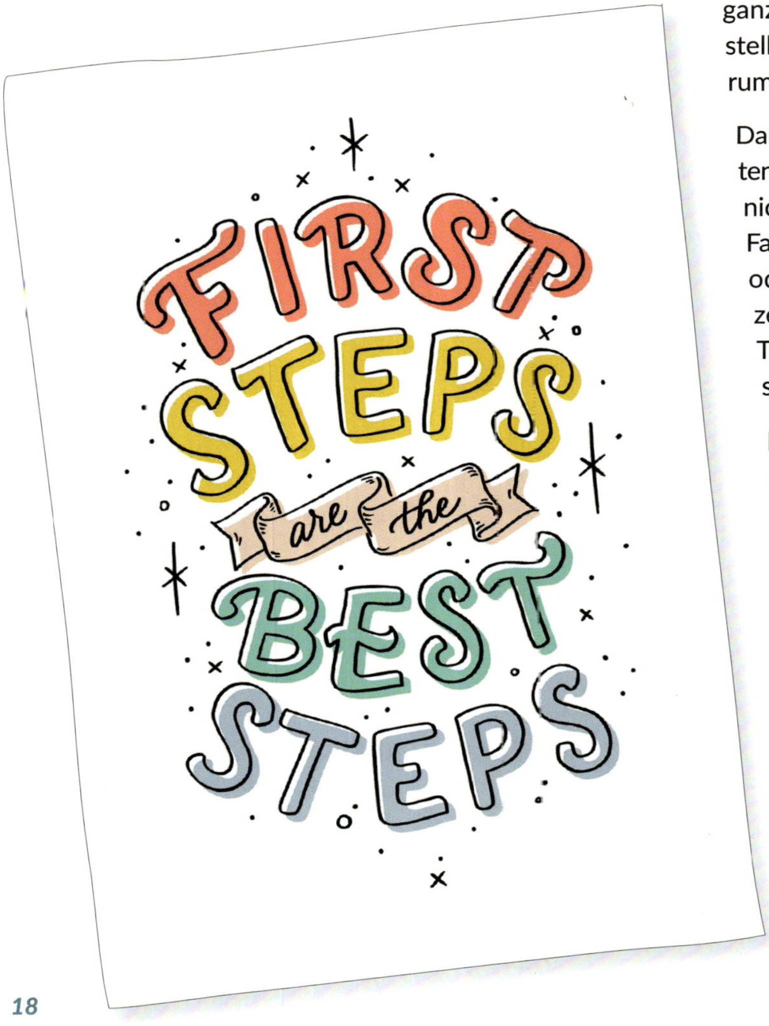

Das Geheimnis einer schönen und harmonischen Komposition hat viel damit gemeinsam. Die Planung dazu und das Treffen von vielen kleinen Entscheidungen auf dem Weg, bis alles perfekt auf dem Blatt sitzt, sind sehr ähnlich.

Wenn wir fertige Lettering-Werke sehen, denken wir schnell: Das sieht simpel aus, das mach ich auch. Dann stellst du aber fest, dass das Ergebnis unbefriedigend ist, und du kannst dir nicht so richtig erklären, warum das so ist.

Vielleicht beherrschst du schon einige Schriftvarianten und Brushpen-Techniken. Vielleicht nutzt du gerne Wasserfarben für deine Letterings oder hast es mit purem Schwarz-Weiß versucht, und du hast auch schon einige ganz ansehnliche Lettering-Werke erstellt, aber du wunderst dich doch, warum es bei anderen oft besser aussieht.

Dann musst du wissen, dass es nur selten an krummen Buchstaben oder noch nicht so perfekten Illustrationen liegt. Fast immer steckt eine nicht stimmige oder ungenaue Anordnung der einzelnen Elemente dahinter, etwa von Texten und Bannern, oder die unpassende Kombination der Schriften.

Die fehlende Planung ist leider ein Killer für deine eigentlich so fleißig erlernten Skills.

Dein hübsch gezeichnetes Wort verliert an Glanz und Aussage. Und nicht weil die Buchstaben noch etwas wacklig sind, sondern weil es ungünstig arrangiert wurde.

Eine unstimmige Komposition macht ein Lettering kaputt. Daher ist es wichtig, die Kunst der Komposition ebenso zu erlernen wie die Kunst des Handletterings.

Natürlich muss man wie bei jeder Kunstform erst mal die Tools und Abläufe kennen, bevor man besser werden kann. Aber auch wenn dein Werkzeugkasten noch nicht so prall mit Schriften und Übung gefüllt ist, kannst du schöne Handletterings erstellen, wenn du dir bewusst machst, dass du in deinem Kasten auch ein Fach für Komposition und Layout benötigst. Was du in dieses Werkzeugfach alles reinlegen kannst, findest du auf den nächsten Seiten. Eine harmonische Komposition pimpt dein Anfängerkönnen auf oder verleiht deinen schon ausgereiften Lettering-Fähigkeiten den Wow-Effekt.

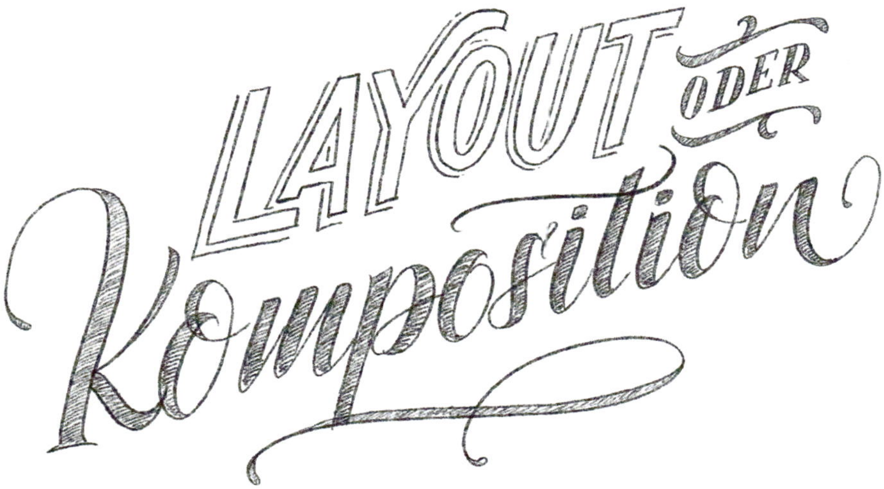

1/4 Layout oder Komposition?

Sicher hast du schon beide Begriffe im Zusammenhang mit Handlettering gehört. Fälschlicherweise werden sie oftmals auch verwechselt. Aber tatsächlich bezeichnet jeder Begriff etwas anderes.

Die komplette Gestaltung eines Werks teilt sich in zwei Arbeitsschritte auf, und es lohnt sich, etwas besser zu verstehen, warum die Begriffe unterschieden werden.

» **Komposition** ist die Zusammenstellung aller Textbausteine, Elemente und Farben.

» **Layout** ist die Platzierung und Positionierung deiner Komposition auf dem Blatt unter Berücksichtigung von Größe und Seitenformat.

Natürlich kannst du auch total verrückt außerhalb jeglicher Regeln deiner Kreativität freien Lauf lassen und deine Buchstaben anordnen, wie du willst. Erlaubt ist, was gefällt. Dann werden sie jedoch schwer lesbar und einfach eine verrückte Dekoration.

Doch du hast dieses Buch gekauft und möchtest, dass deine Freude am Handlettering auch optisch richtig gut zur Geltung kommt, und sicher möchtest du deinen gewählten Worten auch die gebührende Aussagekraft schenken. Deine Mühe, dein Werk und dein Text haben es ganz bestimmt verdient.

Wo also liegt der Unterschied zwischen Layout und Komposition?

Dieses Beispiel macht es ganz einfach: Ich möchte gerne in meiner Wohnung einige Bilder und Fotos aufhängen. Da taucht schon die erste Frage auf: Wie arrangiere ich die Familienfotos und Bilder an der Wand?

Zuerst überlege ich mir, wie sie am besten nebeneinander aussehen. Soll Oma neben dem tropischen Kunstdruck hängen oder die Kinderzeichnung lieber neben dem Bild von der Einschulung?

Ich halte die Bilder nebeneinander oder breite sie auf dem Fußboden aus und überlege, was Sinn macht und farblich oder inhaltlich zusammenpasst. Ich schiebe die Bilder hin und her, bis es mir gefällt und ich mich für eine Zusammenstellung entschieden habe. **Die Anordnung meiner Bilder ist die Komposition meiner Bildergalerie.**

Bevor ich nun Nagel und Hammer hole, muss ich mir noch überlegen, WO ich meine neue Galerie platziere. Hinter dem Esstisch? Neben der Couch? Gleich neben der Haustür? Und vor allen Dingen auf welcher Höhe an der Wand und wie weit weg vom Türrahmen?

Wo sieht man meine Galerie am besten, und wo macht sie mir Freude? Sicher nicht auf Kniehöhe oder oben unter der Decke ...

Der vorhandene Platz an der Wand, an dem ich meine neu zusammengestellte und komponierte Galerie aufhängen werde, ist die Basis des Gesamtarrangements.

Das **finale Layout** wird bestimmt durch alles, was unabhängig von der reinen Komposition eine Rolle spielt: die vorhandene Gesamtfläche, die Stelle an der Wand, wo ich meine Komposition der Bilder platziere und wie viel Platz ich zu den äußeren Stellen der Wand lasse. Dabei ist die reine Komposition der Bilder ein Teil des Layouts.

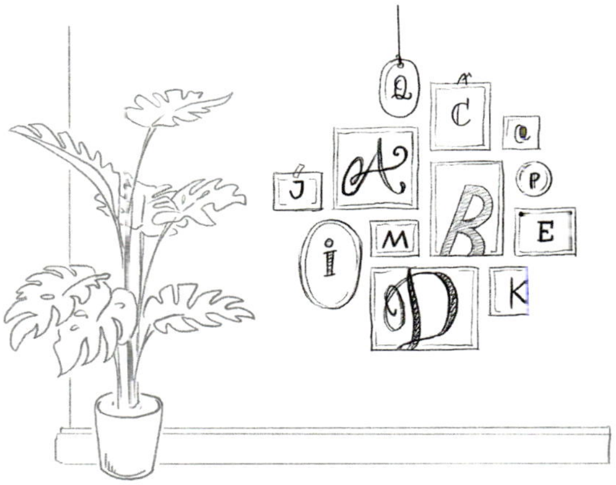

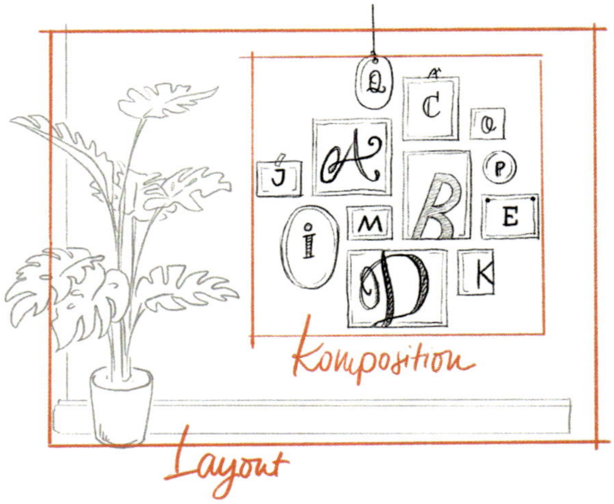

Selbst wenn du beim Bilderaufhängen nicht so akribisch vorgehst, bleibt der Unterschied zwischen Komposition und Layout dennoch derselbe.

Falls du deine Bilder einfach irgendwie und irgendwo an die Wand nagelst, geht das natürlich auch, aber man wird sie möglicherweise übersehen, und die schönsten Erinnerungen verlieren an Aufmerksamkeit.

Es wird ein Sammelsurium an Bildern sein und keine Komposition. Das Arrangieren an der Wand ist vergleichbar mit dem Arrangement deiner Wörter und Textpassagen.

Bei einem Lettering sind die Bilderrahmen deine Buchstaben und Wörter, und die Wand ist dein Blatt Papier.

Die geplante Zusammenstellung der Wörter ist bei einem Lettering noch entscheidender als das Arrangement an der Wand, um dem Gesamtlayout Struktur und Lesbarkeit zu verleihen.

Ein fix und fertiges Lettering besteht somit aus wohlüberlegtem Layout UND harmonischer Komposition.

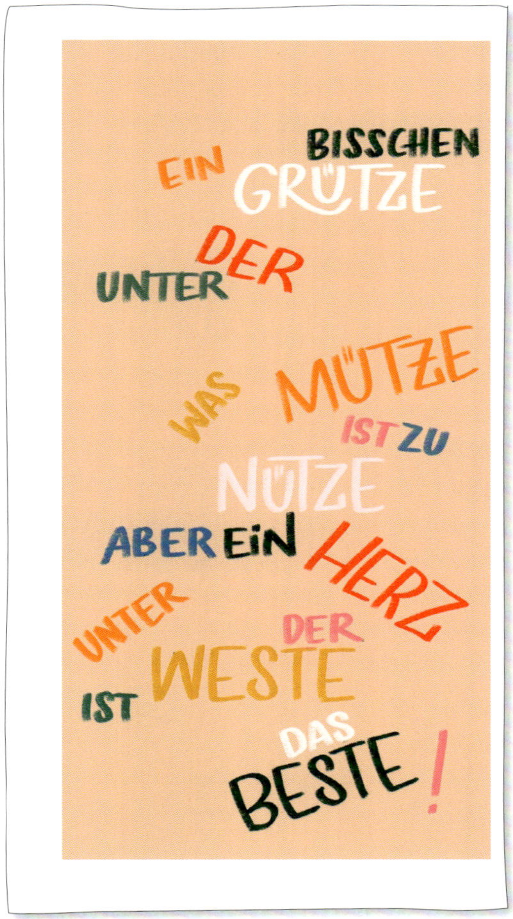

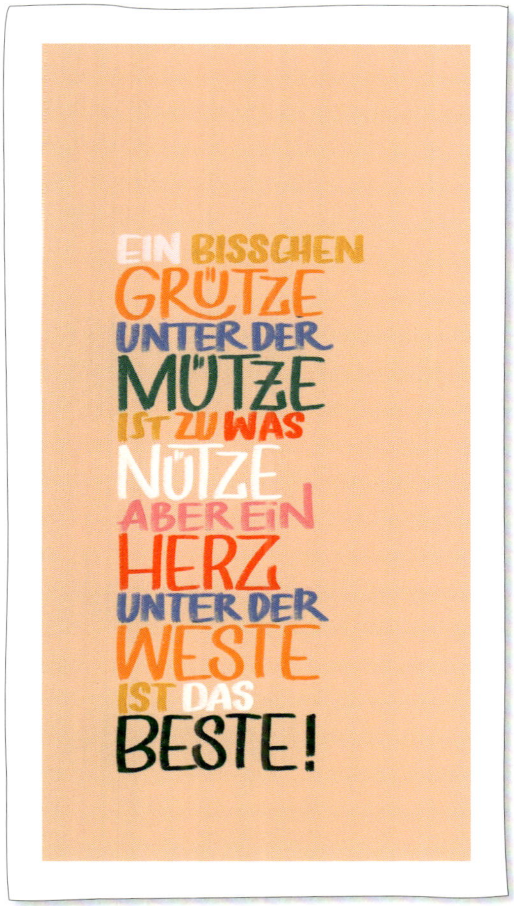

2 / MATERIAL

Bevor du anfangen kannst, dein Haus zu bauen, ist es sinnvoll zu wissen, welches Werkzeug du benötigen wirst. Quasi fast nix! Denn das Schöne an diesem Buch ist, dass es überall einsetzbar ist und du kein voll ausgestattetes Atelier benötigst, keine teuren Brushpens und auch sonst keinerlei kostenintensiven Künstlerbedarf. Um Layout und Kompositionen für dein Handlettering zu erlernen, ist wirklich kaum Material notwendig.

Deine Augen

Das Wichtigste, um dem Geheimnis eines gelungenen Letterings auf die Spur zu kommen, trägst du immer bei dir – deine Augen. Genau hinzuschauen, ist der Schlüssel zu deinem ausdrucksstarken Layout.

Papier

Papier benötigst du reichlich, wirklich reichlich. Denn nichts ist schlimmer, als wenn einen der Mangel an Papier ausbremst. Layout und Komposition bedeuten experimentieren und ausprobieren, da ist Schmierpapier wichtig.

Zum Testen und Skizzieren verwende ich immer erst mal günstiges **Druckerpapier**. Das glatte für den Laserdrucker mag ich am liebsten. Da rutscht vom Bleistift bis zum Brushpen alles gut drüber, und auch radieren geht leicht. Aber du kannst auch dein Skizzenbuch nehmen oder einfaches Notizpapier.

Beim Optimieren einer Komposition wirst du viel radieren oder, noch besser, abpausen. Dazu ist **Transparentpapier** oder **Butterbrotpapier** sehr hilfreich.

Wenn du ein Lightpad hast, nutze dieses für die Reinzeichnung, zum schnellen Skizzieren finde ich das Material nicht so angenehm. Und zum Abpausen reicht auch manchmal einfach nur die Fensterscheibe.

Tipp!

Mein Lieblingsstift in allen Lebenslagen ist der »Tombow Fudenosuke« mit harter Spitze. Dieser Stift ist – je nach Druck auf die Spitze oder Stifthaltung – Fineliner & Brushpen in einem und lässt sich leicht führen. So kannst du mit einem einzigen Stift superdünn wie auch breit und vollflächig zeichnen.

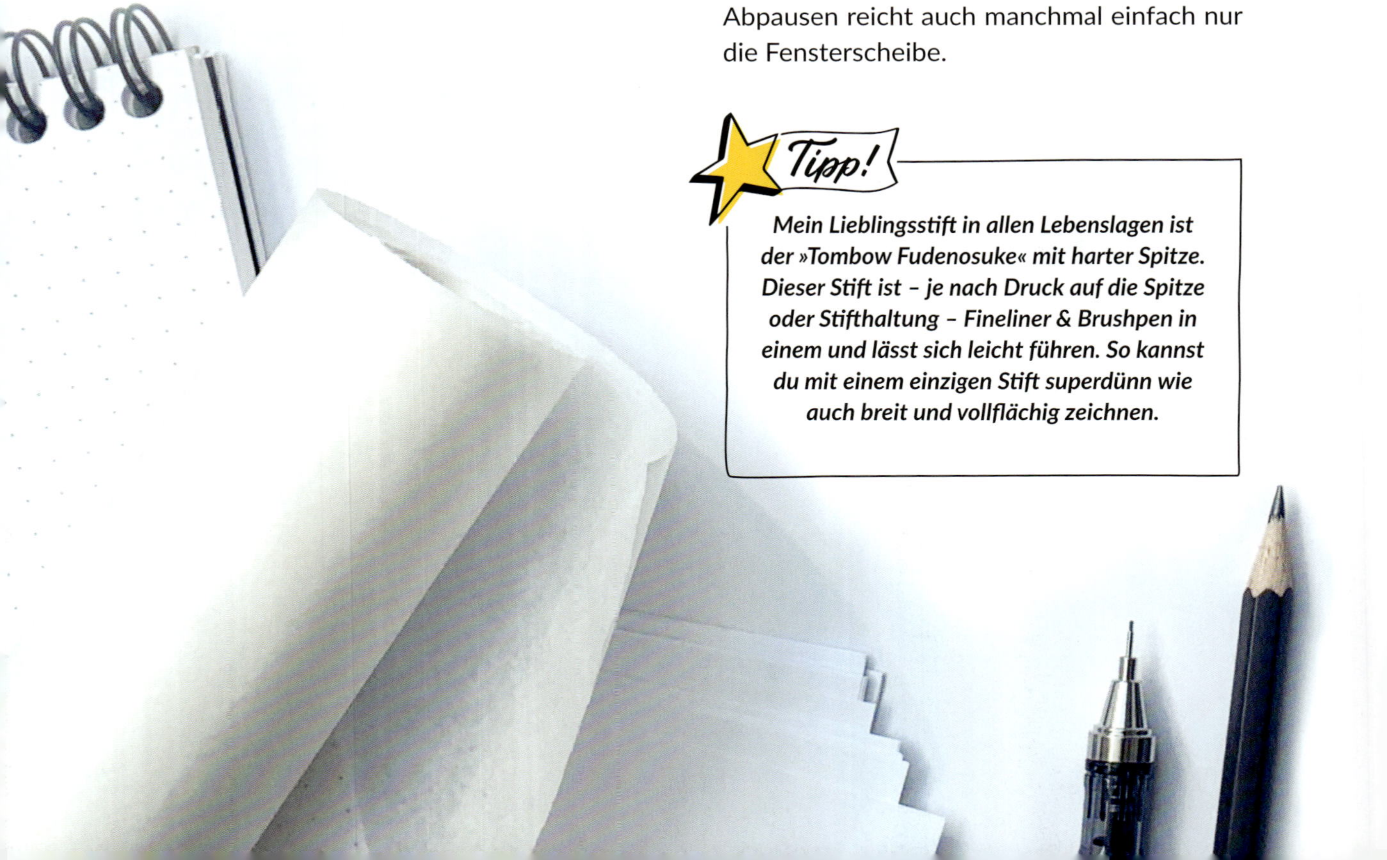

Stifte

Skizzieren und Kritzeln sind am wichtigsten. Daher brauchst du eigentlich nur einen Bleistift, nicht zu hart und nicht zu weich – je nachdem, wie viel Druck du beim Skizzieren ausübst. Ein harter Bleistift hinterlässt oft Druckspuren, ein weicher Bleistift schmiert gerne. Probiere es aus.

Für mehr Sichtbarkeit in deiner Skizze ist ein schwarzer Fineliner und ein schwarzer, nicht zu fetter Brushpen deiner Wahl noch sinnvoll, aber nicht zwingend.

Lineal, Ratze, Schere

Da ich Linienziehen und rechnerisches Ausmessen lästig finde, zeige ich dir in diesem Buch, dass du auch wunderbar ohne Lineal & Co. zurechtkommen kannst. Ich möchte dich ermutigen, das Lineal zwar griffbereit zu haben, aber es so gut es geht zu vergessen. Ich habe die besten Erfahrungen gemacht, wenn ich furchtlos bin und von Anfang an mutig drauflosskizziere. Krumme Linien sind lebendig und bremsen dich nicht im kreativen Flow. So hast du die besten Ideen. Der Radiergummi wurde glücklicherweise erfunden und macht aus jedem Entwurf einen noch besseren.

Also Ratze bereitlegen und einfach ausprobieren. Für die Layoutgestaltung und das ›Komponieren‹ ist hin und wieder eine Schere sinnvoll. Das war's!

Geodreieck oder Schablone benötigst du nicht. Wenn du schon eine Formenschablone (auch Lettering-Schablone genannt) zu Hause hast, kannst du diese natürlich nutzen, um bei der Reinzeichnung dein Lettering zu verfeinern.

Wenn du iPad-Lover bist ...

... kannst du mit dem Programm *Procreate* wunderbar alle Übungen in diesem Buch mitzeichnen und ganz nach deinem Geschmack dein Lettering finalisieren. Leider ist diese App tatsächlich nur für das iPad erhältlich, aber einfach unschlagbar! Andere und einfachere Zeichenprogramme wie *Paper* oder *SketchUp* funktionieren ebenso.

Tipp!

Wer mehr zum Lettering auf dem iPad wissen möchte, dem empfehle ich aus vollster Überzeugung das Buch »Handlettering mit Procreate« von Pavo Ivcović aka Djangonaut. Ein riesiges Füllhorn an fundierten Tipps und Tricks rund um das digitale Zeichnen von Schriften.

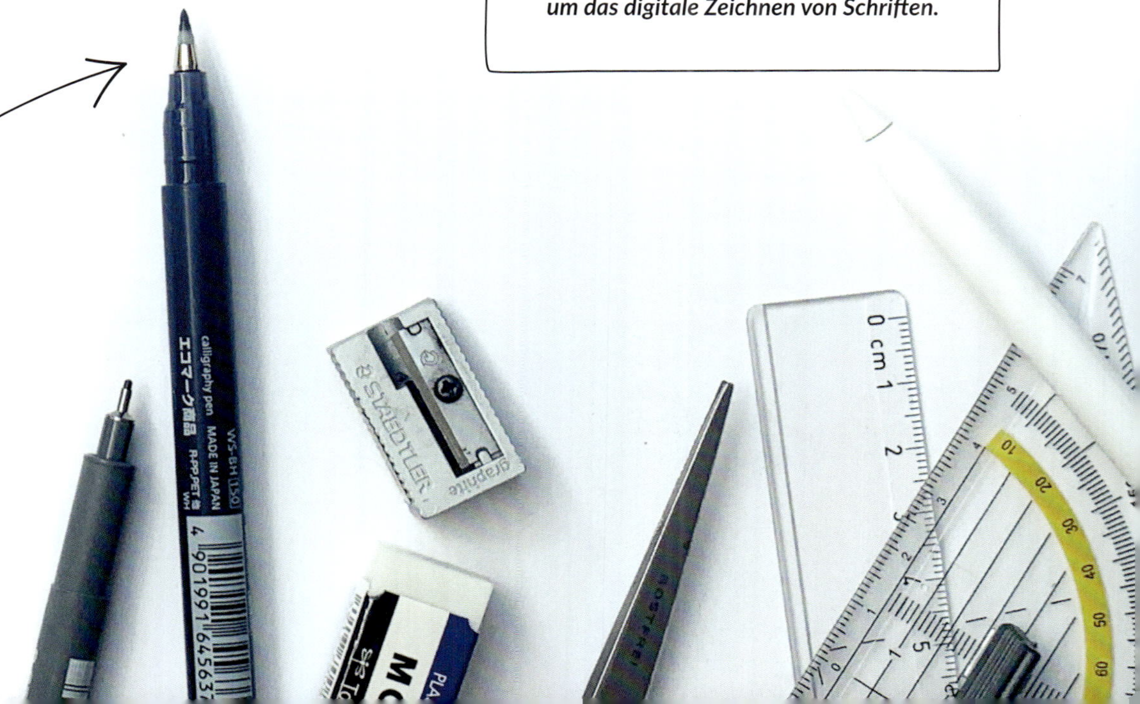

3 / FORMAT & AUSRICHTUNG

Welches Grundstück für dein Lettering-Haus darf's denn sein? Ohne Grundstück kein Haus. Die Wahl des Formats ist daher schon so wichtig wie dein ganzes Lettering, um dein Motiv in Szene zu setzen.

3/1 Formatwahl

Wenn ein Haus am Hang gebaut ist, wirkt es anders als in einem Tal oder auf einem hohen Berg. Ein großes Haus auf einem kleinen Grundstück mutet anders an als ein Tiny House in einem parkähnlichen Garten.

Architekten versuchen, den bestmöglichen Platz für ein Haus zu finden oder passen ihre Idee dem Grundstück an.

Auch beim Lettering ist eine vorausschauende Planung wichtig, um das Ergebnis zu erhalten, das du dir für dein Gesamtwerk wünschst.

Architekten können auch nicht einfach auf der Straße weiterbauen, wenn vergessen wurde, das Grundstücksformat zu berücksichtigen. So geht es dir und mir natürlich auch mit einem Blatt Papier oder einer Leinwand.

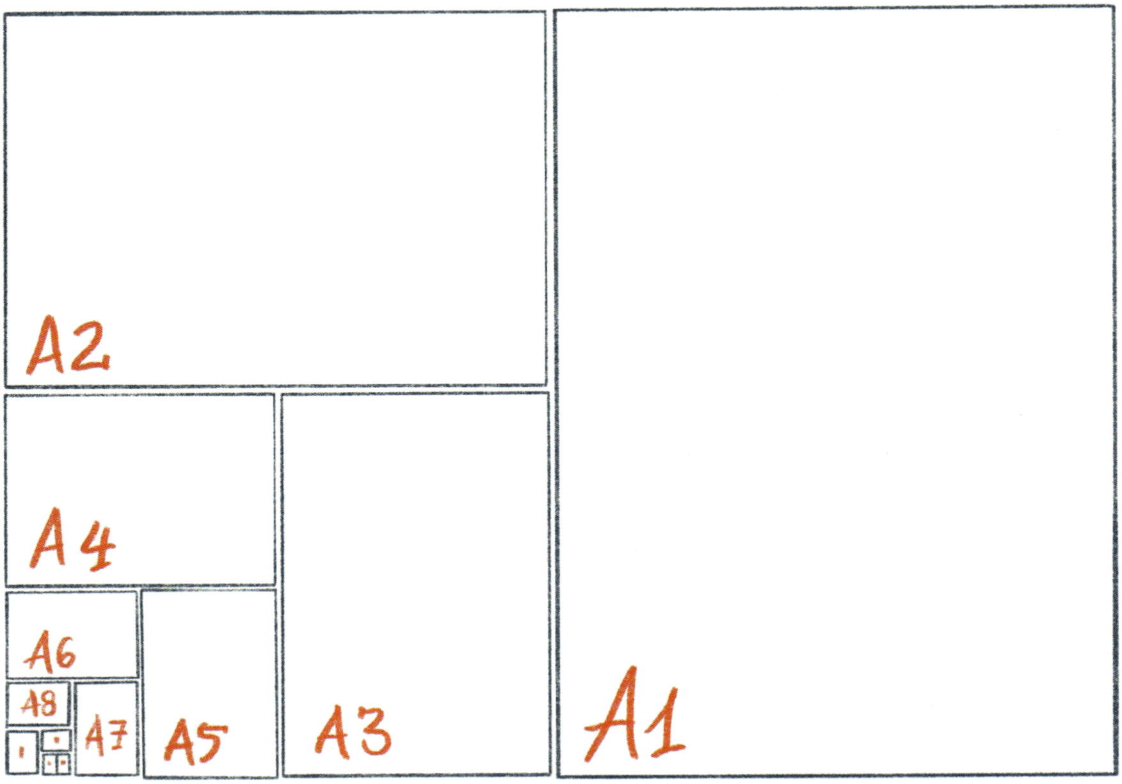

Seitenformate

Wir kennen alle die klassischen DIN-Formate. Und wem es wie mir geht, die in der Schule immer schon lieber die Überschriften im Heft verziert als dem Unterricht gelauscht hat, dem ist natürlich das A4-Format als Zeichenblatt am vertrautesten – mit oder ohne Karo.

A4-Blätter sind günstig und fast immer und überall verfügbar, es gibt sie in unzähligen Ausführungen und Stärken. Daher nutze ich sie auch heute noch am meisten für meine Letterings, natürlich ohne Karo und unliniert, gefolgt vom DIN-A3-Format.

Aber die Welt der Blattformate und Seitenlayouts ist viel größer, und das Flächenformat bestimmt nicht nur die äußere Form, sondern auch den Charakter des Letterings und das Gefühl, das dein Werk später zeigt. Daher lohnt es sich immer sehr, auch schon über das leere Blattformat genauer nachzudenken.

Seitenausrichtung

Was ist aber nun für was geeignet? Soll ich mein Blatt quer nehmen, hochkant legen?

Vielleicht legst du schon einmal ein Blatt Papier vor dich auf den Tisch und schaust, was dich am ehesten anspricht: Betrachte es im Querformat, im Hochformat, falte dein Material auch mal oder wende es. Mache sozusagen eine kleine Ortsbegehung deines Grundstücks.

Meistens haben wir ja einen schönen oder lässigen Spruch irgendwo gelesen oder ein lustiges Wort im Kopf, das wir als Lettering umsetzen wollen.

Ich sitze dann manchmal etwas planlos vor dem leeren Blatt. Bin durchaus auch mal richtig ängstlich, weil so viel Weiß mit seiner Reinheit mir Perfektionismus und Punktlandung zuschreit und mich einschüchtert. Ich nehme dann gerne das Blatt in die Hand und drehe es in allen Winkeln vor und zurück, falte es auch mal oder reiße es etwas kleiner, bis das Papier etwas milder gestimmt erscheint. Weiß ist es dann natürlich immer noch, aber es ›schreit nicht mehr so laut‹, und ich hab mich mit dem vorgegebenen Format fast spielerisch vertraut gemacht und komme so schneller auf eine Idee dazu, wie ich meine Letterings beginne und platzieren könnte.

Auch wenn die Seitenausrichtung natürlich von der Textmenge abhängt, können wir uns auch vom Seitenformat inspirieren lassen.

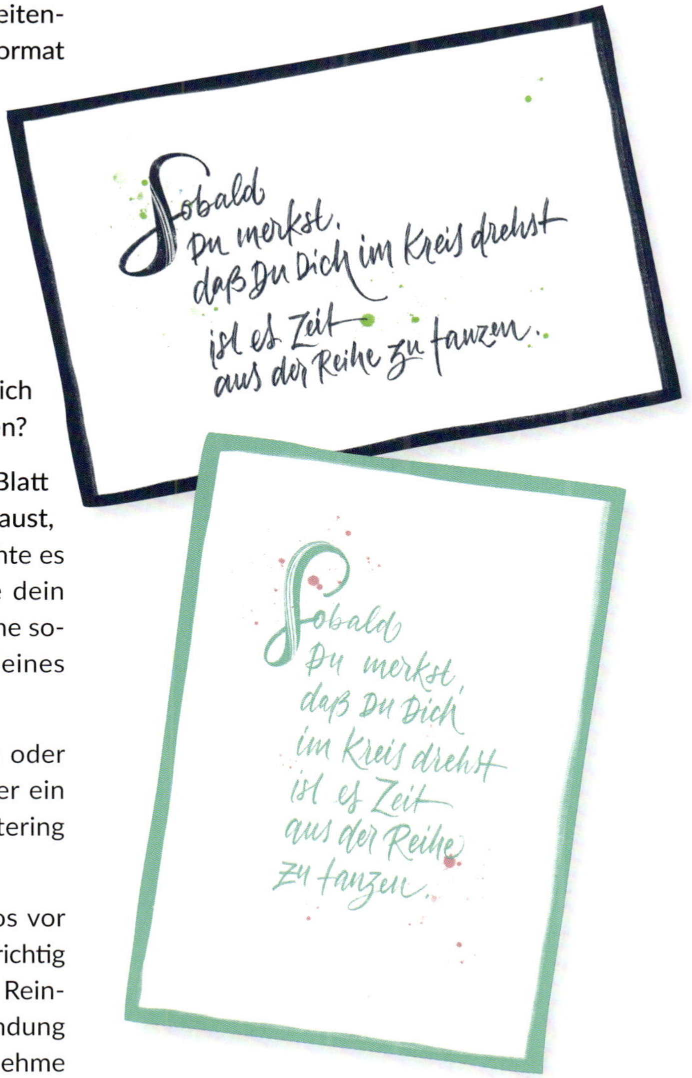

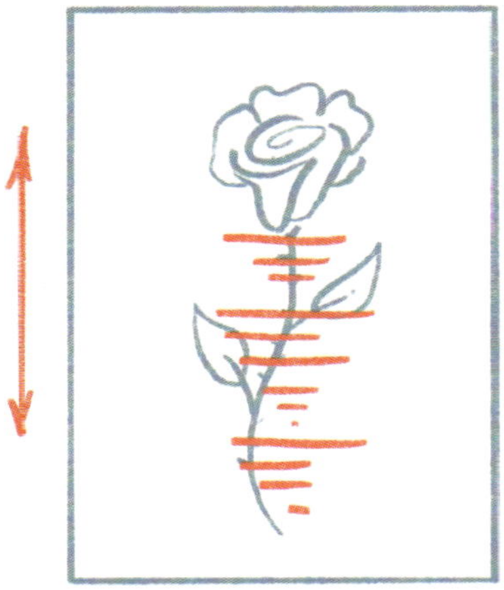

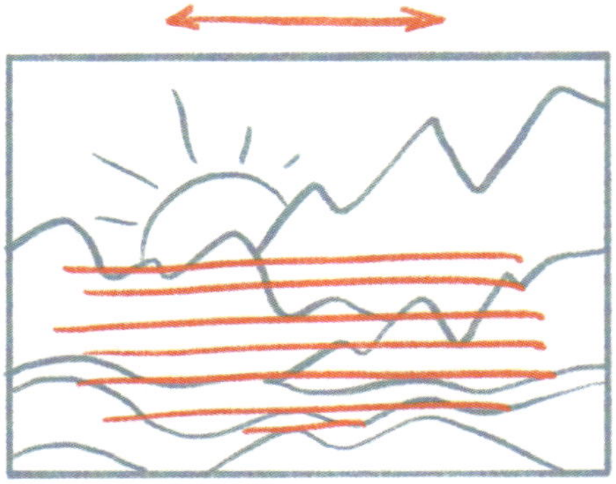

Das Hochformat betont die vertikalen Linien und wird als dynamisches Format wahrgenommen, da durch Höhe und Größe eine gewisse Eleganz suggeriert wird. Je schmaler das Blatt, desto eleganter wirkt es oft.

+ **Bei kurzen Texten ist viel Raum für Dekoration.**
+ **Lange Texte werden gezwungen, sich zu strecken, was ihnen meistens guttut.**
+ **Hat eine gute Lesbarkeit, da die Zeilen automatisch nicht so lang werden.**
- DIN A4 wirkt hochkant leicht etwas gewöhnlich oder konservativ.
- Es passt nur in einem Flatlay arrangiert in ein Social-Media-Posting.
- Ist bei großen Formaten nicht sehr handlich, weil schnell der Arm zu kurz ist.

Das Querformat betont horizontale Linien. Es entspricht dem menschlichen Blickfeld und wirkt bereits deshalb so selbstverständlich und natürlich. Was für Fotos allerdings eine sichere Bank ist, ist für ein Handlettering oft schwieriger.

+ **Besonders hübsch für die Gestaltung von Karten**
+ **Bestes Übungsblatt**
+ **Mehr Möglichkeiten der Textausrichtung**
- Gefahr der zu langen Zeilen

Tipp!

Natürlich kann es passieren, dass du im Laufe der Komposition feststellst: »Auweia, das passt ja gar nicht so aufs Blatt!« Daher solltest du trotz aller oben genannten Argumente flexibel bleiben und das Blattformat ggf. noch mal anpassen.

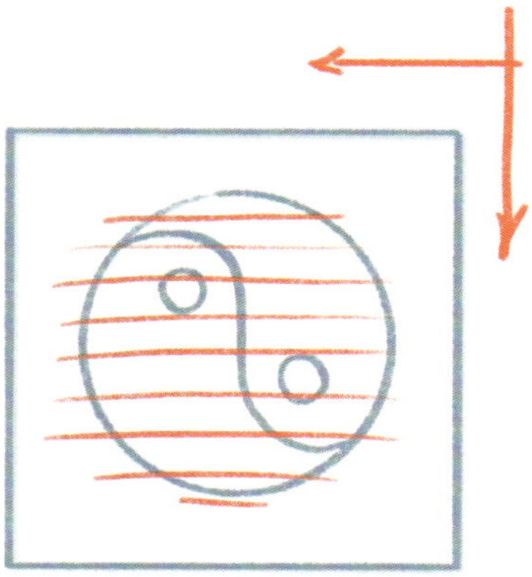

Das Quadrat hat gar keine Ausrichtung im strengen Sinne, es ist ja an allen Seiten gleich. Aber gerade deshalb gilt es als das neutralste und ausgeglichenste Format. Es wird als harmonisch und beruhigend empfunden.

+ **Modernere Anmutung als DIN-Formate**
+ **Schöne Platzierung auf DIN-Formaten möglich**
+ **Für sehr kurze Sprüche gut geeignet**
– Ist nur für wenig Text geeignet, weil man unter Berücksichtigung der Seitenränder oben und unten schnell anstößt.
– Es tendiert in keine Richtung, weshalb es auch das langweiligste aller Formate sein kann und bei Layout und Komposition etwas mehr Raffinesse erfordert.
– Postkarten und Briefe im quadratischen Format haben ein deutlich erhöhtes Porto.

Sonderformate: Wer gerne bastelt und/oder stanzt, mag vielleicht mit Kreisen, Sternen, Herzen oder ganz individuellen Formaten arbeiten. Frei gewählte Formate bringen ihre eigenen Gesetzmäßigkeiten mit.

+/– Hier ist meistens eine einfachere Komposition gefragt, da die Sonderform oft schon Bildhaftes und damit ein Layout vorgibt.

Idee

Sei mutig: Nimm auch mal ein ungewöhnliches Format oder einfach einen unförmigen Restschnipsel. Da kommen die Ideen manchmal von ganz alleine.

Tipp!

Auch wenn ich dir hier die verschiedenen Seitenformate vorstelle, heißt das nicht, dass dein Format schon vorher festgelegt sein muss oder sollte.

Wenn du dein Lettering z. B. auf eine Karte bringen möchtest oder aus anderen Gründen ein festes Format vorgegeben hast, solltest du es natürlich von Anfang an darauf anpassen. Ansonsten empfehle ich dir, dein Lettering ohne festes Seitenformat zu planen und erst später zu entscheiden, welches Format dafür am besten geeignet ist. So hast du bei der Gestaltung viel mehr Freiheiten.

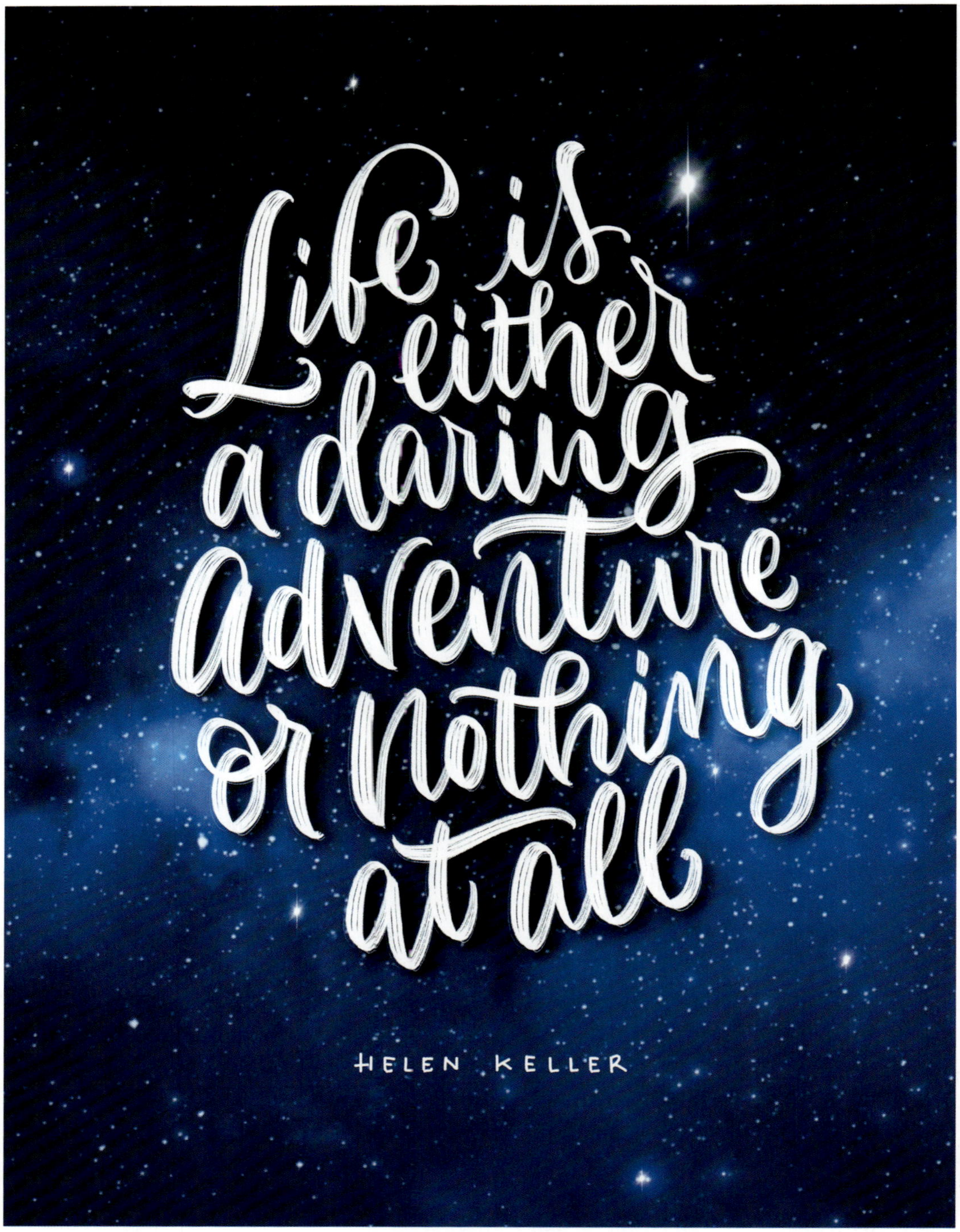
Life is either a daring adventure or nothing at all
HELEN KELLER

3/2 Textausrichtung

Bei Letterings haben wir eine viel größere Freiheit, unseren Text zu setzen, als bei einem Zeitungsartikel, der aus sehr viel Text besteht und der nur dazu dient, Inhalt zu transportieren. Hier zählt in erster Linie die Lesbarkeit.

Diejenigen, die oft mit Schreibprogrammen wie Word oder Pages oder mit Grafikprogrammen arbeiten, wissen, dass es verschiedene Ausrichtungsmöglichkeiten gibt:

Ob **linksbündig, rechtsbündig, mittig** oder **Blocksatz** – auch ohne die Hilfslinie bleibt die Achse der Ausrichtung für uns sichtbar. Sie leitet unser Auge, da wir ja von links nach rechts lesen. Sie hilft uns bei der Orientierung und macht es möglich, auch viel Text schnell zu erfassen.

Aber beim Handlettering wollen wir uns ja auch künstlerisch austoben, und gerade die Mischung aus dekorativer Kunst und textlichem Inhalt macht es so reizvoll und birgt den besonderen Spaß. Wie schön also, dass wir hier auch mal experimentieren dürfen und es anders machen können als bei einem Brief oder diesem Buch hier.

Das Ziel ist es, dein Handlettering in Szene zu setzen oder vielleicht sogar aus wenig viel zu machen.

Natürlich geht es auch hier um Lesbarkeit. Im Unterschied zur kalligrafischen Schriftkunst, bei der oft expressive Schriftweisen scheinbar wild übers Blatt fliegen, kaum lesbar sind und mehr dem emotionalen Ausdruck dienen, soll ein Handlettering die perfekte Mischung sein aus Lesbarkeit, Dekoration und Emotionalität.

Und zur Lesbarkeit und einem gestalterischen Anspruch gehört auch die Textausrichtung.

In seinem Zaun das Känguru es hockt
und guckt dem Sperling zu.
Der Sperling sitzt auf dem Gebäude
doch ohne sonderliche Freude.
Vielmehr, er fühlt, den Kopf geduckt,
wie ihn das Känguru beguckt.

linksbündig

In seinem Zaun das Känguru es hockt
und guckt dem Sperling zu.
Der Sperling sitzt auf dem Gebäude
doch ohne sonderliche Freude.
Vielmehr, er fühlt, den Kopf geduckt,
wie ihn das Känguru beguckt.

rechtsbündig

In seinem Zaun das Känguru es hockt
und guckt dem Sperling zu.
Der Sperling sitzt auf dem Gebäude
doch ohne sonderliche Freude.
Vielmehr, er fühlt, den Kopf geduckt,
wie ihn das Känguru beguckt.

mittig

In seinem Zaun das Känguru es
hockt und guckt dem Sperling zu.
Der Sperling sitzt auf dem Gebäu-
de doch ohne sonderliche Freude.
Vielmehr, er fühlt, den Kopf ge-
duckt, wie ihn das Känguru beguckt.

Blocksatz

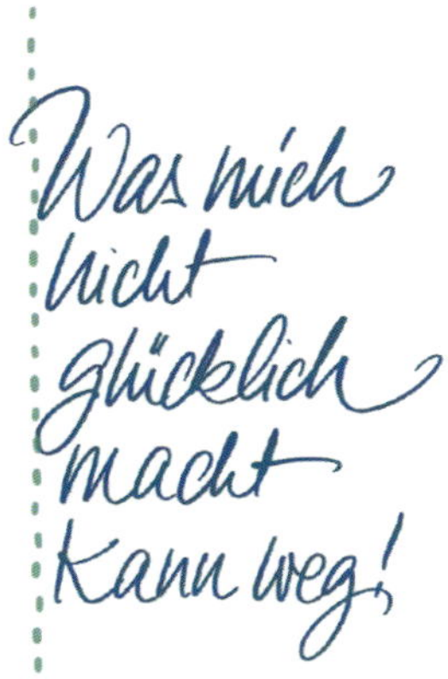

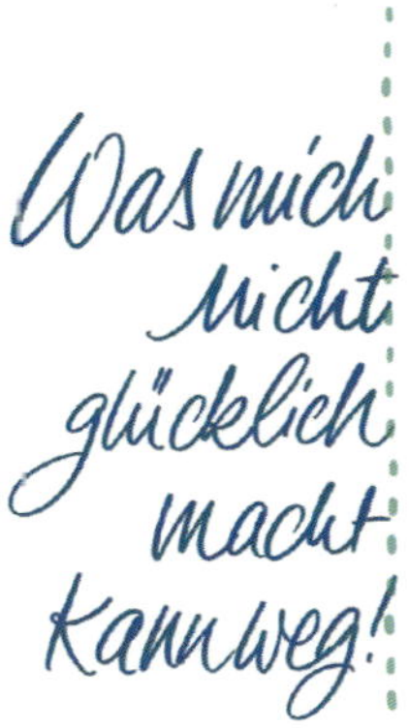

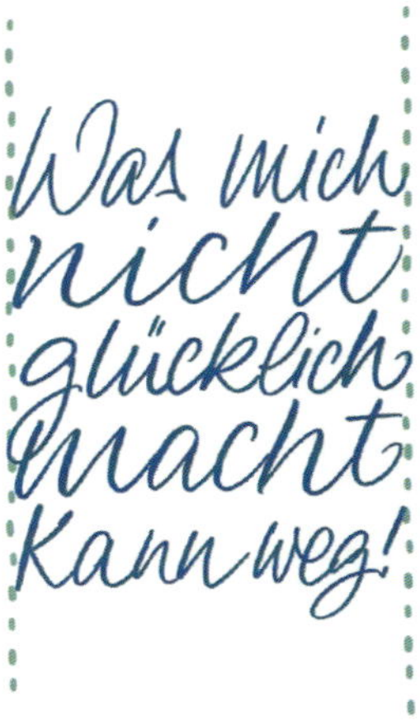

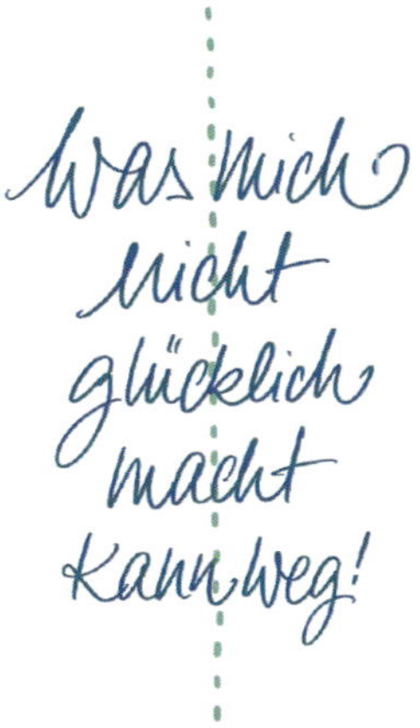

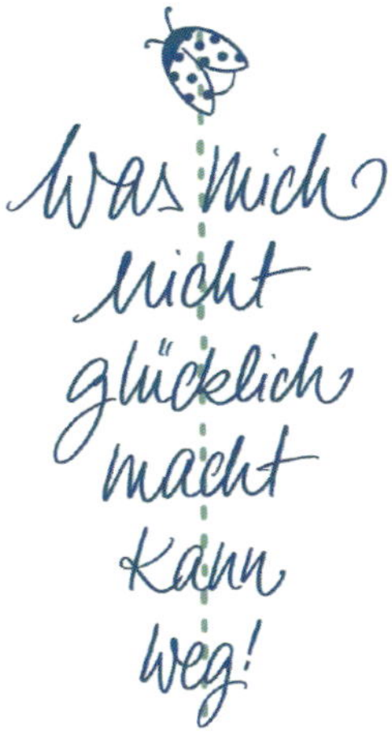

Für ein Handlettering gilt:

Rechtsbündig wirkt in der Regel etwas gelangweilt, **linksbündig** liest sich oft holprig, und gestalterisch ist es auch nicht ganz einfach, das Zeilenmaß zu treffen, und **Blocksatz** ist sehr schwierig auszufüllen. Ein **mittig** ausgerichteter Text ist wohl die sicherste Wahl, denn wie oben beschrieben lieben wir Symmetrie.

Leider wirkt ein Lettering, das der Mittelachse folgt, oft langweilig und einfallslos. Aber da kann einem geholfen werden. Wenn du deiner Komposition mit den Baumaterialien, wie der richtigen Schrift oder kleinen Illustrationen, die ich dir in diesem Buch zeige, etwas Schwung und Extraklasse verleihst, kann die Mitte zur goldenen Mitte werden.

Wählst du gar keine Ausrichtung für deinen Text, wird dein Lettering »auseinanderfallen« und schlecht lesbar sein.

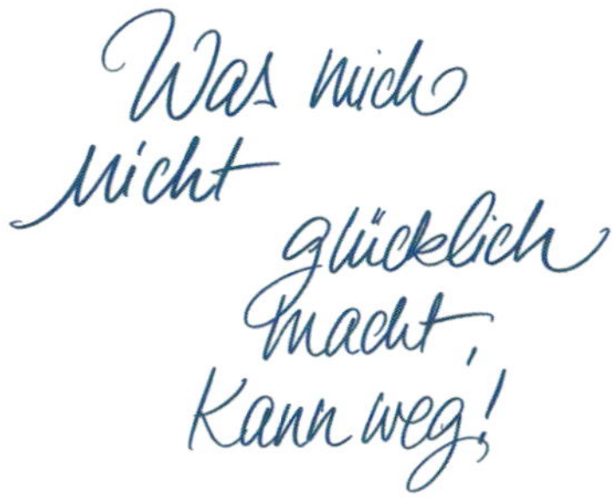

Unserem Auge und unserem Harmoniebedürfnis ist es immer wichtig zu wissen, dass alle Wörter zusammenhalten und wohin sie gehören. Dabei hilft einem eine definierte Textausrichtung.

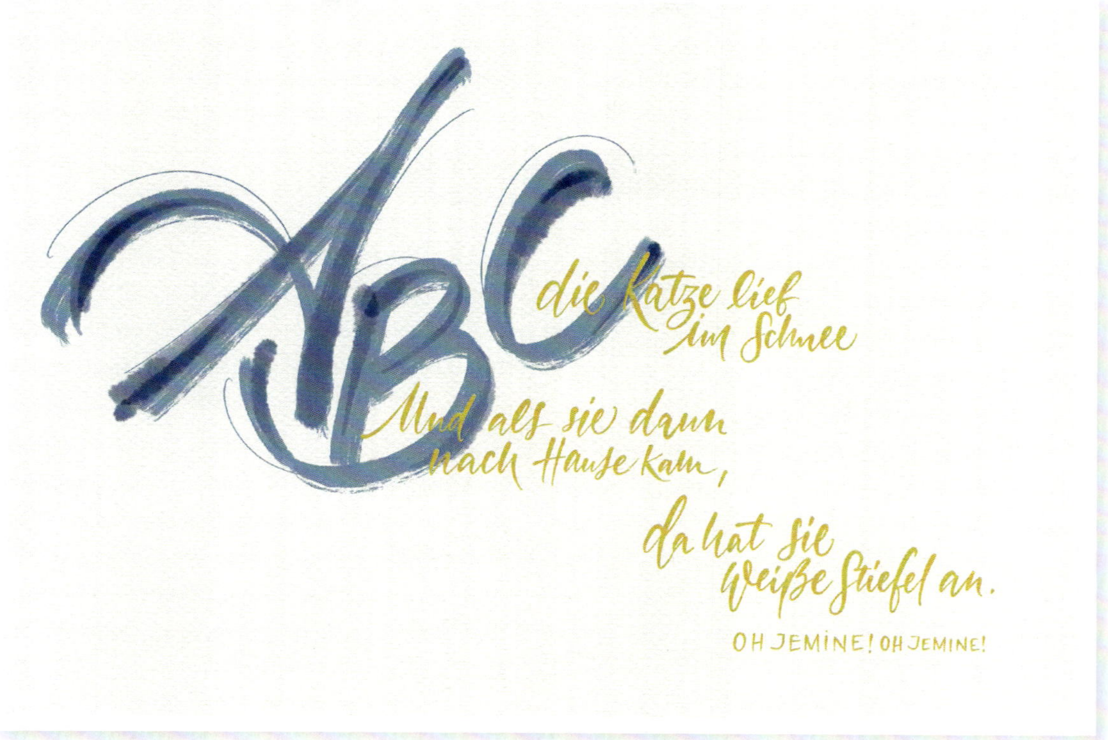

Wie immer in der Gestaltung gibt es unfassbar viele Regeln, aber noch mehr, die gebrochen werden.

Wie du im Bild oben siehst, ist erst mal keine konkrete Textausrichtung erkennbar.

Die Textausrichtung der Absätze ähnelt sich und ist doch nicht identisch.

Bei kurzen Textpassagen kannst du etwas freier gestalten, solange die einzelnen Absätze einem ähnlichen Muster folgen. Hier ist es die treppenartige Optik durch das Einrücken der zweiten Zeile. Das wirkt lebendiger und passt gut zu dem Text und dem Tapsen einer Katze.

Noch interessanter wird das Lettering durch die dynamische Anordnung der einzelnen Absätze.

Getragen werden sie vom großen blauen ABC, das als Anker fungiert.

Die gleichmäßige Aufteilung des Weißraums ist hier ebenso wichtig, damit der Text nicht übers Blatt flattert und verloren wirkt.

Zum Thema Weißraum gibt es auf Seite 36 noch mehr zu lesen!

3 /3 Optische Mitte

Vielleicht hast du schon mal von geometrischer und optischer Mitte gehört. Das ist ein sehr entscheidendes Detail.

Ganz egal wie du dein Lettering ausrichtest – wenn es auf deinem Blatt Papier oder deiner Glückwunschkarte fertig platziert ist, sollte es den perfekten Platz auf deinem Grundstück, dem Blatt Papier haben. Im besten Fall sollte es sich harmonisch im gewählten Seitenformat wiederfinden.

Viele Kreativlinge neigen dazu, zum Lineal zu greifen und sich Seitenränder und vor allen Dingen die Mittelachse exakt einzuzeichnen oder sich eine Art Raster mit Bleistift zu skizzieren, um ihrem Lettering Halt und Perfektion zu geben.

Dabei sind hier unsere Augen das sicherere Werkzeug. Denn unser Auge nimmt die geometrische Mitte nicht als ausgewogen wahr. Das Objekt, das genau mittig ausgerichtet ist, wirkt optisch so, als ob es zu tief sitzen würde und sozusagen »nach unten zieht«. Daher solltest du das Festlegen der Mittelachse deinem Blick zugestehen und nicht dem Lineal, und du wirst feststellen, dass die optische und damit ausgewogenere Mitte leicht über der tatsächlichen Mittelachse liegt.

Diese Mitte liegt auf dem ›Balancepunkt‹. Das ist die perfekte Achse für Harmonie auf dem Blatt. Sie lässt sich zwar auch ausrechnen und vermessen, aber mit ein bisschen Übung geht das viel besser, auch ohne nachzumessen.

Vertraue deinen Augen! Das Beispiel auf der rechten Seite macht es deutlich.

Wie du siehst – unser Lineal würde etwas anderes sagen, wenn wir mittig arbeiten wollen. Somit ist es eigentlich eine optische Täuschung!

Diese müssen wir nutzen, um ein harmonisches Layout zu erzielen.

So ist sichergestellt, dass dein Text oder deine Zeichnung nicht zu schwer wirkt und »nach unten fällt«. Dafür ist es vor allem wichtig, dass zum unteren Rand genug Abstand ist, das heißt mehr als zum oberen Rand.

Das Gleiche gilt manchmal auch für die mittige Ausrichtung zwischen rechtem und linkem Rand. Auch in der Vertikalen wirst du hin und wieder die optische Mitte ohne Nachmessen definieren wollen. Und wie du an meinem ›Tschüss‹ siehst, wirst du je nach Schrifttyp ganz schön nachjustieren müssen.

Für eine ausgewogene Gestaltung oder sogar Symmetrie ist das Spiel mit der optischen Mitte sehr entscheidend.

Ich liebe diese Detailarbeit mit so viel Mehrwert für das gesamte Bild.

Die optische Mitte liegt fast immer etwas höher als die geometrische Mitte.

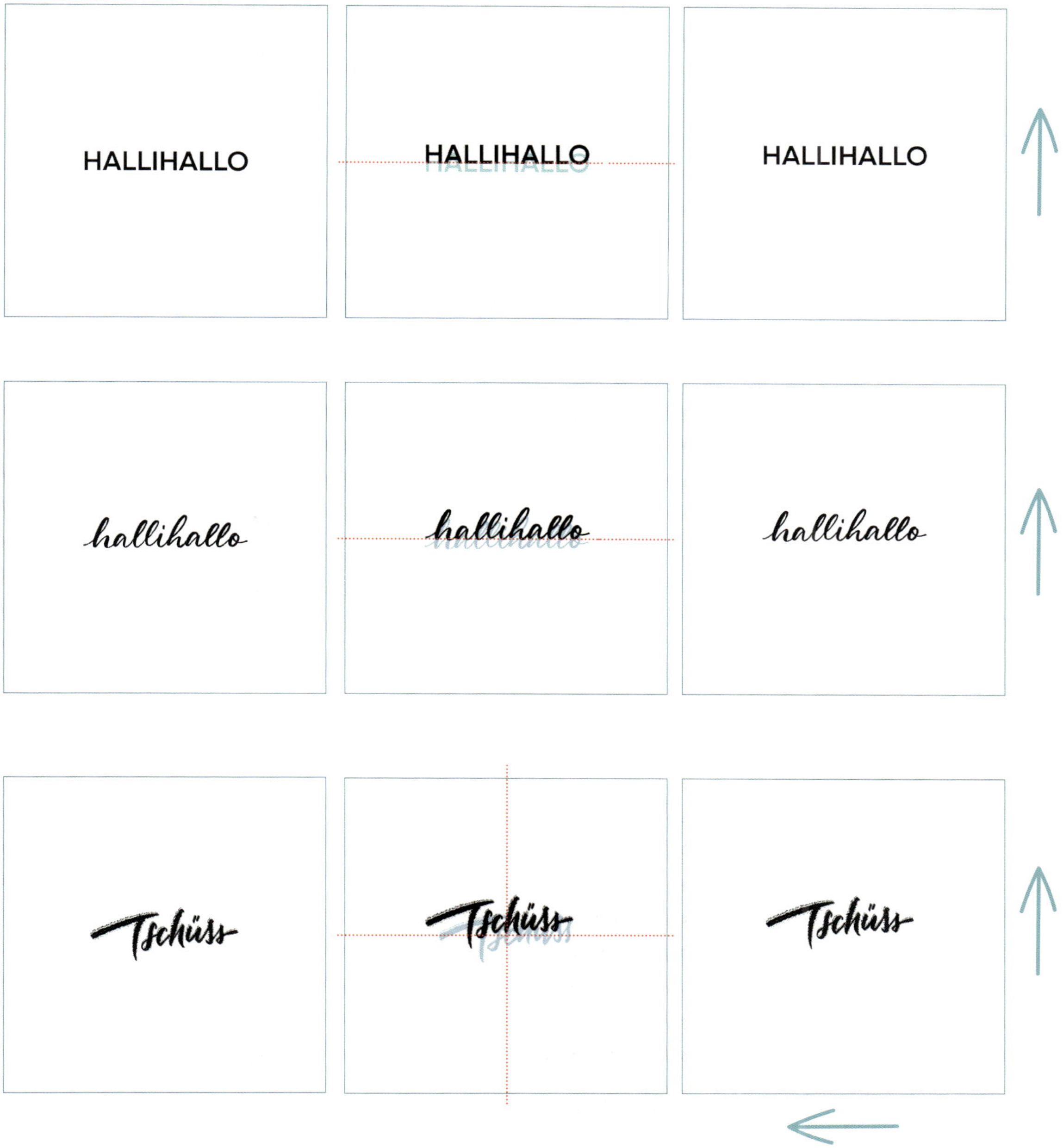

Abhängig von Schriftart und Buchstabenausführung muss das Wort etwas unterschiedlich verschoben werden, um die optische Mitte zu treffen. Je nach Anfangsbuchstaben ist oftmals auch ein Verschieben nach links notwendig. Leider gibt es für die optische Mitte kein allgemeingültiges Rezept, aber mit der Zeit wirst du die richtige Position auf dem Blatt immer besser erkennen.

3/4 Blatteinteilung

Wo platziere ich mein Lettering auf dem Blatt?

Nachdem du dich für ein bestimmtes Papierformat und die Textausrichtung entschieden hast, wird dann entscheidend sein, wo du überhaupt anfängst zu zeichnen.

Es ist wichtig, schon im Voraus zu wissen, was für einen Einfluss die Platzierung auf dem Blatt auf dein Werk hat. Dein Lettering kann richtig supertoll in Szene gesetzt werden oder aber ›einschläfernd‹ wirken.

Ich zeige dir die verschiedenen Möglichkeiten, einen Text zu platzieren und ihn perfekt in Szene zu setzen, aber auch, wie du es besser nicht machst.

Wenn du dir gerahmte Bilder anschaust, siehst du, dass oft mit einem Passepartout gearbeitet wird. Das ist dieser Extrarahmen im Rahmen, also der Papier- oder Kartonrahmen um das eigentliche Werk herum. Ein Bild, ein Foto, eine Zeichnung und ein Lettering benötigen Luft zum Atmen, damit sie ihre volle Schönheit entfalten können. Ein Lettering besteht aus harmonischen Linien und Formen, die sich ungern einquetschen lassen. Ein freier Rand sorgt dafür, dass deine Gestaltung erhaben und prächtig wirkt. Das klingt doch gut, oder?

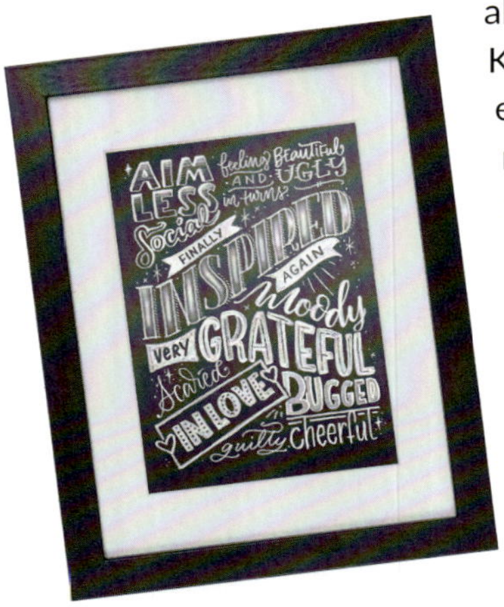

Wenn du wieder an das Einrichten deines fertigen Hauses denkst, dann würdest du deinen Gummibaum auch nicht direkt hinter das Sofa an die Wand stellen.

In deinem Haus wird es Flächen geben, die vollgestellt sind, und ganz leere Flächen. Ansonsten nennt es sich Chaos (wozu ich im Wohnbereich durchaus einen Hang habe). Voll und leer, so verhält sich das auch mit deinem Schriftwerk auf dem Blatt.

Auf der sicheren Seite bist du bei einem A4-Format mit oben, rechts und links 3 cm Rand und unten 5 cm. Das ist das Mindeste und gleichzeitig eine der Regeln, die es mit etwas Übung aufzubrechen gilt. Sonst sähe ja alles gleich aus.

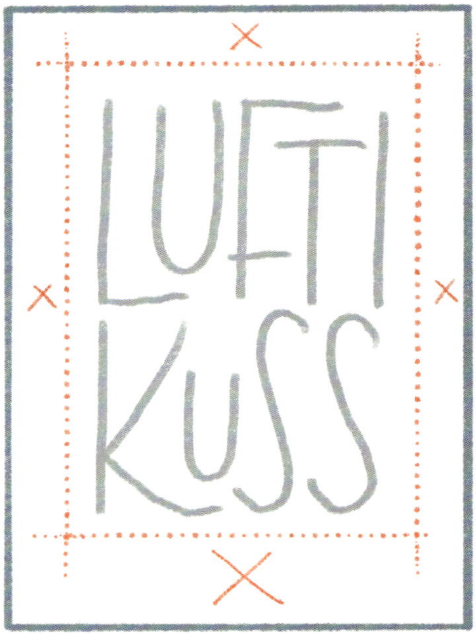

> **!** ***Was immer gilt: Du solltest dein Lettering auf dem Blatt so platzieren, dass du dir an den Seitenrändern immer ein Passepartout hinzudenkst. Dieser Rand ist tabu für jegliche Gestaltung, er ist die Todeszone der Buchstaben und Zeichenspuren.***

In diesen Beispielen siehst du verschiedene Varianten dazu, wie dein Lettering später auf dem Blatt sitzen könnte. Ich finde es immer wieder spannend, wie unterschiedlich die Wirkung des Gesamtlayouts sein kann, wenn ich die Komposition weiter nach oben oder unten rücke.

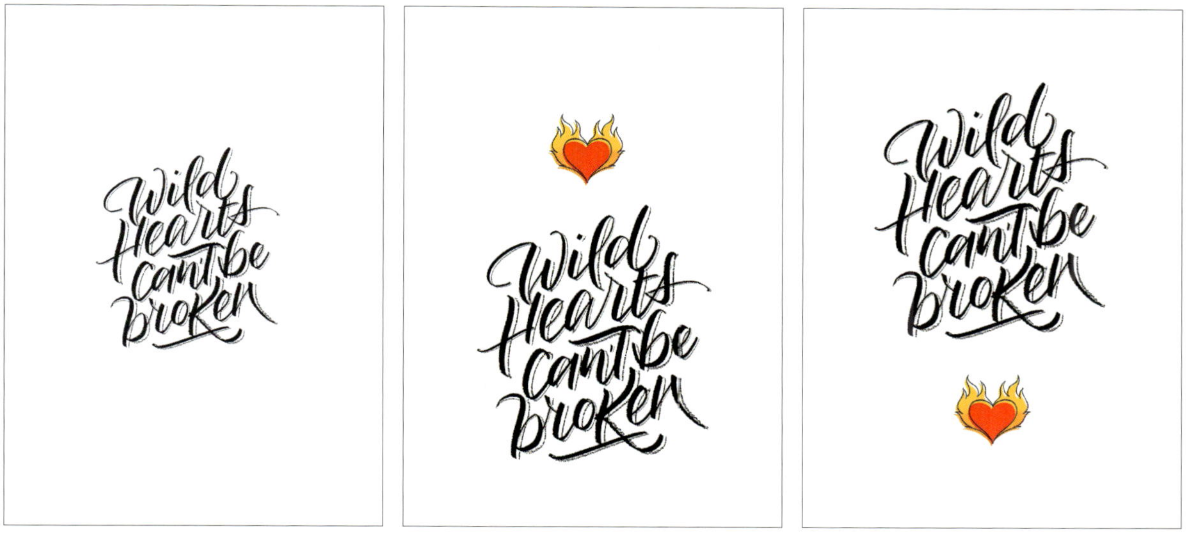

Das gilt auch für vertikalen Text. Hier ist nur wichtig, dass dein Wort, das du hochkant zeichnest, immer nach oben hin lesbar ist, sonst macht unser Auge gefühlt wieder, was es will, und aus der FREUDE wird die TRAUER.

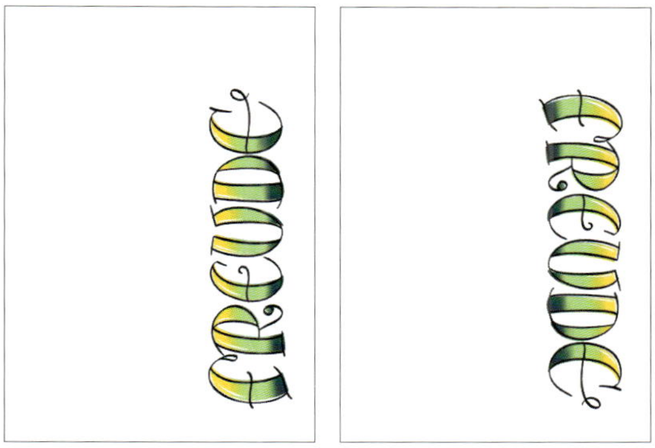

Bei wenig Text ist das Platzieren auf dem Blatt fast noch wichtiger als bei viel Text, da unser Auge den leeren Raum um das Lettering mit dazuzählt. Und es entweder trägt oder erschlägt.

Und denke immer an das imaginäre Passepartout, das dein Werk umschließt.

Aber was bei wenig Text gilt, gilt für jede Art des Layouts, denn die Luft ist, dramatisch gesagt, lebensnotwendig für dein Lettering.

Warum ist das so? (Yee-ha! Jetzt kommt mein Lieblingsthema.)

3/5 Der Weißraum

Für unser Auge hat der Raum um den Text herum ebenso viel ›Gewicht‹ wie unser Text selbst. Jeder Text und damit auch jedes Lettering hat einen GRAUWERT. Je nach Dichte und Fülle deines Letterings ist dieser Wert stärker oder schwächer.

Schau mal mit leicht zusammengekniffenen Augen – ich muss nur die Brille absetzen – auf dein Lettering, und du siehst eine graue, oft dunkelgraue Fläche. Das ist der Grauwert.

Die leeren Flächen um den Grauwert, also den eigentlichen Text, herum bezeichnet man als Weißraum (selbst wenn das Blatt gelb, schwarz oder grün ist). Man nennt ihn auch Negativraum. Der Weißraum ist im Idealfall mit dem Grauwert ›Best Buddy‹, und sie bilden eine perfekte Einheit. Mehr noch, der Weißraum hält die Elemente der Komposition zusammen und ist die ›Dichtungsmasse‹ beim Hausbau.

Wie du sicher schon gemerkt hast, muss man das Zeichnen von Buchstaben mühsam üben. Der Weißraum ist dagegen einfach da, jedoch müssen unsere Augen üben, ihn zu sehen, und es bedarf auch etwas Übung, den Weißraum, die leeren Stellen in und um ein Lettering herum, richtig zu nutzen.

Und selbst wenn man den Weißraum wahrnimmt und sieht, ist es schwer, ihn ›zuzulassen‹. In meinen Workshops höre ich oft: »Aber da fehlt doch noch was!« Weißraum wird als leerer, fader Raum interpretiert. Das haben wir leider so gelernt.

Ja, Weißraum bedeutet Leere, aber in diesem Fall nicht diese emotionale Leere oder die Leere, wenn wieder jemand die letzte Praline aus der Schachtel gemampft hat. Die Leere auf dem Blatt ist eben kein Nichts, sondern eine bedeutende Fläche.

Dieser Weißraum ist das mächtigste Gestaltungselement, das dir zur Verfügung steht. Ist tatsächlich so.

» Er hält alles zusammen.

» Er führt das Auge.

» Er ankert unseren Blick und sorgt für Stabilität.

» Er hebt deine Gestaltung auf die Bühne.

Irre, dass etwas, das wir nicht sehen, mächtiger sein kann als das, was wir sehen.

Betrachte das nebenstehende Bild und achte ganz besonders auf den Weißraum. →

Stell dir nun vor, du sollst ihn mit einem Stift umranden. So wird dir sicher bewusst, dass der Weißraum sowohl den großen schwarzen Klecks als auch das Lettering umschließt. Beides wird gehalten von viel Weiß, ohne dass es an einer Stelle zu nackt aussieht. **Der Weißraum ist genauso wichtig wie alle sichtbaren Elemente im Bild.**

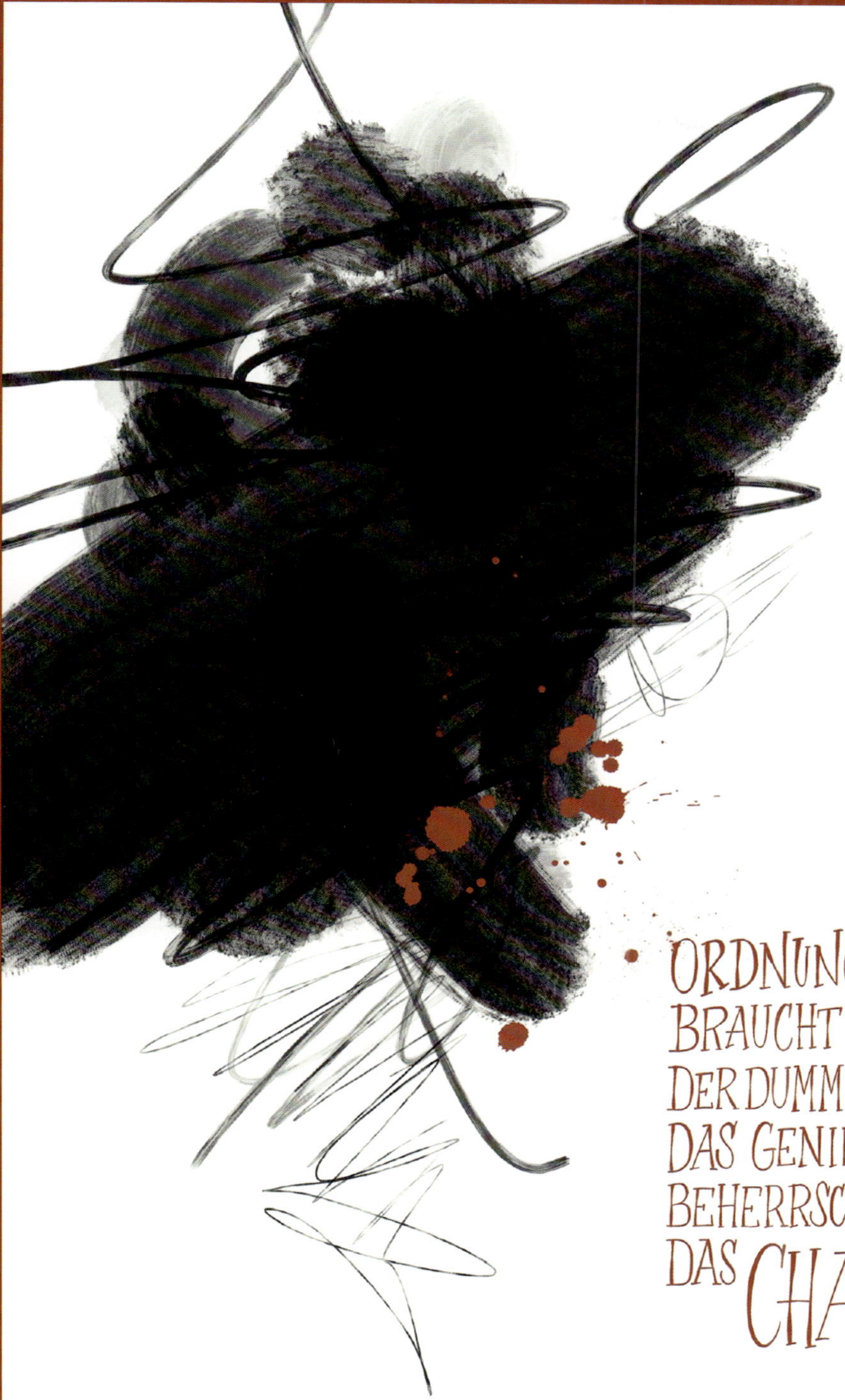

ORDNUNG
BRAUCHT NUR
DER DUMME
DAS GENIE
BEHERRSCHT
DAS CHAOS

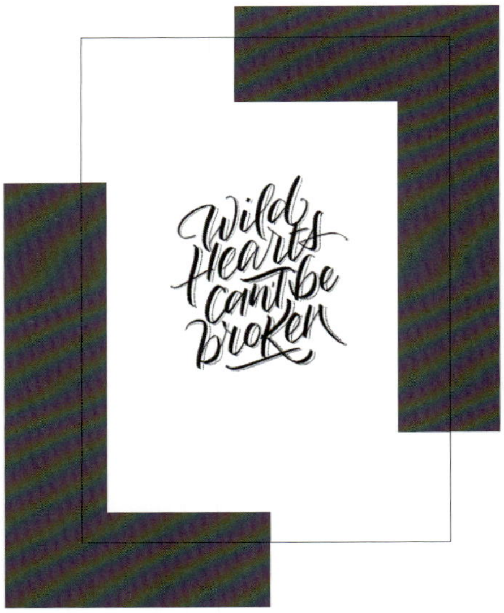

Wie kann ich die richtige Menge an Weißraum erkennen?

Skizziere doch einfach mal deinen Text auf ein Blatt Papier. Schneide dir am besten aus schwarzem oder andersfarbigem Papier zwei L-Streifen aus – wie ein zerlegtes Passepartout – und lege diese um deine Skizze. Verschiebe die Streifen unterschiedlich hin und her und beobachte, wie sich der Weißraum um deine Buchstaben herum verändert.

Du wirst schnell erkennen, dass die eine oder andere Positionierung deiner Skizze guttut oder eben nicht, und mit der Zeit bekommst du ein gutes Gefühl für den erforderlichen Weißraum und benötigst keine Papierstreifen mehr.

Wenn ich dann eine gute Lösung gefunden habe, fotografiere ich mir das kurz ab, damit ich später noch weiß, was ich mit meiner fertigen Komposition vorhatte.

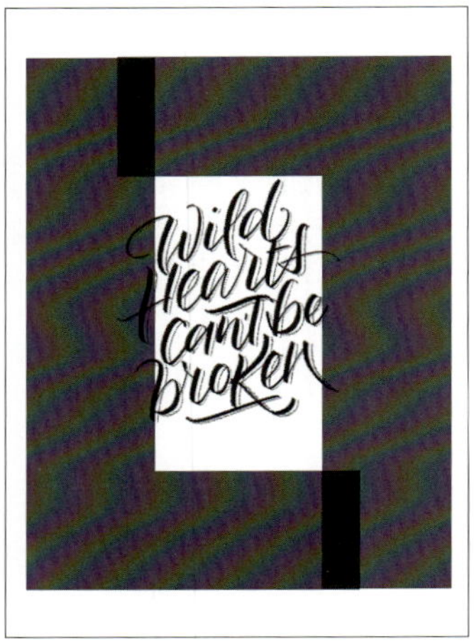

Tipp!

Arbeite immer auf einem deutlich größeren Format als der Größe, die du für dein Handlettering geplant hast.

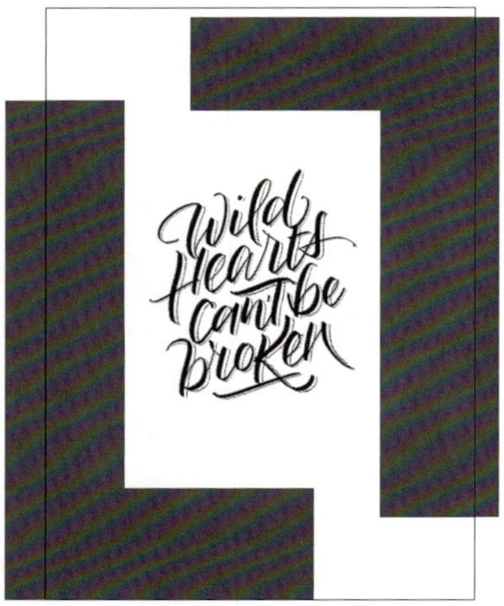

Versuche, das gleiche Prinzip doch einfach auch mal bei schon fertigen, aber noch losen Letterings oder Skizzen anzuwenden.

Schneide nach diesem Prinzip die überschüssigen Ränder ab. Wenn du mal zu sehr an den Seitenrand geraten bist, hilft fast immer, beherzt die Schere zu zücken und mutig noch mehr vom Bild wegzuschneiden. So entsteht ein reizvoller Anschnitt. Wenn du das rundherum einigermaßen gleichmäßig machst, bekommt dein Schriftbild wieder Halt und eine ganz neue Spannung. So wird auch ein etwas schief sitzendes Lettering zum Hingucker!

Wie du bereits gelesen hast, ist Weißraum sehr wichtig und hat großen Einfluss auf die Wirkung deines Werks.

Aber natürlich denkt man nicht immer gleich an den Weißraum, wenn man gerade im kreativen Schaffensprozess ist und sich total auf Schriften und die Komposition oder die Farben konzentriert. Aber es gibt die einfache Möglichkeit, deinem fertigen Blatt nachträglich noch den nötigen Negativraum zu schenken, indem du es wie oben beschrieben zuschneidest und dann auf ein farbig passendes oder schwarzes und deutlich größeres Papier aufklebst.

So bekommt dein Kunstwerk mehr Luft und wird zusätzlich noch auf die Bühne geholt. Die Komposition wird ausdrucksstärker und auch Farben wirken noch brillanter. So kannst du auch augenscheinlich ›verhunzte‹ Werke noch wirkungsvoll in Szene setzen.

Achtung: Du wirst nie wieder was wegschmeißen, da man fast alles mit einem bisschen geschenktem Weißraum retten kann.

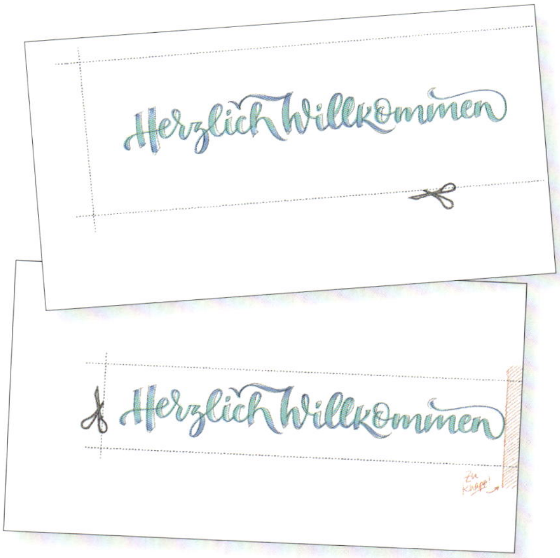

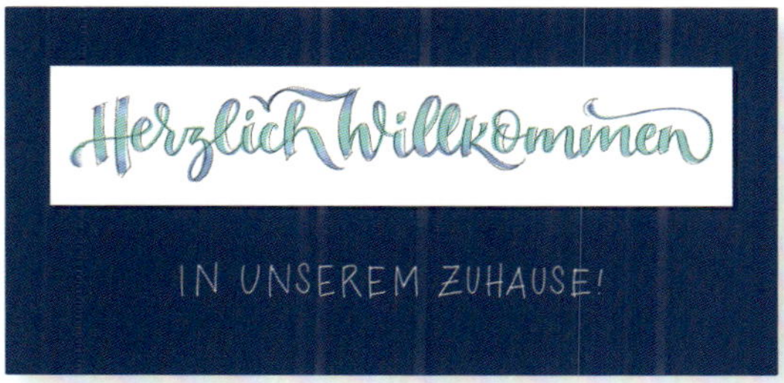

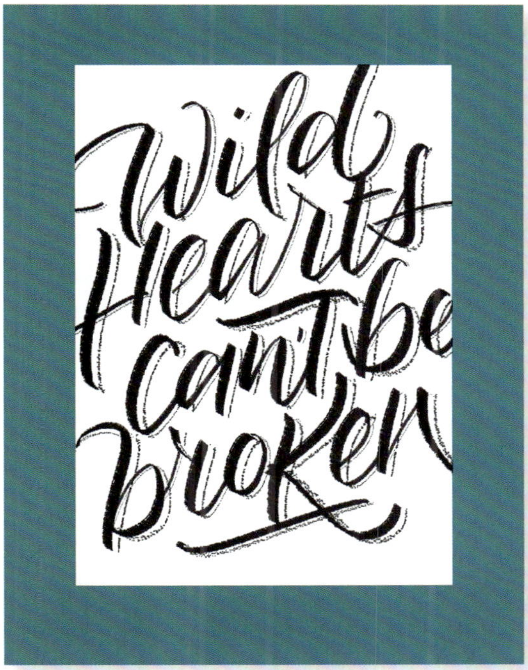

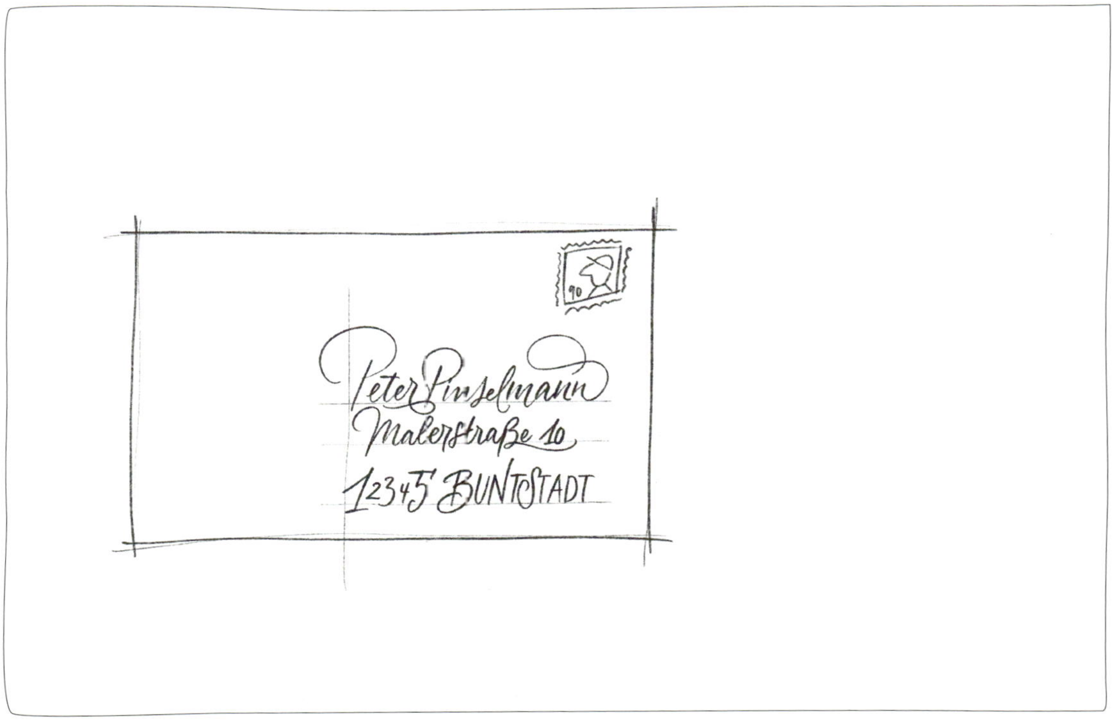

Wenn dein gewähltes Format z. B. ein fertiger Briefumschlag oder etwas anderes ist, bei dessen Beschriftung du nachher nichts verbessern kannst und es eine Punktlandung werden muss, ist es sinnvoll, erst einmal auf DIN A4 ein paar Skizzen anzufertigen und dich ›einzuschreiben‹.

Hierbei ist dennoch das Endformat entscheidend. Dieses solltest du dir dann auf deinem Blatt mit Bleistift locker einzeichnen. Vielleicht sogar mehrmals, denn ich bin ehrlich, der Weg zur finalen Komposition (und auch eine Adresse ist eine Komposition) kann manchmal lang werden und viele Skizzen notwendig machen.

Das Wichtigste

Hier noch mal die wichtigsten Tipps für die Planung deines Grundstücks:

1. **Wähle das passende Seitenformat.**
2. **Plane die Textausrichtung.**
3. **Beachte die optische Mitte.**
4. **Lasse einen Rand und gib deinem Lettering rundherum Luft.**
5. **Der Weißraum ist dein Best Buddy – schenke ihm Aufmerksamkeit!**

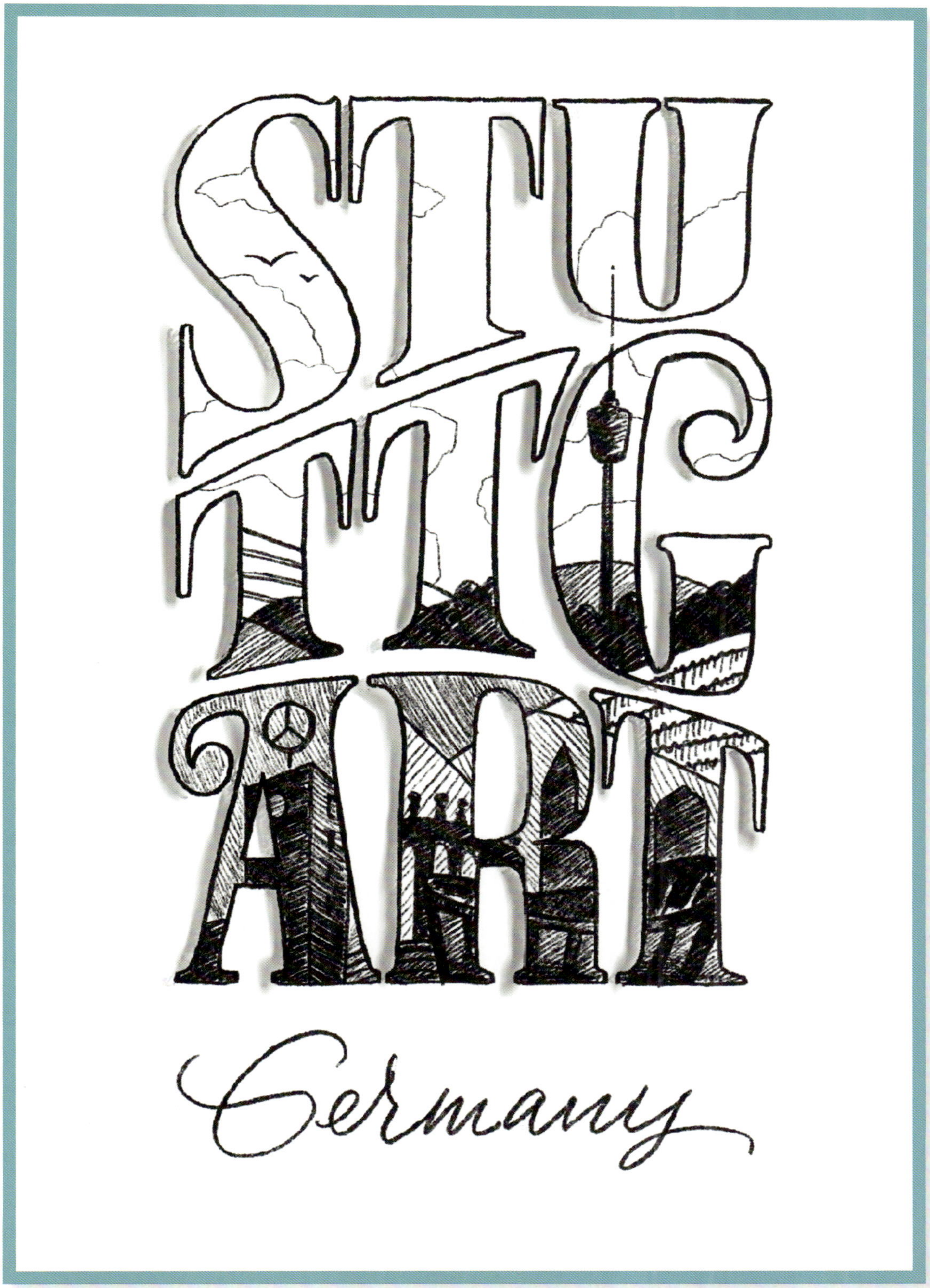
STUTTGART
Germany

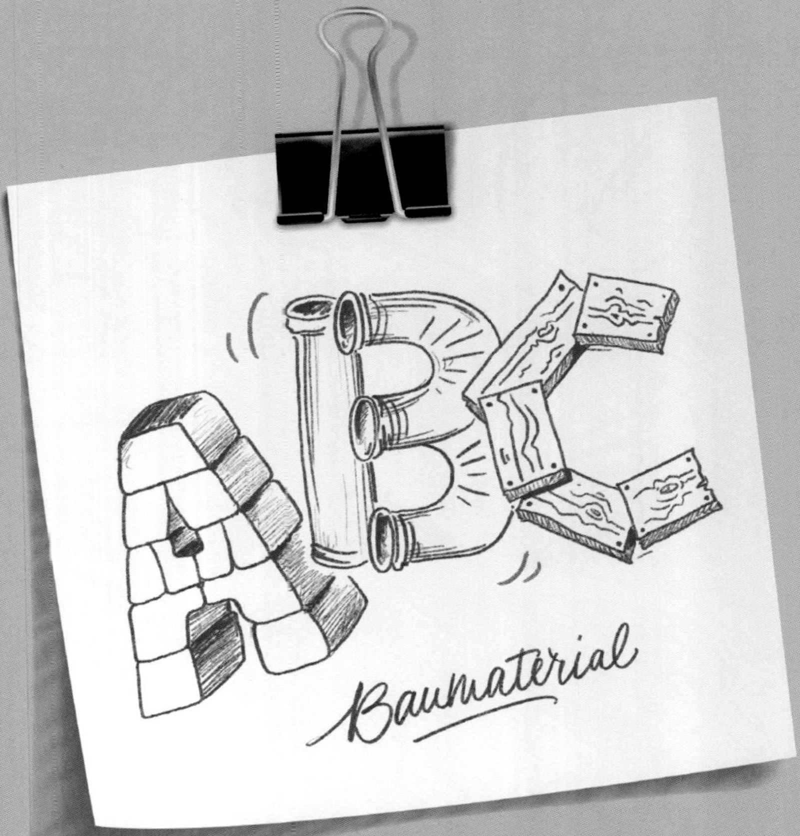
ABC
Baumaterial

TEIL 2

BAUMATERIAL

In den Kapiteln 4, 5 und 6 geht es um dein Baumaterial, das du benötigst, um dein Lettering-Haus zu erstellen. Ich gebe dir einen Einblick in die Typografie, zeige dir die Grundlagen des Handletterings und stelle dir meine Lieblingsschmuckelemente vor.

Kapitel 4 **Typografie**
Mache dich vertraut mit den Grundlagen rund um den Buchstaben und mit den wichtigsten Details zu Wort- und Zeilenabstand.

Kapitel 5 **Handlettering**
Dieses Kapitel zeigt dir Entscheidungshilfen zu Schriftarten und erklärt dir die No-Gos.

Kapitel 6 **Schmuckelemente**
Finde Anregungen in dieser kleinen Bibliothek der schönsten Illustrationen zum Einsatz in deiner Komposition.

4 / TYPOGRAFIE

Unser wichtigstes Baumaterial sind die Buchstaben. Wie beim Hausbau, wo Stein auf Stein gemauert wird, ist auch beim Handlettering ein sicherer Umgang mit deinem Baumaterial wichtig.

Ich selbst dachte auch lange, ich kann doch schreiben und lesen, und das Aneinanderreihen von Buchstaben ist doch kein Hexenwerk. Ist es auch nicht. Doch wahrscheinlich geht es dir wie mir damals, und du möchtest direkt loslegen, nachdem du schon so viele schöne Werke gesehen hast. Das Geheimnis jedoch, das verrät, warum und wie sich ein nettes Handlettering von einem wirklich tollen und superschönen Handlettering unterscheidet, liegt in der Kenntnis von Details. Buchstabengestaltung ist hierbei, im wahrsten Sinne des Wortes, das A und O.

Typografie ist die Lehre der Form und Gestaltung von Schriftzeichen und ist somit die beste und, ehrlich gesagt, wirklich unverzichtbare Grundlage für deine Letterings.

Du musst gar nicht so tief in diese Materie einsteigen, das Wichtigste erkläre ich dir in diesem Kapitel:

» das Zusammenfügen von Buchstaben zu Wörtern

» die gliedernden Elemente wie Zeilen, Absätze und Textblöcke

Die Typografie beschäftigt sich also mit den Mikroelementen deines Letterings.

Klingt ganz schön trocken?

Keine Sorge, du wirst die Liebe zum Detail entdecken, wenn du siehst, was du alles Schönes machen kannst mit deinem neu gewonnenen Wissen.

Unser Auge ist von klein auf daran gewöhnt, dem gedruckten Wort zu folgen, und unser Empfinden für Lesbarkeit und die Ästhetik der Buchstaben ist unbewusst schon früh geschult worden. Für uns ist das Lesen so selbstverständlich, dass wir jetzt kurz einen Schritt zurückgehen müssen, um die Liebe zum Detail neu entdecken zu können.

Wenn du so wie ich zu den ungeduldigen Menschen gehörst, dann hättest du gerne schon nach den ersten Lettering-Versuchen ein superspitzentolles Gesamtergebnis gehabt und ein Handlettering, das so gekonnt und leicht aussieht wie vieles, das wir auf Instagram oder sonst wo im Netz sehen können. Mir ging es so. Doch mein Ergebnis konnte nicht wirklich mithalten, und ich kam nicht gleich dahinter, woran das lag.

Mein ›Hallo-wach-Moment‹ kam, als ich anfing, genauer hinzuschauen. Ich bin sonst überhaupt kein Mensch, der wahnsinnig gern fitzelig und kleinteilig arbeitet, aber mit den Buchstaben hat mir das plötzlich Spaß gemacht, und Schrift wurde meine absolute Lieblingsbeschäftigung.

Ein Alphabet besteht auch heute noch für mich aus 26 faszinierenden kleinen Kerlchen, die alle unterschiedliche Gesichter haben.

In der ersten Klasse wurden sie mir, wie wohl dir auch, das letzte Mal im Detail nähergebracht, aber natürlich war da von Typografie nicht die Rede. Ich erinnere mich noch gut daran, was für einen Spaß es gemacht hat, diese neue Welt zu entdecken. Diese einzelnen Buchstabenbogen und Linien zu malen und dann zu sehen: Hoppla, das ist jetzt ein ›A‹. Hach, dieses Buchstabenmalen war einfach toll. (Das Lesen, das ich damit auch lernen sollte, fand ich persönlich dann nicht mehr so spannend und auch nicht so leicht).

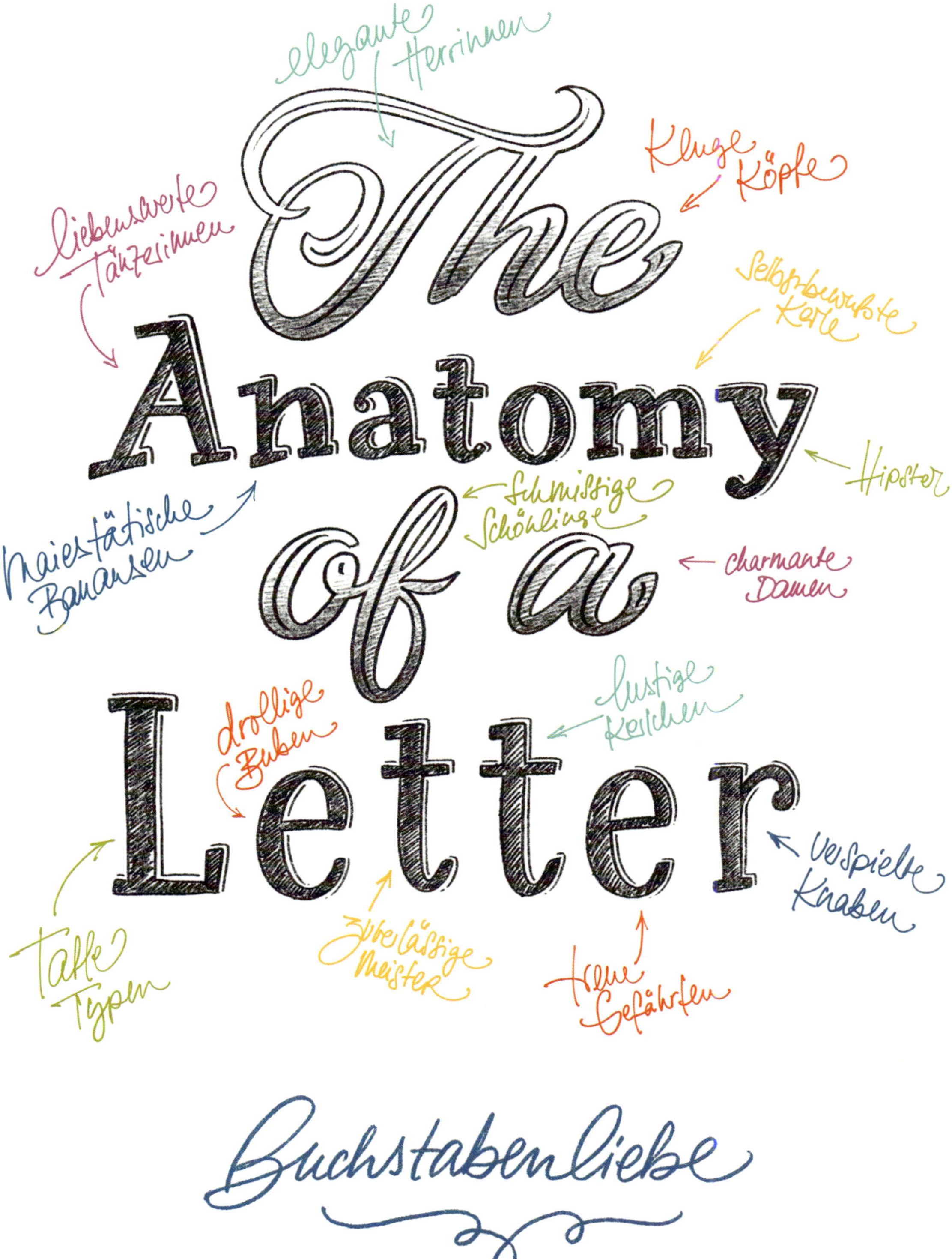
elegante Herrinnen
Kluge Köpfe
liebenswerte Tänzerinnen
The
Selbstbewußte Kerle
Anatomy
Hipster
schmissige Schönlinge
majestätische Banausen
of a
charmante Damen
lustige Kerlchen
drollige Buben
Letter
Verspielte Knaben
Tolle Typen
Zuverlässige Meister
treue Gefährten
Buchstabenliebe

Erinnerst du dich noch an den Moment, als du zum ersten Mal deinen Namen schreiben konntest? Das war doch wie laufen lernen oder Auto fahren oder so was, oder?

Ich höre heute noch, wie meine Oma mich gelobt hat, als ich mit meinen dicken Filzern JULIA geschrieben habe. Ein unvergessener Glücksmoment. Das Schreiben fühlte sich mehr wie Malen statt wie Schreiben an, und genau dahin zurück führte mich der Weg durch die Typografie.

Auch wenn ich mich heute sehr professionell mit Buchstaben auseinandersetze, gefällt mir doch sehr, dass Handlettering irgendwie immer spielerisch bleibt.

Man experimentiert und schiebt und zeichnet und radiert und zeichnet usw. Herrlich!

Daher möchte ich dich anstecken und dich dazu bringen, dir Buchstaben etwas genauer anzuschauen und zu entdecken, was für viel mehr Möglichkeiten du hast, wenn du die Details, die in einem Alphabet stecken, besser kennst.

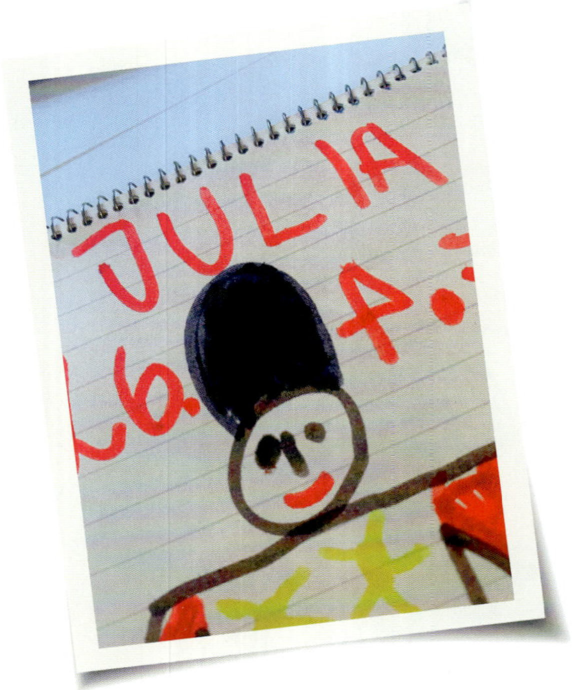

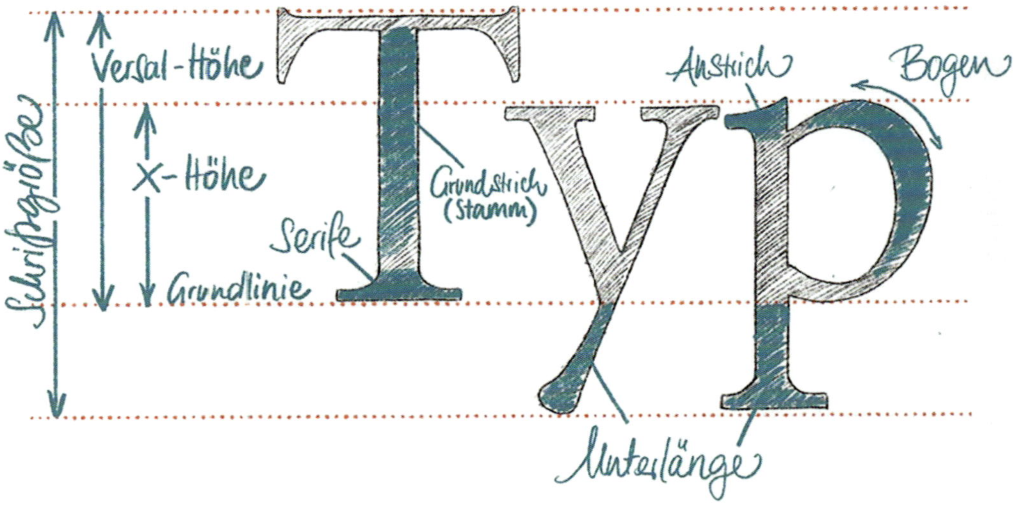

4/1 Anatomie der Buchstaben

Lerne dein Buchstabenmaterial kennen, und dein Haus wird auf sicheren Beinen stehen. Lass uns die Gestalt unserer kleinen Buchstabenkerlchen mal genauer unter die Lupe nehmen. Wenn du die Anatomie eines Buchstabens besser kennst, kannst du seine Bestandteile viel besser kreativ einsetzen und die tollsten Sachen damit bauen und zeichnen.

Hier die wichtigsten typografischen Begriffe. Die musst du nicht auswendig lernen, aber es kann nicht schaden, wenn wir alle die gleiche Buchstabensprache sprechen.

Schrifftgröße: Erstreckt sich von der Oberkante eines Buchstabens mit Oberlänge bis zur Unterkante eines Buchstabens mit Unterlänge.

Versal-Höhe: Gemessene Höhe eines Großbuchstabens.

x-Höhe: Mittlerer Teil eines Buchstabens.

Grundlinie: Standlinie aller Buchstaben.

Serife: Horizontaler Buchstabenabschluss und häkchenartige Buchstabenenden.

Grundstrich: Stärkste und zugleich senkrechte Linie eines Buchstabens, auch Stamm genannt.

Unterlänge/Oberlänge: Unterer/oberer Teil eines Buchstabens.

Anstrich: Kurzer Buchstabenansatz, je nach Schriftart auch eine Serife.

Auf-/Abstrich: Richtungsbewegung des Stifts und dadurch nach oben bzw. unten geführter Strich in einem Buchstaben.

Bogen: Rundung der Groß- oder Kleinbuchstaben wie beim P, B oder D.

Punze: Der leere Innenraum eines Buchstabens, etwa beim o, aber auch halb leer, wie beim u oder m.

Schleife: Geschlossene Unterlänge.

Steg: Verbindende Linie von einem Element innerhalb der x-Höhe zur Schleife.

Ohr: Fähnchen am kleinen g oder schmückend an anderen geschlossenen Buchstaben.

Tropfen: Runde Verdickung, z. B. bei a, g, c oder j – oder nach Geschmack

Ligatur: Buchstabenverbindung

Auslauf: Buchstabenende

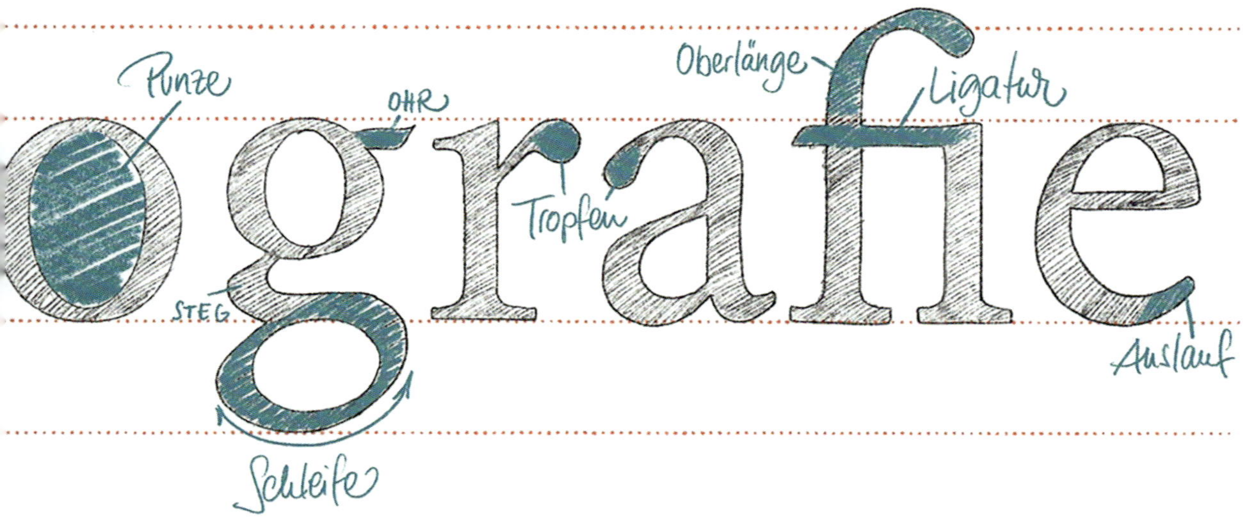

4/2 Buchstabenverhalten im Wort

Wenn du Lettering als Hobby betreibst, natürlich als tollstes Hobby der Welt, dann ist für dich das, was jetzt kommt, weitaus wichtiger, als die Begrifflichkeiten der Typografie zu kennen. Und nachdem du jetzt schon kurz mit der Lupe auf die einzelnen Buchstaben geschaut hast, geht es hier um die Anordnung der Buchstaben im Wort.

Die Buchstaben harmonisch anzuordnen, ist für die Gesamtwirkung super wichtig.

Wenn du am Computer deine Wörter tippst oder auf deinem Smartphone eine E-Mail eingibst, werden die Buchstaben ja wie von Geisterhand schon korrekt aneinandergereiht. Der Type-Designer und der Programmierer hatten bereits dafür gesorgt, dass alles den perfekten Abstand zueinander hat.

Beim Handlettering müssen wir uns selber um die richtigen Buchstaben- und Wortabstände kümmern. Und wahrscheinlich hast du auch schon festgestellt, dass das ganz schön verzwickt sein kann. Was ist also das Wichtigste beim Anordnen der Buchstaben?

Das Kerning

Auch Spacing genannt – so nennt man die individuelle Anpassung eines Buchstabenpaars im Wort. Hier geht es darum, sich um den horizontalen Abstand zwischen den Buchstaben und Ziffern oder Schriftzeichen zu kümmern.

Die **Buchstabenabstände** sind genauso wichtig wie die Buchstaben selbst. Die Abstände sind die unsichtbaren Gesellen, die das Wort zusammenhalten.

Dieses Buchstabenverhalten bestimmt, wie eng oder weit, wie luftig locker oder streng und ernst ein Text daherkommt. Wenn Buchstaben z. B. zu viel Abstand voneinander haben, fallen sie auseinander. Ein Mauerbau aus Ziegeln ohne Zement dazwischen würde wohl auch ziemlich schnell wieder einstürzen. Der Buchstabenabstand hilft dir außerdem dabei, deinem Wort Bedeutung zu verleihen oder eine Lücke im Lettering auszugleichen.

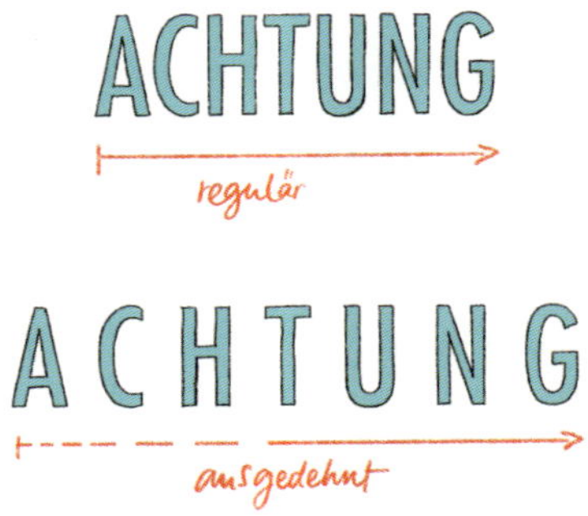

Kerning mit Buchstabenformen
Um den Buchstabenabstand besser bestimmen zu können, schau dir immer die Form eines Buchstabens an.

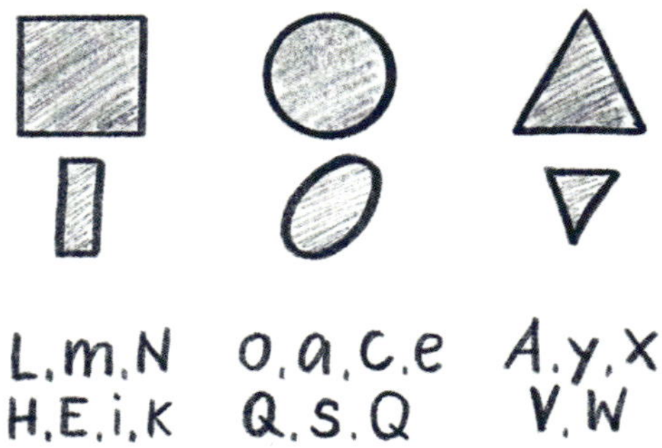

Es gibt drei Grundformen, die es harmonisch in Einklang zu bringen gilt:

» die runden Buchstaben

» die geraden Buchstaben

» die diagonalen Buchstaben

Oben siehst du einige Buchstaben-Beispiele, die den Formen zugeordnet werden. Da also nicht jeder Buchstabe gleich ist, ist die Kombination von Buchstaben manchmal etwas herausfordernd, und der Abstand zueinander muss angepasst werden.

Kerning leicht gemacht! Um deinen Buchstaben den richtigen Abstand zuteilen zu können, machen es dir diese Regeln etwas leichter:

BEISPIEL	BUCHSTABENFORM	PROBLEM	LÖSUNG
SO	*rund + rund*	*zu luftig*	*Abstand verringern*
IN	*gerade + gerade*	*zu eng*	*Abstand vergrößern*
MO	*gerade + rund*	*ausgewogen – kein Problem!*	*Abstand stimmt*
XY	*diagonal + diagonal*	*zu luftig*	*Abstand verringern, oft sogar bis zur Überlappung*
EY	*gerade + diagonal*	*zu luftig*	*Abstand verringern, oft sogar bis zur Überlappung*
VO	*diagonal + rund*	*zu luftig*	*Abstand verringern*

Bei dem Wort Vogel unten in der ersten Version sind die Buchstaben genau gleich angeordnet. Sie haben korrekte Formen und die Abstände sind geometrisch betrachtet die gleichen.

Hier trifft ein diagonaler Buchstabe auf einen runden, und du kannst deutlich sehen, wie der erste Buchstabe aus dem Wort herausfällt, wenn die Buchstabenabstände zu gleichmäßig angeordnet sind.

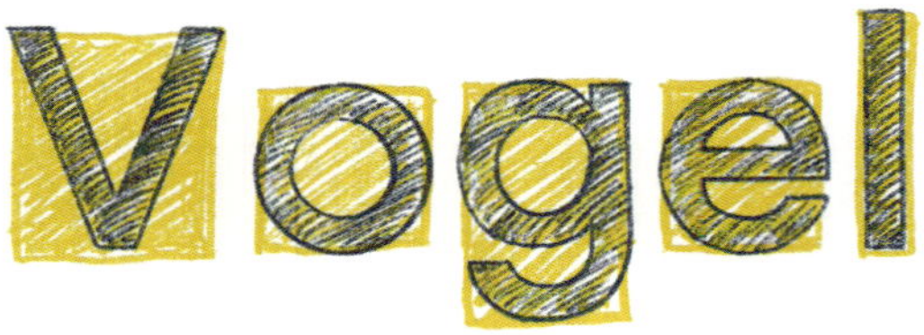

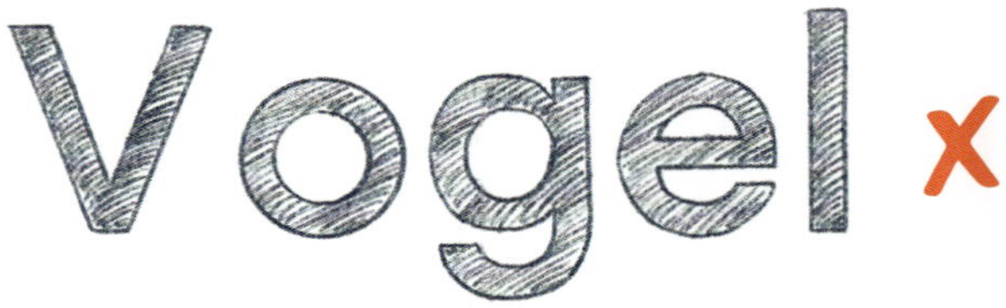

Durch den großen Zwischenraum, der bei diagonalen Buchstaben wie dem V entsteht, wirkt der Abstand um ein Vielfaches größer und hängt den Buchstaben vom Rest des Worts ab.

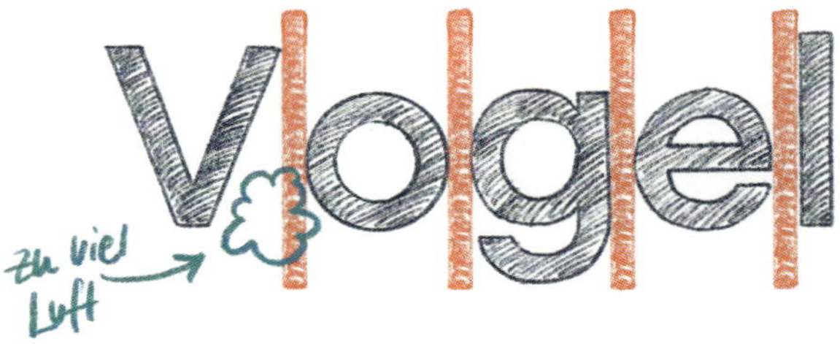

Das V muss etwas nach rechts gerückt werden.

Der verringerte Abstand lässt die Buchstaben gleichmäßig aufgereiht, wie an einer Perlenkette, wirken. Das Wort wirkt damit harmonischer, und es ist besser lesbar.

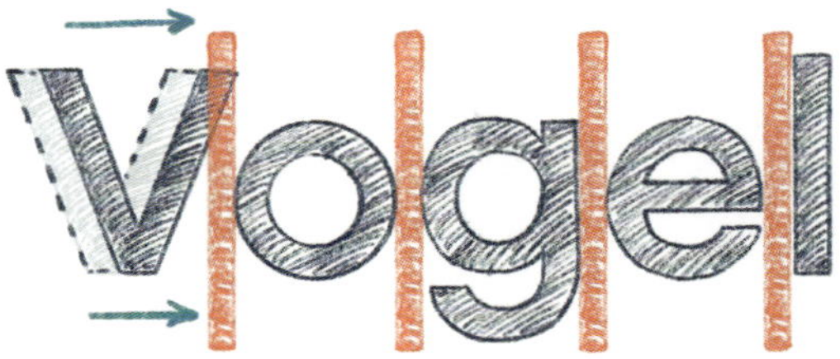

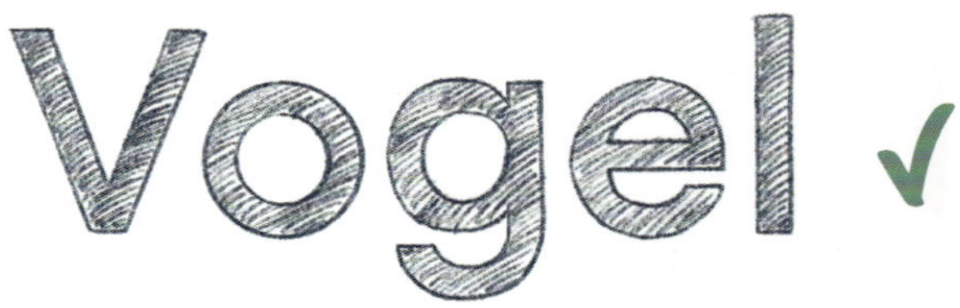

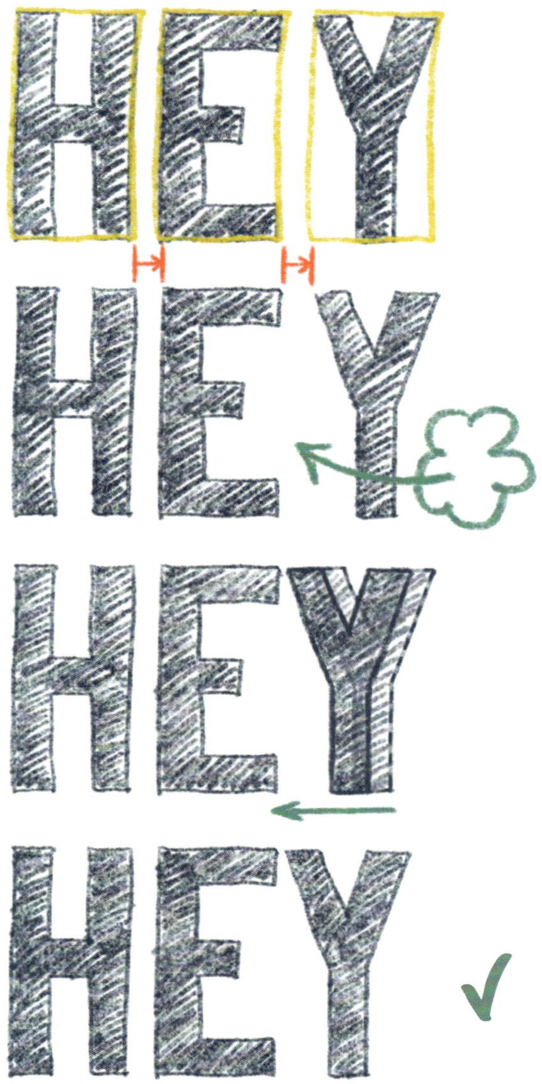

Bei diesem Beispiel trifft das gerade E auf das Y, das den diagonalen Formen zugeordnet wird.

Es fällt sofort auf, dass zwischen E und Y der Zwischenraum größer und weiter erscheint als zwischen H und E. Das Wort ist optisch auseinandergerissen.

Wenn du dir den Zwischenraum als verbindenden Zement vorstellst, dann ist schnell klar, dass du immer eine ähnliche Menge an Zement benötigst, um deinem Wort Stabilität zu verleihen. Zu viel ist nicht schön, zu wenig auch nicht.

Wie in der Regeltabelle beschrieben, habe ich das Y etwas näher an das E gerückt, das verringert den Abstand, und weniger Zement wird benötigt.

So sieht das doch gleich viel schicker und gekonnter aus!

Ich verleihe meiner Optik einen kleinen Knick. Das ist viel entscheidender, als Abstände auszurechnen und gleich anzuordnen.

Es geht darum, einen optischen Ausgleich zu schaffen.

So verhinderst du Löcher oder eine Kollision der Buchstaben in deinen Wörtern und damit nachher auch in deiner Komposition.

Luft im Buchstaben

Nicht nur die Form eines Buchstabens spielt eine Rolle, sondern auch, wie ›luftig‹ der Buchstabe selbst ist. Einige Buchstaben haben offene Räume, die es optisch etwas zu verschließen gilt. Auch hier muss der Abstand meistens verringert werden.

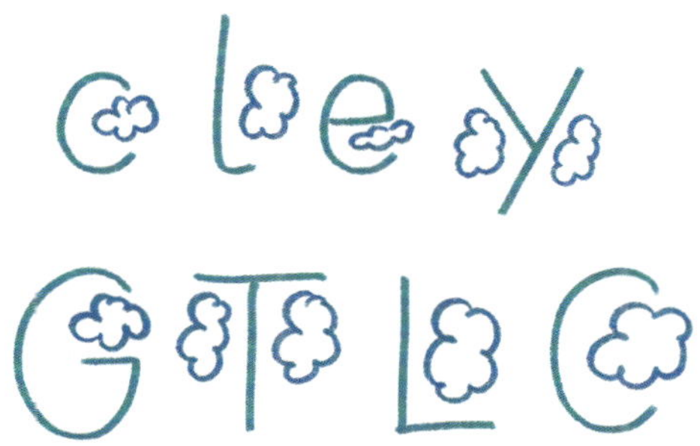

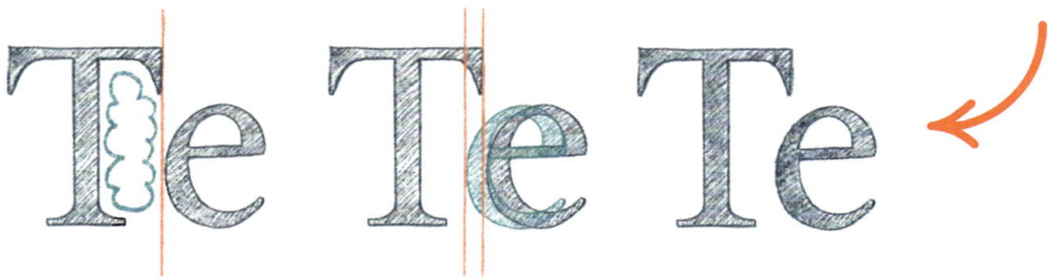

Widerspenstige Buchstabenkombinationen
Bei den meisten Buchstaben wird es dir leichtfallen, sie mit richtigem Abstand anzuordnen. Es gibt jedoch ein paar Kombinationen, bei denen du etwas mehr Sorgfalt walten lassen solltest.

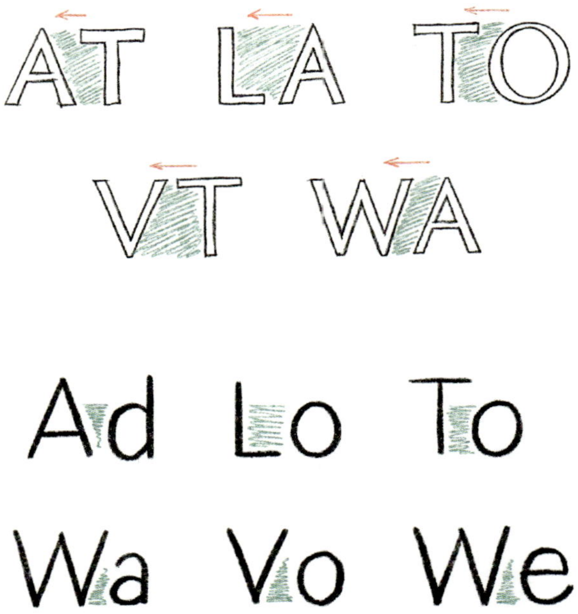

Rechts siehst du die häufigsten Buchstabenkombinationen, bei denen du besonders aufpassen solltest, dass keine ›Löcher‹ entstehen. Diese Pärchen neigen dazu, zu luftig nebeneinanderzustehen. In der Regel benötigen sie daher einfach etwas weniger Abstand zueinander.

Probiere es selbst mal aus, indem du dir wahllos Buchstaben nebeneinanderzeichnest und anhand der Regeltabelle den Abstand anpasst. Bald hast du die einzelnen Formen verinnerlicht, und das Kerning klappt ganz von alleine.

Ligaturen

Zum Optimieren der Buchstabenkombinationen gehört auch die Verschmelzung der Buchstaben, die sogenannte Ligatur, hergeleitet aus dem lateinischen Wort ligare = [fest-]binden.

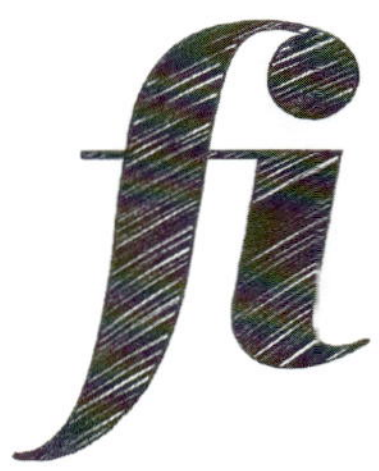

Ligaturen werden beim Handlettering besonders gerne verwendet. Sie helfen z. B. dabei, unschöne Löcher zu schließen oder Zusammenstöße von Buchstaben auszugleichen. Sie bieten viele hilfreiche Möglichkeiten.

Es gibt verschiedene Ligaturen, aber für dich sind nur zwei wichtig:

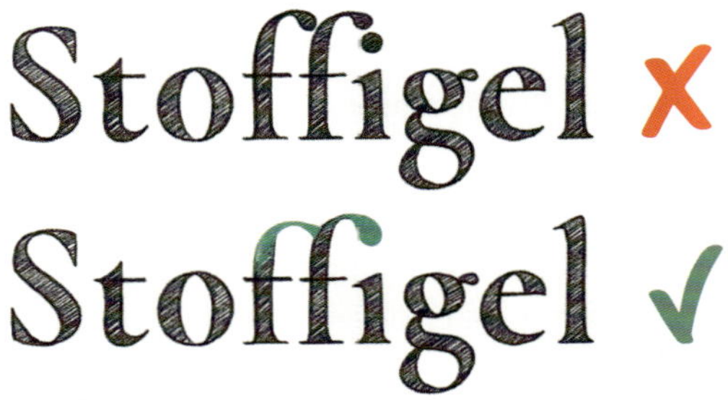

- **Kollisionsligaturen:** Wenn zwei Buchstabenformen aneinanderstoßen, werden sie durch eine Verbindung besser lesbar.
- **Schmuckligaturen**: Wie der Name schon sagt, haben sie mehr einen dekorativen Zweck und sind typografisch nicht notwendig, aber machen dein Lettering interessanter und abwechslungsreicher. Hierbei werden zwei Buchstaben kunstvoll miteinander verbunden. Ich liebe sie.

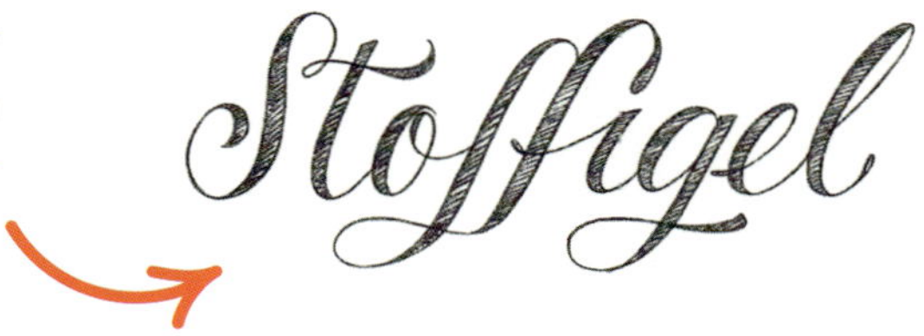

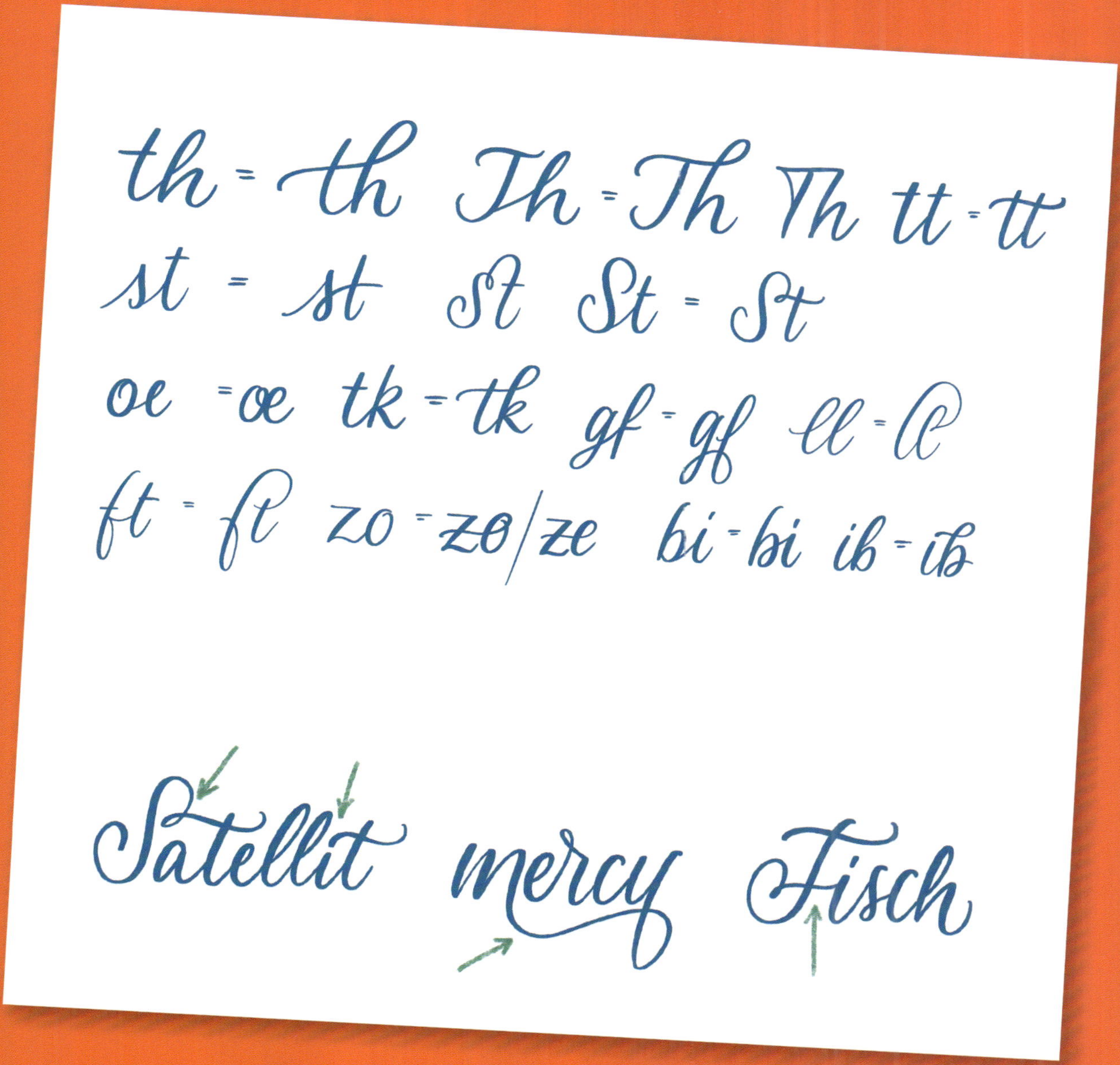

Beliebte Schmuckligaturen im Handlettering
So schön Ligaturen sind, überfrachte dein Wort nicht damit. Zu viele Ligaturen beeinträchtigen die Lesbarkeit und wären dann wiederum kontraproduktiv. Sie sollen ja eine Lösung und keine Störung sein.

Die Laufweite

Durch den Abstand der Buchstaben wird auch die gesamte Ausdehnung eines Worts bestimmt. Das ist die Laufweite.

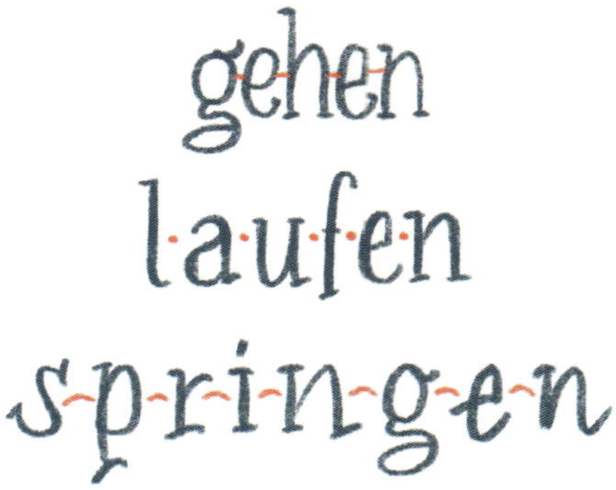

Du bestimmst die Wirkung deines Worts auch durch die Laufweite.

Schau mal, wie unterschiedliche Laufweiten das Kerning, die optische Größe und auch den Ausdruck deines Worts verändern. Natürlich läuft das Wort bei großer Laufweite länger und breiter, aber auch die Buchstaben wirken plötzlich größer, obwohl sie bei allen drei Wörtern die gleiche Buchstabengröße, die gleiche x-Höhe haben.

Die Buchstabenabstände haben nicht nur Einfluss auf die Lesbarkeit, auch das Gefühl, das man beim Lesen hat, wird mitbestimmt. Und da du ja kein Computer und keine Maschine bist, übernimmst du selbst die Aufgabe der Buchstabenplatzierung und hast damit die Möglichkeit, auch gleich die Stimmung deines Letterings zu beeinflussen.

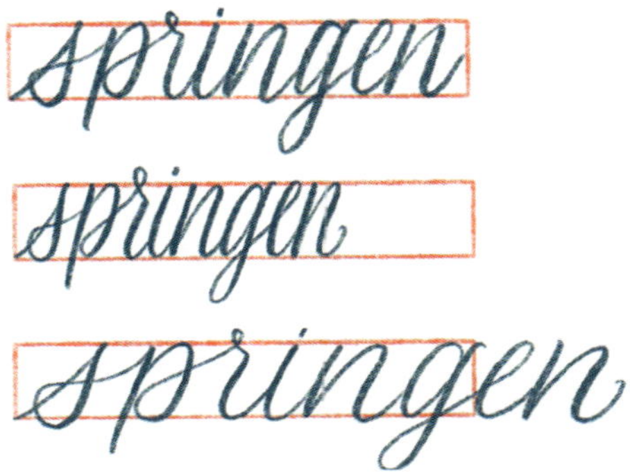

! ***Keine Ligaturen bei großer Laufweite!***

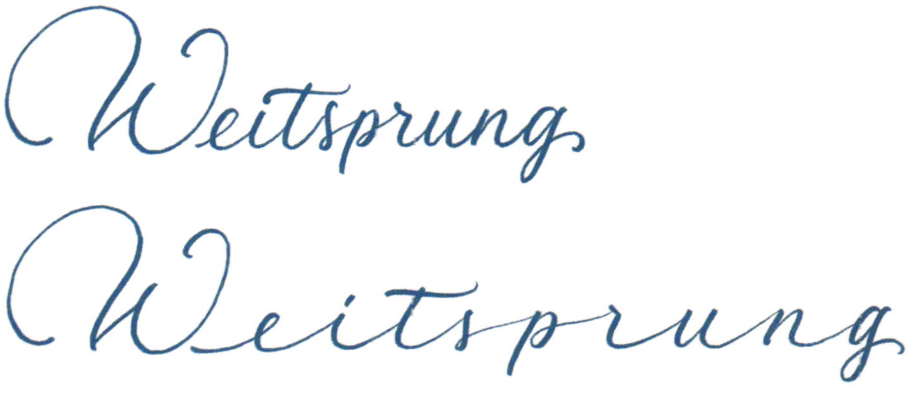

Mach mit! ***Probiere es einfach mal aus. Schreibe dasselbe Wort mit verschiedenem Buchstabenabstand und unterschiedlicher Laufweite.***

Wortabstand

Der Wortabstand ist natürlich genauso wichtig wie der Buchstabenabstand, aber der Umgang damit fällt uns meistens leichter, da wir das durch das handschriftliche Schreiben sicher schon sehr verinnerlicht haben.

Ein Text und auch eine Komposition wirken harmonischer, wenn der Wortabstand nicht zu nah und nicht zu weit gesetzt ist.

Wenn die Wörter zu dicht stehen, fällt es uns schwer, die Bedeutung und den Inhalt zu erfassen – die Lesbarkeit leidet. Wenn wir zu viel Platz haben, schafft es störende Löcher in unser Gesamtbild, was eine gute Komposition schnell ins Wanken bringt und flüssiges Lesen ebenfalls erschwert.

Aber jetzt keine Panik, denn meistens gelingt es uns ganz von alleine, diesen Raum geschickt zu wählen. Und der Wortabstand ist bei einer Lettering-Komposition nicht ganz so entscheidend, da wir meistens nur ein bis drei Wörter in einer Zeile haben und das dann anders beurteilen als bei einem Buchtext zum Beispiel. Die Lesbarkeit ist zwar wichtig, aber bei einem Lettering geht es ja nicht um das Lesen langer Texte wie morgens in der Zeitung.

Generell gilt es, den Abstand vielleicht lieber etwas zu luftig zu wählen, dann hast du die Möglichkeit, durch zeichnerische Tricks etwas zu groß gewordene Wortabstände auszugleichen.

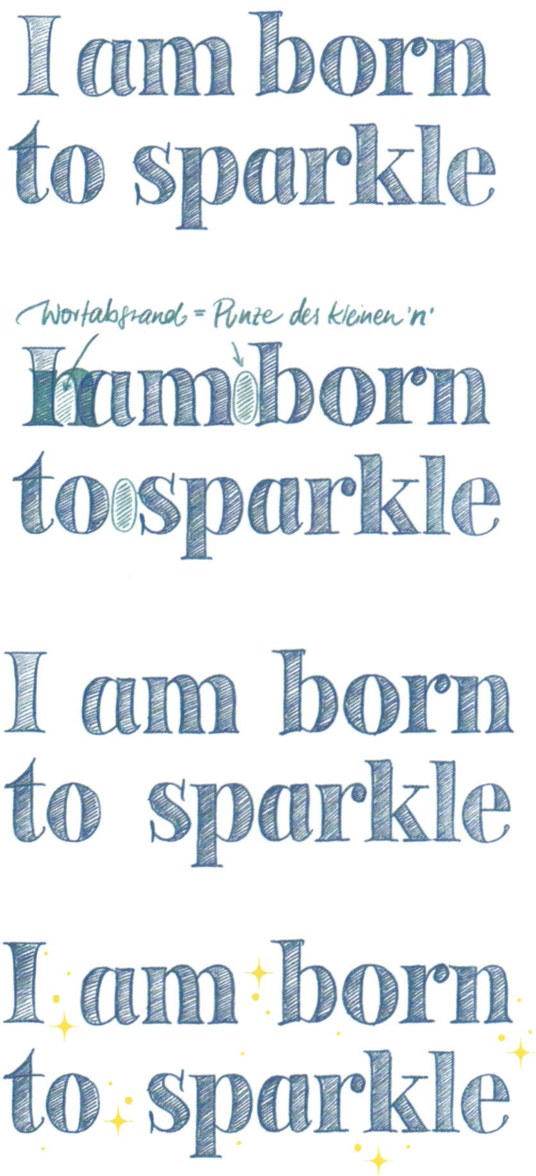

Zeilenabstand

Ich persönlich finde im Handlettering das Beachten des Zeilenabstands noch wichtiger als das perfekte Platzieren des Wortabstands.

Streng genommen unterscheidet man zwischen Folgendem:

- **Zeilenabstand:** Das ist der gemessene Raum zwischen den Grundlinien jeder Zeile.
- **Optischer Zeilenabstand:** Das ist der leere Zwischenraum von der Grundlinie bis zur x-Höhe der darunterliegender Zeile. Unter- und Oberlängen und Großbuchstaben ragen in diesen Zwischenraum hinein.

> ***Je länger die Zeilen eines Textes sind, desto größer muss auch der optische Zeilenabstand ausfallen.***

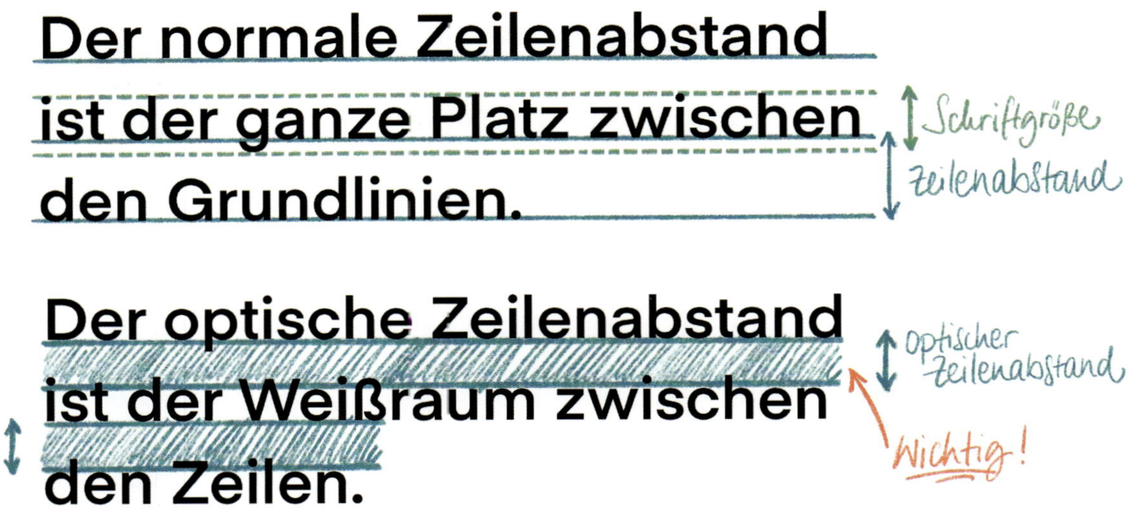

Auch beim Zeilenabstand gilt, dass wir bei einer Lettering-Komposition viel freier sind als bei einem Brief oder Artikel, und wir müssen auch nicht in Millimetern ausrechnen, welcher Zeilenabstand der idealste sein könnte.

Wichtig ist, den Zeilenabstand als Weißraum ernst zu nehmen. Denn auch hier wie beim Buchstabenabstand gilt, dass wir zwischen den Zeilen ebenso gestalten wie in den Zeilen.

So richtig wichtig ist für dich daher nur der **optische Zeilenabstand**. Wie mächtig Weißraum sein kann, hast du in Kapitel 3 schon erfahren.

Die Größe des Zeilenabstands hängt natürlich auch wieder von der gewählten Schriftart ab und von den Buchstaben, die im Wort vorkommen.

Ab Kapitel 6, wenn wir deinen Text zusammenbauen, werden wir uns noch intensiver mit dem Zeilenabstand befassen, und du wirst schnell feststellen, dass wir je nach Text und Buchstaben ganz verschieden mit dem Zeilenabstand umgehen können.

Na, was gefällt dir besser?

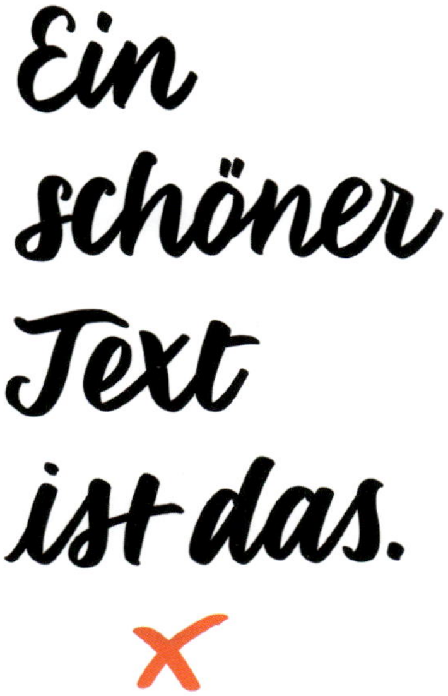

Bild 1 fällt irgendwie auseinander, wirkt zu flattrig und verloren. Unser Auge wertet das Weiß der Zwischenräume zu stark.

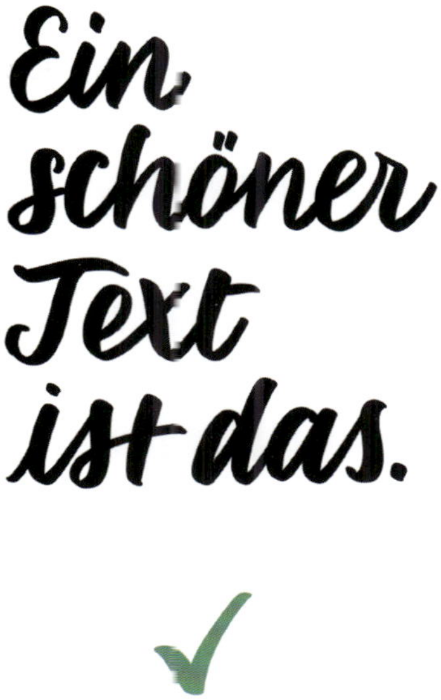

In Bild 2 ist der Zeilenabstand verengt. Dadurch spielen die Wörter viel besser miteinander, und das Gesamtbild ist kompakter und harmonischer.

Für eine harmonische Wirkung deiner Komposition ist grundsätzlich ein kleinerer Zeilenabstand sinnvoll. Wenn du mit dem Lettering gerade erst angefangen hast, neigst du vielleicht dazu, die Zeilenabstände erst mal groß anzulegen, weil du schon festgestellt hast, dass die Ober- und Unterlängen der Buchstaben sehr gerne aneinanderstoßen. Und tatsächlich, die größten Gegner für den kleineren Zeilenabstand sind die Ober- und Unterlängen. Und manches Mal befinden die sich auch noch an den ungeschicktesten Stellen. Da bedarf es manchmal ganz schön viel Kniffelei und Kreativität, um das zu lösen.

Aber das ist doch das Schöne beim Handlettering, du kannst deine Wörter und Zeilen frei verschieben und versetzen. Denn Lettering ist doch viel mehr Illustration als bloßes Textschreiben. Daher sind wir frei und dürfen typografische Gesetze auch brechen.

Lösungen & Ideen dazu findest du in Kapitel 6.

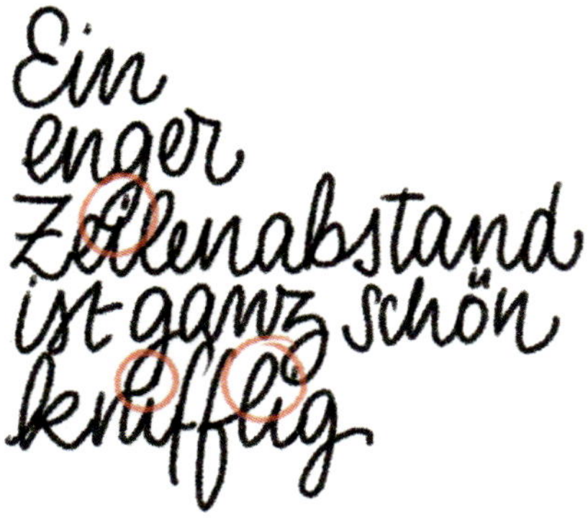

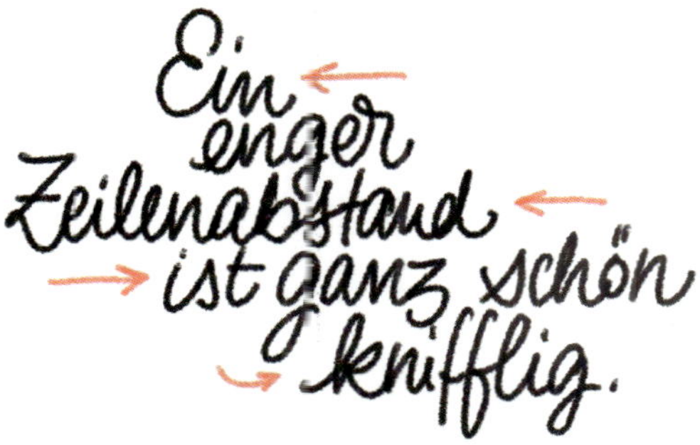

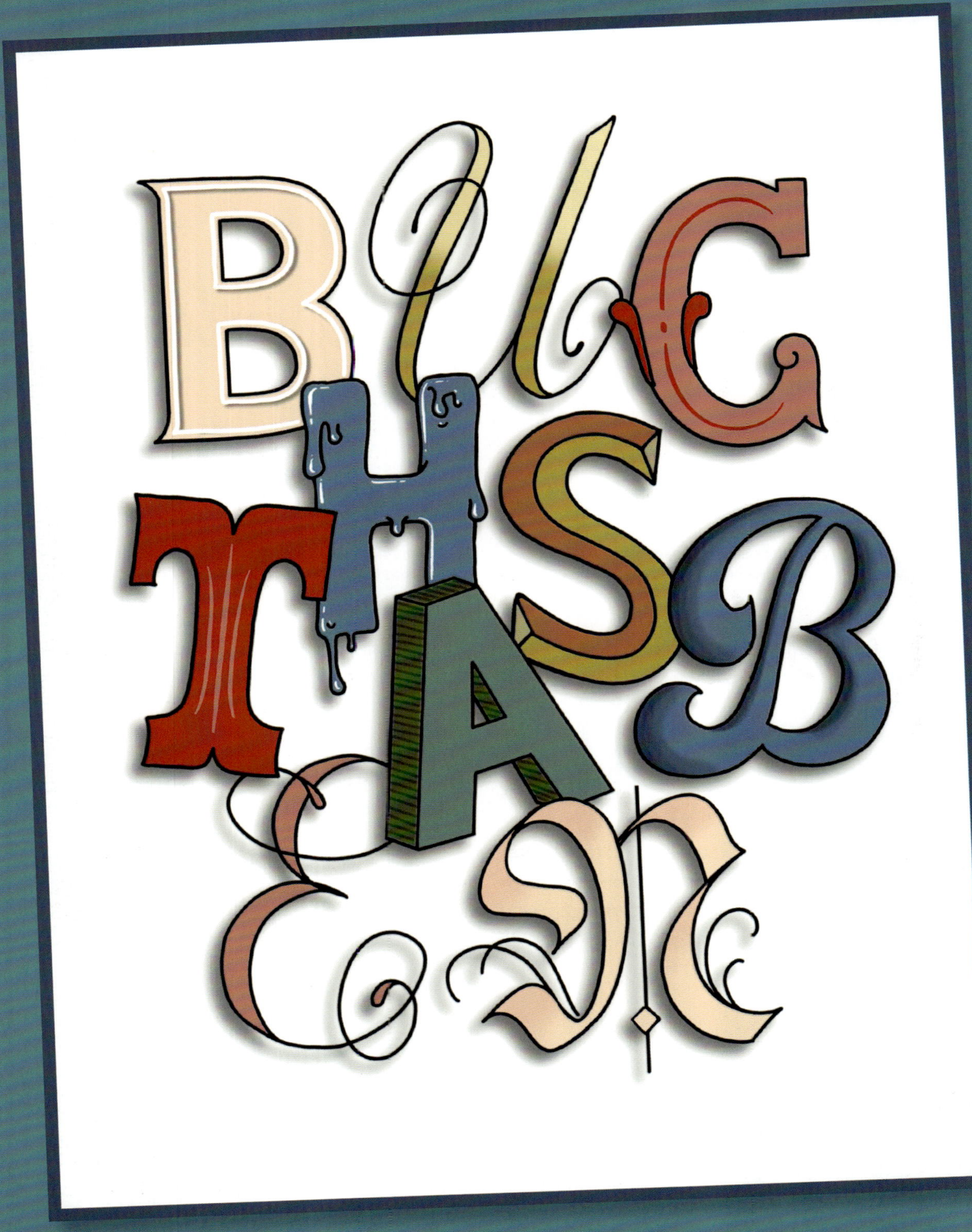

Strength in Letters

5 / HANDLETTERING

Zusammen mit dem Wissen über Buchstaben ist natürlich das Lettering unser wichtigstes Baumaterial. Nach den technischen Details geht es nun um das, was du eigentlich von diesem Buch erwartest: das Handlettering. Dabei geht es darum, typografische Vorgaben zu beachten und den Wörtern zeichnerisch und spielerisch eine Figur zu geben. In diesem Kapitel widme ich mich dem Wichtigsten beim Lettering: der Auswahl der Schriften. Du erfährst die Grundlagen dazu, wie du Schriften und Alphabete sinnvoll einsetzt, um deiner Komposition die nötige Standfestigkeit und den gewünschten Glanz zu verleihen.

5 / 1 Schriftarten

Da du beim Handlettering immer alles von Hand zeichnest, bestimmst du selbst, wo es langgeht. Du bist die Bauherrin oder der Bauleiter und nimmst direkt Einfluss darauf, wie dein fertiges Werk wahrgenommen und betrachtet werden soll. Das Aussehen der Schriften beeinflusst die Komposition und verleiht ihr Stabilität oder lässt sie einstürzen wie ein Kartenhaus.

Bevor du mit einer Komposition beginnst, wirst du zunächst einige Entscheidungen rund um die Schrift bzw. dein Alphabet treffen müssen.

1. **Welche Schriftart gefällt dir?**
2. **Welche Stimmung soll deine Schrift haben?**
3. **Benötigst du eine zweite Schrift und, wenn ja, welche?**

Lass uns zunächst mal einen Blick auf das Baumaterial an sich werfen. Welche Schriftarten gibt es, und wie kannst du sie einsetzen?

Wie du sicher schon festgestellt hast, gibt es ganz verschiedene Schriftarten, auch Schriftstile genannt. Rechts siehst du die, die am häufigsten im Handlettering benutzt werden.

Wenn du Alphabete übst, dann versuche dich jeweils an einem aus dieser Klasse, und du hast ein großartiges Repertoire, um raffinierte Lettering-Kompositionen zu gestalten.

Sans Serif

Serifenlose Schriften ohne Schmuck

Serif

Schriften mit Serifen

Slab Serif

Blockartige Serifenschriften/Egyptienne

Character

Scriptschriften, Handschriften, Pinselschriften

Display

Plakatschriften, Stempelschriften

Blackletter

Historische & gebrochene Schriften. Sie bilden eher die Ausnahme und dienen mehr der Inspiration, da sie der Kalligrafie zuzuordnen sind.

Die wichtigsten Schriftarten und ihre Besonderheiten

Im Handlettering geht es natürlich freier und kreativer zu als in der strengen Typografie oder in der Computerwelt, und die einzelnen Schriftarten können fantasievolle Formen annehmen. Die Schriftart bleibt aber erkennbar.

Welche Schriftart eignet sich für welchen Einsatz in deinem Lettering?

Mit **Sans Serif** gehst du fast immer auf Nummer sicher – diese Schriftarten lassen sich mit fast allem kombinieren. Achte auf die Anatomie der Buchstaben! Besonders monoline (mit gleichbleibender Strichstärke) geschrieben oder gezeichnet, sind Sans-Serif-Schriften sowohl schöne pure Einzeldarsteller als auch eine super Ergänzung in jeder Komposition.

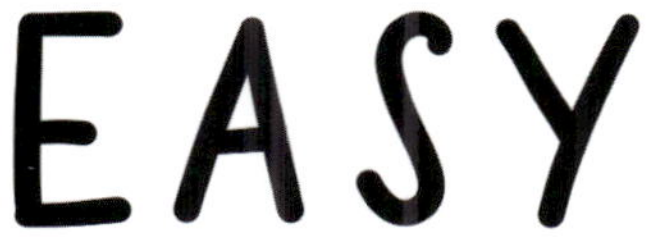

Serifen-Schriften sorgen für den Extrakick an Eleganz. Die Serifen eignen sich toll zum Ausschmücken und Lücken schließen.

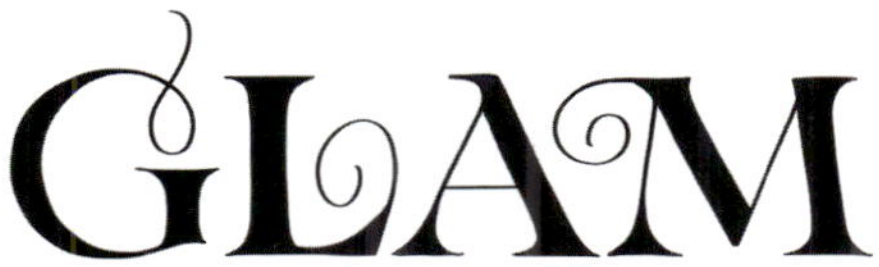

Scriptschriften bieten dir die Möglichkeit zu fantastischen Kreationen deiner Ober- und Unterlängen. Für Schnörkel-Lover besonders geeignet. Mit dem Brushpen geschrieben, können sie ganz unterschiedlichen Charakter bekommen.

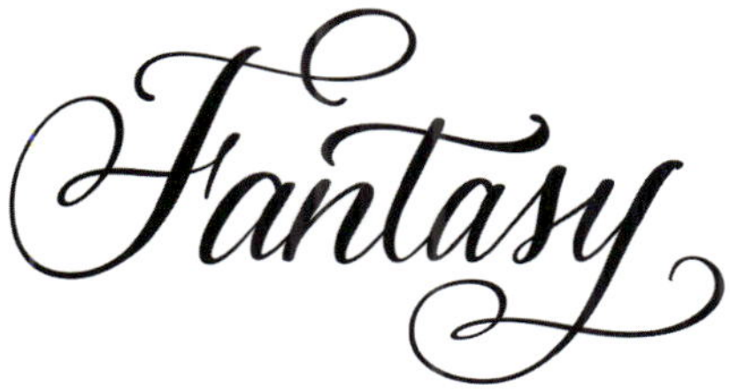

Wuchtige **Displayschriftarten**, zu denen auch solche Fancy Fonts wie 3-D-Schriften gehören, sind ein toller Hingucker. Sie sind aber besser nur für kurze Wörter geeignet und benötigen viel Platz in deiner Komposition.

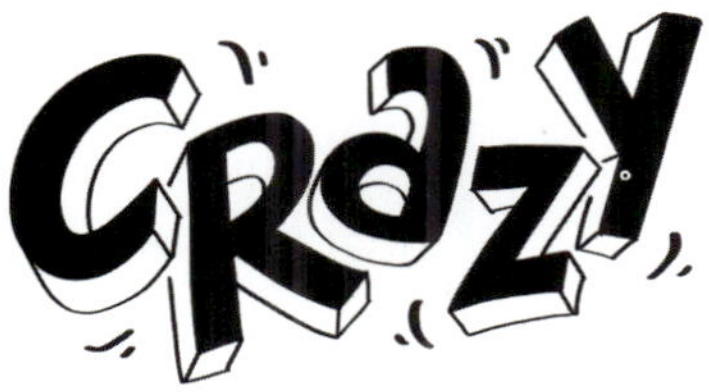

Tipp!

Verwende historische Schriften im Handlettering nur, wenn du kalligrafisch geübt bist. Sie sind sehr anspruchsvoll zu platzieren und ihre Wirkung ist meistens sehr dominant.

5/2 Schriftschnitte

Eine Schriftart kann eine ganze **Schriftfamilie** sein. Und wie in einer richtigen Familie sehen zwar nicht alle gleich aus, aber es gesellen sich nur die verwandten Typen zueinander. In einer Schriftfamilie haben alle Buchstaben die gleichen Formmerkmale. Alle Buchstaben haben z.B. Serifen oder alle Buchstaben haben eine geschwungene Optik. Das ist das verbindende Merkmal einer Schrift – wie bei menschlicher DNA.

Innerhalb der Familie gibt es unterschiedliche Typen. Sie werden Schriftschnitte genannt. Es gibt die hageren und mageren, die dicken und drallen, die schmalen und die breiten. Für jeden Geschmack und jede Stimmung etwas. Wichtig dabei ist, dass die typischen Merkmale der Schriftart erhalten bleiben. Die Ausführung des Buchstabens ist je nach **Schriftschnitt** dann etwas unterschiedlich.

Bei den Computerschriften sind dir vielleicht diese Begrifflichkeiten schon begegnet:

Thin oder **Light, Italic** oder **Kursiv, Medium, Regular, Bold** oder **Fett, Black, Heavy** oder **Extra Fett.**

Diese beschreiben, ob deine Buchstaben z.B. von superdünner, dünner oder dicker Gestalt sind. Diese Begriffe sind bei deinen eigenen Kreationen nicht so wichtig, aber sie werden dir begegnen, wenn du dich z.B. im Internet inspirieren lässt.

> ***Schwung- und Pinselschriften haben oft nur einen Schriftschnitt, aber beim Handlettering kannst du selbst entscheiden, ob du deine Buchstaben dünn oder fett zeichnest. Du erfindest deinen Schriftschnitt selbst.***

Hin und wieder gibt es Schriftschnitte wie Condensed oder Extended. Sie bezeichnen, ob die Gestalt der Buchstaben gepresster oder auseinandergezogener ist als die regulären Buchstaben der Schriftfamilie. Wie du unten siehst, beeinflusst der Schriftschnitt auch sehr deutlich die Optik des Buchstabens und damit die Persönlichkeit und Wirkung.

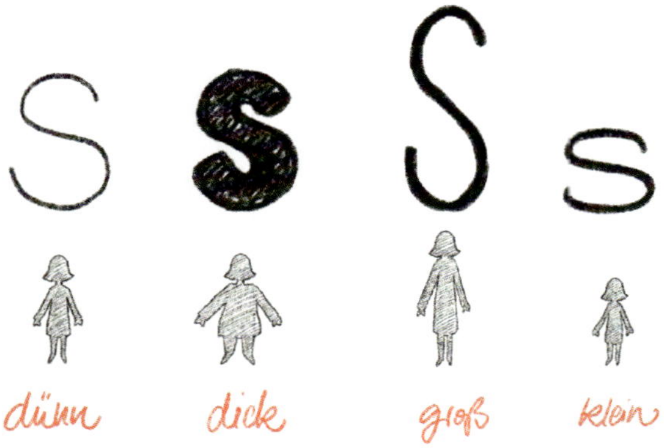

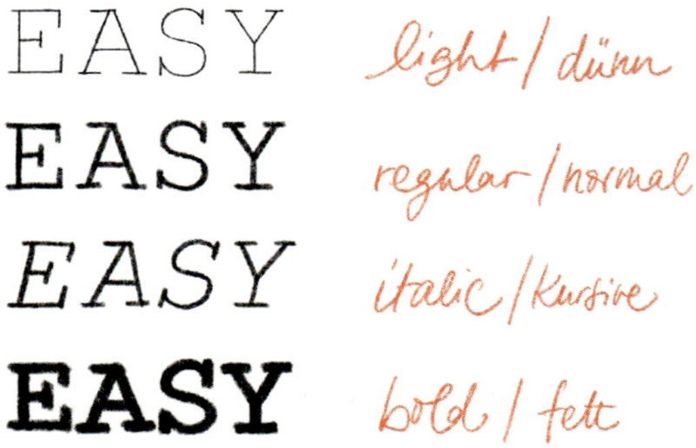

5/3 Schriftarten und ihre Wirkung

Schriftarten und ihre Schriftschnitte beeinflussen stark die emotionale Wirkung deines Letterings. Je nachdem, wie das Wort optisch dargestellt ist, löst es beim Betrachten ein anderes Gefühl aus und versetzt einen in eine bestimmte Stimmung. Wenn du ein Haus baust, versetzt dich glatter Sichtbeton auch in eine andere Stimmung als eine rustikale Backsteinwand. Unten siehst du Beispiele für die Schriftwirkung, die die Emotionen beim Betrachten deines Letterings stark beeinflussen.

Gerade gestellte Buchstaben wirken strenger und auch technischer als schräge oder schwungvolle Buchstaben. Schnörkel haben etwas Verspieltes und fette Schriften wirken eher laut als leise.

So lohnt es sich, zuallererst kurz oder vielleicht auch länger darüber nachzudenken, WAS du sagen möchtest und was man beim Betrachten empfinden sollte.

Wenn du darüber nachgedacht hast, wählst du eine Schriftart mit dem entsprechenden Charakter aus. Möchtest du mehrere Schriften kombinieren, weil dein Text unterschiedlich emotionale Passagen hat, wählst du verschiedene Wirkungen. Streng und verspielt bilden einen Kontrast und würde z. B. sehr gut zusammenpassen.

Mehr dazu im **Abschnitt 5/4 Kombination von Schriften**.

Vielleicht hast du ja schon mit einigen Alphabeten geübt und hast bereits Lieblingsschriftarten. Dann schau dir deine favorisierten Buchstaben noch mal genau an und mach dich mit ihrer Wirkung vertraut.

Schriften sind so eigenwillig wie wir ›Häuslebauer‹. (Ich bin Schwäbin und pragmatisch.) Jede Schriftart hat ihre eigene Persönlichkeit und irgendwie auch ihren eigenen Willen.

Damit meine ich, dass jede Schrift ihre ganz speziellen Ansprüche und Vor- und Nachteile hat.

Wir kennen ganz verschiedene Typen von Schriften, so wie bei uns Menschen. Es gibt die lieben und netten, die sturen und starren, die ausgeglichenen, die witzigen oder die langweiligen und so viele mehr, und jeder Typ hat eine eigene Wirkung auf uns.

Diese Wirkung ist unser größter Schatz beim Bau einer Komposition. Die Truhe unserer Baumaterialien ist wie eine Wunderkiste, die niemals leer wird.

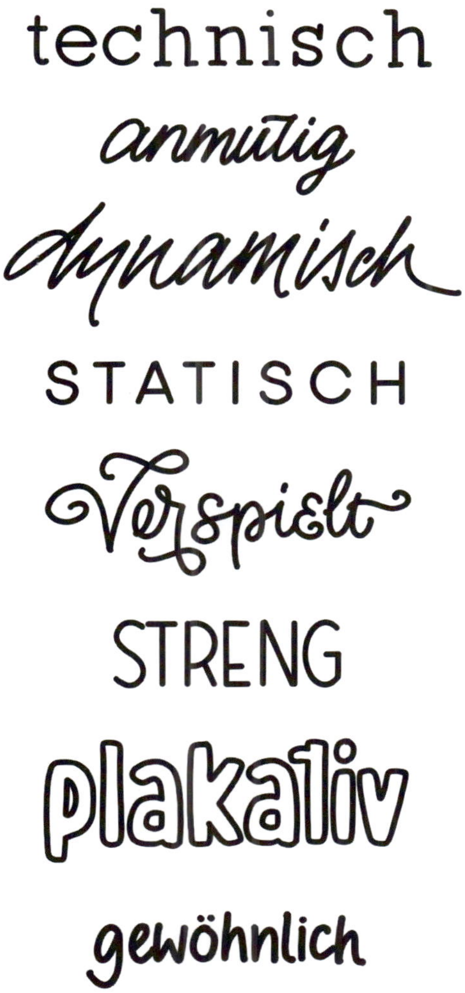

Diese Wunderkiste ist wohl auch der Grund dafür, dass ich nach vielen Jahren im Lettering immer noch so begeistert bin. Nach wie vor entdecke ich was Neues in der Kiste und staune und habe Spaß, immer wieder Neues in meine Kompositionen einzubauen. Und ja, ich gebe zu, auch für mich ist es immer wieder ein Getüftel, bis alles zusammenpasst, aber man sagt ja: »Der Weg ist das Ziel.«

Nun hast du einiges gelesen über Schriftarten, und es fällt dir jetzt sicher leichter, das richtige Baumaterial auszusuchen. Um einem Lettering verschiedene Emotionen verleihen zu können, ist ein umfangreiches Repertoire an Schriftarten (Alphabeten) sehr hilfreich. Aber keine Panik, du kannst ja auch, während du dein Haus baust, noch neue Steine kaufen.

Tipp!

Du kannst anhand einzelner Wörter ein neues Alphabet testen und die benötigten Buchstaben der Schriftart dann gezielt abzeichnen, ohne dass du gleich alle Buchstaben auswendig können musst.

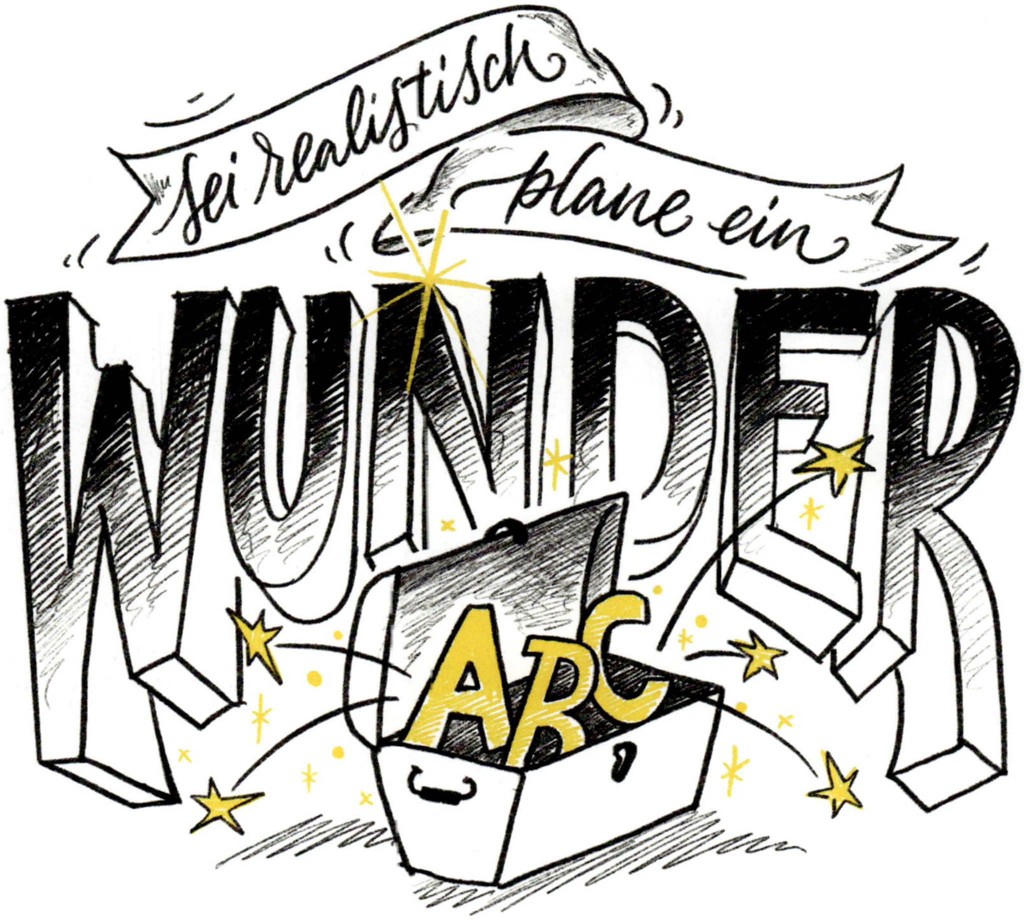

Die beliebtesten Schriftarten im Handlettering und ihre Looks

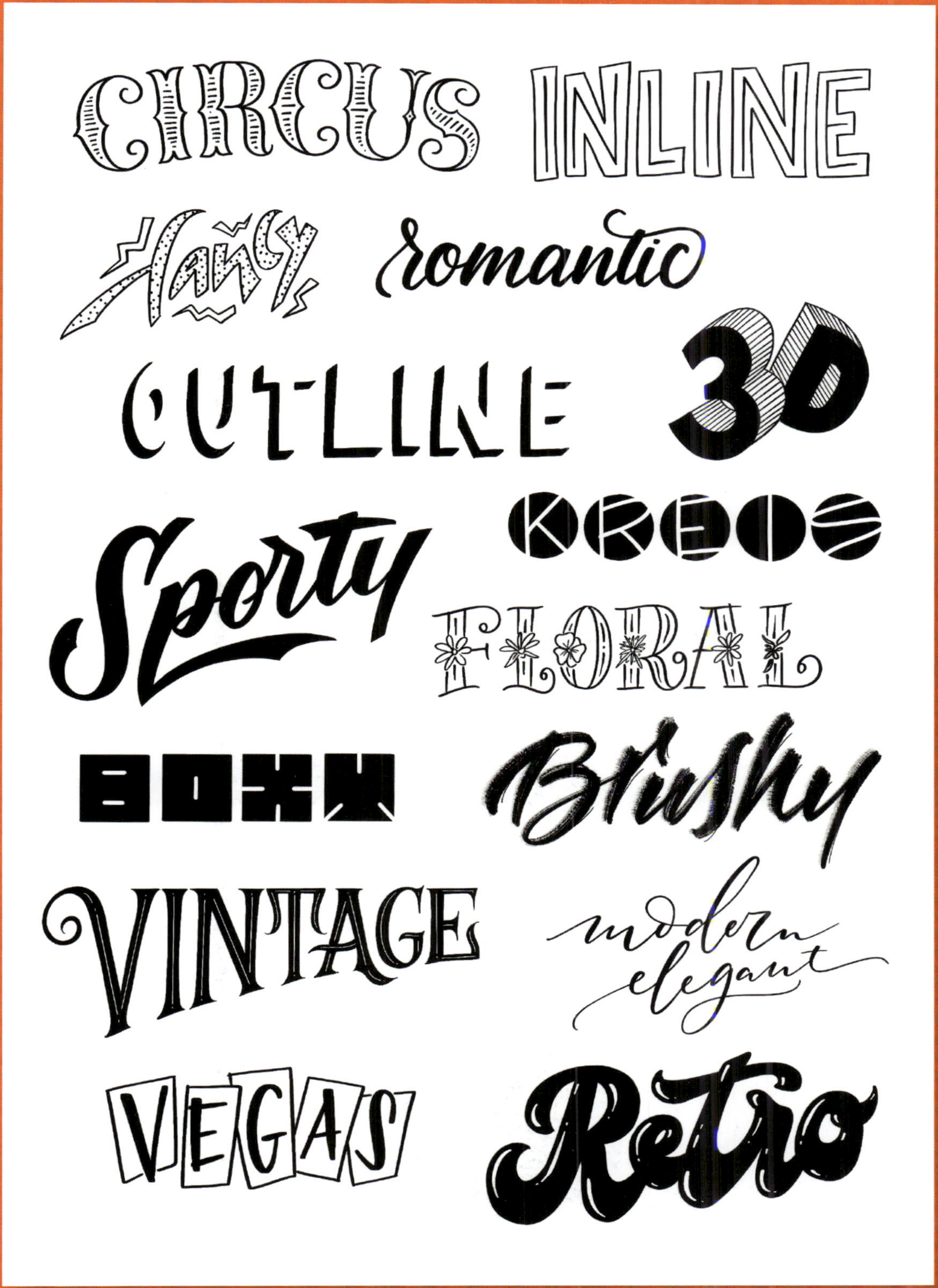

5/4 Kombination von Schriften

Schriften zu kombinieren, ist ein ›Risky Business‹ und erfordert etwas Übung. Aber du benötigst für eine gelungene Komposition nicht unbedingt schon ein großes Repertoire an Schriften. Du kannst auch sehr gut mit nur einer Schrift wundervolle Werke komponieren. Lass dich auf den nächsten Seiten nicht verunsichern, sondern sei neugierig auf das, was alles möglich ist … Lass dich hier einfach inspirieren.

Warum bietet es sich überhaupt an, Schriften zu mischen?

Wenn du verschiedene Schriften nutzt, kannst du in deinem Lettering den Unterschied zwischen wichtigen und unwichtigen Wörtern gestalterisch darstellen. Dein Lettering wird übersichtlicher und gleichzeitig spannender. Du kannst deinen Spruch, dein Gedicht oder deinen Text nicht nur besser gliedern, sondern Teilen davon auch mehr Aufmerksamkeit schenken.

Was ist bei der Schriftmischung zu beachten?

Die wichtigste Regel dafür ist eigentlich ganz einfach: **Weniger ist mehr!**

Ich vermute, du beschäftigst dich gerne mit Handlettering, weil du die vielen dekorativen Schriften liebst, und freust dich vielleicht auch schon daran, dass du bereits ein paar verschiedene Schrifttypen üben konntest. Jetzt willst du sie auch unbedingt anwenden. Kann ich sehr gut verstehen. Doch leider ist ein Zuviel an Schriftarten in einem Lettering der totale Killer. Dein Bild wirkt überladen, unruhig, ist schwer zu lesen, und irgendwie beißt sich alles.

Versuche daher, Schriften Prioritäten zu geben. Überlasse nur ein oder zwei Schriften die große Bühne und finde eine dritte Schriftart zur Kombination. Das ist nur eine Faustregel für eine gelungene Komposition, aber damit kann fast nichts schiefgehen.

Auch eine gleichwertige Kombination von Schriftarten ist möglich, aber dann sollten nur zwei Schriften Einsatz finden, die auch jeweils einen gleichwertigen Platz auf der Bühne bekommen.

Die Frage ist jetzt natürlich, WELCHE Schrift zu welcher passt.

Bei einer gelungenen Komposition geht es in erster Linie um optische Harmonie. Neben Gleichheit empfinden wir paradoxerweise auch Gegensätze meistens als stimmig und schön. Wahrscheinlich, weil das für uns die perfekte Mischung aus Harmonie und Spannung darstellt. Nicht umsonst heißt es: Gegensätze ziehen sich an.

Nutze nur gleichartige oder ganz verschiedene Schriften.

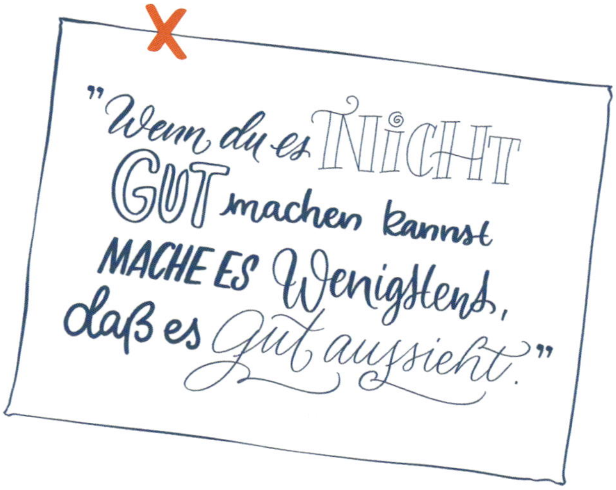

Du hast also zwei Möglichkeiten:

1. Harmonische Schriften

Die ausgewählten Schriftarten sollten einander möglichst ähnlich, aber dennoch eindeutig unterscheidbar sein, beispielsweise verschiedene Typen einer Schriftfamilie: gleiche Schrift, aber mal fett und mal dünn.

2. Kontrastierende Schriften

Deine genutzten Schriftarten sollten einen klaren Kontrast zueinander aufweisen. Nutze z. B. eine geschwungene Schreibschrift in Kombination mit einer schlichten und serifenlosen Schrift oder wähle eine leichte dünne Schrift zu einer schweren dunklen Schrift.

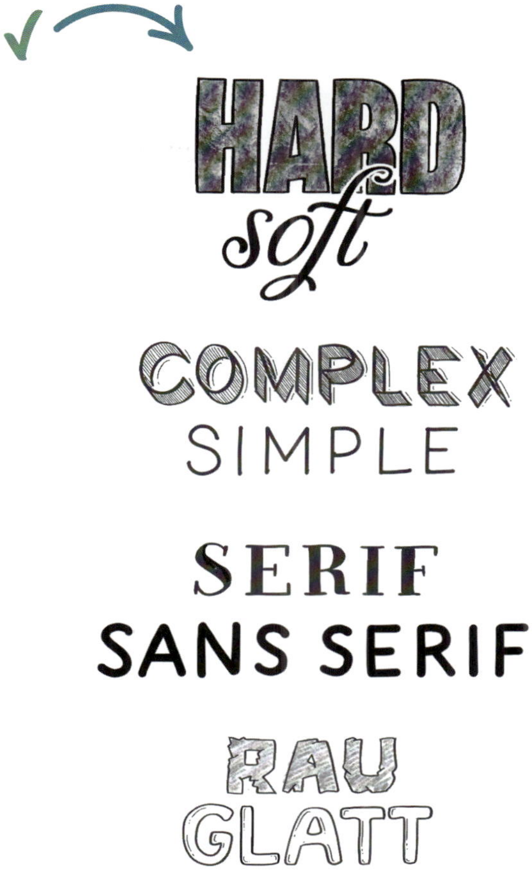

! *Schau genau hin und achte darauf, dass sich die Schriften nicht zu ähnlich sind!*

Es gibt Schriften, die auf den ersten Blick unterschiedlich sind, aber eben doch zu ähnlich und damit nicht kontrastreich genug.

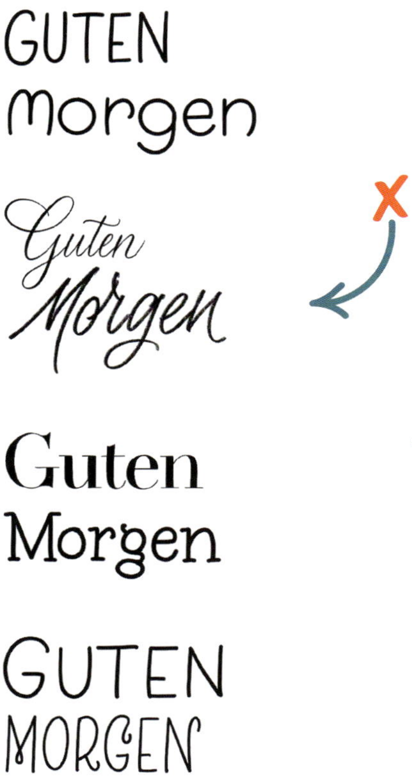

Tipp!

Wenn du einfach immer für genügend Kontrast sorgst, ist deine Komposition auf der sicheren Seite und wird ein tolles Ding! Im Übrigen wird dir das Thema Kontrast hier noch sehr oft begegnen. Wenn du das als kleinen Leitfaden immer im Hinterkopf hast auf deinem Weg zum fertigen Lettering, wird dir deine Gestaltung noch leichter fallen.

Beispiele für mögliche Schriftartenkombinationen

Zur besseren Übersicht habe ich hier die Schriftarten immer in ähnlicher Größe verwendet. Innerhalb deines Letterings würdest du sicher auch unterschiedliche Schriftgrößen nutzen. **Dazu mehr ab Kapitel 8.**

2 Schriften

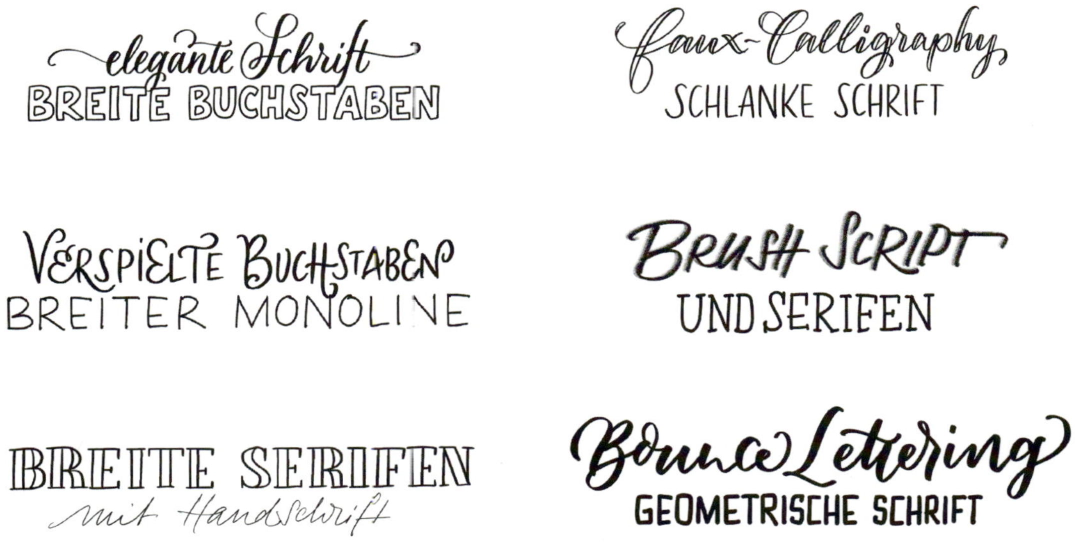

3 Schriften

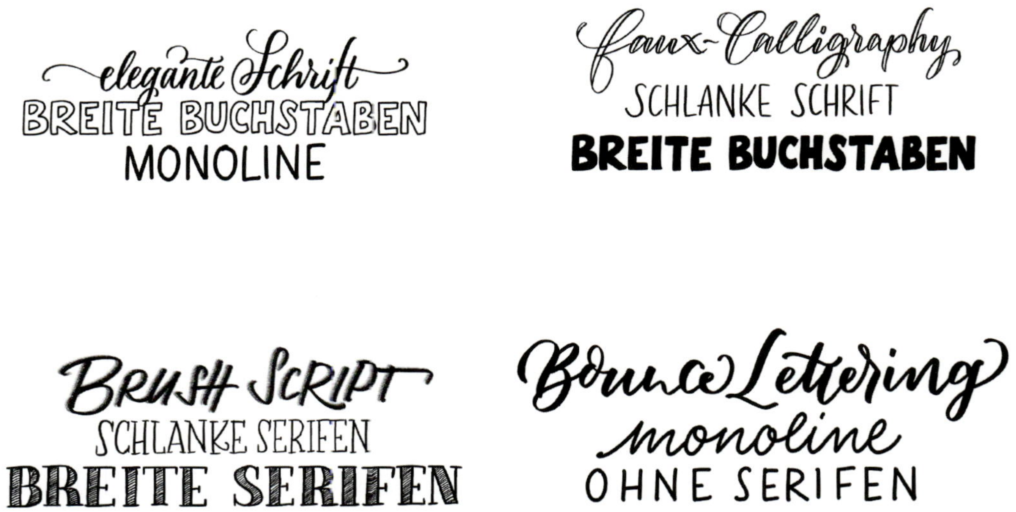

Beachte, dass du bei drei Schriften nur eine oder zwei zu Hauptdarstellern machst! Die dritte Schrift solltest du lediglich kleiner oder zarter einsetzen.

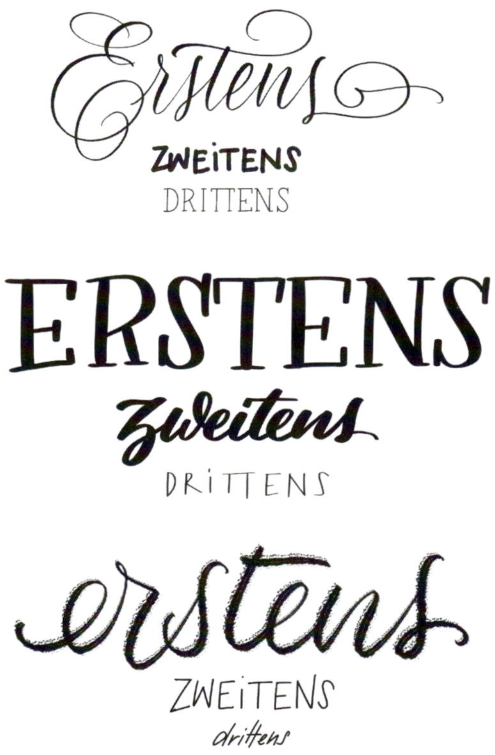

Das Wichtigste

Regeln zur Schriftenkombination

» Good or Bad?
Entscheide dich für maximal zwei Stimmungen.

» Who's the Boss?
Wähle eine Hauptschrift.

» Keep it simple!
Nur 1 bis 2 weitere Schriften.

» Keep it in the family!
Bevorzuge dick und dünn desselben Schrifttyps.

» Compliment or Contrast?
Entscheide dich für Gleichheit oder Kontrast.

» Love or Hate?
Gegensätze ziehen sich an.

» Never bite your neighbour!
Ähnlichkeiten vermeiden.

UND:
Weniger ist manchmal mehr!

Noch mehr Schriftenkombis

Lass dich inspirieren von möglichen Kombinationen. Wenn du auf Gleichheit ODER Kontrast achtest, findest du sicher im Laufe der Zeit deine eigenen Lieblingskombinationen.

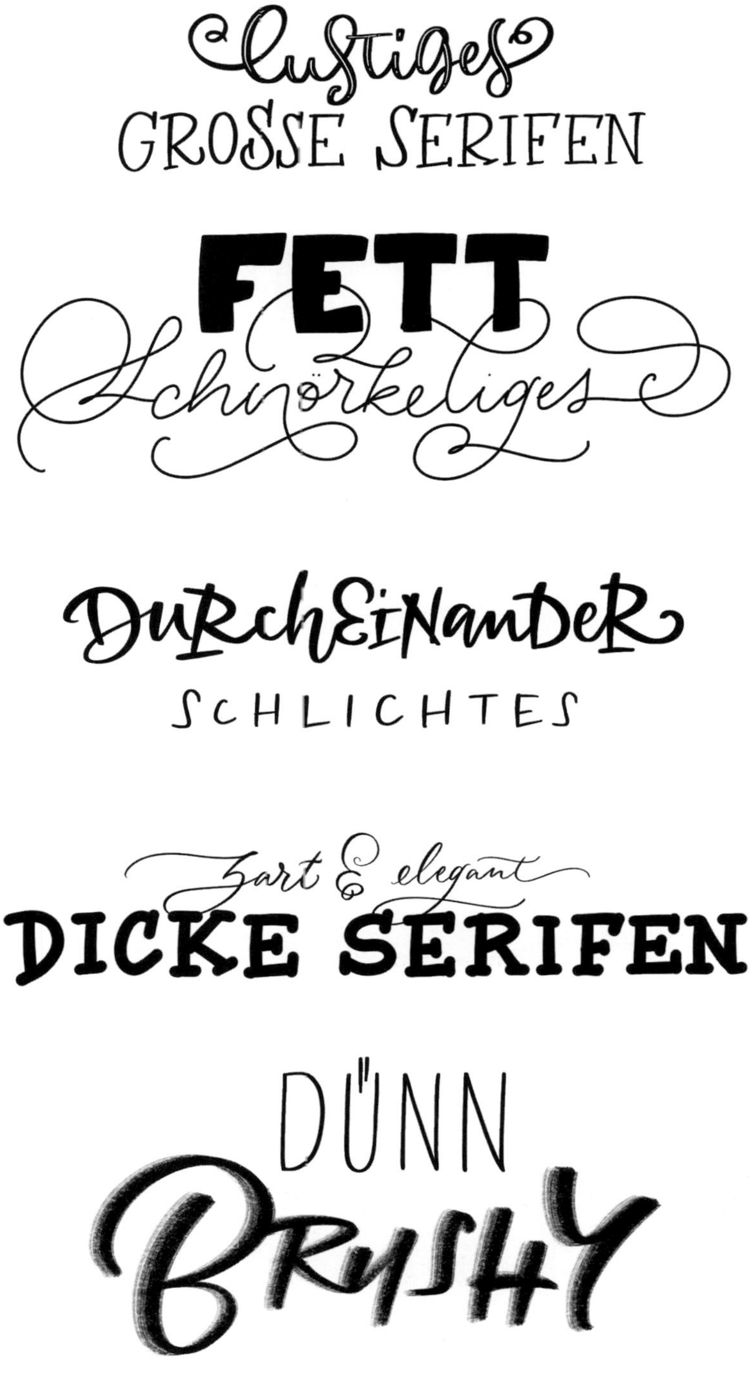

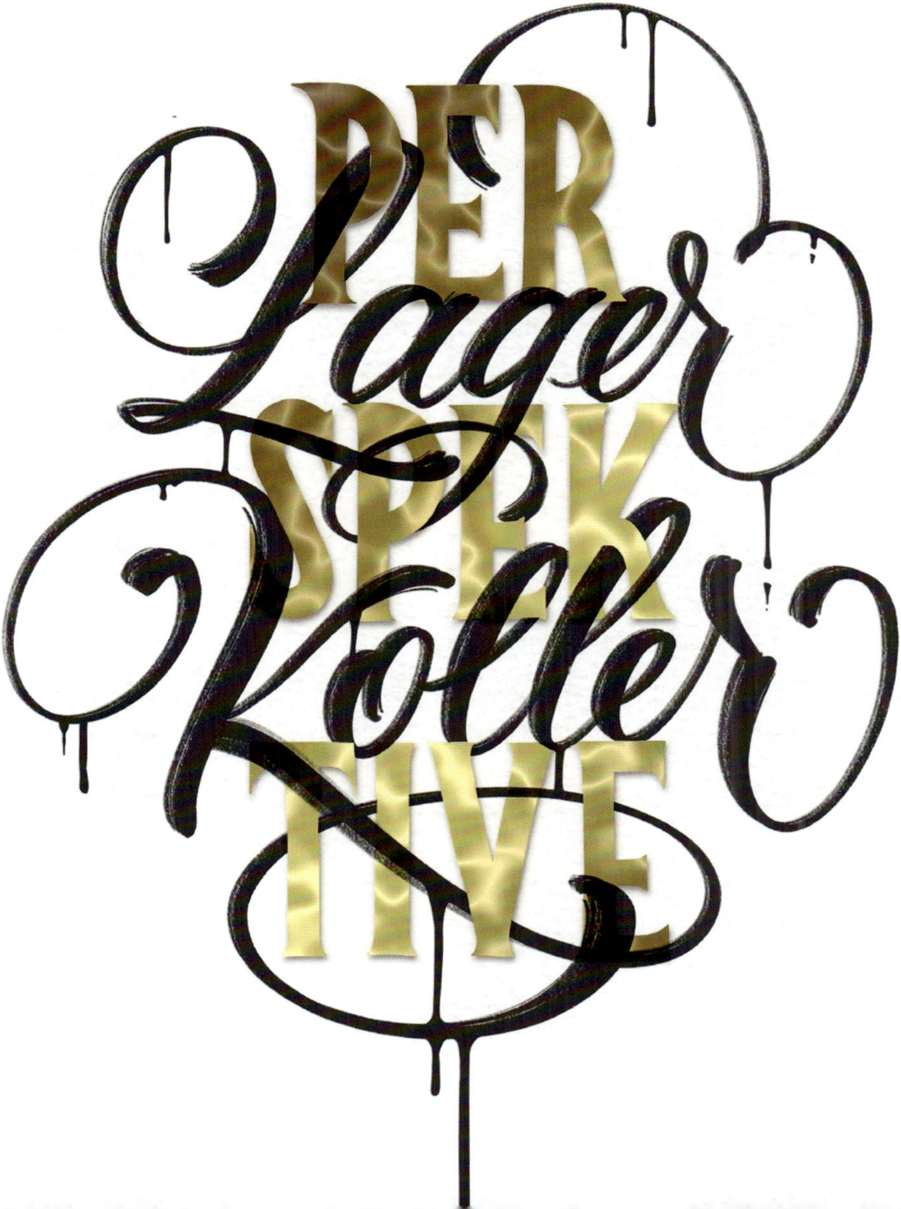
PER
Lager
SPEK
Koller
TIVE

6 / SCHMUCKELEMENTE

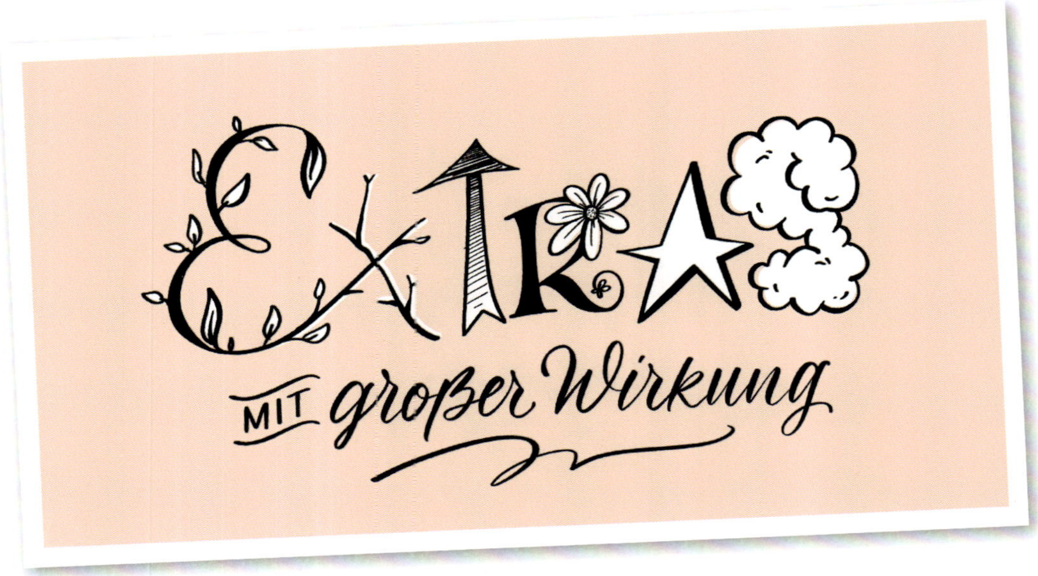

Neben dem Wissen um Buchstaben und die verschiedenen Schriften sind **Schmuckelemente** ein wundervolles Baumaterial, um beim Handlettering eine Komposition zu erstellen.

Schmuckelemente sind genau das, was der Name schon sagt: Sie schmücken dein Werk.

Aber viel mehr noch, sie sind ein bisschen wie ein hübscher Vorgarten, weil sie tolle Highlights und Eyecatcher bilden, aber sie können auch dabei helfen, dein ganzes Haus zu stützen und Löcher zu stopfen, oder einfach für Stimmung sorgen.

In diesem Kapitel zeige ich dir meine beliebteste Auswahl an Dekorationen und Schmuckelementen.

Es wird dir gehen wie bei den Buchstabenvariationen – immer mal wieder sieht man was Tolles, und wenn man dann selbst an einem Lettering sitzt, fehlt einem die Idee.

Lege dir auch zu Schmuckelementen eine kleine Bibliothek an. Zeichne und sammle deine Inspirationen zu Schnörkeln, Blumen, Pfeilen oder Rahmen. Wenn du dann vor deiner Komposition sitzt, kannst du ganz leicht das Passende aus der Schublade ziehen.

Keine Sorge, man muss kein großartiges Zeichentalent sein, um die kleinen Gestaltungshappen zu kreieren. Je nach Geschmack und Können kannst du aussuchen, was dir liegt. Beim Einsatz von Schmuckelementen gilt:

›Weniger ist mehr!‹ Deine schönen Buchstaben sollen im Vordergrund stehen, und dein Haus muss erst stabil im Garten stehen, dann darfst du nach Lust und Laune dekorieren.

Ich zeige dir in **Kapitel 8**, wie und wo du sie perfekt platzierst.

6/1 Schnörkel

Es muss nicht immer kringelig und verspielt sein, auch einfache Schwünge sind kunstvolle Trennlinien, die dabei helfen, deinen Text zu gliedern oder zusammenzuhalten. Strenge Schriften können damit aufgelockert werden, und romantische Texte bekommen ihren Extrakick.

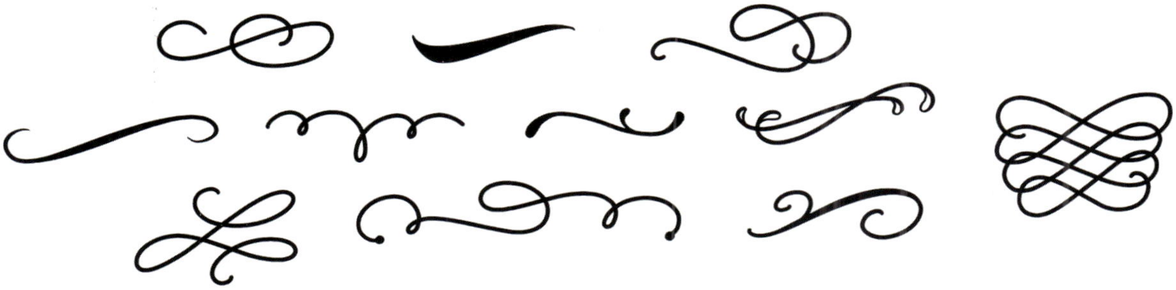

6/2 Florales

Blätter, Blumen, Zweige – die Welt der Botanik ist unendlich und zur Verzierung eignet sich jede Art von organischer Form. Versuche, die Formen klar und nicht zu detailreich zu zeichnen, sie sollen innerhalb des Textes als Schmuckelement nur unterstützen und nicht ablenken.

6/3 Füllwörter

In **Kapitel 8** findest du mehr Infos zum richtigen Platzieren der Füll- und Beiwörter. Wenn sie kunstvoll gestaltet sind, sind auch sie ein sinnvoller Schmuck für dein Lettering.

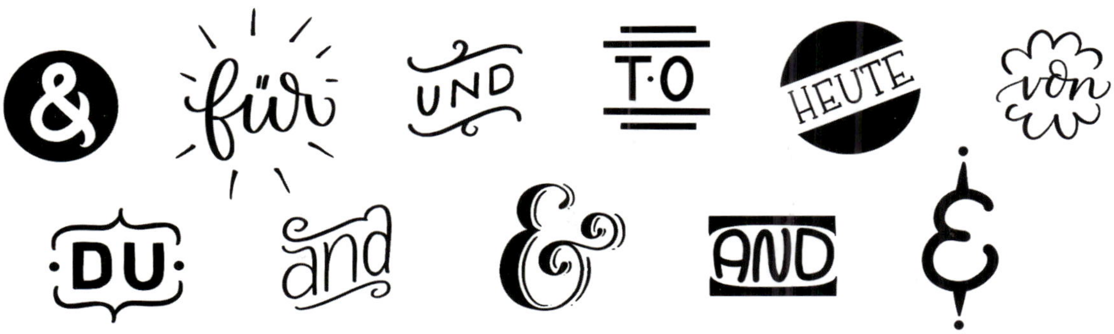

6/4 Sterne & Bling-Bling

Sterne – mein All-time-Favorite! Sie eignen sich perfekt, um Lücken im Lettering zu füllen, selbst wenn sie ganz dezent sind. Glamouröse Blings sorgen für den perfekten Eyecatcher.

6/5 Pfeile

Dezenter Wegweiser oder lauter Richtungswechsel – Pfeile sollten sehr überlegt platziert werden. Sie beeinflussen die Lesbarkeit und bringen ein Lettering dadurch schnell ins Wanken.

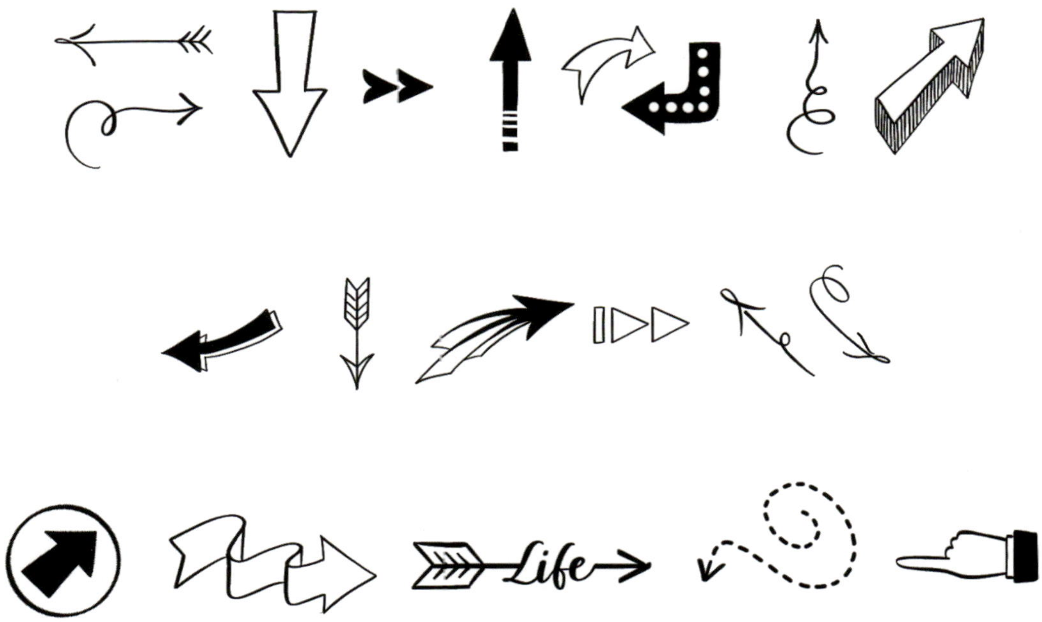

6/6 Rahmen

Umrandungen, Kränze oder Rahmen sind Alleskönner. Je nach Größe kannst du sie für nur ein kleines Wort oder auch ganze Textpassagen nutzen. Beachte, dass sie fast schon ein eigenständiges Motiv sind und nicht nur ein Schmuckelement. Daher nutze nur maximal einen Rahmen in deinem Lettering.

6/7 Banner

Banner sind die absoluten Klassiker im Handlettering und erfreuen sich größter Beliebtheit. Ihre Formenvielfalt ist je nach zeichnerischem Können unerschöpflich. Fahnen und Wimpelketten gehören ebenso dazu wie schwungvolle Textumrandungen. Auf langen Bannern lässt sich auch ein ganzes Lettering platzieren.

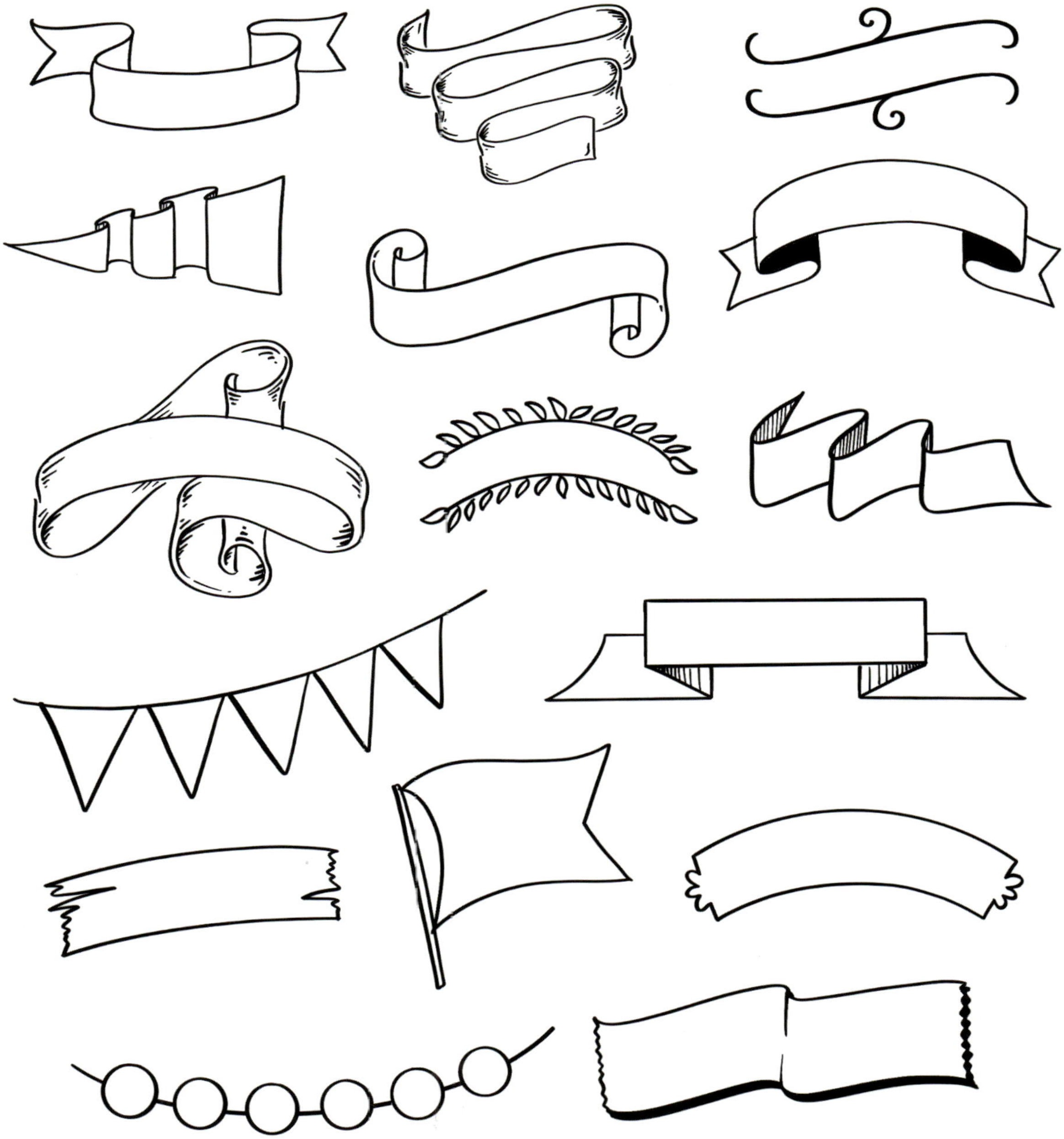

Strich für Strich zum Banner

Banner und Fahnen sind nicht nur sehr beliebt im Handlettering, sondern auch sehr nützlich. Sie sind dekorative Eyecatcher und helfen auf einfache Art und Weise, dein Lettering zu gliedern. Ob du einfache geometrische oder elegante schwungvolle Banner nutzen möchtest, bleibt natürlich dir überlassen. Hier ein Beispiel, wie du ein gerolltes Banner Schritt für Schritt zeichnen kannst:

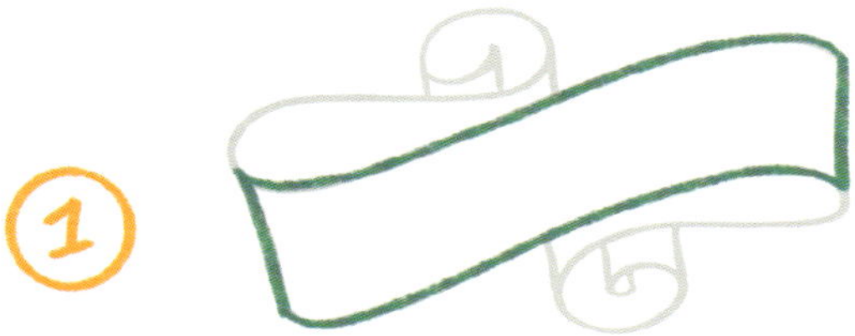

1. Nimm dir einen Bleistift und zeichne in Form eines Rechtecks die Grundform deines Banners – leicht diagonal für einen luftigen Effekt.

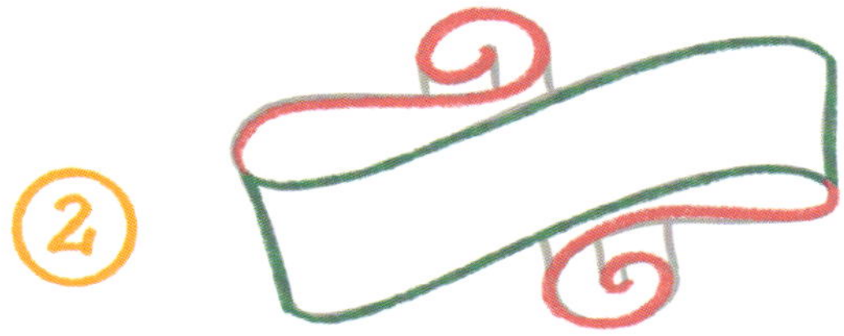

2. Platziere rechts und links eine Schnörkelwelle.

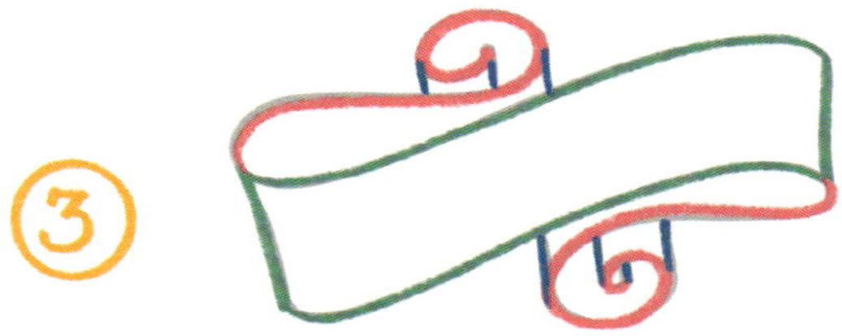

3. Verbinde jetzt alle Enden und Ränder miteinander.

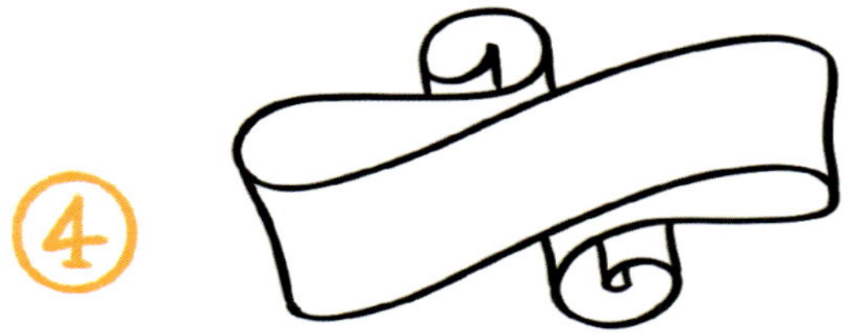

4. Finalisiere alle Konturen entweder mit dem Bleistift oder final mit einem Fineliner.

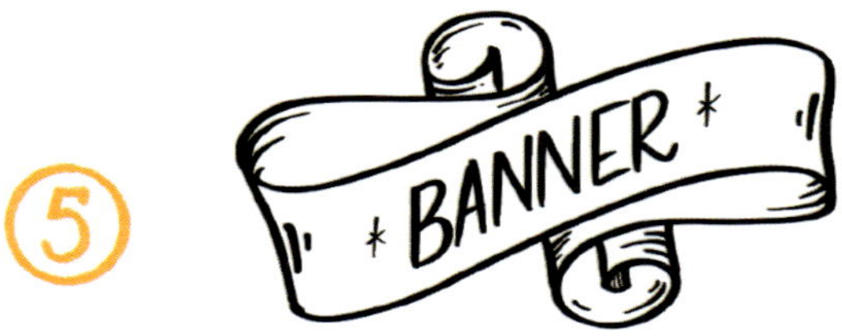

5. Du kannst deinem Banner durch etwas Schattierung mehr Räumlichkeit verleihen.

! *Folge bei der Beschriftung der Form und Richtung deines Banners. Dazu mehr ab* Seite 104.

6/8 Sonstige Schmuckelemente

Natürlich lässt sich jedes Motiv als Verzierung oder Textfüllung verwenden. Suche immer nach Motiven, die inhaltlich zu deinem Spruch oder Text passen. Sie dürfen lustig oder nur dekorativ sein. Achte darauf, dass sie schlicht bleiben und am besten einfarbig sind. In der Welt der ›Sketchnotes‹ findest du sehr viel Inspiration dazu.

Tipp!

Noch viel mehr tolle Bilderwelten und Zeichenanleitungen findest du in den Büchern »Sketchnote Starthilfe« von Tanja Wehr aka Sketchnotelovers.

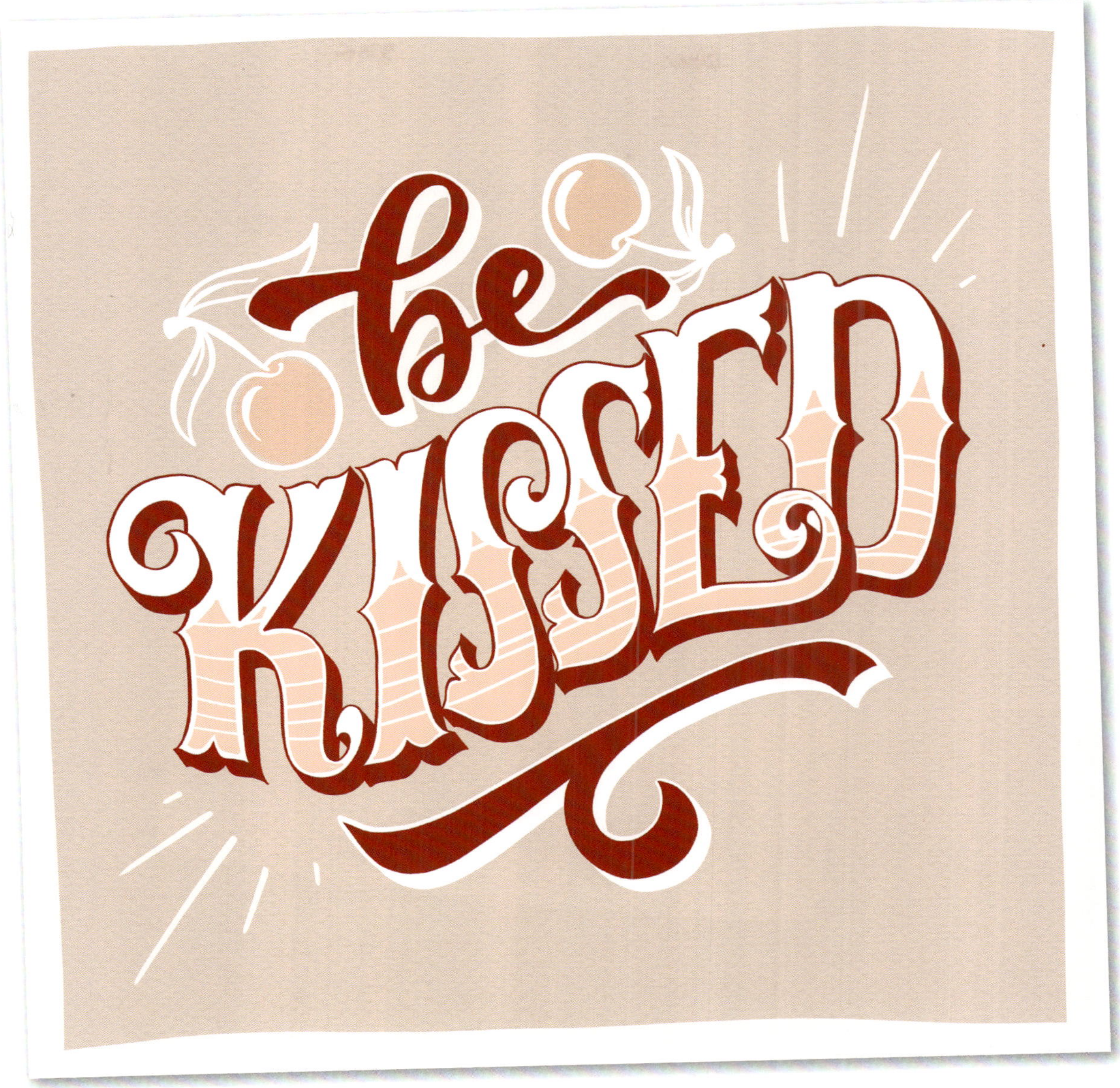
be
KISSED

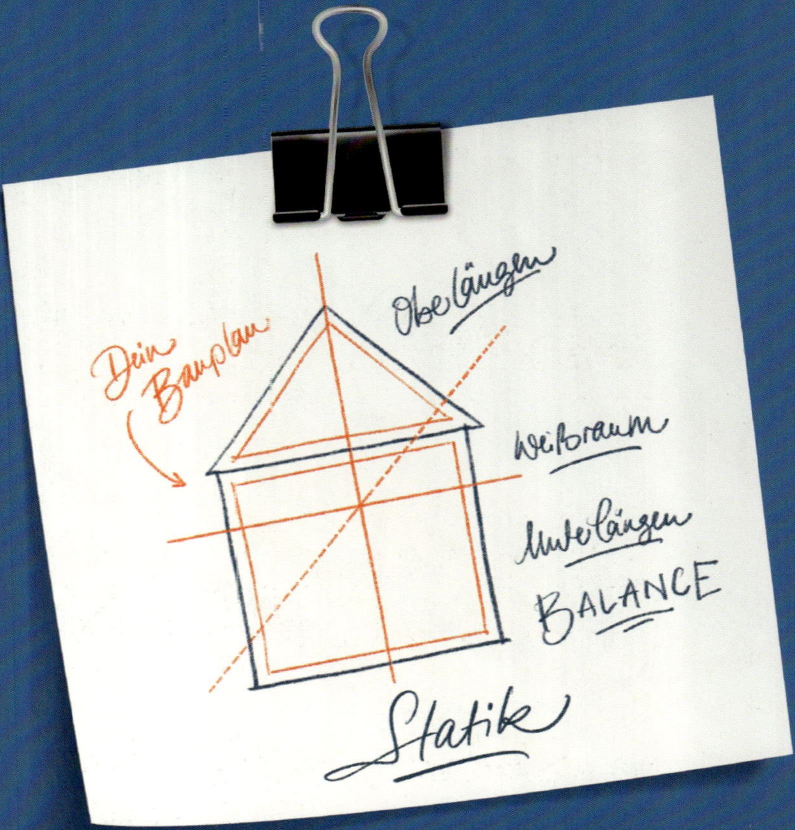
Dein Bauplan
Oberlängen
Weißraum
Unterlängen
BALANCE
Statik

TEIL 3

STATIK

Jedes Haus muss stabil auf seinen Grundmauern stehen und statisch gut geplant sein.

Lerne in Teil 3 dieses Buches nun das wichtigste Fundament für jede Komposition kennen – die Wortgestaltung. Mach dich vertraut mit den Regeln der Balance und wie du sie nutzt, damit dein Handlettering harmonisch und stabil wirkt.

Kapitel 7 Wortgestaltung

Entdecke Balancearten und Buchstabenvariationen. Gestalte und kreiere Wortformen und lerne Schnörkel kennen. Es geht um ein harmonisches Miteinander der Buchstaben, um Formgebung und Inspiration. So werden aus deinen Wörtern kleine Mini-Kompositionen.

7 / WORTGESTALTUNG

Endlich darfst du loslegen. Wahrscheinlich kamst du dir in den letzten Kapiteln schon vor wie im Schulunterricht, in dem der Lehrer nicht aufhört zu reden und du dich Augen rollend fragst, wozu du das denn alles wissen musst. Oh, dieses ungeduldige Gefühl kenne ich nur zu gut. Aber natürlich macht alles immer irgendwann und irgendwie Sinn – du wirst sehen –, und ich will dich nun nicht länger davon abhalten, endlich ganze Wörter zu zeichnen und dein neu erlerntes Wissen anzuwenden.

Nimm dir weißes Papier und einen Stift. Ich empfehle dir erst mal den Bleistift. Er nimmt dir nichts krumm und hat unendliche Geduld. Ein Prachtbursche. Das, was dir gefällt, kannst du dann ja immer noch mit einem festen Stift deiner Wahl nachzeichnen.

Ich zeige dir auf den nächsten Seiten, wie du mit einzelnen Wörtern umgehst, wie du sie harmonisch ausgestaltest und sie zu noch mehr Leben erweckst, bis sie eine kleine Minikomposition ergeben.

Warum nur ein Wort?

Du erinnerst dich? Lettering-Komposition ist wie das Bauen eines Hauses. Dein Baumaterial, den Umgang mit Buchstaben und Schriften, hast du nun schon kennengelernt, deshalb kannst du es jetzt beim ›Erdgeschoss‹, das aus einem Wort besteht, schon anwenden.

Natürlich darf dein Haus auch größer werden, mit mehr Stockwerken und Raffinesse, aber es ist einfach die beste Übung, dein Wissen zunächst an einem Wort anzuwenden und ein Gefühl dafür zu bekommen, was mit den Buchstaben im Wort passiert und wie die Wirkung eines Worts sich schnell verändert, wenn du an ein paar wenigen Schräubchen drehst.

Die wichtigsten Stellschrauben einer harmonischen Komposition und damit auch einer einzelnen Wortgestaltung sind:

Balance, Leichtigkeit und **Lesbarkeit.**

Abgesehen vom tollen Übungsfaktor, den ein Wort bietet, kommt es doch sehr oft vor, dass wir nur ein einziges Wort benötigen. Denke an einen Geschenkanhänger mit einem Namen, ein Rezept, ein Kalenderblatt oder auch an ein Türschild. Bei der Ein-Wortgestaltung entdeckst du fast spielend, wie leicht du deine Buchstaben wirkungsvoll in Szene setzen kannst und dass sie viel dekoratives Potenzial haben.

Worauf kommt es an?

Dein Haus

» sollte stabil sein

» darf keine Löcher haben

» benötigt etwas Luft fürs Wohlgefühl

» ist mit Dekoration besonders schön

7/1 Balance im Wort

Bevor wir gemeinsam in das Thema Balance in **Kapitel 9** tiefer einsteigen, hier schon das Wichtigste zu dieser entscheidenden Stellschraube bei deiner Wortgestaltung und jeder weiteren Komposition.

Balance ist das entscheidendste Kriterium. Sie sorgt in jedem Kunstwerk für Gleichgewicht und damit für Harmonie. Und Harmonie bedeutet, dass wir uns beim Betrachten wohlfühlen! Lettering ist wie ein wohliges Bauen des eigenen Zuhauses, und da können wir Balance und Harmonie gut gebrauchen.

Selbst für ein einzelnes Wort ist Balance somit das Wichtigste, um dessen ganze Strahlkraft zu entfalten und damit auch längere Kompositionen zu bereichern und zu stützen.

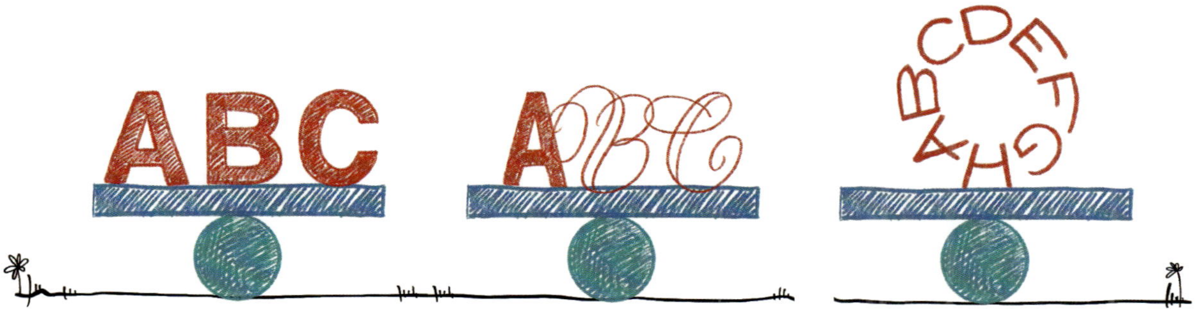

Symmetrische Balance | **Asymmetrische Balance** | **Radiale Balance**

Ein schwerer Buchstabe wird durch zwei leichte ausgeglichen.

Die drei wichtigsten Balancearten

Bei allen drei Balancearten stehen die Buchstaben im Gleichgewicht – trotz unterschiedlicher Darstellung. Wenn ein einzelnes Wort oder auch ein langes Lettering harmonisch wirkt, bedeutet das, dass alle Elemente in Balance zueinander angeordnet sind:

» gleichmäßige Ausrichtung der Buchstaben

» Miteinander von schwer und leicht

» Einklang von hell und dunkel

Die Waage kippt nicht, wenn alle Buchstaben

» gleich oder ähnlich sind,

» ihr Kontrast ausgewogen verteilt ist

» oder sie in alle Himmelsrichtungen gleichmäßig ausgerichtet sind.

Lege auch bei kurzen Wörtern immer großen Wert und ein besonderes Augenmerk auf die Balance deiner Buchstaben.

Achte darauf, dass die Weißräume ausgewogen um das Wort herum verteilt sind, dunkle und helle Flächen oder Striche nicht geballt an einer Stelle sitzen und die Ausrichtung und das Größenverhältnis der Buchstaben gleichmäßig sind.

Tipp!

Zeichne und schreibe langsam und schau immer wieder genau hin.

7 / 2 Großbuchstaben

Kurze Wörter

Wenn dein Wort schon nach den Regeln aus den ersten Kapiteln gezeichnet ist, hat es im besten Fall schon die perfekte Balance, und du musst nichts mehr daran machen.

Schau dir nun MAX und TINA an.

Ganz schlicht und schmucklos geht immer. Und wenn du dir mal nicht sicher bist, dann lass es auch so. Der Spaß am Handlettering ist aber natürlich die Weitergestaltung und das Spiel mit Buchstaben, daher zeige ich dir, was funktioniert und was nicht.

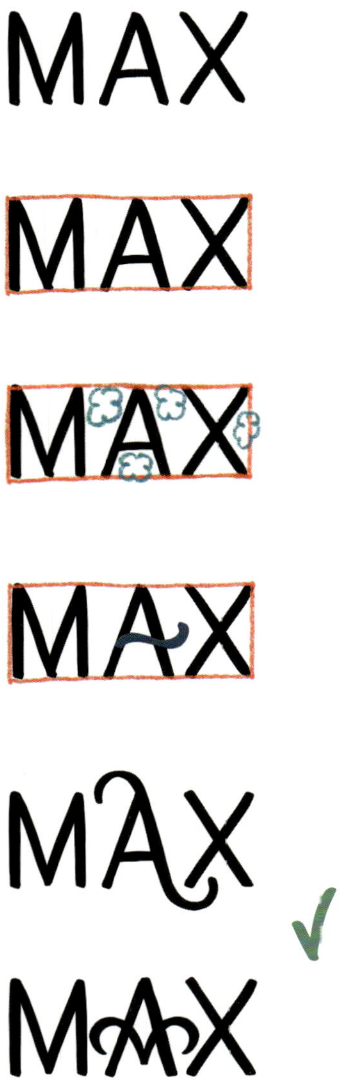

Benutze zunächst nur Großbuchstaben, um dich mit Balance und Ausgewogenheit vertraut zu machen. Unser Häuschen muss in erster Linie stabil bleiben, das kannst du an diesen kurzen Wörtern mal ausprobieren.

Was passiert, sobald ich meinen Buchstaben etwas Schmuck oder Schwung verleihe?

Wenn dein Wort dort nur in Großbuchstaben steht, nimmt unser Auge es schnell als ›bandförmig‹ und als sehr stabil wahr. Es steht ja mit allen Beinen fest auf dem Boden und streckt sich gleichmäßig in die Höhe.

Wenn du die Buchstaben sorgfältig zeichnest, ist dein MAX-Haus harmonisch und ausgewogen. Nun möchtest du ja in der Regel deinem Wort Spannung oder Dekoration verleihen, daher ist es wichtig, dass das auch so bleibt.

Dein Auge gibt dem Wort ungewollt einen Rahmen, der dafür sorgt, dass du es als stabil und ausgewogen wahrnimmst. Alles, was aus dem Rahmen fällt, muss mit Bedacht ausgewählt sein.

Wenn du dir deinen MAX genau ansiehst, stellst du schnell fest, dass es innerhalb des Rahmens noch mehr Weißraum gibt, mit dem du spielen kannst.

Du kannst Buchstaben im Inneren des Worts leichter verändern, ohne dass das Wort kippt. Es bleibt stabil.

> *Achte jedoch darauf, dass du die Buchstabenzwischenräume gut nutzt. Schau dir an, wo Weißraum ist oder wo es eventuell schon zu eng wird.*

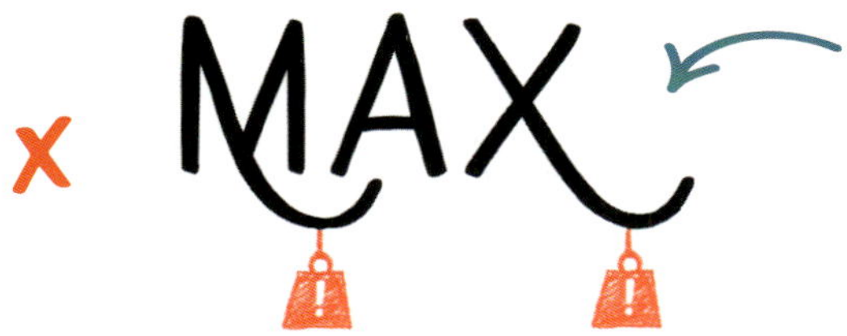

Wichtig ist, dass auch die Gewichtsverteilung gleichmäßig bleibt und damit die Balance zwischen oben und unten und zwischen Wortanfang und Wortende weiterhin besteht.

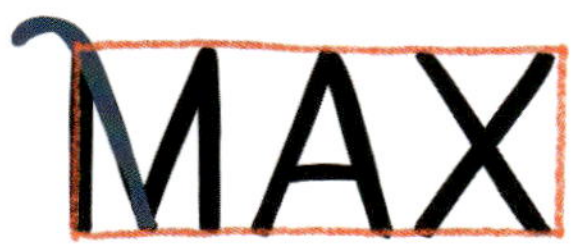

Schau dir an, was passiert, wenn du am M oder X eine Dekoration anfügst. Der M-Schwung ragt aus dem imaginären Rahmen heraus, und das Wort beginnt nach links zu kippen. Oje, dein Häuschen gerät ins Wanken!

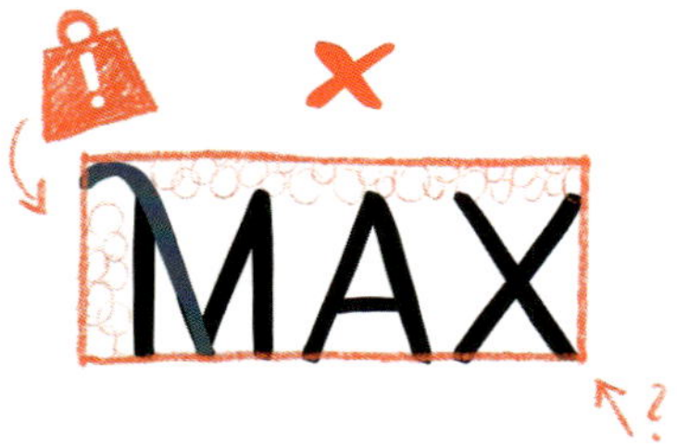

Der umschließende imaginäre Rahmen vergrößert sich, aber nicht gleichmäßig. Das Wort erhält dadurch nun zu viel Luft an Stellen, an die keine soll. Weißraum wiegt wie Zement und erdrückt unseren MAX.

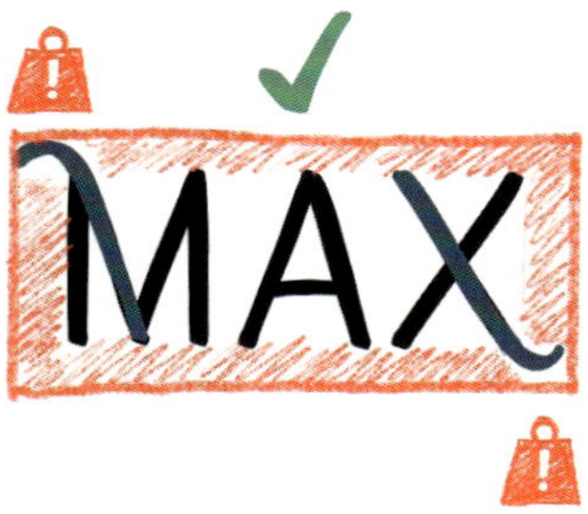

Die simpelste Lösung, deinem Haus wieder Stabilität zu verleihen ist, in der gegenüberliegenden Ecke ein Gegengewicht zu platzieren. Versuche einfach, die X-Diagonale zu verlängern. So wird der Rahmen ausgeglichen, und die Weißräume sind wieder gleichmäßig verteilt.

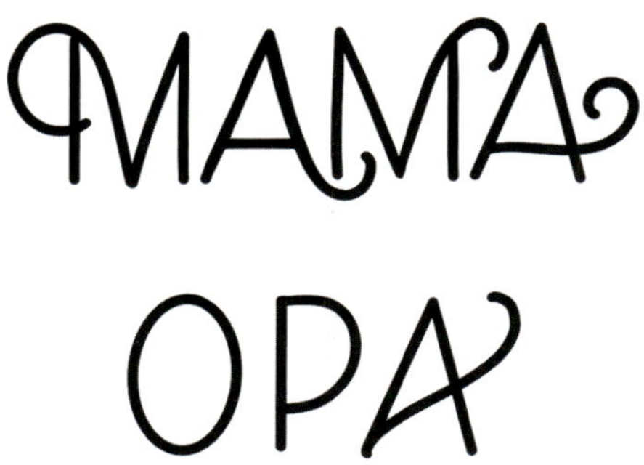

Mach mit!

Wähle ein kurzes Wort oder folge erst mal meinen Wörtern und zeichne sie mit. Probiere selbst aus, was dir gefällt und was nicht.

Mit diesen Wörtern kannst du die Wortbalance gut üben: MAMA, OPA, MUSIK, MAI, WURM, KÄSE, BROT, FLUSS, HALLO, BIER

Versuche es jetzt mit einem anderen Wort.

Nimm ein kurzes mit wenigen Buchstaben. Hierbei kannst du am besten erkennen, ob das Wort kippt oder stabil bleibt und ob es zu luftig oder zu gequetscht wirkt.

Welche Möglichkeiten gibt es bei TINA?

Wenn du hier das N nutzen möchtest, um deinem Wort ein gewisses Extra zu verleihen, gilt erneut, dass du versuchen solltest, den imaginären Rahmen geschickt auszufüllen. Die ›Füllung‹ sorgt leicht für eine Schwere und muss daher ein Gegengewicht erhalten, um die Balance zu halten. Logisch, oder? Ein Haus mit einer Wand steht nicht.

Für den Ausgleich habe ich es bei diesem Beispiel erst mit dem T-Strich versucht, aber dann kippt die liebe TINA nach links, und die Schmuckbuchstaben scheinen zu viel des Guten zu sein.

Eine bessere Möglichkeit ist es, nur das N zu nutzen. Es ist ein symmetrischer Buchstabe und eignet sich oft gut für eine ausgewogene Verzierung.

Was fallen dir noch für Möglichkeiten ein, dieses schlichte Wort aufzupeppen?

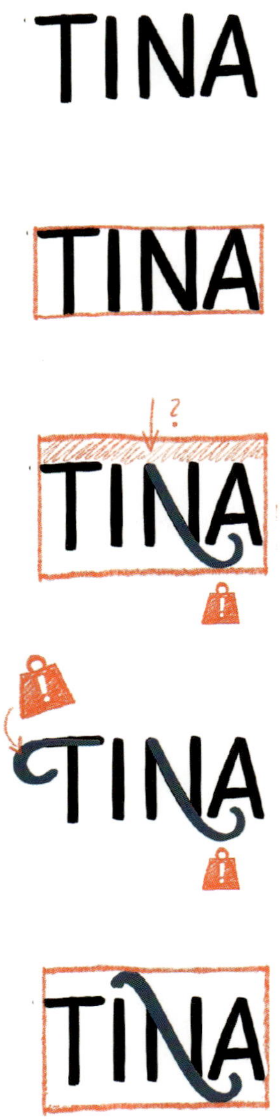

Idee

Wenn du schon etwas geübt bist, kannst du auch ein anderes Alphabet oder eine andere Schriftfamilie einsetzen.

Lange Wörter

Bei längeren Wörtern gilt natürlich das gleiche Prinzip, wenngleich es etwas mehr Experimentierfreude bedarf, bis alle Buchstaben miteinander harmonieren.

1. Beachte zuerst wieder das Band und den Rahmen, den das Wort vorgibt.
2. Schau dir die Buchstabenformen genau an. Gibt es Querstriche oder Diagonalen, die du verwenden kannst?
3. Fange mit dem Buchstaben an, bei dem dir als Erstes eine Möglichkeit der Veränderung ins Auge springt.
4. Setze nun die Weiterführung der Buchstabenformen fort und halte deinen Radiergummi bereit.
5. Hebe unbedingt ab und zu deinen Kopf und schau dir das Wort mit etwas Abstand an.
6. Prüfe immer wieder Balance und Gewichtung.
7. Platziere neue Schwünge oder lass sie doch wieder weg.
8. Bei langen Wörtern geht das sicher ein paarmal hin und her …
9. Und oftmals ist weniger mehr! Es muss auf keinen Fall alles rundherum verziert sein, sehr oft eignen sich auch Wortanfang und -ende.
10. Üppig oder nicht – wenn du die optische Balance gefunden hast, ist auch dein persönlicher Geschmack wichtig.

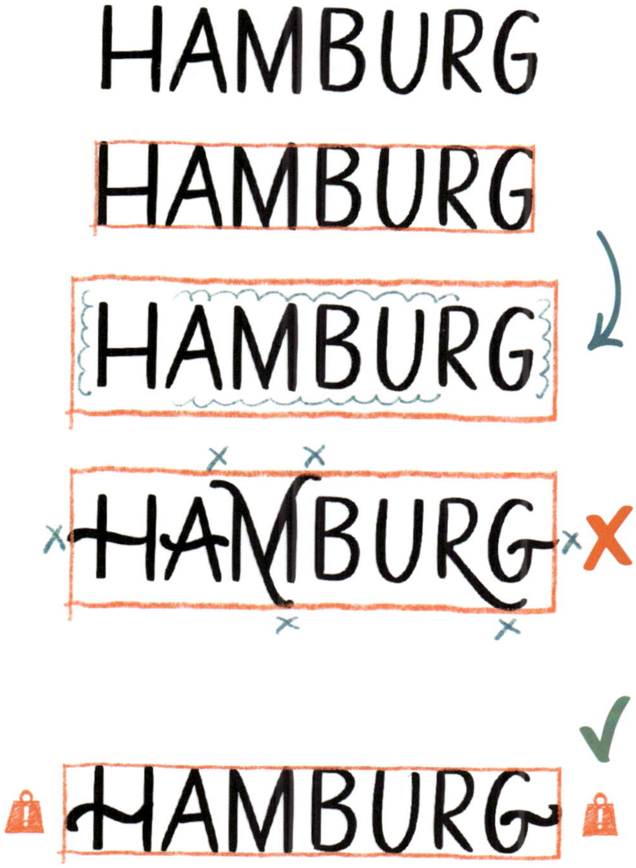

Du merkst es sicher schon: Je nachdem, welche Buchstaben im Wort vorkommen, musst du die Löcher schließen oder einen anderen Ausgleich finden. Aber das macht total Spaß, und wenn du das an möglichst vielen Wörtern auf diese Weise übst, lernt dein Auge immer schneller, wo du etwas ergänzen kannst und wo es die Wortkomposition stört.

Tipp!

Bleibe zunächst bei serifenlosen Großbuchstaben, um nicht von anderen Gestaltungsregeln abgelenkt zu werden.

7 /3 Schwungvariationen für Großbuchstaben

Um dir die Übung der letzten Seiten etwas zu erleichtern, siehst du hier einige Beispiele dafür, wie du einfache Versalien verändern kannst, sodass sie den Weißraum ausfüllen oder eine Balance zu den umstehenden Buchstaben schaffen.

Versuche gerne, selbst noch weitere Möglichkeiten zu finden.

> **Idee**
>
> *Ich hänge mir gerne solche Buchstabenlisten an meinen Arbeitsplatz und habe auf meinem iPhone ein Fotoalbum dazu. So habe ich immer ein Sammelsurium an verschiedenen Buchstaben griffbereit und muss nicht jedes Mal von Neuem auf die Suche nach Inspiration gehen.*

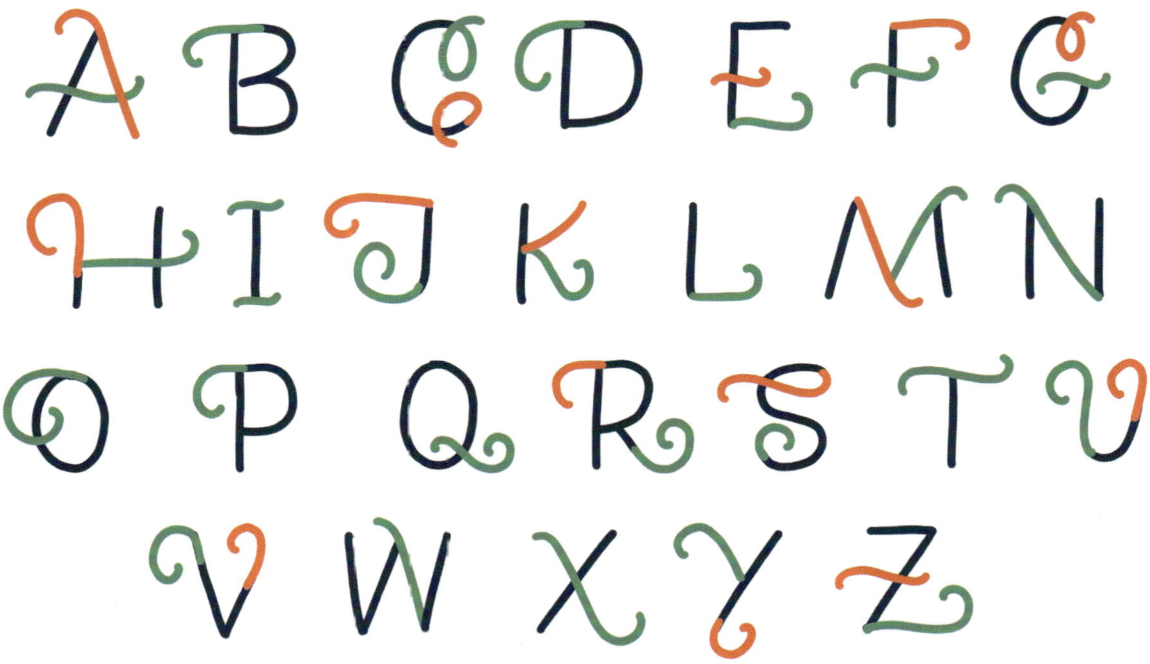

> **!**
>
> *Wenn du diese Buchstaben einsetzt, versuche, dich für einen grünen ODER einen roten Schwung zu entscheiden. Ich hab dir hier nur verschiedene Varianten von Schwüngen aufgezeichnet, die sich je nach Platzierung im Wort eignen könnten. Wenn du einen Buchstaben mit zu viel Schnörkelei und Schwung ausstattest, ist es ein Bild für sich und stielt dem ganzen Wort die Show. Achte beim Hausbau darauf, nicht zu viel Baumaterial zu verwenden.*

Und hier noch ein paar Übungswörter:

DEZEMBER, SOMMERABEND, KUCKUCK, URLAUBSERINNERUNG, POWER, MAI, ZIMT, IGEL, ZWIEBELRINGE, SAHNEHÄUBCHEN

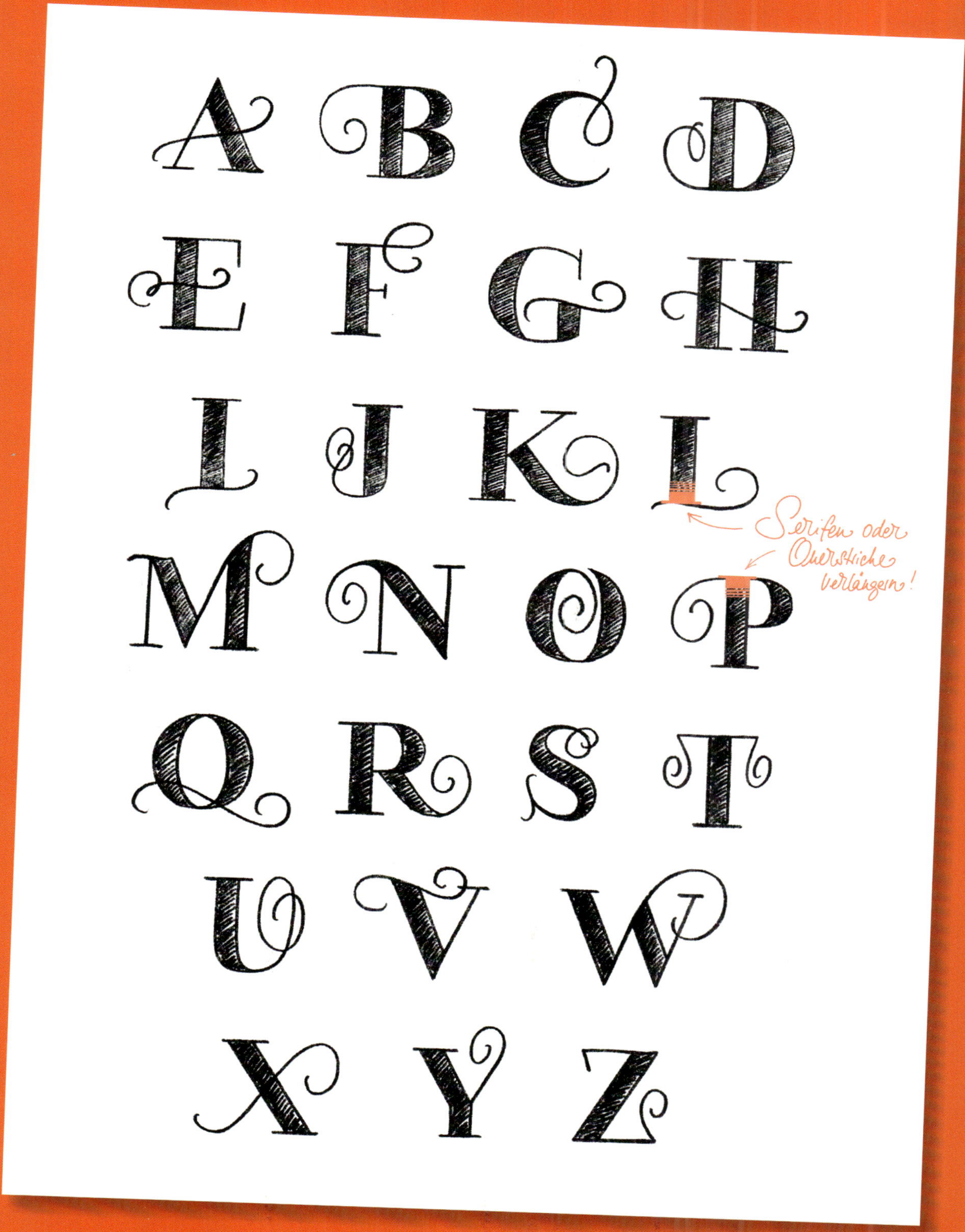

Schwungideen bei Serifen-Versalien

Buchstaben mit Serifen eignen sich wunderbar, um sie schwungvoll zu gestalten und sie einzusetzen, um in der Wortgestaltung für Balance zu sorgen. Nutze die Querstriche oder die Serife selbst. Möglichst nur eine pro Buchstabe, also nicht jede Serife.

7/4 Kleinbuchstaben

Nun hast du die erste Augenschule schon mal geschafft und bist sicher bereits neugierig, wie das denn mit Kleinbuchstaben geht.

Serifenlos

Ich persönlich bin kein Fan von **serifenlosen Kleinbuchstaben**, die verziert sind, und nutze diese Form nie für eine Ein-Wort-Darstellung. Das ist einfach nicht ganz mein Geschmack, und meistens benötigt man auch mindestens einen Großbuchstaben. Dazu kommen wir gleich ... Ich persönlich finde, es gibt dekorativere Wege, ein Wort zu gestalten, aber natürlich ist auch das möglich.

Auch hier gilt: Achte auf **Balance und Gewichtung**. So sorry für diese gebetsmühlenartige kleine Ermahnung, aber sie wird noch oft kommen, und immer mehr wirst du feststellen, warum. Ich bin sicher, du hast auch jetzt bereits ein Gefühl für diese Supersäulen der Komposition bekommen.

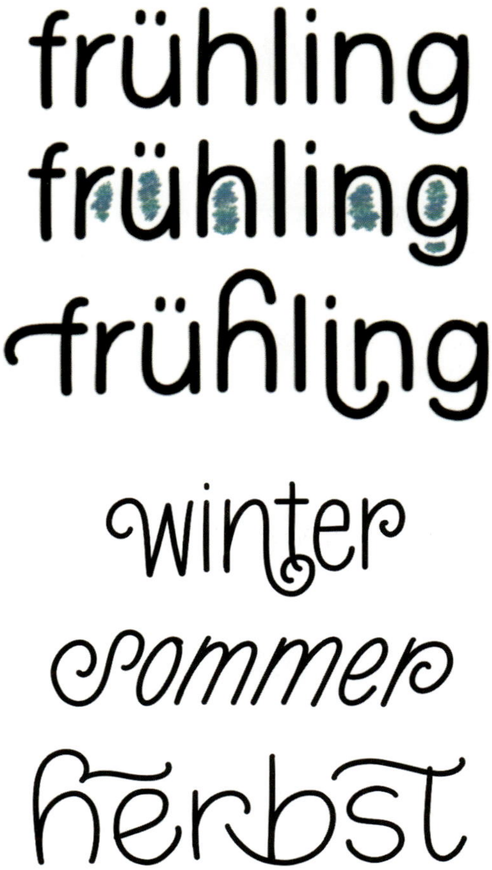

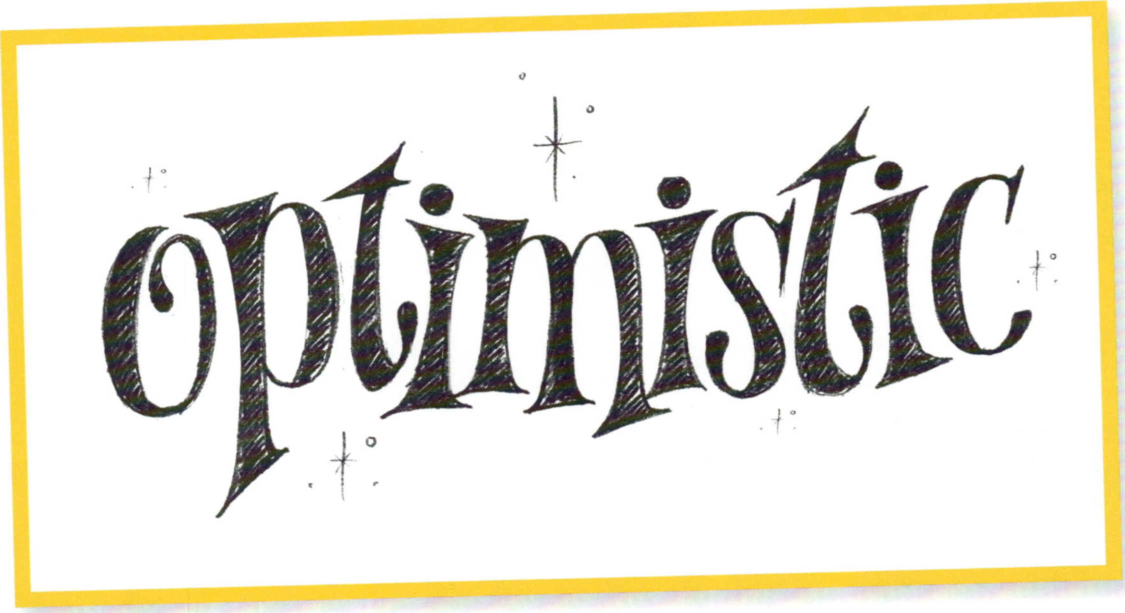

Schwungschrift

Keine Sorge, natürlich kümmern wir uns auch um die Gestaltung mit Kleinbuchstaben. Bei nur einem Wort bietet sich für einen schönen Look eine Brushpen- oder eine einfache Schwungschrift an. Auch deine Handschrift ist eine Möglichkeit.

Hier wähle ich englische Wörter, da sie nicht zwingend einen Großbuchstaben benötigen und keine Umlaute haben – perfekt zum Üben.

Worte nur mit Oberlängen

Zunächst schreibe dir dein Wort einfach und locker aufs Blatt. Was sofort auffällt ist, dass die Buchstaben nun natürlich eine unterschiedliche Höhe haben. Einen Rahmen oder ein Band zu erkennen, ist nicht mehr so eindeutig. Doch auch hier kannst du dir diese Optik wieder zunutze machen, um eine harmonische und ausgeglichene Gestaltung zu erzielen. Du musst nun einfach noch genauer hinschauen.

Da ›smile‹ nur eine Oberlänge hat, entsteht oberhalb der x-Höhe natürlich eine gewisse Unruhe, die ja auch einfach zum Schriftbild gehört. Aber auf der Grundlinie bleibt das Wort stehen, und dein Haus hat auch ohne Gestaltung damit schon stabile Grundmauern.

So könnte Variante 1 aussehen:

Nutze nur die Oberlänge, in dem Fall das ›l‹, und führe z. B. einen Schwung (einen leichten Schnörkel) in diesen Weißraum hinein aus. Das würde schon genügen, und dein Wortbild ist perfekt.

Achte darauf, dass dein Schwung nicht zu lang und auch nicht zu platt wird. Wie du sehen kannst, würde es dein Wort erdrücken, und dein ›smile‹ wäre nicht mehr lächelnd leicht, sondern erdrückend schwer.

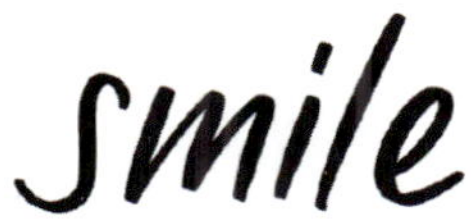

Skizziere locker das Wort und verdeutliche dir die Oberlängen.

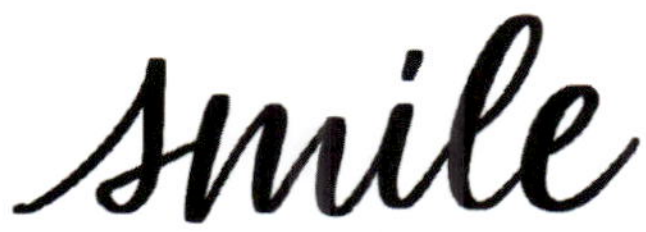

Wähle deine persönliche Schönschrift.

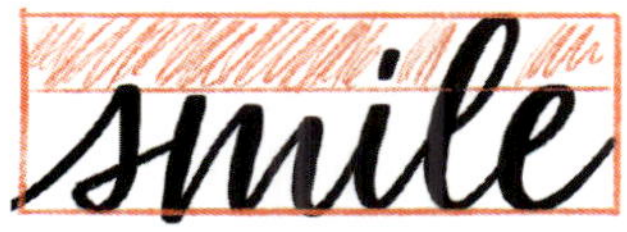

Um Platz für die Gestaltung zu finden, hilft es, wenn du dir den optischen Rahmen skizzierst.

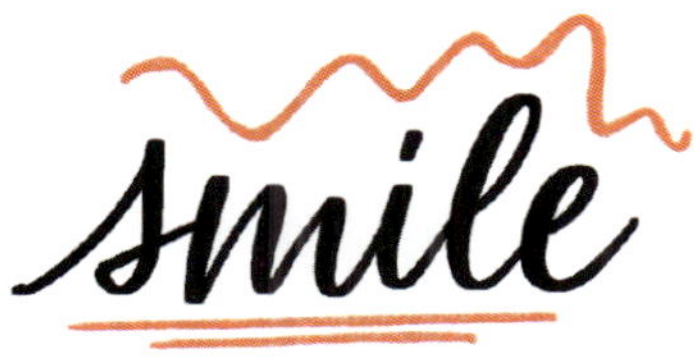

ohne Gestaltung

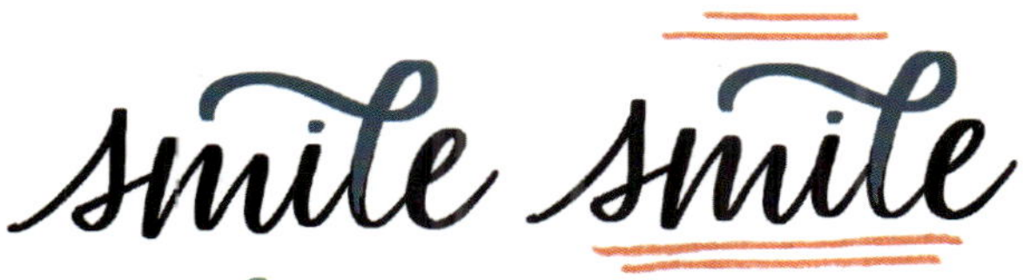

Variante 1 mit Gestaltung

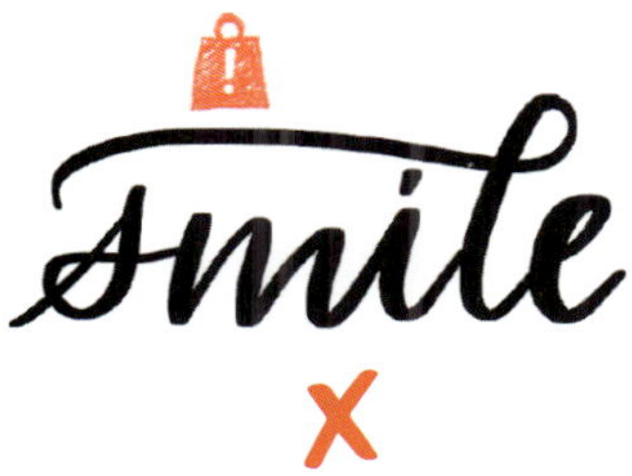

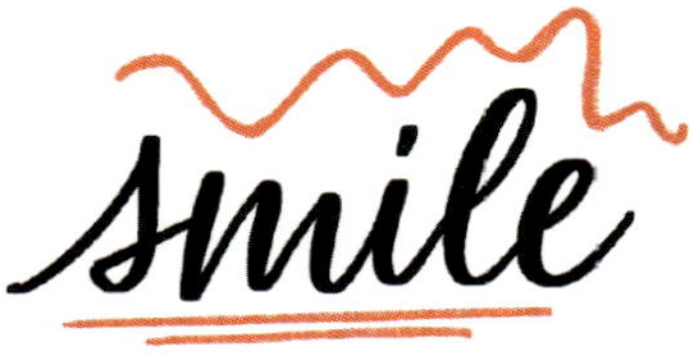

ohne Gestaltung

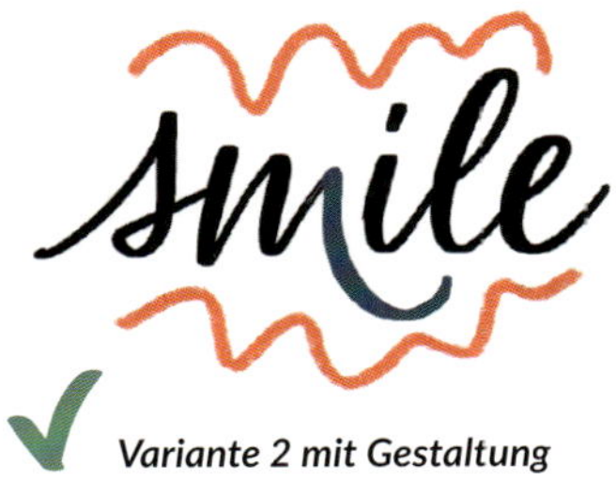

Variante 2 mit Gestaltung

Bei allen Wörtern, denen die Unterlängen als Hingucker fehlen, kannst du auch **Variante 2** anwenden:

Du kannst die Unruhe durch die Oberlänge für eine Gestaltung nach unten hin nutzen, indem du sie spiegelst oder wiederholst.

Dadurch entsteht eine Art optische Symmetrie und wieder Balance und dadurch auch Stabilität und Standfestigkeit, obwohl die Buchstaben nicht haargenau auf der Grundlinie stehen.

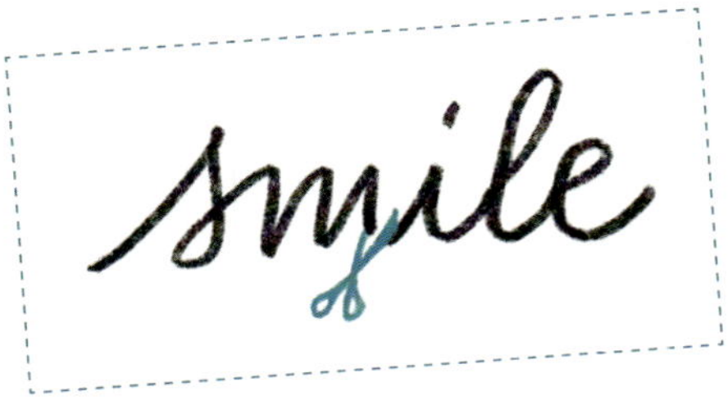

In diesem Fall musst du dazu deine Auf- und Abstriche unterbrechen und einen Buchstaben nach unten auslaufen lassen. Hier ist es das ›m‹, aber auch das ›s‹ wäre eine Möglichkeit. Probier aus, was dir mehr liegt und dir besser gefällt.

Wenn du vielleicht noch mehr Deko oder Schnörkel haben möchtest, geht das nur mit **Variante 3**.

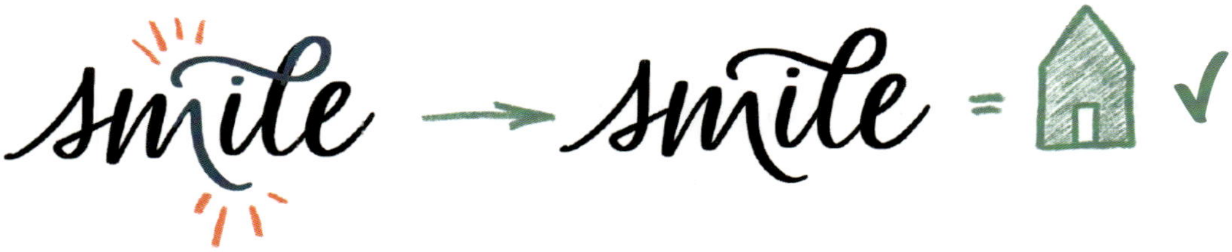

Variante 3 mit Gestaltung

Variante **3** ist die Kombination aus **1** und **2** und benötigt die größte Sorgfalt.

Das Obergeschoss sollte mit Erdgeschoss und Untergeschoss harmonieren, damit dein Häuschen nicht kippt, es keine Löcher hat und krumm wird.

Wenn du die l-Oberlänge mit der Fake-Unterlänge des ›m‹ kombinierst, hast du für Balance gesorgt. Du hast die Gewichte oben und unten ausgewogen platziert. So erreichst du eine simple, aber dekorative und vor allen Dingen stabile Komposition deiner Buchstaben und ein gelungenes Häuschen!

Tipp!

Die Anwendung der roten Linien um das Wort herum, die du oben siehst, können dir bei deiner Gestaltung helfen, um zu erkennen, wie dein Wort ohne Gestaltung auf einer stabilen Grundmauer steht, oder aber auch dir verdeutlichen, ob deine Gestaltung nach oben und unten ausgewogen ist. Manchmal erkennt man dies leichter, wenn man sich über solche Linien den äußeren Rahmen verdeutlicht. Probier einfach mal aus, ob es dir hilft!

Oberlängen und Unterlängen

Wenn du dir bewusst gemacht hast, dass die einfachsten Wörter nur Balance benötigen, um sie gelungen für eine Komposition nutzen zu können, dann fällt dir der nächste Schritt sicher sehr leicht.

Wieder entsteht Weißraum innerhalb unseres Rahmens, den du füllen kannst.

Müssen musst du gar nix, und du kannst die Weißräume auch leer und sich selbst überlassen, aber beachte, dass, wie in **Kapitel 3** gelernt, der Weißraum so mächtig ist wie die Buchstaben selbst und dazu neigt, noch mächtiger zu sein. Daher lohnt also immer ein genauer Blick, um die Herrschaft im Zaum zu halten und aus deinem Wort einen Siegertyp zu machen.

Such dir nun ein Wort mit Ober- und Unterlänge oder nimm den ›april‹.

Es funktioniert wie beim vorherigen Wort ›smile‹.

Fokussiere dich auf die Weißräume und versuche, sie gleichmäßig zu füllen, zunächst wirklich nur mit der Buchstabenvariation. Am naheliegendsten ist hier der Schwung von Unter- und/oder Oberlänge.

Ich möchte dich in diesem Kapitel zunächst ermutigen, deine Wörter mit dem ehrlichsten und eigentlich auch einfachsten Baumaterial zu planen und zu erbauen – deinen Buchstaben. Wenn du das beherrschst, ist das Ausschmücken mit Schmuckelementen oder kleinen Illustrationen viel einfacher, und es wird dir viel besser gelingen, sie in die Komposition geschickt einzufügen.

Mach mit!

Vorschläge und Inspiration zu Buchstabenschwüngen findest du auf den ***Seiten 88, 89 und 97.***

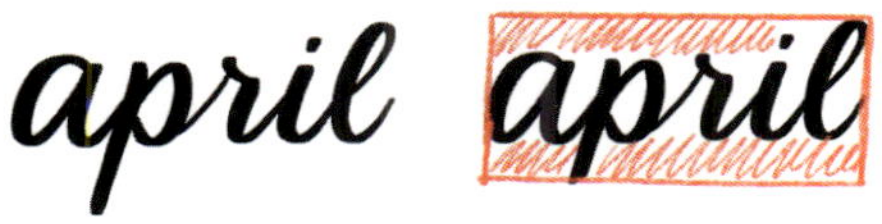

Beachte nur die großen Teile des Weißraums.

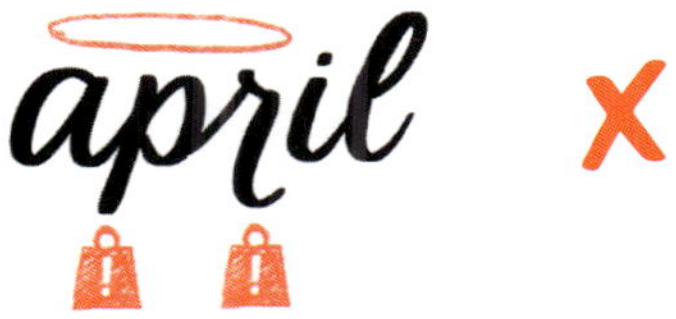

Bei kurzen Wörtern mit Unterlänge ist ein Aufbrechen nicht sinnvoll. Das Wort wird unten zu schwer.

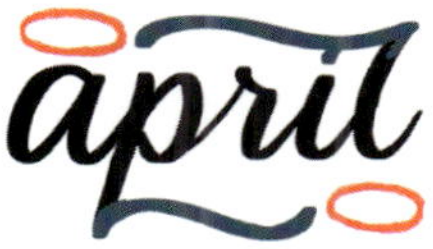

Variante 1:
Beachte wieder, dass der Schwung das Wort nicht erdrückt, lass Luft zum Atmen. Die Luft (der Weißraum) steht sich diagonal und ausbalanciert gegenüber.

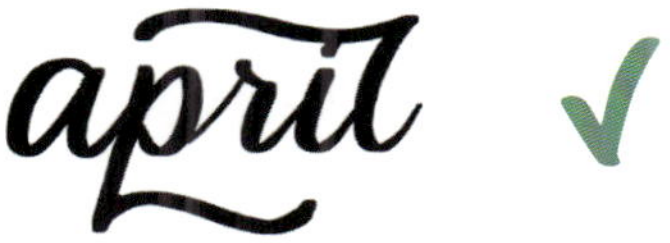

Der Weißraum ist mit dekorativem, aber einfachem Schwung gefüllt, oben und unten gleichermaßen.

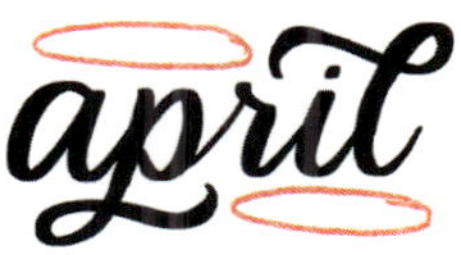

Variante 2:
Auch kurze Schwünge sind gut möglich, wenn sie in symmetrischer Balance platziert sind.

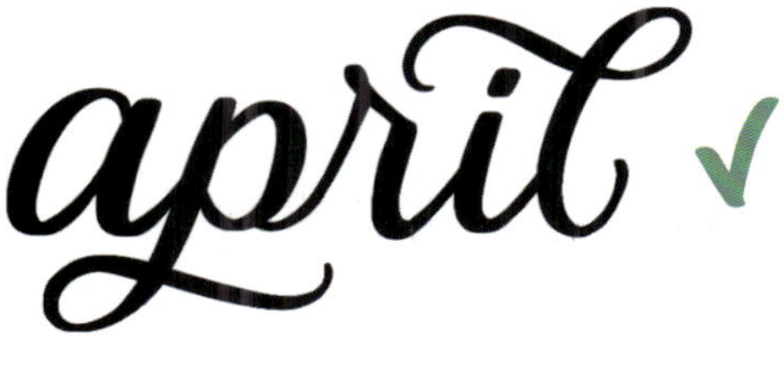

Wörter in regulärer Schreibweise

Unter regulär verstehe ich eine Orthografie, wie wir sie gelernt haben. Vorne groß, hinten klein. Denn bei den meisten Projekten, bei denen ein einziges Wort hervorgehoben werden soll, nutzen wir diese Schreibweise. Selbst bei englischsprachigen Projekten setzen wir oft vorne einen großen Anfangsbuchstaben, entweder weil es ein Eigenname ist oder weil schlichtweg mehr Schlagkraft entsteht, wenn wir vorne an einen Versalbuchstaben platzieren.

Tipp!

Das Tolle am Handlettering ist, dass du Orthografie und Interpunktion nicht ganz so wichtig nehmen musst wie bei einem Brief oder einem offiziellen Text. Lesbarkeit und die Grundregeln solltest du natürlich beachten, aber es ist künstlerische Freiheit, auch mal alles klein- oder nur großzuschreiben. Satzzeichen sind wichtig, aber können auch mal weggelassen werden, wenn der Sinn deines Textes erhalten bleibt. Fühl dich frei und sei mutig!

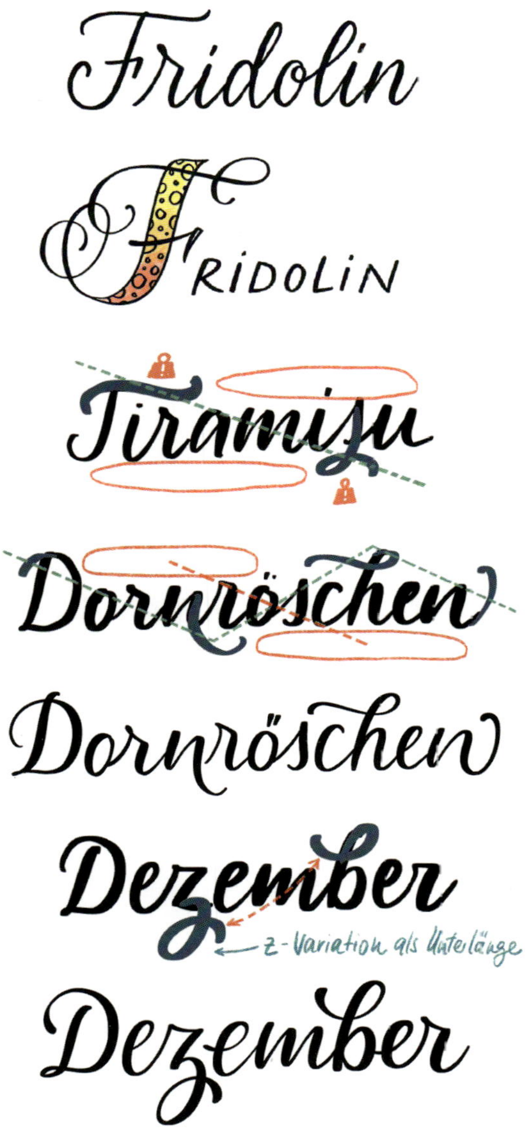

Ein großer Anfangsbuchstabe gibt den Takt vor. Er steht erhaben und als mächtige Gestalt vor allem.

Du kannst dieses Alleinstellungsmerkmal nutzen und den Anfangsbuchstaben einfach so lassen oder ihn noch etwas prächtiger kleiden. Dann steht der einzelne Buchstabe im Fokus und weniger das ganze Wort.

Bei der Ausgestaltung gelten dieselben Regeln wie bisher, nur unter Berücksichtigung des vorhandenen Gewichts am Wortanfang durch den Großbuchstaben.

Beachte, dass ein großer Anfangsbuchstabe ein Gewicht im hinteren Teil des Worts gut brauchen kann – als Pendant. Oder dass es wie bei ›Dornröschen‹ in alle Richtungen etwas Spielerei verträgt. Achte dabei auf die gleichmäßige Verteilung, wenn du Unter- und Oberlängen für Akzente nutzt.

Wörtern mit Oberlängen, aber ohne Unterlängen, darfst du gerne wieder mit einer Buchstabenvariation helfen oder du kannst dabei erneut mit dem Aufbruch des Aufstrichs wie bei ›smile‹ arbeiten, damit du ein ausgleichendes Gewicht unten platzieren kannst.

Achtung, jetzt wird's romantisch:
Da einem das Wort Liebe oder auch Love überall und immer wieder begegnet, möchte ich dir an diesem Beispiel noch mal kurz zeigen, warum auch bei wenigen Buchstaben eine achtsame Gestaltung wichtig ist.

In beiden Sprachen ist es ein wundervolles Wort, das viel Emotion bei der Wortgestaltung verträgt, aber mindestens ebenso viel Behutsamkeit braucht. Mit nur vier Buchstaben ist ›love‹ ein sehr kurzes Wort. Hier spielen diese Aspekte eine Rolle:

» Es hat keine Oberlängen oder Unterlängen innerhalb des Worts.

» Der Anfangsbuchstabe kann groß- oder kleingeschrieben werden und stellt den einzig natürlichen Schwung dar.

» Das L ist ein großartiger Buchstabe für eine Verzierung und neigt doch schnell dazu, das kleine Wort zu erschlagen.

Nimmst du das englische Wort in Kleinschreibung, hast du z. B. diese Möglichkeiten:

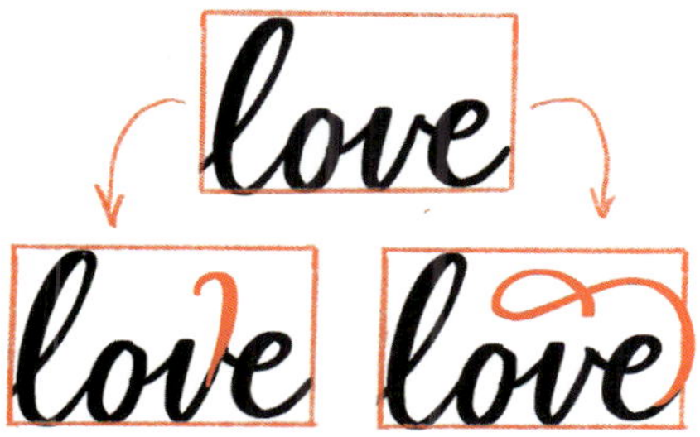

Der Klassiker aber ist es, das große ›L‹ für die Betonung zu nutzen. Alle Romantik konzentriert sich oft auf diesen einen Buchstaben.

Das macht natürlich Sinn, da das Versal-L mit seinen zwei Schlaufen einfach ein wunderschöner und harmonischer Buchstabe ist. Doch der Teufel steckt hier genauso im Detail, wie Liebe zu den Details benötigt wird. Hach, ich liebe Redensarten. In der Regel ist der horizontale L-Schwung das Problem:

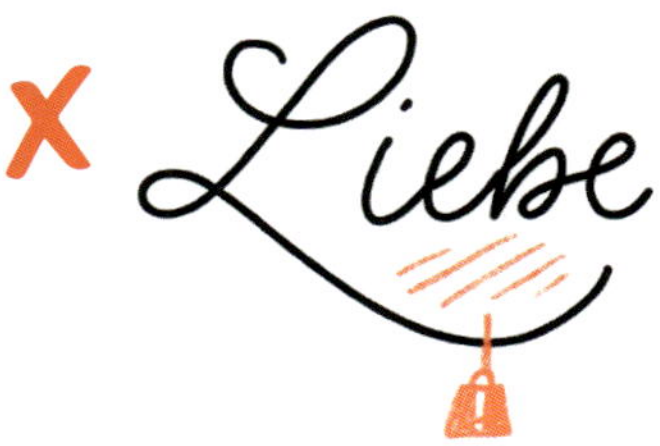

Der Schwung ist zu voluminös und zu tief, dadurch entsteht eine zu große Wanne, die mächtiger und schwerer als das Wort selbst ist.

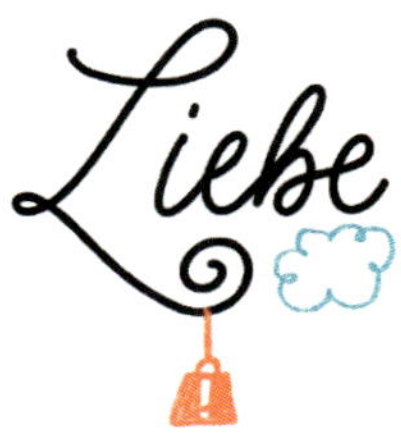

Der Schwung hat die Form einer Schneckennudel und wirkt daher zu schwarz und schwer.

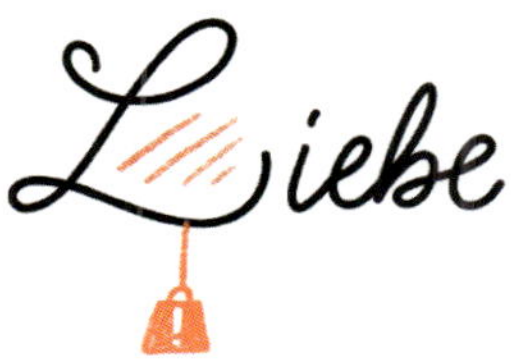

Der Schwung ist zu lang und der Abstand zu den nachfolgenden Buchstaben wird zu groß. Das entstandene Loch teilt das Wort.

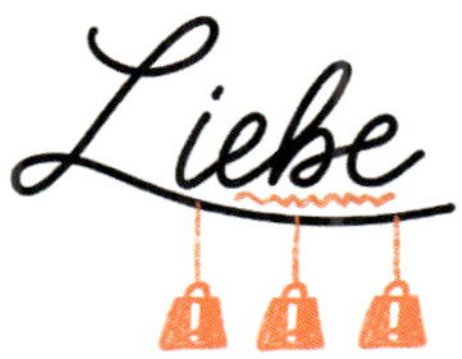

Der Schwung ist zu lang und zu flach. Der fehlende Raum zum Wort und die lange strenge Linie verursachen ebenso eine Schwere und bringen das Wort aus der Balance.

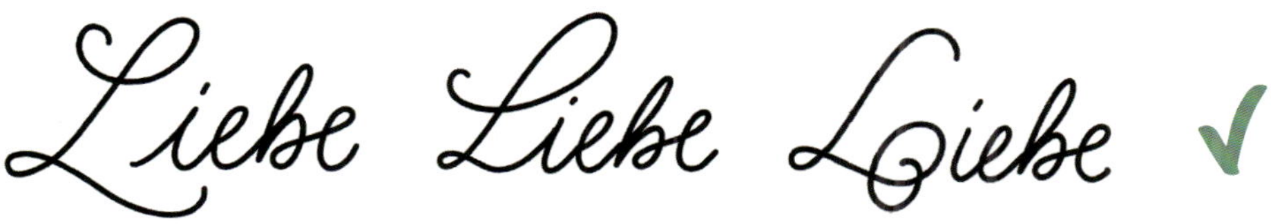

Versuche, die Gewichtung des ›L‹ einfach genauer unter die Lupe zu nehmen, und spiele mit dem ›L‹ unter Berücksichtigung der drohenden Fehler. Dann wird das super.

7/5 Lange Wörter

Je länger das Wort, desto mehr Getüftel und Versuche werden benötigt. Und dann soll es auch noch deinem Geschmack entsprechen oder zum Projekt passen.

Aber wenn du wieder auf Balance achtest, wird dir das recht flott gelingen.

Und denk dran: WENIGER IST MEHR.

Wenn dein Lettering weitere Dekoration enthält und du z. B. noch Illustrationen wie Florales oder Ähnliches hinzufügen möchtest, dann sei eher sparsam und beschwere das Wort nicht unnötig mit Schnörkeln und Schwüngen.

Wenn es alleine da steht oder nur schlichter Text folgt, darfst du auch gerne etwas mehr in die Vollen gehen.

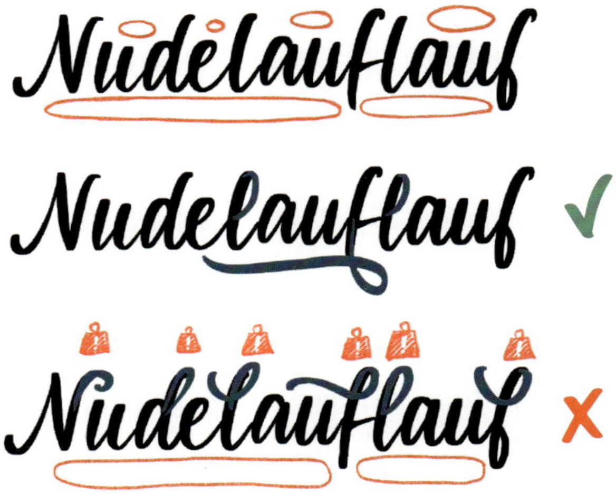

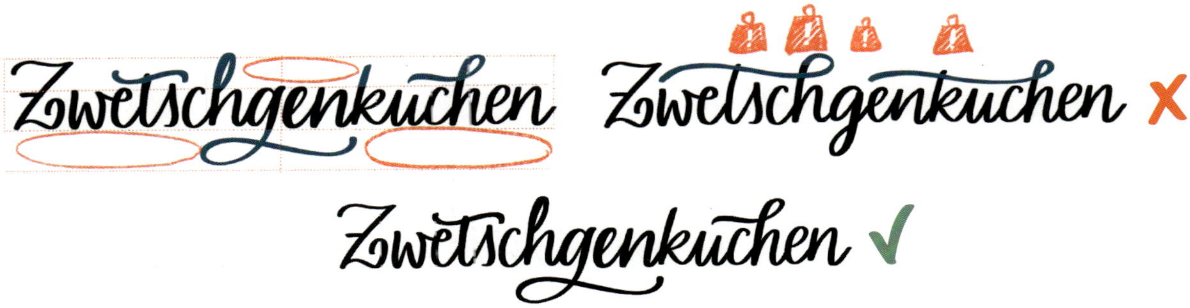

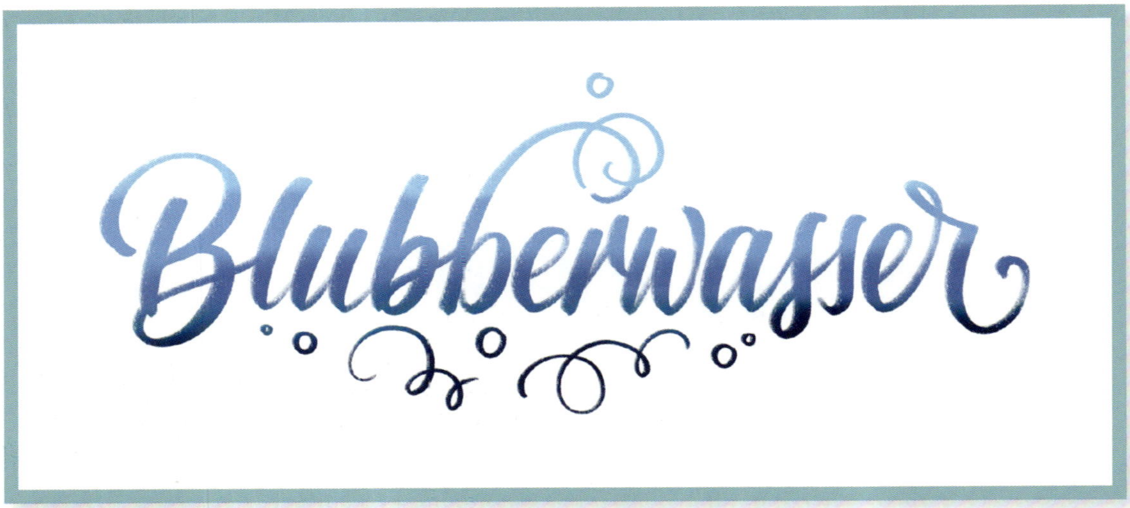

Hier siehst du noch ein Beispiel dafür, wie sich ein Wort verhält, wenn du es unterschiedlich ausgestaltest oder eine andere Schrift benutzt. Für die einfache Wortgestaltung bist du nun gewappnet.

Probiere es einfach noch mit möglichst ganz verschiedenen Wörtern selbst einmal aus und mach dich vertraut mit den Grundregeln bei der Wortgestaltung. Die benötigst du immer und überall, wenn du eine Lettering-Komposition zeichnen möchtest.

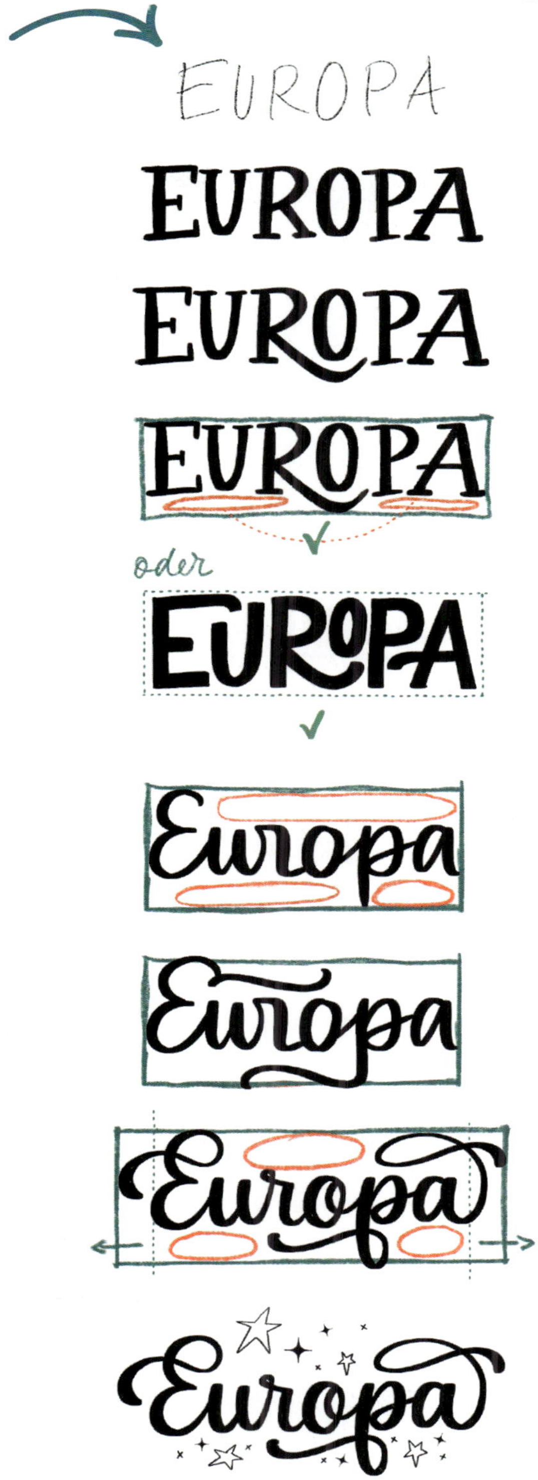

Mach mit!

Hier einige Übungswörter, die herausfordernd sind:

Rumpelstilzchen, Traumfabrik, Nikolaus, Achtsamkeit, Frühlingserwachen, Pfefferminz, Pferdesattelriemen, Amanda, Du, Meeresrauschen, Yippie!, Donaudampfschiffahrtsgesellschaft

Das Wichtigste

- Denke an den imaginären Rahmen.
- Markiere dir die Weißräume.
- Finde offene Räume der Buchstaben, wie z. B. bei A, C, U usw.
- Nutze die Ober- und Unterlängen.
- Platziere Gewichtung nur dort, wo sie auch nötig ist.
- Achte auf die Balance.

7 / 6 Schwunghilfen

Vielleicht gehörst du auch zu denen, die Schnörkel mögen und am liebsten jedes Wort verschnörkeln würden? Leider muss ich zugeben, dass das Schnörkeln mindestens so viel Übung bedarf wie ein Alphabet selbst, und das Platzieren der Buchstabenverzierungen kann sehr herausfordernd sein. Aber dennoch kannst du versuchen, einfache Schwünge und Schnörkel zu platzieren oder einfach hier abzuzeichnen. Achte wieder darauf, dass genügend Luft für einen Schnörkel vorhanden ist und er nicht eingequetscht wird. Sonst lass ihn lieber weg. Hier ein bisschen Inspiration für deine Schwünge.

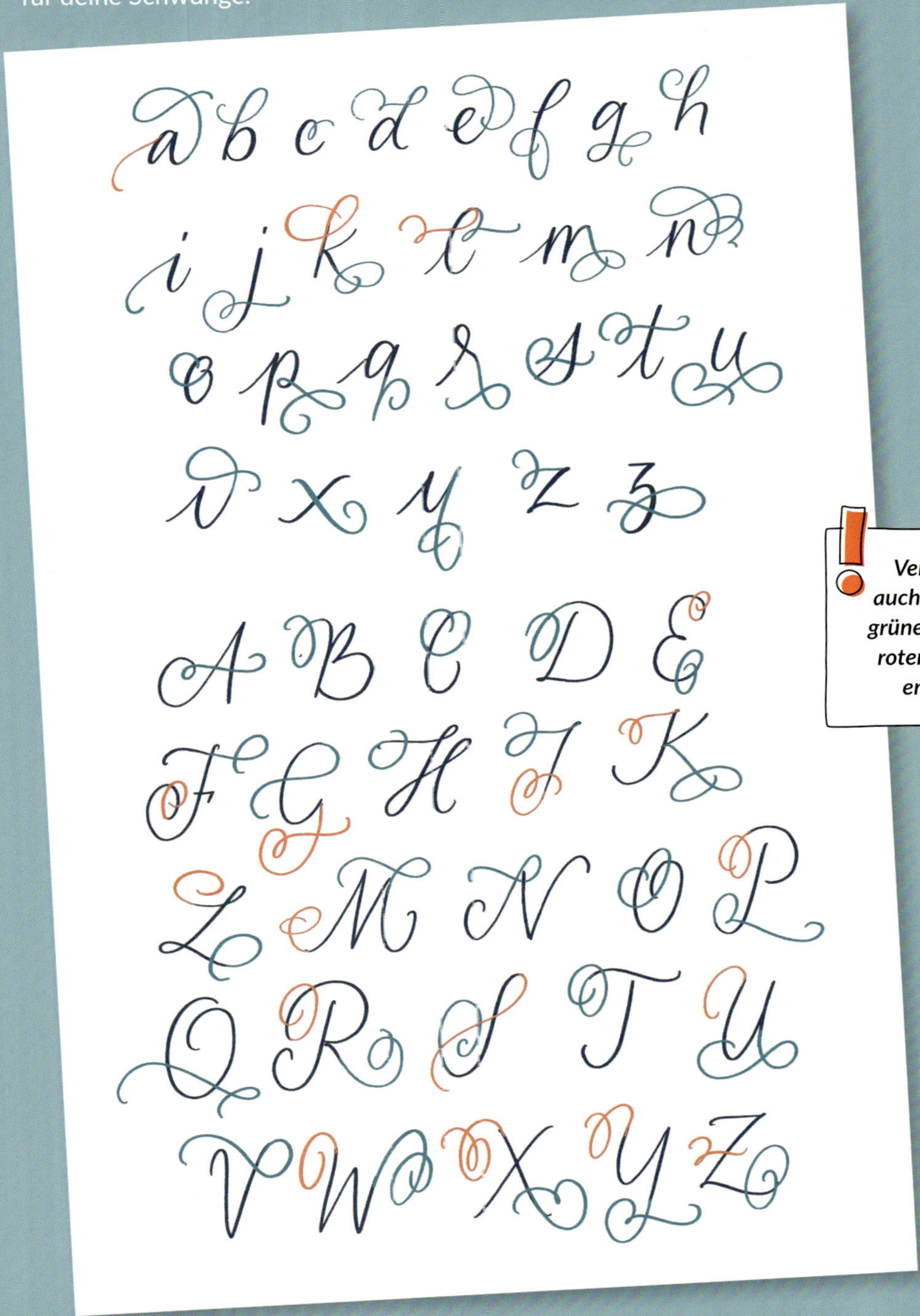

Versuche, dich auch hier für einen grünen ODER einen roten Schwung zu entscheiden.

7/7 Richtig rumschnörkeln

Das Wort Schnörkel klingt immer etwas kitschig und plump. Man denkt eher an ein Schweineschwänzchen als an eine elegant wachsende Kurve. Aber genau da liegt der Unterschied. Schnörkel im Lettering sollten zarte Bewegungen und Verlängerungen der Buchstabenauf- und abstriche sein oder wohlplatzierte Verzierungen. Sie stehlen Wort und Text nicht die Show, sondern dienen alleine der Ausgestaltung des Inhalts. Über Schnörkel und Schwünge könnte ich ein extra Buch schreiben, hier möchte ich dir kurz das Wichtigste dazu an die Hand geben, wie du deine Komposition auf elegante Weise aufpimpen kannst.

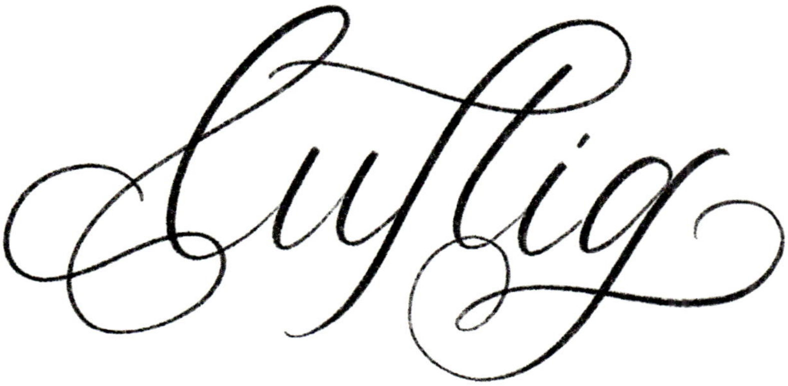

Das Wichtigste

- Übe Schnörkelformen zunächst einzeln, also ohne den Buchstaben! Mach dich erst mit der Form von Schwüngen vertraut. Übe zunächst einfache Schwünge. Ein Schwung ist ein kurzer und oft flacher Schnörkel wie z. B. bei einem langen t-Strich oder einem großen F. Nach und nach kannst du komplexere Kurven in Angriff nehmen.
- Schnörkelformen orientieren sich fast immer am Oval. Dann sind sie der Form der kursiven Buchstaben am nächsten und gefallen unserem Harmonieempfinden am besten.
- Mit der Zeit wirst du ein großes Repertoire an Schnörkeln parat haben und erkennen, welcher sich zum Ausbalancieren deines Worts am besten eignet.
- Schreibe und zeichne immer erst dein Wort fertig, dann siehst du Lücken und Weißräume, die du mit Schnörkeln füllen kannst.
- Schnörkel sollen luftig sein! Sei mutig und denke großzügig. Jeder Schwung braucht Luft und Raum. Wenn beides nicht zur Verfügung steht, setze keine Schnörkel.

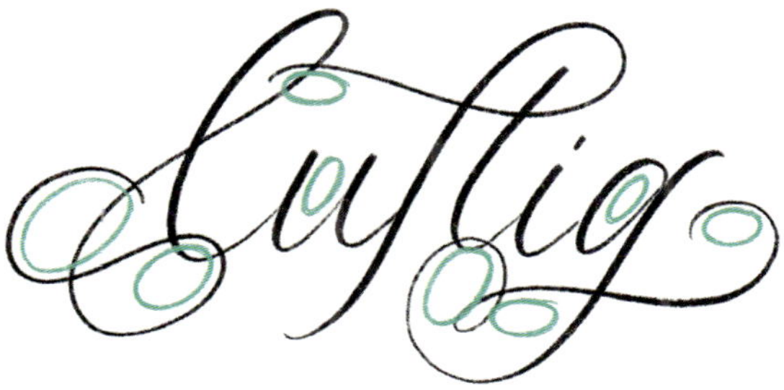

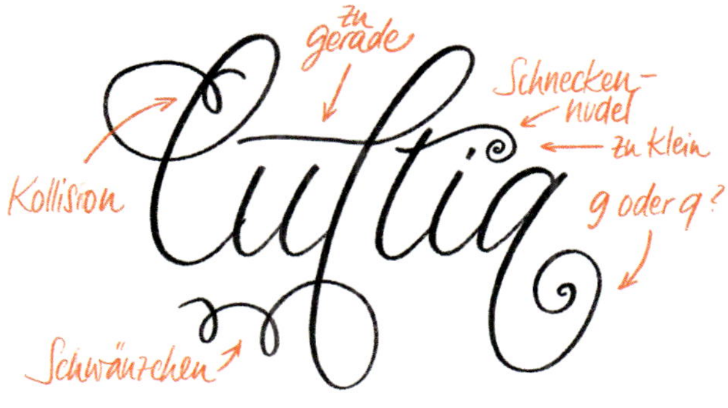

7 /8 Schnörkel-1x1

Wie du schon weißt, ist in der Wortgestaltung Balance das A und O, und ein einseitiges Gewicht sollte möglichst vermieden werden. Schnörkel sind hierbei schnell kleine Unheilbringer und können dein perfekt gebautes Worthaus schnell zum Einstürzen bringen. Das lässt sich leicht vermeiden, wenn du das Schnörkel-1x1 beherzigst:

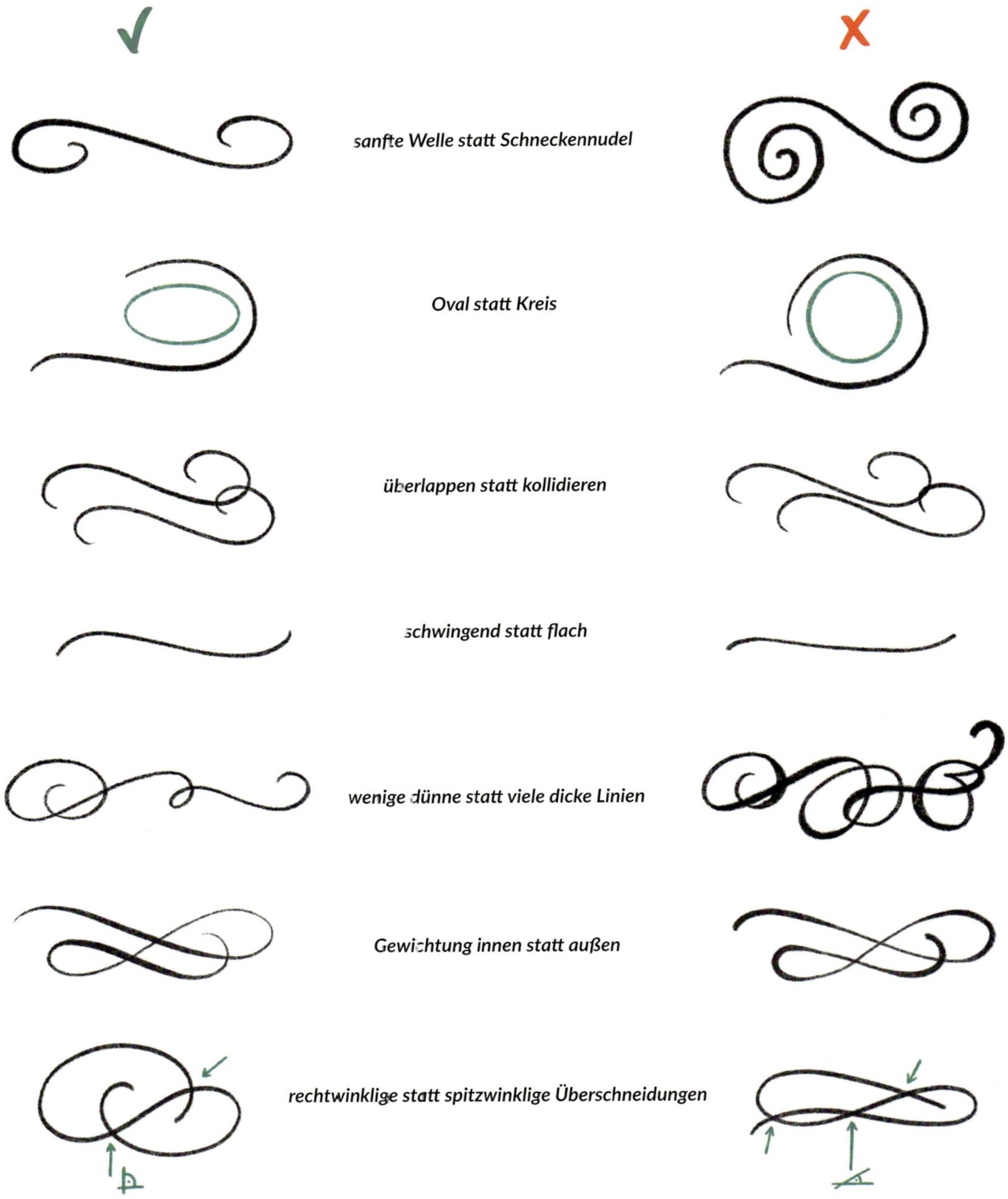

Ausgleichende Schwünge

Wenn du tolle Buchstabenschwünge und Schnörkel platzieren möchtest, achte darauf, dass sie sich gleichmäßig um das Wort herum ausdehnen. Denke an den imaginären Rahmen, den unser Auge gerne platzieren möchte und der in Balance stehen sollte.

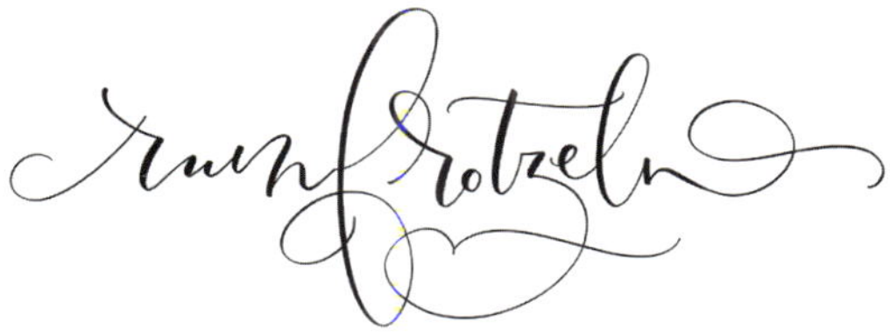

Dein Haus muss bei viel Schwung dennoch gerade stehen können und oben, unten sowie rechts und links ausbalanciert sein.

Besonders lange Wörter müssen gut ausbalanciert sein, da mehr Buchstaben für mehr Unruhe und ›Wackelgefahr‹ sorgen.

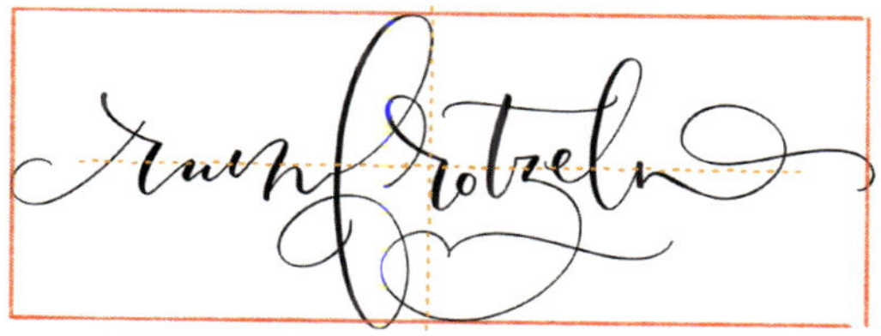

Tipp!

Vielleicht hilft dir als kleine Gedankenstütze auch der Tipp, den mir Martina Flor in ihrem Workshop mal gegeben hat: Orientiere dich an Himmelsrichtungen. Überprüfe, ob du im Norden und Süden, Westen und Osten gleichermaßen die Weißräume genutzt hast.

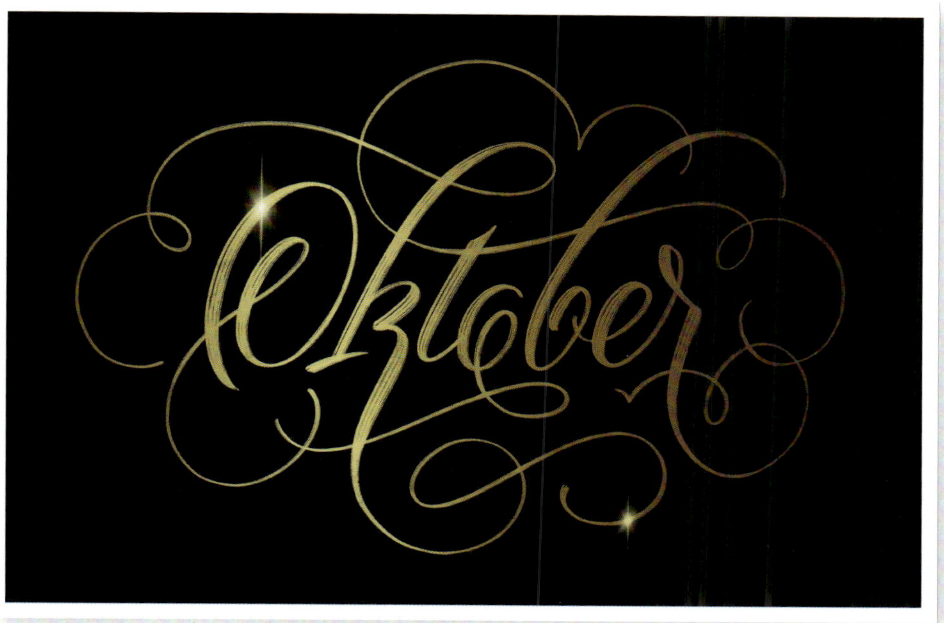

Der goldene Oktober mit Schnörkeln, die aus den Buchstaben herauswachsen.

7 /9 Wörter in Formen

Ein einziges Wort bekommt durch eine bestimmte Formgebung oft noch mehr Gewicht. Wir sehen dann auf dem Blatt ein Wort plus ein Bild. So wird dein Wort verstärkt und springt besonders gut ins Auge.

Dazu gibt es auch wieder ein paar Tricks. Während du diese liest, scribble auf einem Zettel einfach mal mit. Vom Auge in den Kopf, in die Hand und zurück.

Wenn du Wörter als Wellen oder Bogen darstellen möchtest, benötigst du natürlich Planung, damit dein Wort da auch reinpasst.

Das sollte dir, nachdem du nun weißt, wie du den kompletten Wortraum nutzen kannst, leichtfallen.

Für die Formgebung kannst du dir einfach die gängigsten Formen skizzieren. Sie sind uralt. Seit es Schilder an Häusern und Wänden gibt, werden Formen genutzt, um dem Text darin mehr Bedeutung zu verleihen.

Diese Formen (wie Schilder) nennt man in der Lettering-Szene auch ›Grid‹. Wie Gitter oder Raster. Sie sind weit mehr als nur grafische Spielerei, sie gliedern dein Lettering, machen es übersichtlicher und helfen dir, auch lange Wörter geschmeidig in Szene zu setzen.

Such dir schon mal eine Form aus.

Für lange Wörter eignen sich sehr gut Bänder und Banner, für kurze Wörter Kreise, Ellipsen oder Rauten.

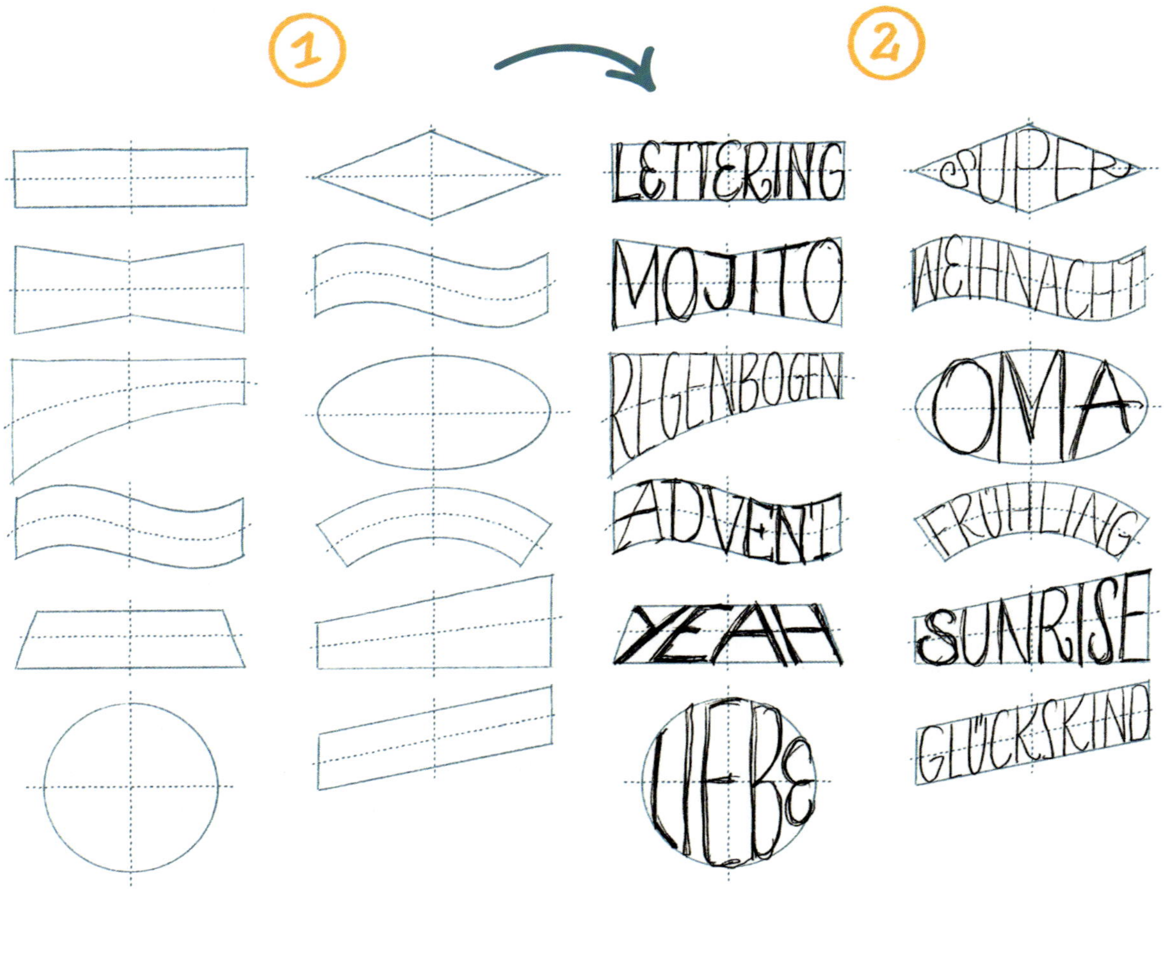

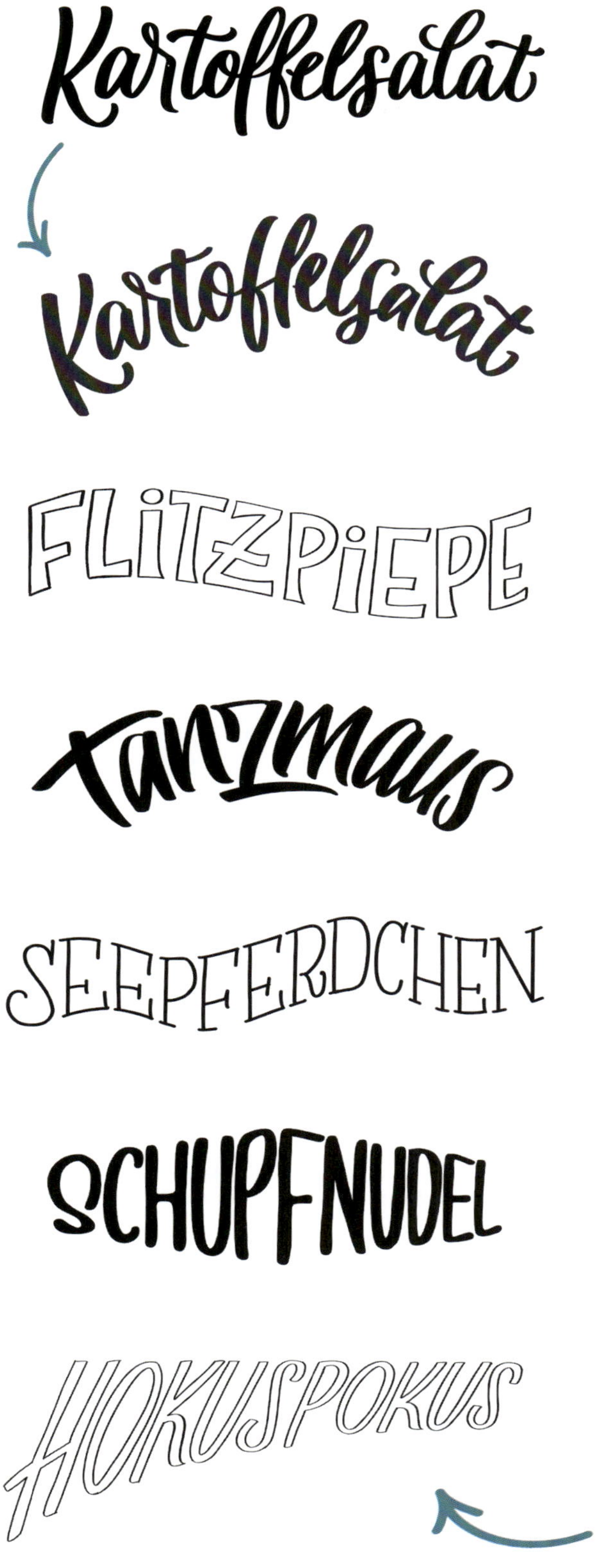

Lange Wörter machen einem manchmal das Leben schwer, weil einem der Platz ausgeht, in den das Lettering passen soll.

Wenn du so eine spontane Kreative bist wie ich, die einfach drauflos zeichnet ohne Planung – auch wenn ich dir in diesem Buch zur Planung rate (ertappt!) –, dann wird es dir so gehen wie mir früher oftmals: Alles sieht schon ganz gut aus, du hast dich schon richtig warmgezeichnet, und dein Lettering macht schon einen ersten guten Eindruck, und dann stellst du fest, dass das lange, aber wichtige Wort einfach so nicht hinpassen will. Erfahrungsgemäß kann man dann fast wieder von vorne anfangen, wenn man es nicht gleich ganz sein lässt und frustriert das Ding ins Eck pfeffert oder sich fragt, warum man nicht lieber häkelt. Das muss nicht sein.

Daher stell ich dir hier die beliebtesten Wortformen vor.

Besonders bei langen Wörtern mit über sieben Buchstaben gilt grob gesagt, dass sie in einer besonderen Form besser zur Geltung kommen als wenn sie einfach horizontal auf einer geraden Grundlinie stehen.

> ***Wörter mit einem W oder zwei Ms sind noch größere Platzfresser, da sie durch ihre weiten Buchstaben sehr breit laufen.***

Wenn du ein Wort auf eine schräg gestellte Linie setzt, in einen Bogen oder auf eine Welle, dann gewinnst du darum herum Weißräume, die deiner Komposition mehr Luft geben. Je nach Text und Geschmack kannst du diesen Raum mit Schwüngen, weiterem Text oder Schmuckelementen füllen. So wird der Look deines Letterings spannender und dein Wort mutet nicht mehr so streng an wie ein gerades Wort.

Lass es uns mit der Form einer Welle mal ausprobieren. Die Welle entspricht auch oft einem Banner, das sich toll eignet, um eine dekorative Wortgestaltung zu kreieren und später deine Komposition zu vervollständigen. Hier eine kleine Übung dazu, wie du ganz leicht eine schlichte Wellenform zeichnest:

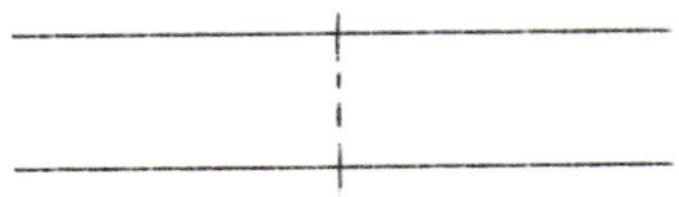

1. Nimm deinen Bleistift und skizziere eine sanfte Welle.
2. Ganz leicht geht das, wenn du zwei horizontale Linien parallel übereinanderzeichnest.

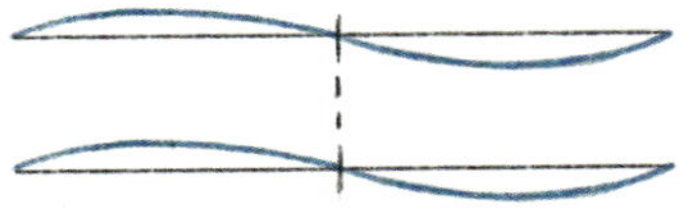

3. Markiere dir die ungefähre Mitte. Verbinde nun auf jeder Linie den Anfangspunkt mit der Mitte in Form eines leichten Bogens.
4. Und genauso von der Mitte unterhalb der Horizontalen bis zum Endpunkt.

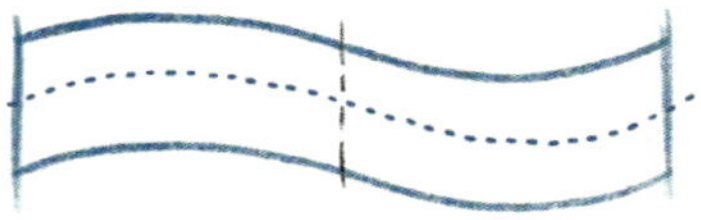

Wenn du nun dein Wort einzeichnest, fülle einfach den Raum zwischen der Grundlinie und der oberen Linie mit deinen Buchstaben. Passe die Buchstabenform besonders oben und unten der Wellenform an.

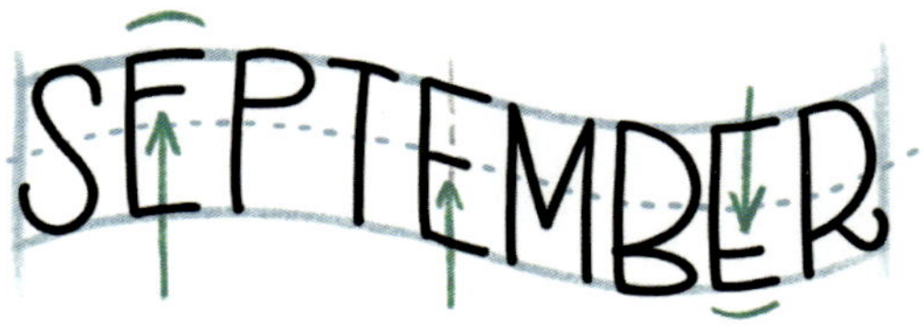

Querlinien oberhalb der x-Höhe folgen dem oberen Formenrand, Querlinien auf oder unter der x-Höhe passen sich dem unteren Formenrand an.

Die Querstriche der Buchstaben können mittig, oberhalb oder unterhalb der x-Höhe liegen. Als Hilfe kannst du dir diese auch in Wellenform einzeichnen. Entscheide dich für EINE Höhe im Wort, das verstärkt den Gesamtausdruck.

Tipp!

Achte darauf, dass auch alle Querlinien der Wellenform folgen!

Wort anpassen – Buchstaben verteilen

Bei längeren bis ganz langen Wörtern ist es gar nicht so einfach, alle Buchstaben gleichmäßig in die Form zu bekommen. Das Seitenformat oder eine Glückwunschkarte ist ja nicht beliebig lang, und wir müssen oft sparsam mit dem Platz umgehen. Mit ein bisschen Zählen geht das aber ganz gut:

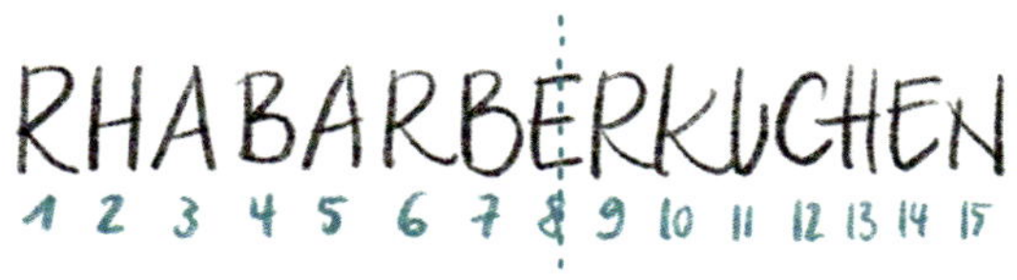

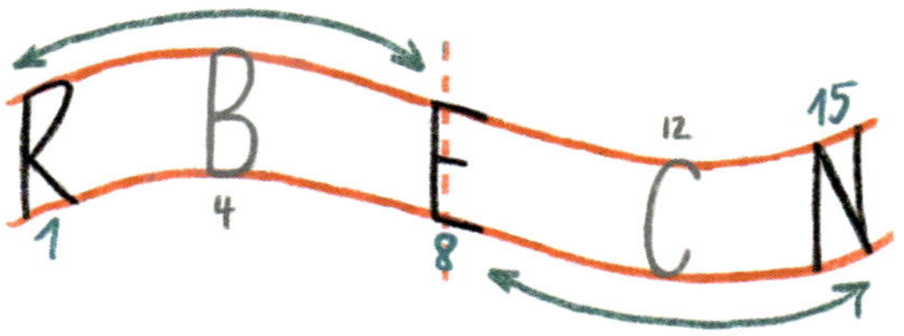

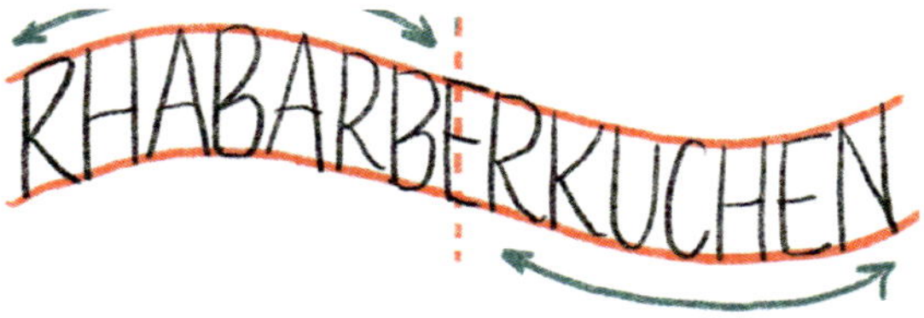

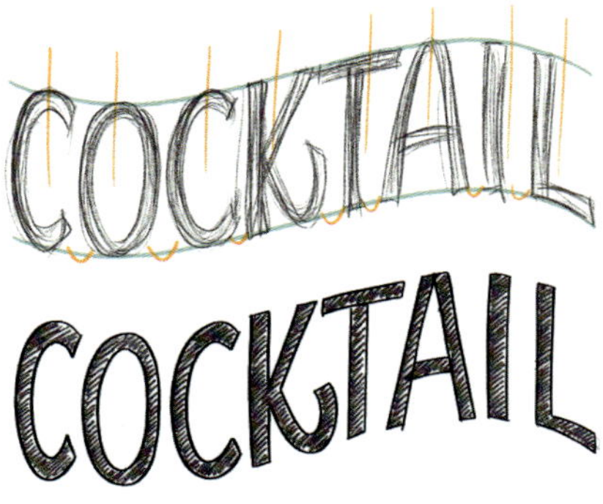

1. Zeichne dir deine Form in der gewünschten Größe und Länge.
2. Gleichzeitig schreibst du dein Wort wieder in Großbuchstaben flott daneben und nummerierst die Buchstaben durch. Bei kürzeren Wörtern geht das natürlich auch im Kopf.
3. Platziere nun zuerst den ersten und den letzten Buchstaben und dann den mittleren oder auch die beiden mittleren.
4. Bei langen Wörtern kannst du dann noch mal den mittleren Buchstaben der ersten und den der zweiten Worthälfte platzieren.
5. Anschließend füllst du deine Welle mit den Buchstaben auf, bis dein Wort vollständig ist.

Fokussiere dich nicht zu sehr auf den Buchstaben an sich, lege zunächst nur Wert auf eine gleichmäßige Verteilung (das Kerning) und eine sichere Ausrichtung der Buchstaben, sodass dein Wort nicht kippt oder an einer Stelle zu eng oder zu locker ist.

Wundere dich nicht: Beim Platzieren der Buchstaben muss auch ich immer wieder radieren, bis alles perfekt reinpasst. Aber so ist das eben beim Lettering. Bis alle Buchstaben husch, husch im Körbchen sind, dauert es eben manchmal etwas. Aber es lohnt sich!

Versuche dies nun mit kleineren, engeren oder größeren Formen und mit kurzen und langen Wörtern. So bekommst du bald ein Gefühl dafür, was wo reinpasst. Wenn alles sitzt, kannst du deine Buchstaben finalisieren und die Skizze wegradieren.

Nach diesem Prinzip funktioniert es wunderbar mit Großbuchstaben und geraden Schriftarten, die ja sehr gerne benutzt werden für Titelbegriffe und Ein-Wort-Gestaltungen.

Diese Gestaltungsform wirst du auch noch bei einer Komposition mit mehreren Wörtern reichlich einsetzen, daher ist es eine tolle Übung, wenn du frei Schnauze alle Formen, die dir einfallen, mal locker lässig mit Buchstaben füllst.

Wenn du deine Buchstaben zählst und einsetzt, gehe nicht rechnerisch oder geometrisch vor. Buchstaben haben unterschiedliche Dicken (die Breite des Buchstabens), und die Form-Mitte liegt dadurch nicht immer mittig auf dem Buchstaben oder mittig zwischen zwei Buchstaben. Versuche dich auf deine Augen zu verlassen und finde so die richtige Platzierung und die richtigen Buchstabenabstände.

Bei sehr wenigen Buchstaben ist es recht einfach, die Mitte zu treffen. Aber achte darauf, dass nicht jede Buchstabenform gleich breit ist: Ein ›I‹ ist wesentlicher schlanker als ein ›A‹, und die geometrische Mitte liegt nicht auf dem mittleren Buchstaben.

Bei ›AUGUST‹ ist das G breiter als das U, daher findest du die Mitte nicht nach der Hälfte der Buchstabenanzahl, also nicht zwischen Buchstabe Nummer 3 und Nummer 4.

Bei Buchstaben gleicher Breite liegt die geometrische Mitte meistens auch in der Mitte der Buchstabenanzahl.

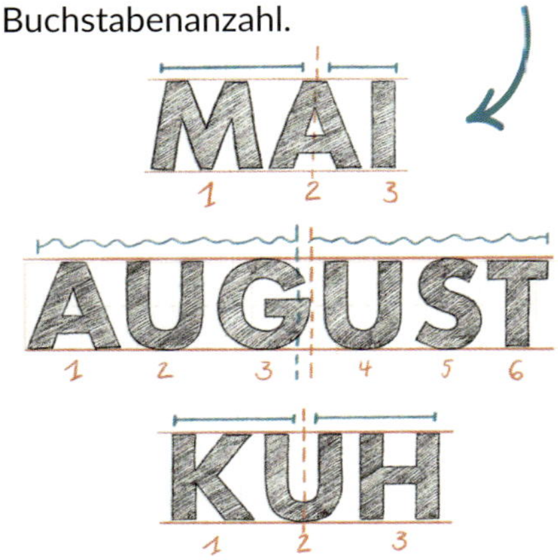

Ausrichtung

Wenn du Formen nutzt, hast du die Möglichkeit, deinen Buchstaben auch durch ihre Neigung noch Charakter zu geben. Das gilt natürlich ebenfalls für den Bereich außerhalb einer Form. Neigung ist immer relevant. Entscheide dich für eine Ausrichtung: vertikal, geneigt oder sternförmig.

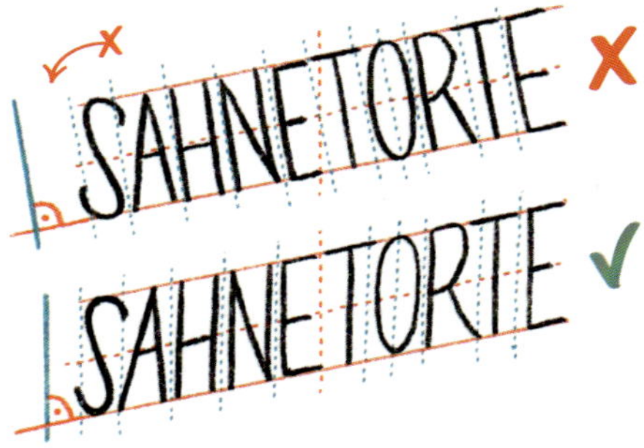

Vermeide es bei schrägen Formen, deine Buchstaben entlang der Grundlinie und damit der regulären Schreibweise auszurichten. Wenn die Buchstaben im rechten Winkel auf der schrägen Grundlinie stehen, neigt sich das ganze Wort nach links, und man hat fast das Gefühl, es kippt um. Das war's dann mit der Balance!

Richte deine Buchstaben vertikal aus, das sorgt für Stabilität. Zeichne dir dafür lockere vertikale Hilfslinien. Das reicht meistens schon, um deinen Strich zu führen.

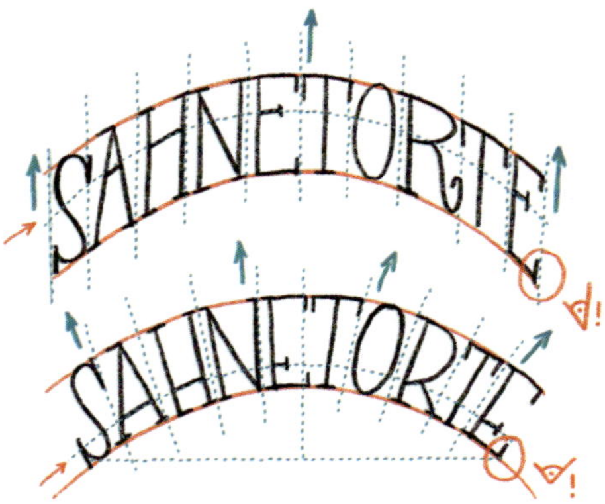

Bei Bögen oder Wellen kannst du die Buchstaben auch sternförmig ausrichten, was etwas eleganter ist. Hier steht dann logischerweise nur der mittlere Buchstabe im rechten Winkel auf der Grundlinie.

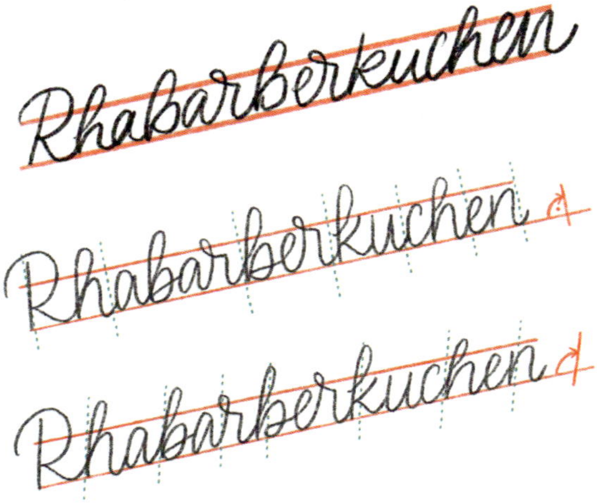

Bei Schwungschriften ist eine ausgeglichene Platzierung in der Form etwas leichter – das Zählen der Buchstaben kannst du je nach Übung hier eventuell auch weglassen –, da die Schwungschrift es einem nicht so übel nimmt, wenn mal ein Buchstabenabstand nicht ganz perfekt ist oder die Buchstaben nicht parallel sind.

Die Ober- und Unterlängen dürfen auch mal aus dem Band gleichmäßig herausschauen. Aber für Schwungschriften und kursive Skriptstile eignen sich leider auch nicht so viele Wortformen. Beschränke dich besser auf Bänder und Banner.

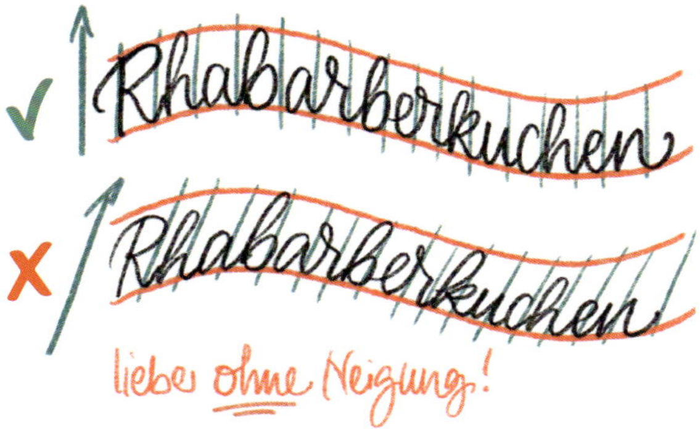

Tipp!

Achte bei einer nicht horizontal ausgerichteten Grundlinie auf die passende Neigung, damit dein Wort nicht hintenüberfällt.

Bei geschwungenen Grundlinien ist es leichter, wenn du versuchst, steiler zu schreiben, da sich die Buchstabenneigung leicht mit der sowieso schon dynamischen Form beißt. Hier die perfekte Neigung zu finden, benötigt viel Erfahrung und hat oft aber gar keinen Mehrwert.

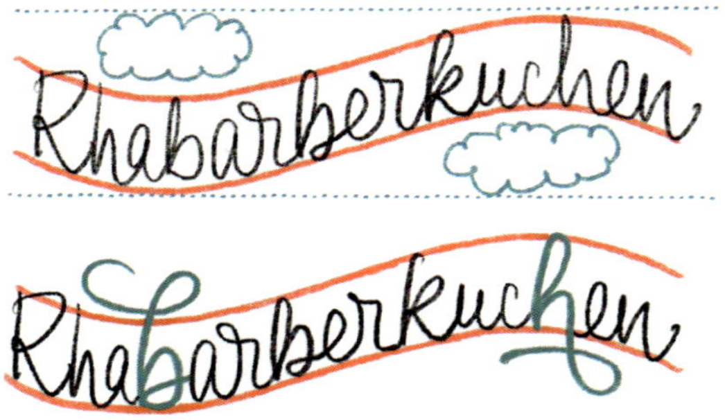

Die Form sollte der Eyecatcher bleiben.

Nutze die Weißräume um deine Form herum für Buchstabenvariationen oder kleine Dekorationselemente. Im **nächsten Kapitel** siehst du, wie du diese ›Luft‹ für Text nutzen kannst.

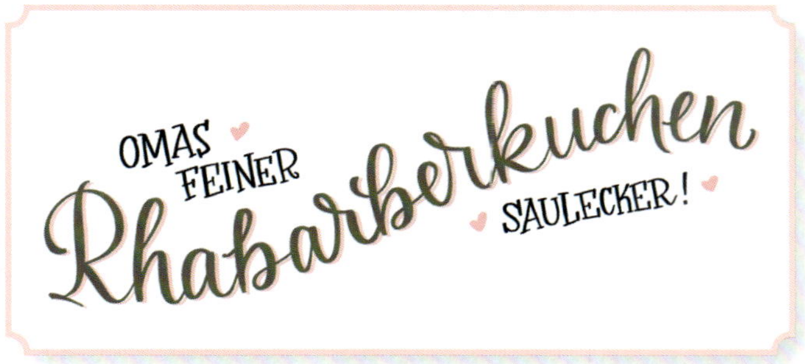

7/10 Sonstige Formen

Das Formen eines Worts funktioniert natürlich nicht nur mit Wellen und Bögen, sondern mit allen Formen: mit Rauten, Kreisen oder auch Fantasieformen.

Denke an die Ausrichtung der Buchstaben, und vergiss die Aufmerksamkeit bei den Querstrichen nicht! Du wirst sicher bald Lieblingsformen haben, die du immer wieder in deinen Letterings nutzen magst.

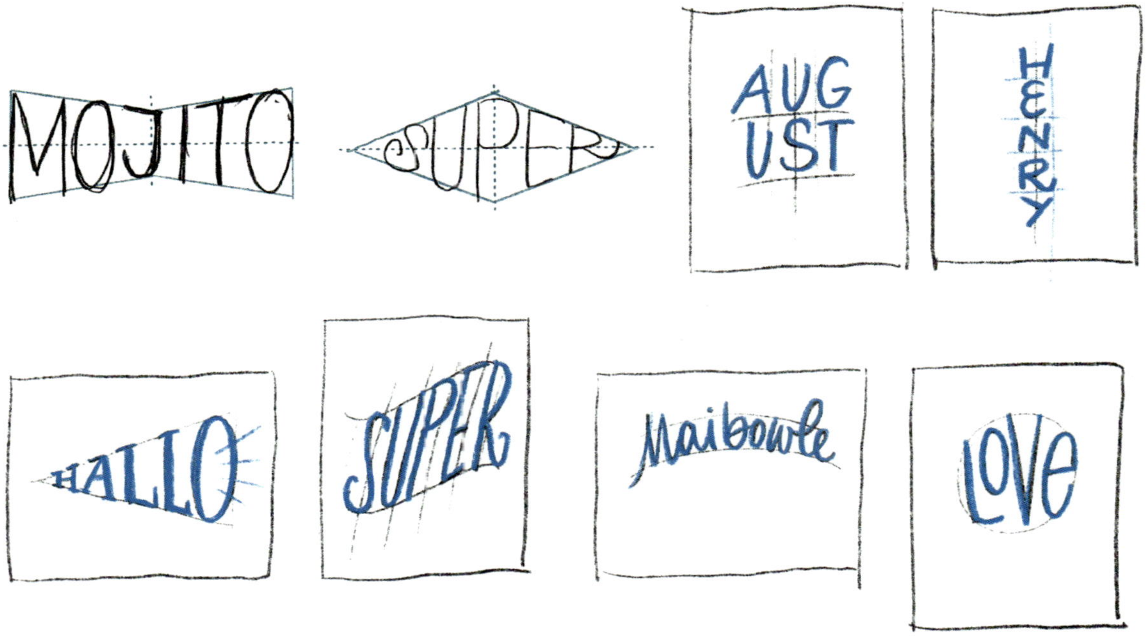

7/11 Layout mit Formen

Wenn du nun Spaß an Formen gefunden hast, mach doch mal kleine Postkarten.

Platziere deine Wunschform mit Bleistift auf einer kleinen Karte, wie ich es in **Kapitel 3** vorschlage, kreiere dein Wort, und du hast in Kürze eine tolles Kunstwerk – so beeindruckend wie ein ganzer Text.

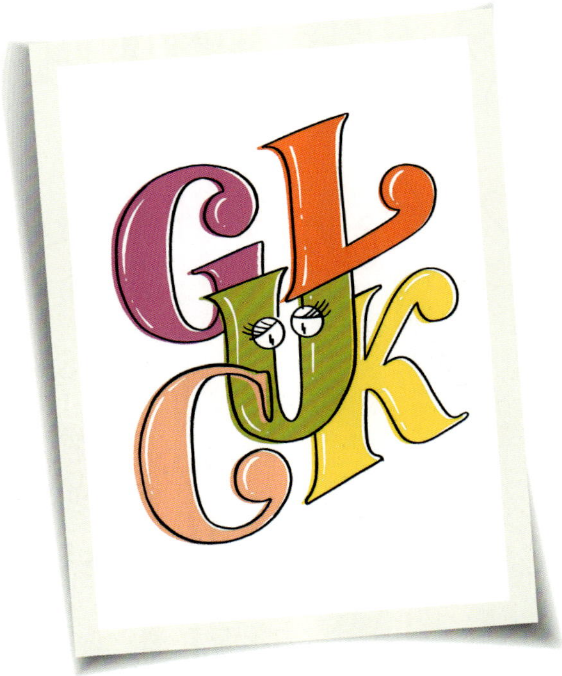

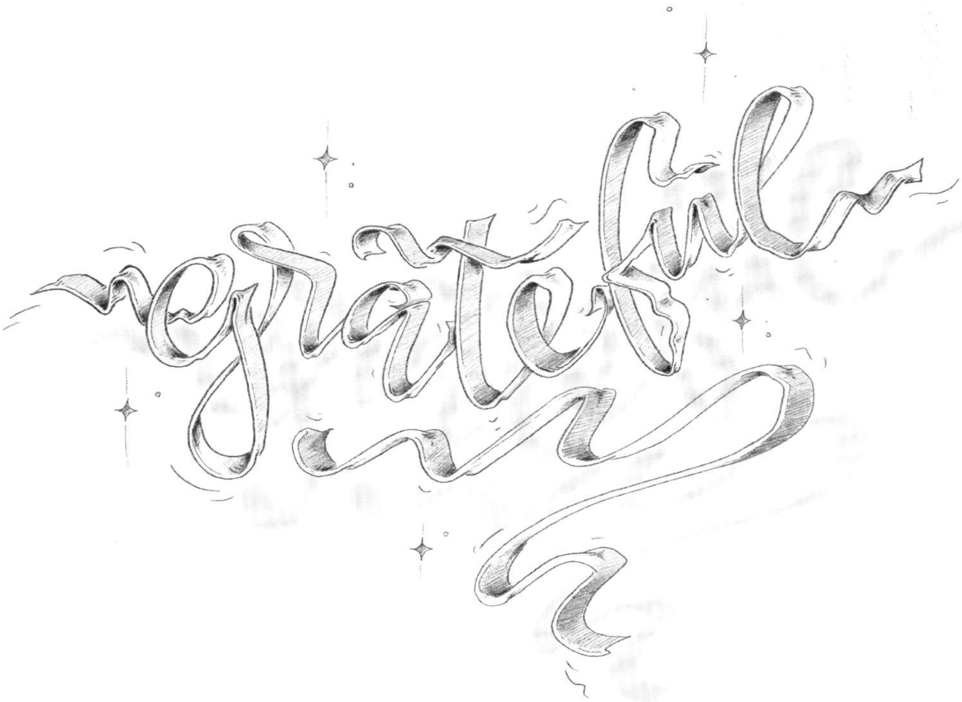
grateful

7/12 Zwei Zeilen

Nun hast du dich tapfer seitenweise mit dem Wort an sich beschäftigt. Du hast schon viel gelesen über Weißräume, Löcher, Balance und Harmonie. Da macht es dir jetzt sicher Freude, dein Wort noch weiter zu gestalten, noch mehr ein Bild daraus zu machen. Das ist einfach.

Wieder darfst du wild experimentieren. Ich gebe dir nur ein paar Regeln an die Hand, die es dir sogar einfacher machen. Du kannst mit einem einzigen Wort eine schöne Komposition erstellen.

Es geht darum, dem Wort etwas mehr Spannung oder Spaß zu verleihen.

Viele Wörter, besonders wenn sie alleine stehen, muten doch etwas fade an, wenn sie nicht gerade in einer Form sitzen, wie auf den Seiten zuvor, oder wenn du sie nicht in einer fancy Schriftart gezeichnet hast. Und manchmal hat man auch wenig Platz – dann wirst du wissen müssen, wie du ein Wort noch anordnen kannst.

Mach einfach einen Zweizeiler aus deinem Wort.

Für gute Lesbarkeit ist es sinnvoll, es zu trennen, wie die Rechtschreibregeln es vorsehen, aber je nach Motiv darfst du das auch mal machen, wie es gerade so hinpasst. Ich bin da frech und erziele zum Teil schöne Werke, die den Betrachter zwingen, mal genauer hinzuschauen. Das kann ja nicht schaden. Auch drei Zeilen oder mehr sind erlaubt, aber dann kann man von Zeilen kaum noch sprechen, da dein Lettering nur noch aus hängenden Buchstaben bestehen würde.

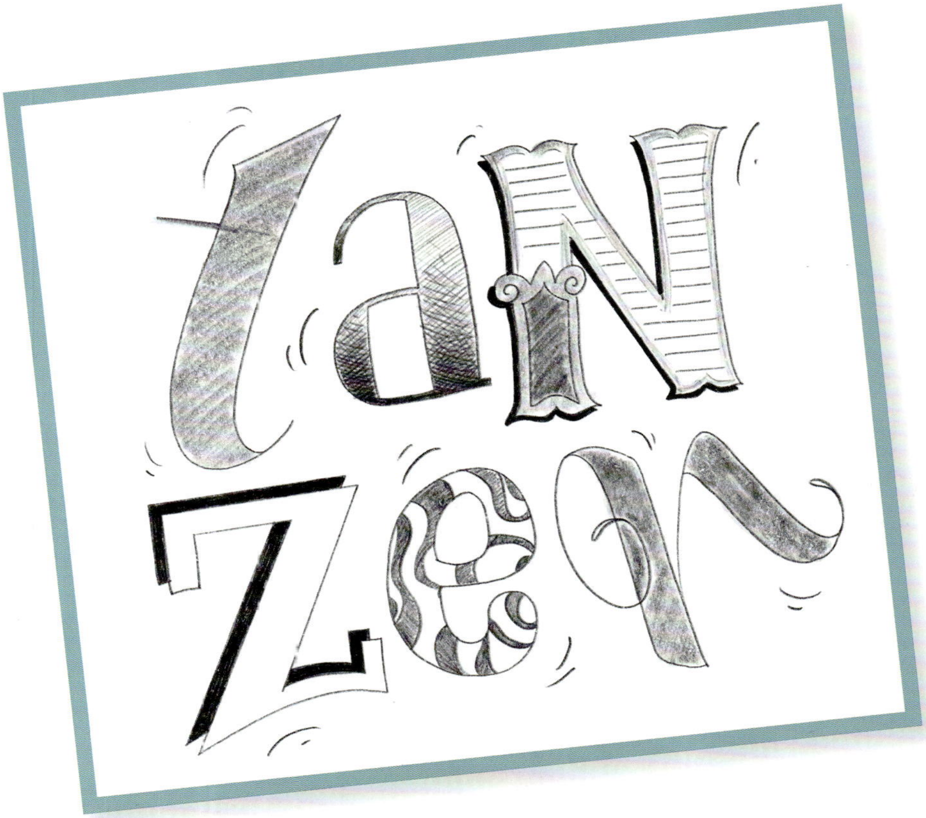

Ich habe mich als Testobjekt für HEARTBEAT entschieden. Diese Übung geht aber natürlich mit jedem Wort.

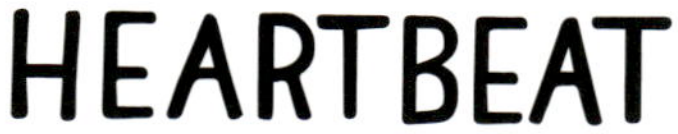

Zeichne dein Wort erst regulär in Blockbuchstaben in eine Zeile. Beim Anschauen kommen einem eigentlich immer bereits Ideen dazu, was man noch damit anstellen könnte.

Zum Testen deiner Ideen skizziere dein Wort in Varianten auf dein Blatt, als würdest du es in Word tippen und ein Absatzformat wählen. Wenn du dir nun wieder einen geschlossenen Rahmen darum denkst, siehst du schnell selbst, dass das Wort aus dem Gleichgewicht fällt, Weißräume entstehen und du nun nachhelfen musst. Besser gesagt, willst. Denn darum geht es ja beim Lettern.

Du hast die Möglichkeit, den neuen Weißraum

» mit Buchstabenvariationen,

» mit Formgebung oder

» mit Schmuckelementen aufzufüllen.

Lass dich von meinen einfachen Heartbeats inspirieren. Ich bin gespannt, was dir selbst einfällt und dir gefällt.

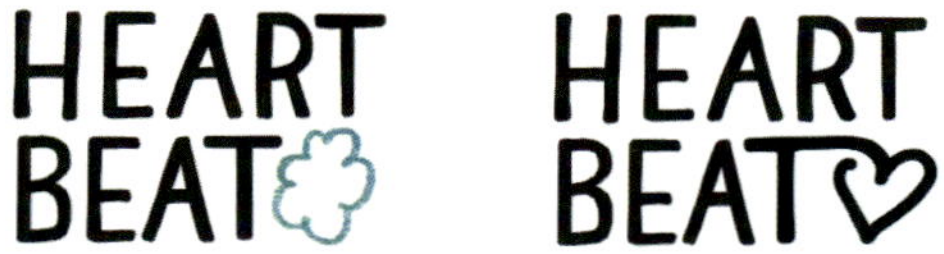

Linksbündig – Das ist einfach, wenngleich auch nicht sehr aufregend. Gib acht, dass das deine Komposition nicht nach rechts kippen lässt.

ODER

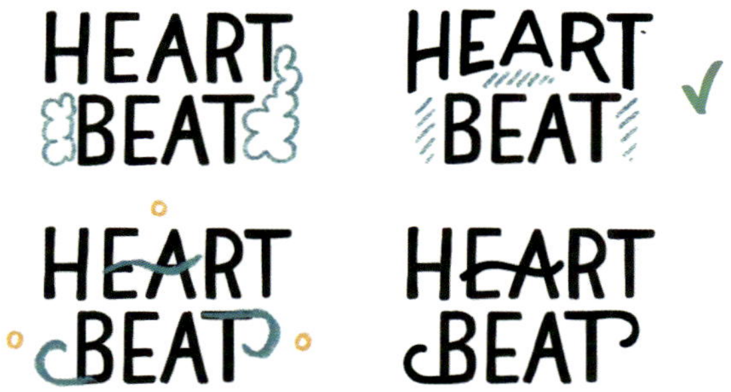

Mittig – Um die Weißräume zu verkleinern, kannst du auch einen Bogen von oben her platzieren, der optisch die Löcher schließt.

Natürlich funktionieren auch Schwünge.

ODER

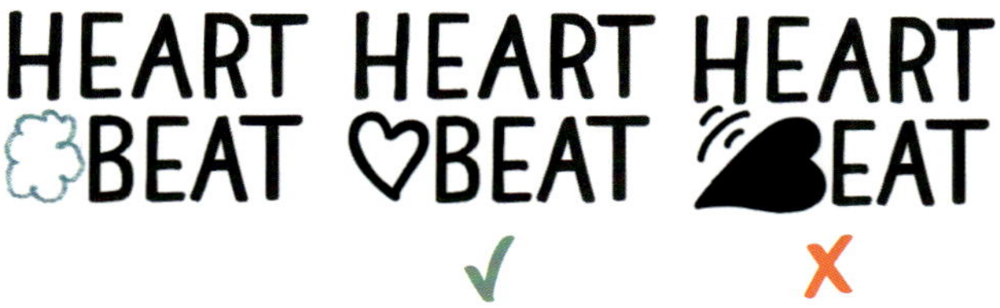

Rechtsbündig – Das ist leicht die wackligste Konstruktion. Hier büßt dein Lettering schnell Lesefluss ein und kippt nach links. Wenn du eine Illustration nutzt, achte auf Lesbarkeit.

ODER

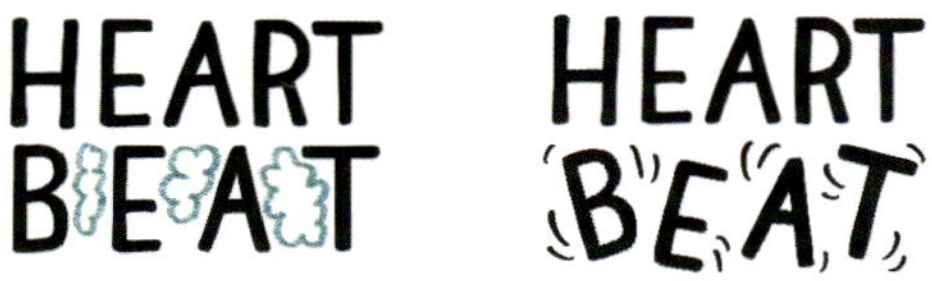

Blocksatz – Diese Komposition ist etwas knifflig, aber eignet sich besonders gut für eine ›Sticker-Optik‹. Nutze die Löcher für Bewegung, das füllt den Raum aus und passt zu ›BEAT‹.

Der nächste Schritt ist, die zweizeilige Gestaltung wieder in einer **Schwungschrift** auszuprobieren. Nimm dir einen Brushpen oder Fineliner oder was dir gefällt.

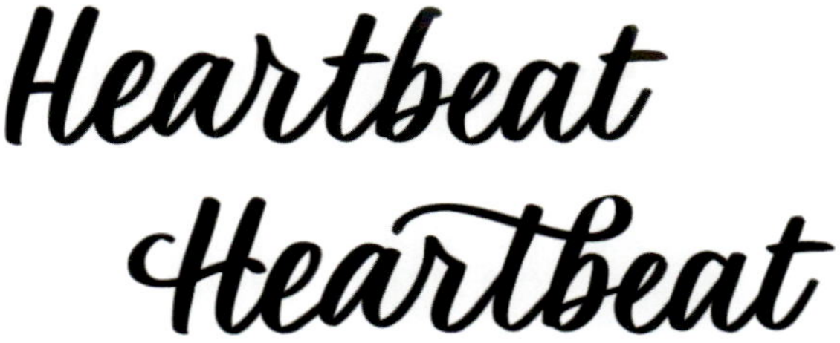

Achte auf die Gleichmäßigkeit deiner Buchstaben, damit der Look deiner Komposition nicht gestört wird. Wenn du noch nicht so geübt bist in den einzelnen Schriften, dann übe noch mit kurzen Wörtern.

Wie im ganzen Buch geht es mir hauptsächlich darum, deinen Blick zu schärfen und dir mit dem Bausatz Lust zu machen, deine gewählten Wörter in Szene zu setzen.

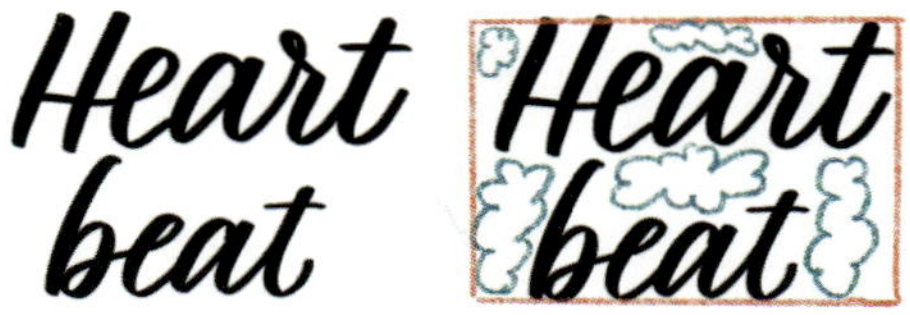

Beim Verwenden einer Schwungschrift ist ein mittiges Setzen besonders schön, wenn du deine Komposition nach rechts und links etwas auffüllst. Je nach Wortlänge ist das natürlich auch manchmal gar nicht nötig.

Probiere mit Bleistift oder farbigem Stift einfach aus, welcher Buchstabe eine Variation brauchen könnte und wie viel Platz sie hat.

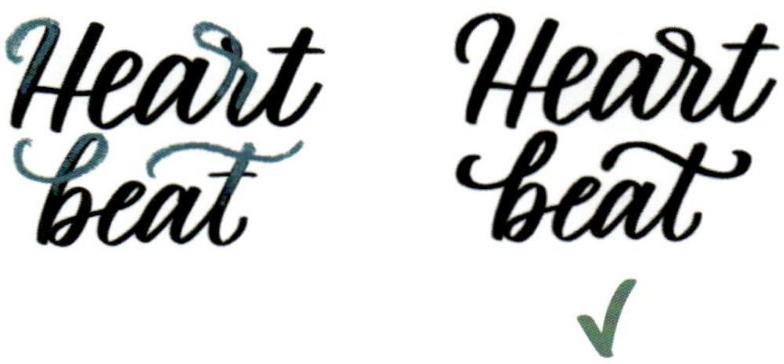

Achte auf Ausgewogenheit & Harmonie.

Vermeide zu viele Richtungswechsel oder dass zu viel ›los ist‹. Wenn du unsicher bist, entscheide dich für Gleichheit und gib den Auf-, Ab- und t-Strichen die gleiche Richtung.

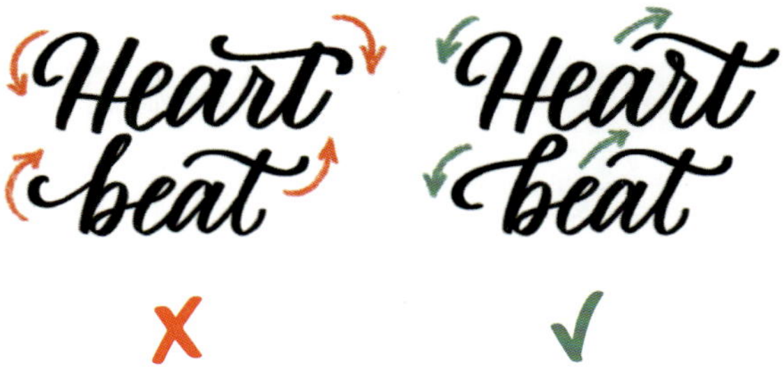

Tipp!

Wenn dir ein geschwungener t-Strich gut gefällt, ziehe diesen von unten nach oben. Eine Aufwärtswelle ist freundlicher und füllt wunderbar den Weißraum im Wort.

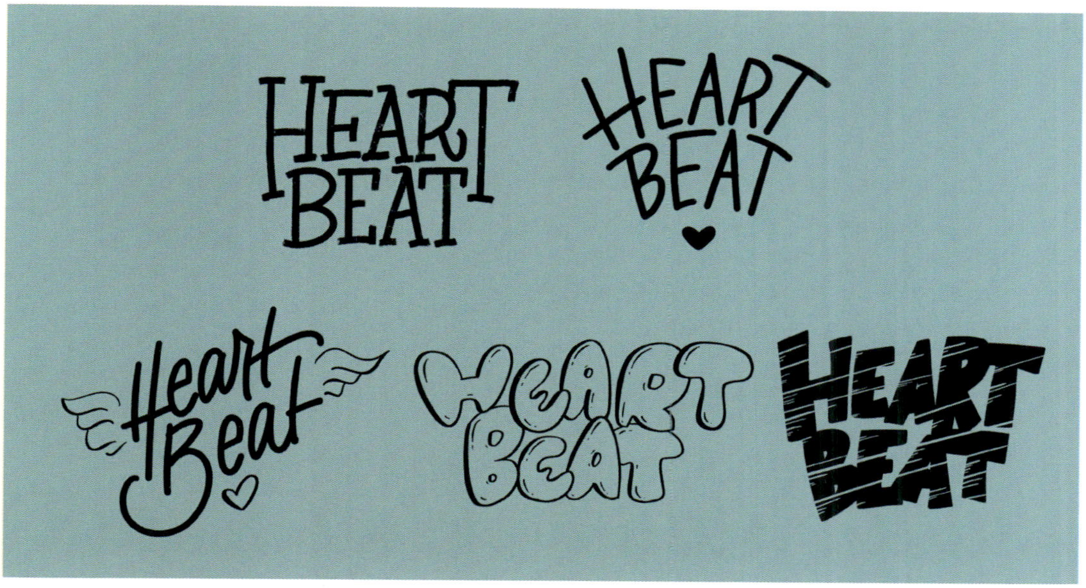

Zweizeilig kann ein einziges Wort sehr illustrativ sein. Lass deine Fantasie entscheiden.

Schriftenmix

Bei zwei Zeilen bietet es sich natürlich auch an, zwei Schriften zu nutzen.

Entscheide dich zuerst für die Emotion und welche Schrift wozu passt. Heart könnte eine andere Stimmung haben als Beat. Dann würdest zu zwei verschiedene Schriftstile anwenden. Erinnere dich, was du in **Kapitel 5** über das Kombinieren von Schriften schon gelesen hast.

Wichtig: Achte nun erst recht auf die Balance!

Bei sehr ähnlicher Schriftgröße erdrückt eine strenge Schrift in der oberen Zeile die leichte Schwungschrift unten. Platziere gerade und auch fette Schrift eher unten. Das gibt deinem Häuschen wieder Stabilität und dein Lettering ist in der Balance.

Sonst müsstest du für mehr Kontrast sorgen, was das Wort aber zu sehr auseinanderreißt und dann eher wie zwei Wörter aussieht. Das macht in der Wortgestaltung nur sehr selten Sinn.

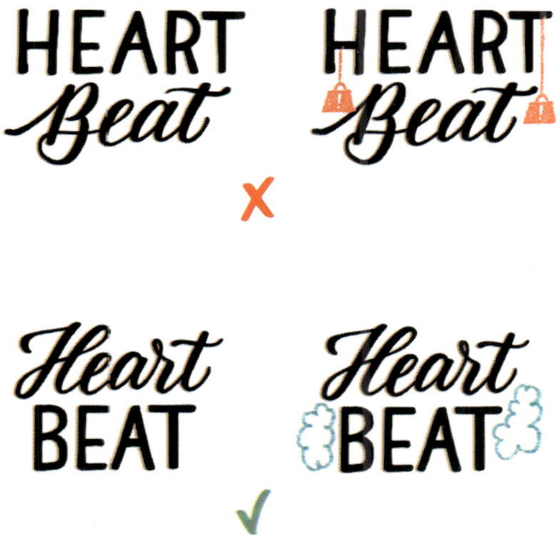

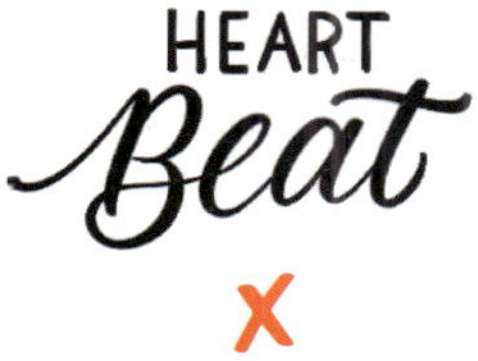

7/13 Der t-Strich – Schwung mit Rafinesse

An dieser Stelle nutze ich die Gelegenheit, dir kurz zu zeigen, wie wichtig die Liebe zum Detail ist. Nicht, weil ich ein geborener Typonerd bin, und ich will auch nicht päpstlicher sein als der Papst, aber um eine optimale Wirkung eines Worts, einer Komposition zu erzielen, lohnt sich absolut, auch die kleinste Kleinigkeit mal kennenzulernen und sie sich bewusst zu machen.

Ich bemerke oft, dass es gerade beim t-Strich leider schnell mit einem durchgeht – eignet er sich doch offensichtlich so wunderbar zur Ausschmückung und zum Stopfen von Löchern.

Er ist leicht zu zeichnen und einfach einer der wichtigsten Gesellen in der Typografie. Daher schau dir an, welche Wirkung er auf ein ganzes Wort haben kann:

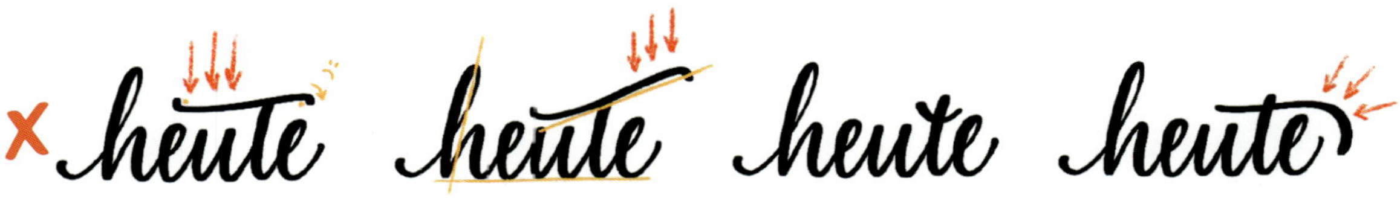

zu gerade, mit Abwärtsschwung | *zu viele Neigungen: t-Strich wird zu mächtig und unruhig* | *Typ Cowboyhut, lenkt zu sehr ab* | *Bogen zu schwer, zu fallend und klammert*

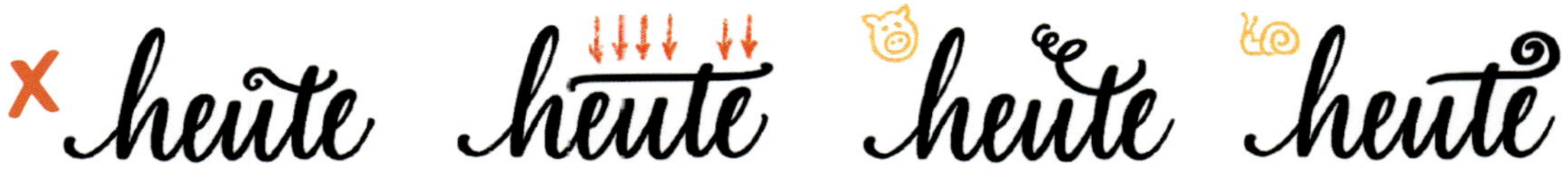

ungenau | *zu lang und dadurch viel zu schwer* | *Typ Schweinchen, zu kitschig & dominant* | *Typ Schnecke, beißt sich mit Buchstabenformen*

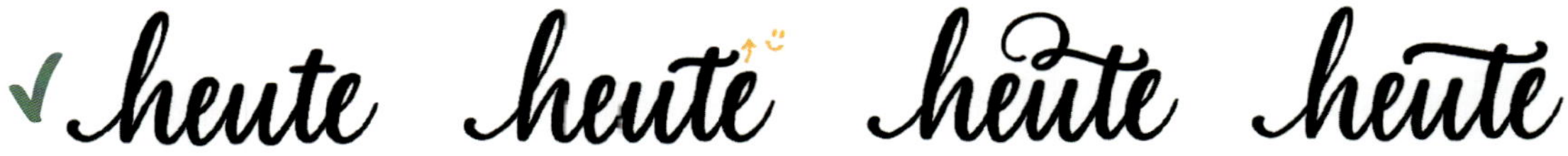

wichtig, aber unauffällig | *positiv dezent schwingend* | *ausgewogener, flotter Schwung* | *groß und betont, aber nicht störend*

Das Wichtigste zu Querstrichen

» Bevorzuge Aufwärts- statt Abwärtsschwünge.
» Zeichne den Schwung in ovaler Form, nicht kreisförmig.
» Vermeide eine extreme Neigung.
» Zeichne sie lieber zu kurz als zu lang.
» Nutze sie als Lückenfüller, aber nicht als Hauptdarsteller.

7/14 Do it!

Versuch doch jetzt mal anzuwenden, was du auf den letzten Seiten schon alles entdeckt hast.

Einzelne Wörter anzuordnen und aus ihren Buchstaben und Zwischenräumen kleine Kompositionen zu erstellen, ist die allerbeste Übung, um ein Gefühl für Raum und Wirkung, für Schwung und Balance zu bekommen.

Sei einfach mutig. Bei nur einem Wort ist ja schnell wieder ›aufgeräumt‹. Schnell ist radiert und schnell ist finalisiert. Sieh es sportlich. Mach ein Workout daraus. Aber eines mit Spaß und Lust und Fantasie.

Kombiniere Buchstabenformen, tüftele an den Zwischenräumen und versuche, aus deinem Wort ein originelles Haus zu bauen. Dann wird dir die Komposition von mehreren Wörtern viel leichter fallen.

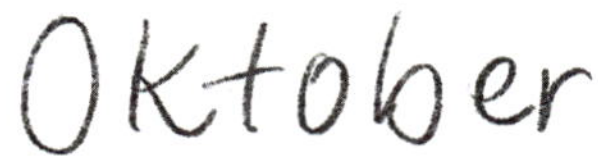

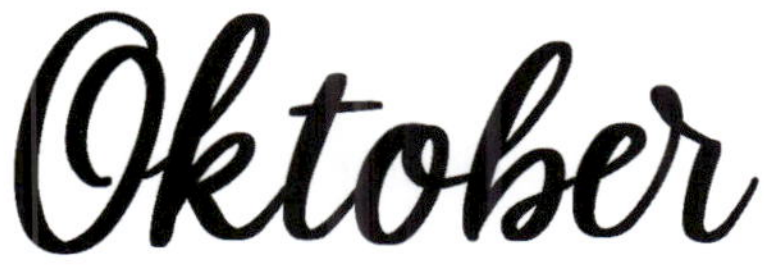

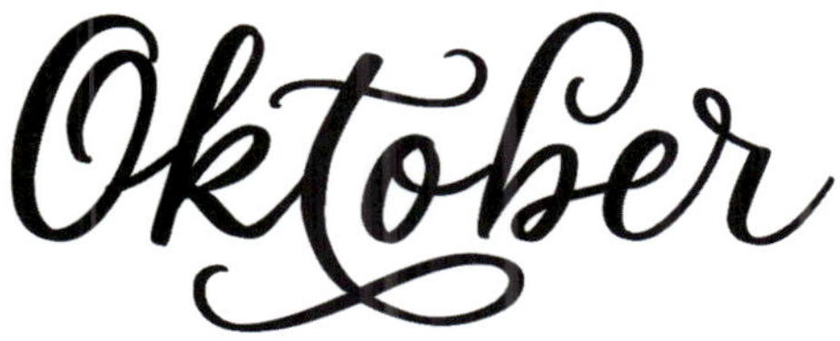

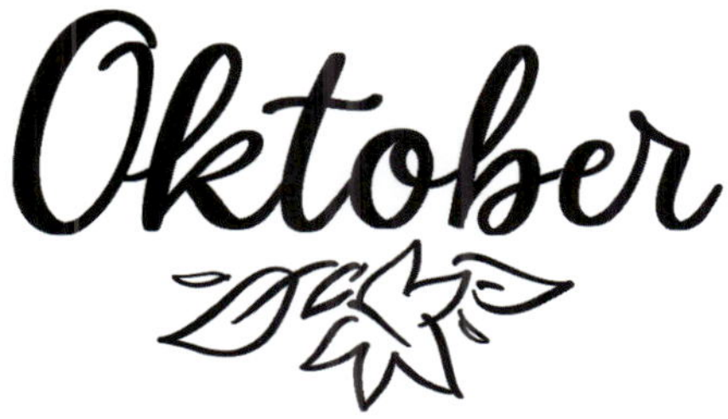

Du kannst dein Wort auf vier Arten in Szene setzen:

» Buchstabenvariationen

» Formen

» Illustrationen

» Kombination aus allem

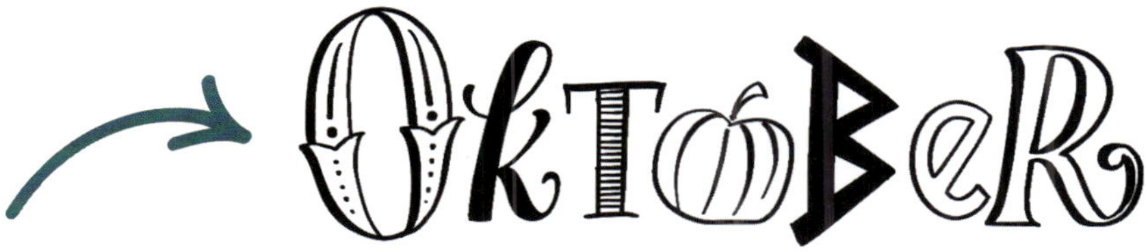

Mach mit!

Hier zum Üben noch ein paar ganz besondere Beispielwörter:

Rapunzel, Heidelbeerquark, Schnapsidee, Tranfunzel, Achtsamkeit, Hüftgold, Betthupferl, Januar, Fracksausen, Luftikus, Wuchtbrumme, Frischluftfanatikerin, Superkalifragilistischexplialigetisch

7/15 Weitere Ein-Wort-Variationen

Buchstaben & Illustration

Das Gefühl des Frühlings verlangt nach einer lockeren Schrift. Wenn du ein solches Wort mit Deko versehen möchtest, achte darauf, dass es nicht zu viel und zu unruhig wird, da der Schrifttyp selbst schon etwas ›flattert‹.

Lettering gibt dir die Möglichkeit, den Buchstaben selbst als Deko zu nutzen. Die Illustration sollte nur die Ergänzung sein. Die Weißräume sind mit einer Blume harmonischer ausgefüllt als mit mehreren kleinen Blüten. Das schwungvolle ›F‹ und das ›g‹ eignen sich perfekt für den Ausgleich zur Blume unter dem Wort. Das sorgt für Balance und damit Stabilität und bleibt dennoch luftig.

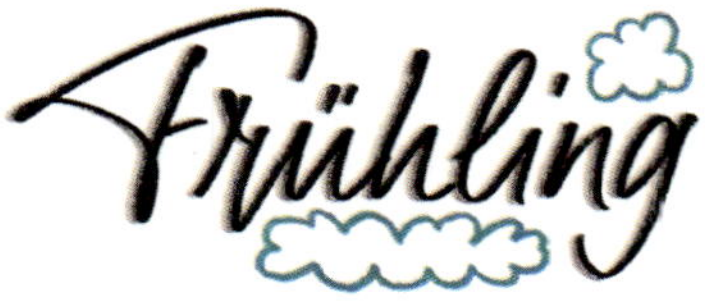

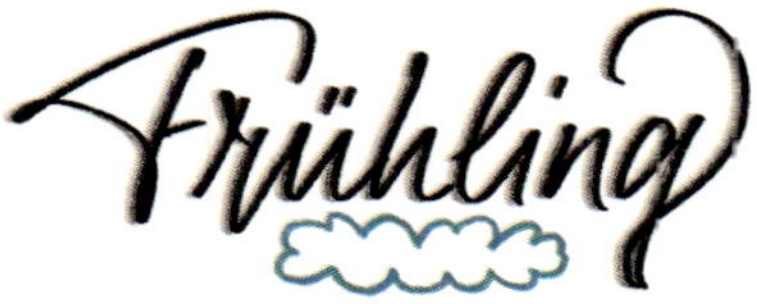

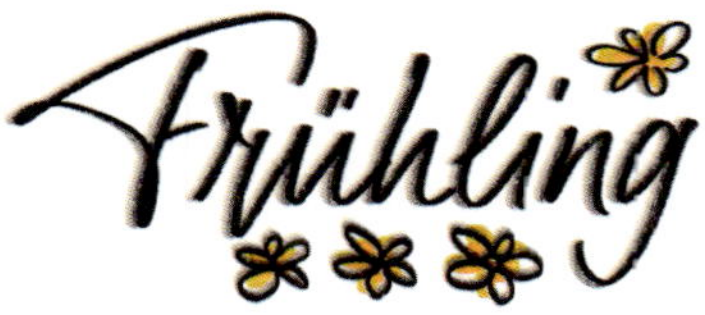

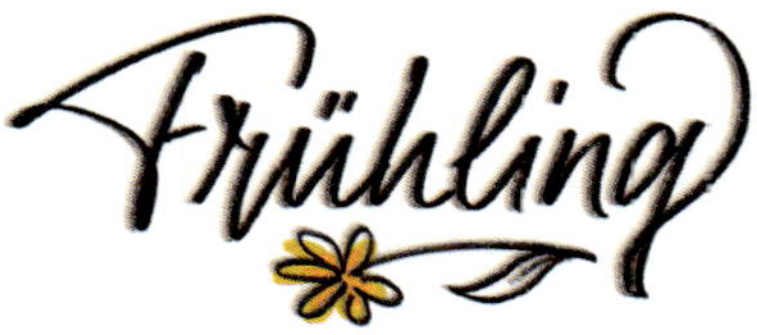

Bogen – einfach, aber effektvoll

Zeichne freihand, je nach Länge des Worts, einen lockeren Bogen. Platziere relativ mittig, aber ebenfalls ohne Lineal (sonst wird es zu ernst), einen Stütz- und Fluchtpunkt. Die von dort aus skizzierten Strahlen sind auch deine Leitlinien für die Buchstaben.

Nutze dafür eine Brushpen-Schrift, auch gerne ›bouncy‹ (mit tanzenden Buchstaben), wenn du magst – je nach Geschmack. Hier musst du nicht viel nachdenken, es darf gerne etwas ungleich und lebendig sein.

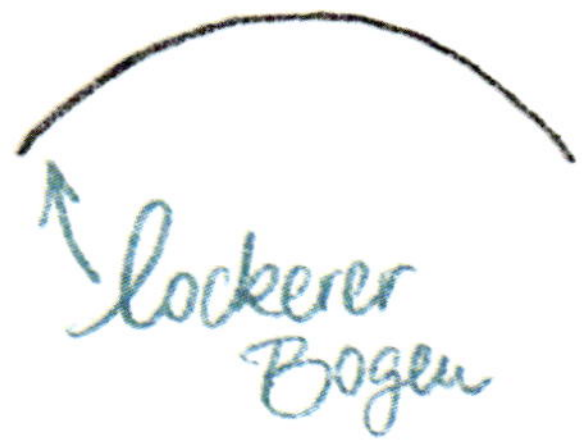

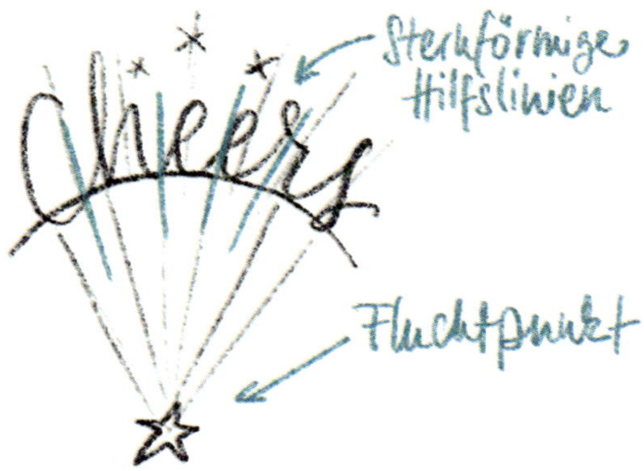

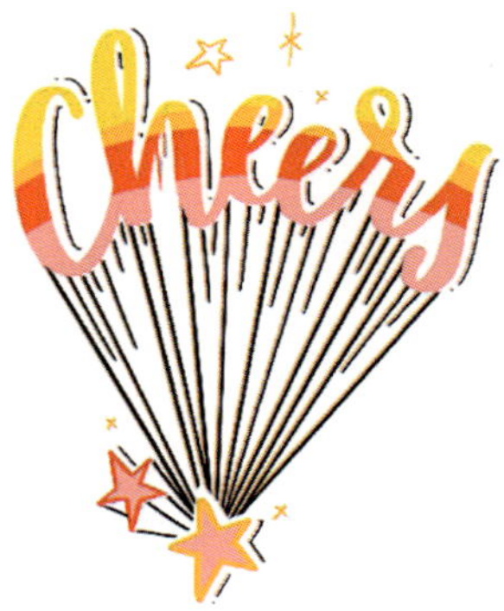

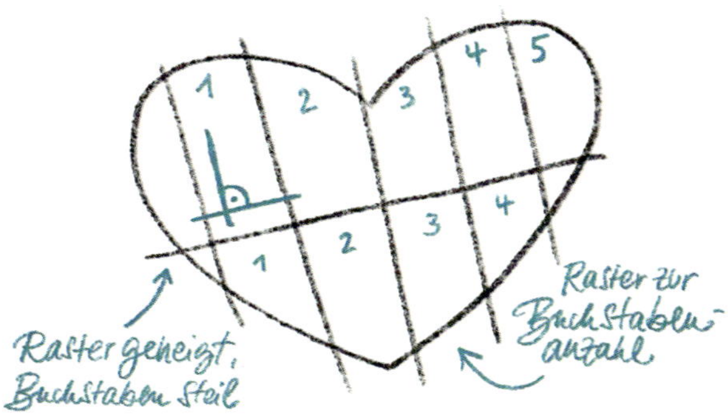

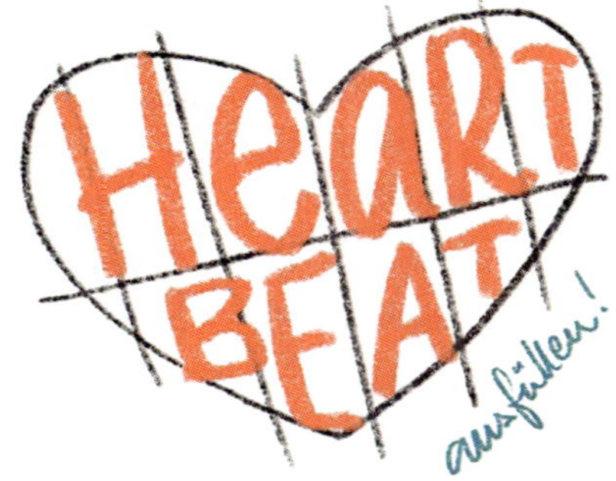

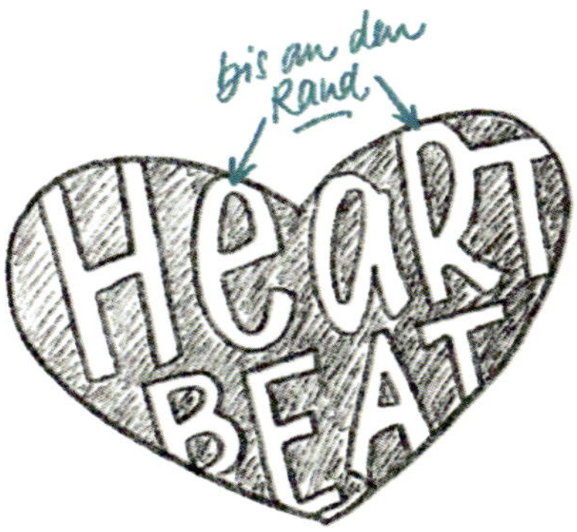

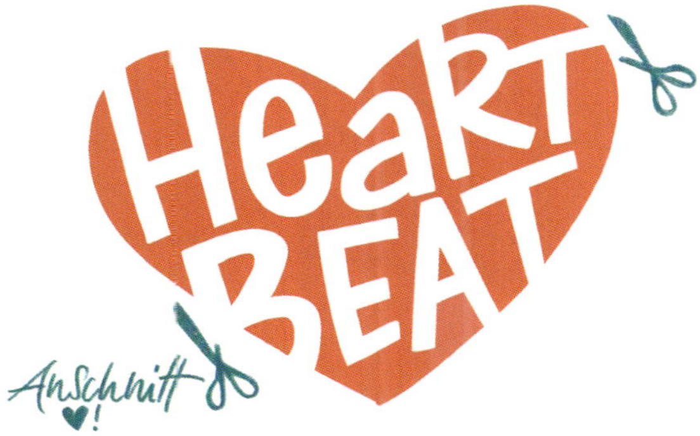

Sticker

Zeichne eine Form deiner Wahl. Sie muss gar nicht perfekt sein, aber wenn sie einigermaßen gleichmäßig ist, hilft dir das.

Lege mit Bleistift ein Raster für das Wort darüber. Bei mehr als fünf Buchstaben gestalte dein Wort zweizeilig. Und am besten zeichnest du dir gleich noch Spalten für die Buchstaben, hier zehn Kästchen. Neige das Raster ein wenig nach links, das macht es dynamischer.

Zeichne die Konturen der Buchstaben bis mindestens an den Rand oder auch etwas darüber. Finalisiere die Buchstabenformen nach deinem Geschmack.

Fülle jetzt nur den Hintergrund aus, sodass die Form als Fläche erkennbar ist. So entsteht automatisch ein effektvoller Anschnitt.

Tipp!

Achte darauf, dass die Buchstaben gerade auf ihrer Grundlinie stehen. Das muss nicht genau sein, aber die aufrechten Winkel sollten stimmen. Nur Augenmaß, kein Geodreieck!

Form & Schwungschrift

Kombiniere Band und Kreis, dabei kannst du das Band für mehr Lebendigkeit auch schräg laufen lassen, das sollte aber immer von links unten nach rechts oben laufen und nicht andersherum. Zeichne dein Wort in einer Schrift, die dir liegt, achte hierbei wirklich auf die gleichmäßige Ausrichtung der Buchstaben und skizziere dein Wort auch ruhig etwas über den Rand hinaus. Schau dir dann die Weißräume innerhalb des Kreises gut an und fülle sie mit Buchstabenschwüngen. Der Kreis soll nicht vollgestopft sein. Finalisiere erst anschließend dein Wort.

Unten rechts siehst du noch ein Beispiel, bei dem das Wort ›Love‹ nicht angeschnitten ist. Alle Schwünge sind komplett sichtbar. Dadurch wirkt es etwas brav und auch etwas altbacken.

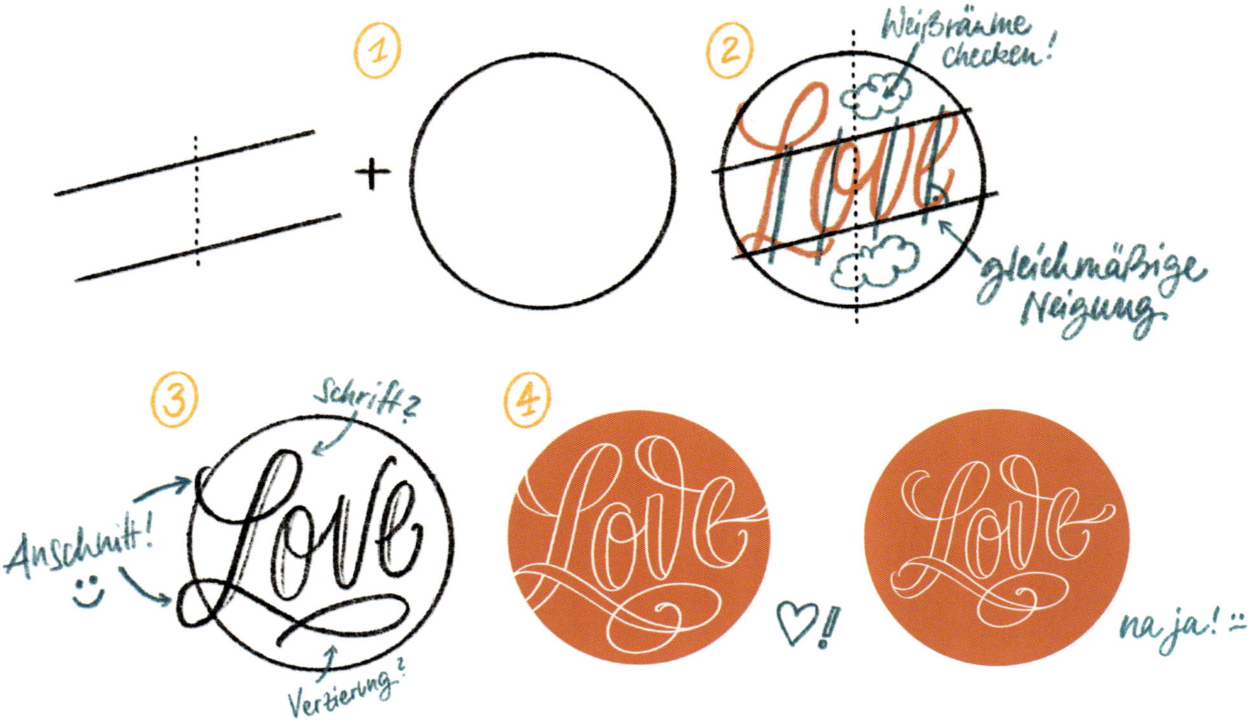

! *Achte beim Anschnitt darauf, dass du rundherum einigermaßen gleich viel vom Wort wegnimmst und dass jeder Buchstabe leserlich bleibt. Also nicht zu viel!*

Tipp!

Nimm für Kreisformen einen kleinen Teller oder eine Espressotasse oder etwas Ähnliches, die du locker mit Bleistift umrandest. Schablone oder Zirkel brauchst du dafür nicht.

Dynamik & Illustration

Wenn du mal etwas mehr ›Schwung in der Bude‹ brauchst, nutze Wortformen, die kleiner oder größer werden, als würden sie durchstarten. Eigentlich eine Wimpelform, aber wenn du die Form nicht ausmalst, bleibt ein dynamisches Wort.

Der Effekt gelingt am besten mit Großbuchstaben, und das Wort bleibt gut lesbar. Skizziere dir den Wimpel plus eine mittige Linie, die der Form folgt. Alle Buchstaben sitzen nun nur innerhalb des Wimpels.

> ***Achte darauf, dass alle Buchstabenstämme aufrecht bleiben und die Querstriche auf dem mittleren Bogen sitzen. Das ist wichtig für die Perspektive.***

Unterhalb entsteht nun viel Platz. Wenn du diesen ebenfalls noch mit einer passenden kleinen Deko versiehst, etwa mit Sternen, Pfeilen oder einer Rakete, dann macht es so richtig »zuiiiiii«, und dein Lettering ist startklar.

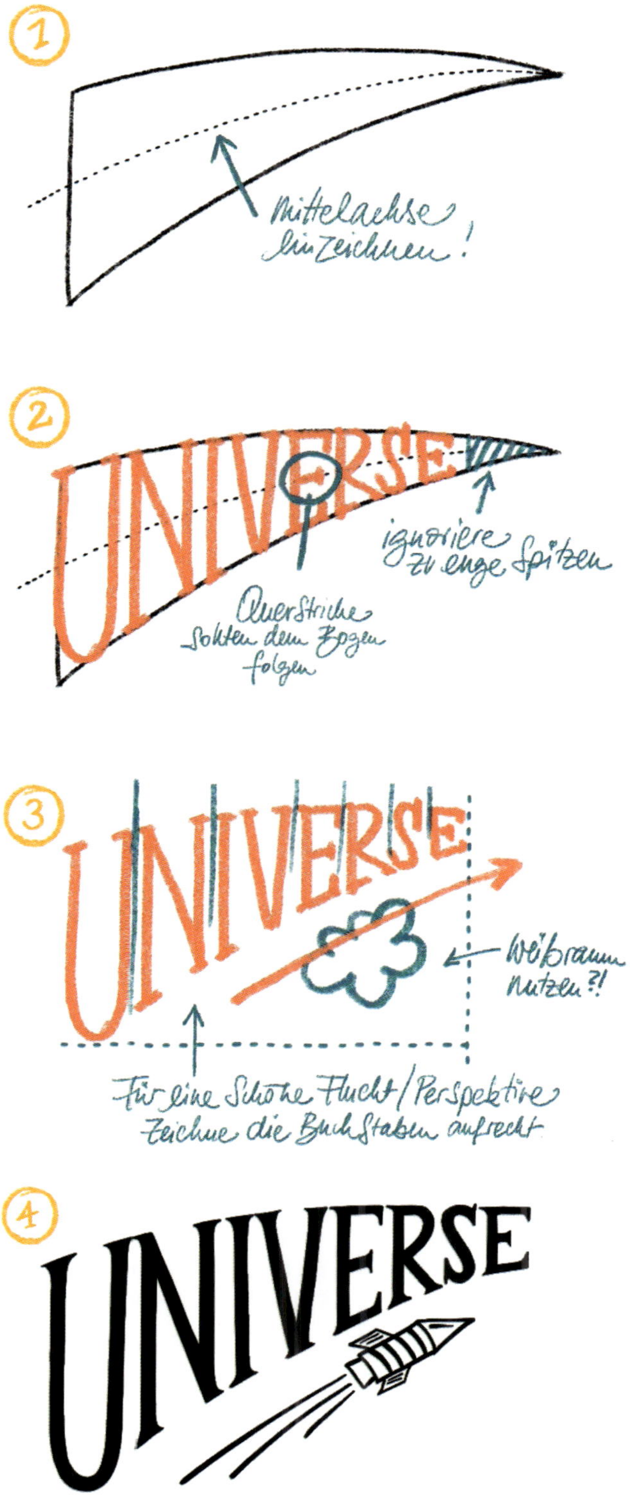

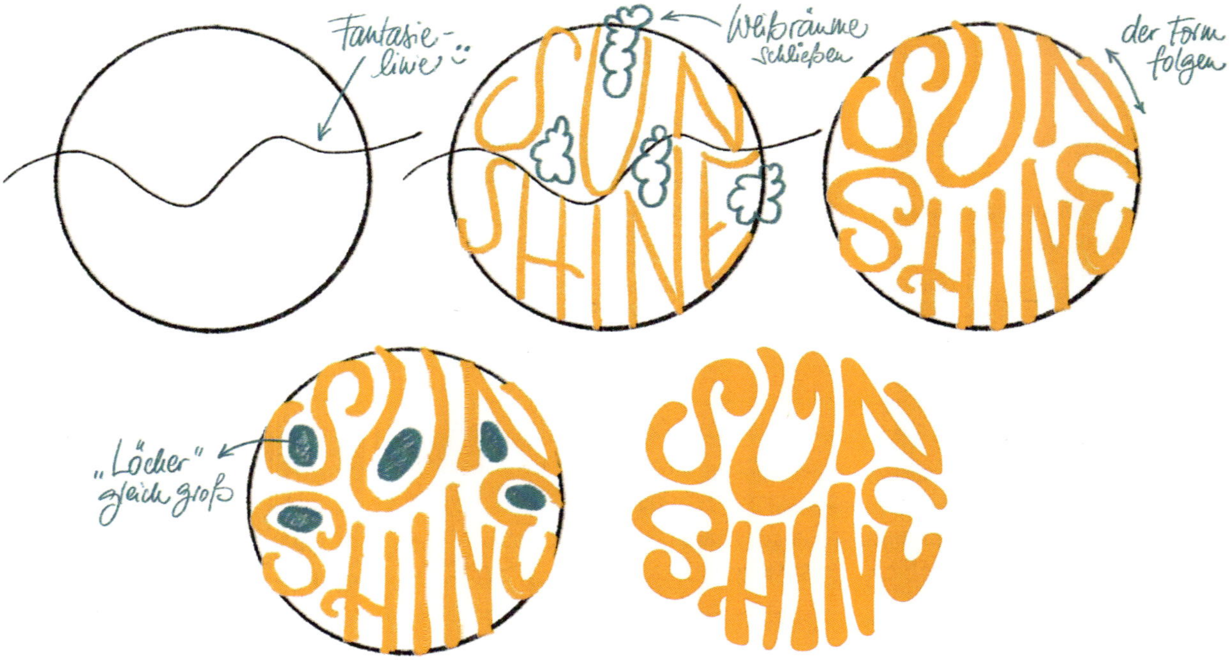

Form & Fantasie

Beim Thema Sonne liegt der Kreis als Form natürlich nahe. Und irgendwie musste ich an Hippies und die 70er denken ... Nutze den Kreis für fantasievolle freie Buchstaben. Da entstehen leicht schöne Sticker-Formen.

Es gibt nur wenige Regeln: Skizziere eine lockere Fantasielinie quer durch den Kreis. Teile dein Wort in zwei Zeilen. Nimm wieder Großbuchstaben und verteile locker deine Buchstaben.

Gib deinen Buchstaben nun mehr Fleisch. Versuche, durch die Strichstärke die Löcher zu verkleinern, oder achte darauf, dass die Löcher ein ähnliches Volumen haben.

Es soll und darf unregelmäßig bleiben. Da musst du etwas puzzeln, bis es ausgeglichen erscheint, aber das macht Laune.

Tipp!

Denke an ein altes Steinhäuschen. Das hat oft ganz verschiedene Findlinge in den Wänden und unterschiedlich viel Lehm dazwischen, aber die Wand ist stabil gebaut.

7/16 Das Wichtigste der Wortgestaltung

Du hast bei aller Theorie immer die Wahl, wie kreativ du dein Wort gestalten möchtest. Vergiss nicht, deinen persönlichen Geschmack und die Tageslaune zu berücksichtigen.

Das Wissen über Wortgestaltung hilft dir, dein gelettertes Wort in Szene zu setzen und beim Betrachten ein »Ooh!« und ein »Aah!« auszulösen.

Du bestimmst jedoch, was zu deinem Projekt passt. Was gefällt dir gut, was macht dir Freude? Ein Babyname benötigt vielleicht weniger Schmuck als die Überschrift eines Gedichts oder auch umgekehrt.

Eine Komposition besteht immer aus vielen Entscheidungen. Wenn du oben etwas hinzufügst, musst du unten vielleicht etwas wegnehmen. Oder ein anderer Weißraum muss gefüllt werden, damit dein Wort nicht kippt. Wenn du rechts etwas anbaust, muss auch links was hin, aber nicht zu viel und nicht zu wenig. Oben soll es luftig bleiben, aber unten nicht. All diese Entscheidungen musst du auf dem Weg zur perfekten Lettering-Komposition treffen. Du wirst Buchstabenkombinationen ausprobieren, um sie gleich wieder zu verwerfen. Das ist Handlettering.

Versuche es immer spielerisch anzugehen und vertraue deinem Bauchgefühl für Harmonie.

Die Checkliste

- [x] Kerning
- [x] Ausrichtung der Buchstaben
- [x] Gewichtung & Balance
- [x] Formgebung
- [x] Textausrichtung
- [x] Zeilenabstand
- [x] Gleichmäßige Verteilung der Dekoration wie Schwünge & Schnörkel
- [x] Balance zwischen luftig und spannend

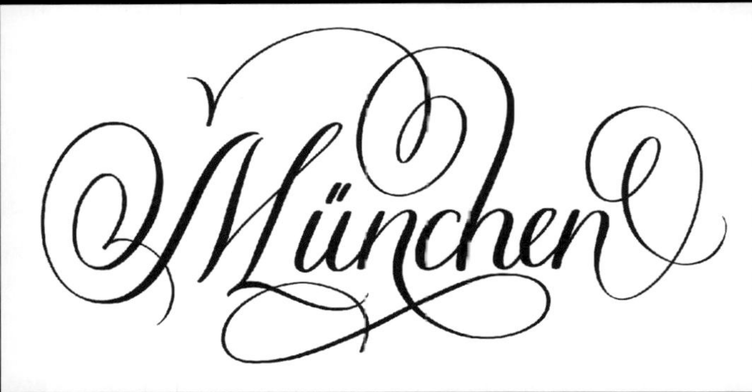
München

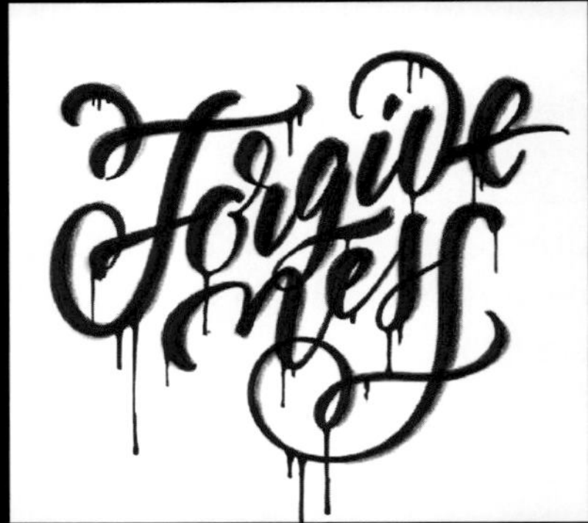
Forgive
ness

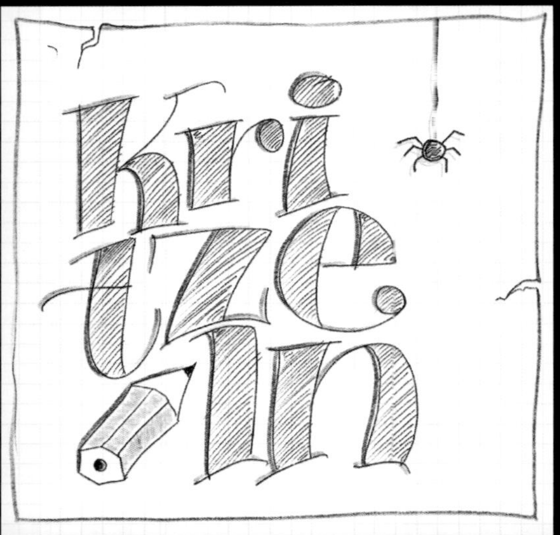
kri
tze
ln

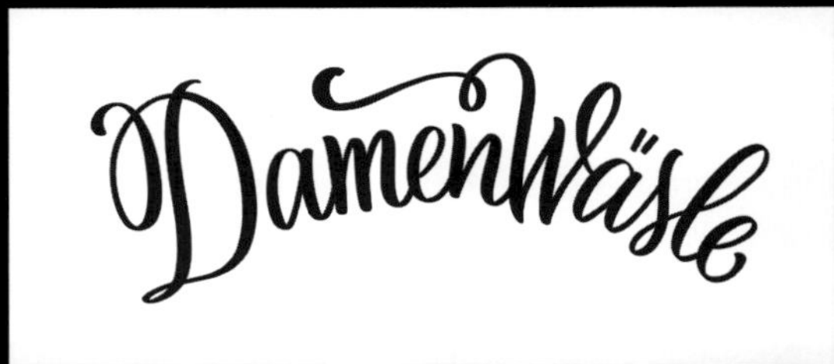
DamenWäsle

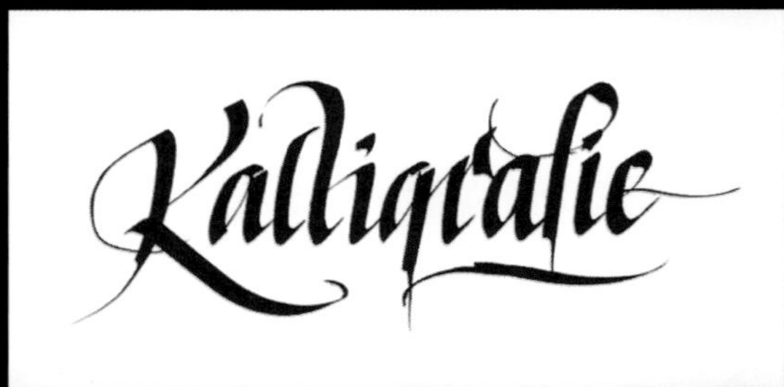
Kalligrafie

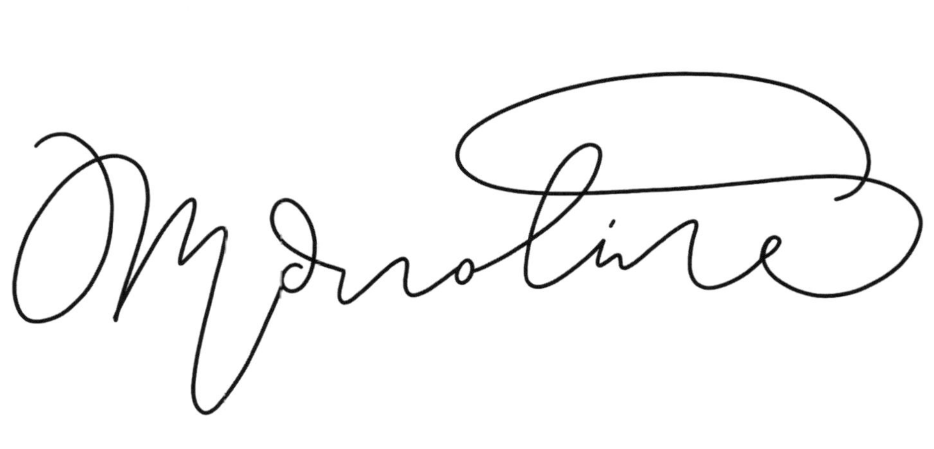
Monoline

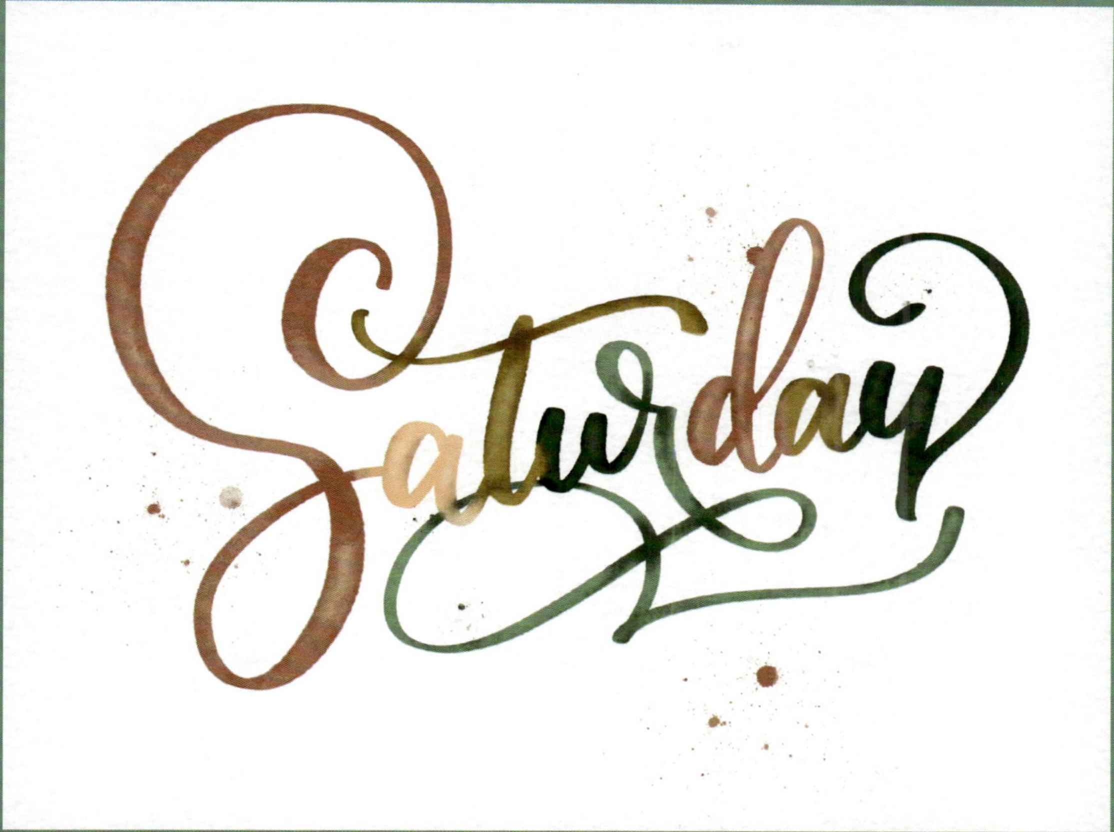
Saturday

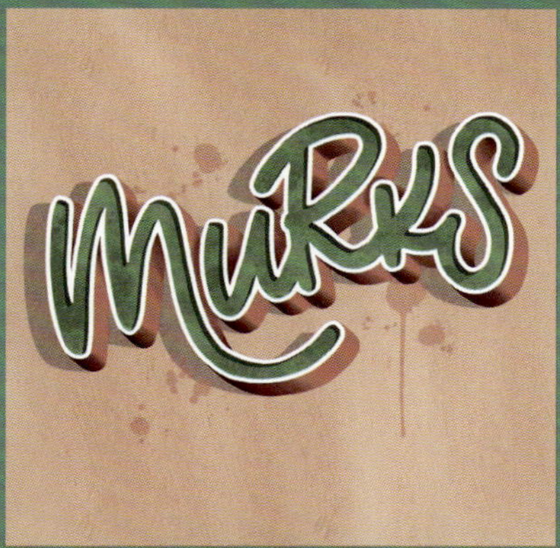
Murks

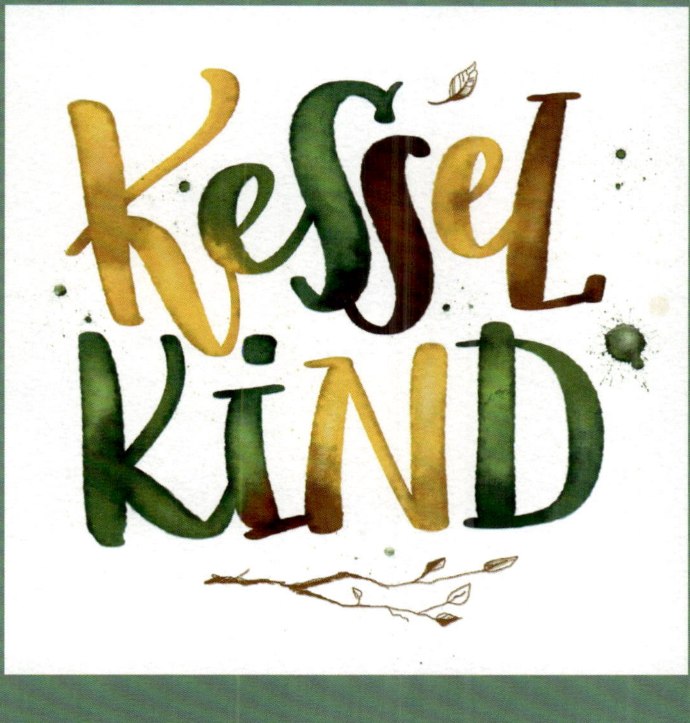
Kessel
Kind

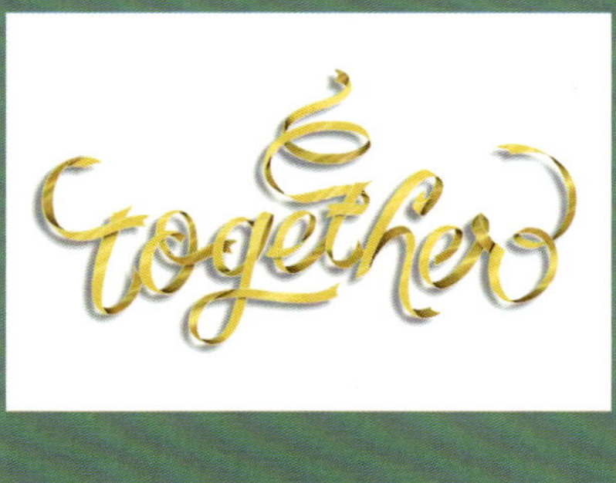
together

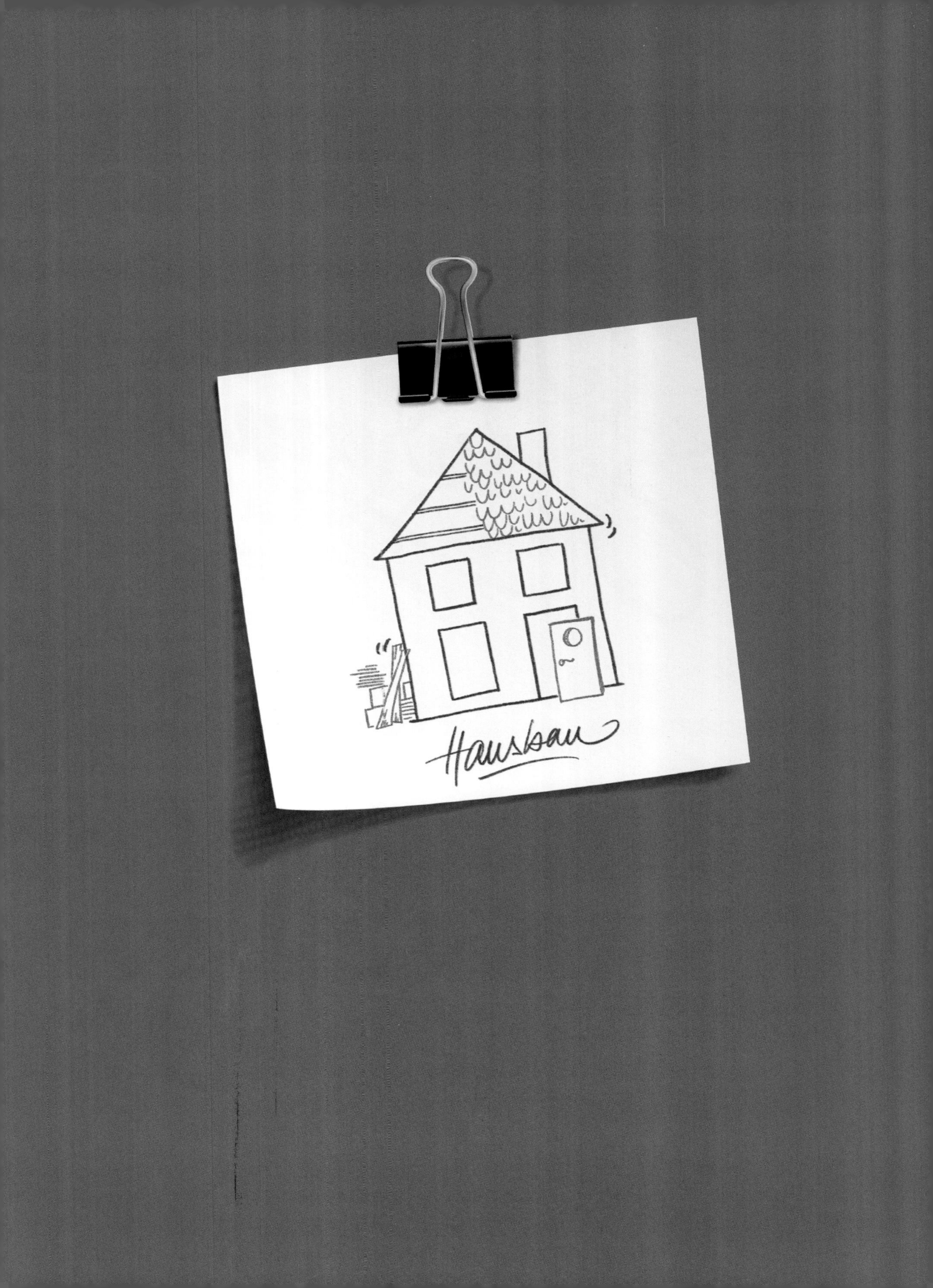
Hausbau

TEIL 4

HAUSBAU

Nachdem du dich im letzten Kapitel vertraut gemacht hast mit der Ein-Wort-Gestaltung und nun schon weißt, worauf es ankommt, wenn du dir ein ›Tiny House‹ baust, erfährst du in den nächsten Kapiteln, was den wirklichen Unterschied ausmacht zwischen einer gewöhnlichen Komposition und einer hammertollen, superschönen Spitzenkomposition.

Nach dem Motto ›Gewusst wie‹ wirst du aus deinem Text und deinen Lieblingswörtern eine ausgewogene und hübsche Komposition erstellen können. Schon bei der Wortgestaltung war ein bisschen Überlegung und Planung wichtig, damit die Buchstaben nicht kippen oder kollidieren. Aber natürlich ist ein Ausbessern oder Neuzeichnen von nur einem Wort nicht allzu aufwendig. Wenn du nun aber zwei, drei oder mehr Wörter in Szene setzen möchtest, dann ist ein Bauplan unverzichtbar. Und glaub mir, das Planen und Entwerfen, also der komplette Hausbau, macht genau so viel Freude wie später das Kolorieren oder die Reinzeichnung deines Handletterings.

8 / KURZE TEXTE

Nach der Ein-Wort-Gestaltung steigern wir uns jetzt auf zwei bis vier Wörter. An einem sehr kurzen Text lässt sich sehr gut üben, wie dein Haus am besten steht und den bestmöglichsten Eindruck macht. Ich stelle dir in diesem Kapitel vor, wie du Schritt für Schritt vorgehst, um ein kleines, aber sehr feines Lettering zu erstellen.

8 / 1 Drei Entscheidungen

Und wie bei einem richtigen Bauplan werden auch auf dem Weg zur perfekten Komposition einige Entscheidungen zu fällen sein.

Die wichtigsten drei sind Hierarchie, Emotion und Form, die ich dir im Folgenden erläutern werde.

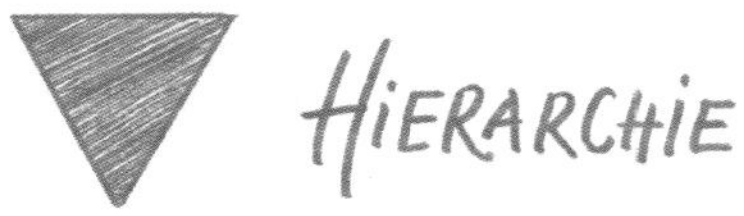

Die Hierarchie bezieht sich auf den Inhalt und die Bedeutung deiner Wörter und deines Textes.

Dein Text ist neben der Typografie und deiner Freude an Schriften das wichtigste Baumaterial. Er ist der Grund dafür, dass du überhaupt mit Buchstaben gestaltest. Du möchtest deinen Wörtern mehr Ausdruck verleihen.

Um deinen Wörtern eine bestimmte Reihenfolge und Gewichtung zu geben, ist es wichtig, dir bewusst zu machen, welche Wörter den Text tragen und welche ihn nur schmücken oder unterstützen. Ein bisschen wie im Deutschunterricht mit Haupt- und Nebensatz oder Einleitung und Schluss. Aber das Schöne ist ja, wir haben es beim Handlettering meistens mit nur wenigen Wörtern zu tun, und du musst dir keinen ganzen Aufsatz zu Gemüte führen.

Ein kleiner Text ist schnell analysiert, und du wirst meistens gleich wissen, welcher Teil deiner Botschaft im Vordergrund stehen soll. Die Einteilung deines Textes, und sei er noch so kurz, ist bei der Gestaltung einer Lettering-Komposition eine wichtige Aufgabe.

Je mehr du dich mit der Bedeutung deines Textes beschäftigst, desto leichter werden dir die nächsten Schritte fallen.

Hierarchieebenen

Deinen Wörtern eine Hierarchie und Priorisierung zu geben, gibt deiner Komposition einen guten Rhythmus, macht sie verständlicher und dein Text wird besser lesbar sein.

Wenn du deinen Text strukturierst, wird dein Lettering interessanter aussehen, und eine sinnvolle Hierarchie hilft, den Betrachter emotional mit auf die richtige Reise zu nehmen.

Dein Lettering erzählt eine Minigeschichte, und die Bilder dazu stecken in den Worten, du musst sie nur herauskitzeln. Es geht darum, den Textinhalt, selbst wenn es nur sehr wenige Wörter sind, zu priorisieren und jedem Wort eine Hierarchieebene zuzuteilen. Das hilft, deine Aussage besser zu verstehen. Ein bisschen wie beim Comic, da weiß unser Auge auch genau, wo es zuerst hinschauen soll, weil es eine gut überlegte Priorisierung gibt.

Aber was ist denn nun wichtig?

Meistens ist es eine reine Gefühlsentscheidung, welchen Wörtern du den Vorrang gibst, und oft wirst du automatisch fokussiert sein auf den Schwerpunkt, der sich aufdrängt und die Hierarchieebene 1 vorgibt. Bei anderen Textteilen musst du vielleicht auch etwas genauer überlegen, wie wichtig sie sind.

Probiere es anhand von HAPPY BIRTHDAY einfach mal aus. Das ist einfach, bietet aber verschiedene Möglichkeiten.

Schreibe deine Worte locker und in Großbuchstaben einfach nebeneinander. Ohne groß nachzudenken! So bist du nicht abgelenkt von Wortgestaltung, Absatzformaten und all der vielen Schrift, die du sicher schon gesehen hast.

Nummeriere dir nun jedes einzelne Wort nach der Reihenfolge der Bedeutung in deinem Text.

Ist es ein wichtiges Verb oder Nomen oder nur ein kurzes Beiwort? Was ist inhaltlich am wichtigsten? Was möchtest du in deinem Lettering hervorheben?

Beantworte dir diese Fragen:

Ist es dir wichtig, dass es ein GLÜCKLICHER Geburtstag wird, oder ist es wichtiger, dass es überhaupt ein GEBURTSTAG ist – ob glücklich, fröhlich oder lustig, das wäre dann nicht so wichtig. Oder ist beides gleich wichtig?

Oder ist es z. B. der 90. Geburtstag, dann ist die Zahl wohl das Wichtigste, denn so alt zu werden, ist nicht unbedingt selbstverständlich. Diese Reihenfolge entscheidest du bei jeder Komposition selbst und eventuell immer wieder neu.

Es gibt Texte und Sprüche, bei denen es nicht ganz so eindeutig ist, und oft gibt es mehrere Möglichkeiten. Dann denke daran: diese Einschätzung ist völlig subjektiv, und du kannst frei entscheiden, wie du deinen Text interpretieren möchtest. Gib dir für jedes Wort eine kurzen Moment und nummeriere dann nach deinem eigenen Empfinden und abhängig davon, wie und wo du das Lettering nutzen möchtest.

Immer mal wieder bin auch ich unentschlossen, welches Wort mehr Aussagekraft haben soll. In diesem Fall hilft es mir, mich visuell zu entscheiden: Dann stelle ich mir vor, ich sitze im Bus und fahre an einer Litfaßsäule vorbei, an der mein Lettering hängt.

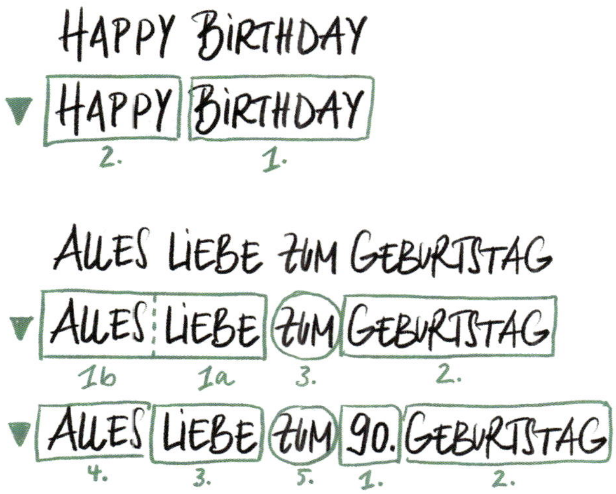

Tipp!

Zeichne um jedes deiner Wörter einen Rahmen, sodass jedes Wort in einer eigenen Textbox steht. Das hat den großen Vorteil, dass es dir gleich verdeutlicht, wie lang ein Wort ist, und das gibt dir damit schon einen Anhaltspunkt, wie viel Gewicht es in deiner Komposition einnehmen wird.

Welches Wort ist so wichtig, dass ich es im schnellen Vorbeifahren erfassen sollte, und welche Wörter sind zweit- und drittwichtig?

Versuche, dich wirklich auf eine konkrete Hierarchie festzulegen. Teile deinen Text in eine bis maximal vier Hierarchieebenen ein.

Du kannst natürlich auch Satzteile, die zusammengehören – wie hier ALLES LIEBE –, auch zusammen lassen und sehr kleine Abstufungen vornehmen, aber je klarer du den Inhalt voneinander abgrenzt, desto mehr Struktur und Stabilität bekommt nachher deine Komposition.

Emotion

Da du deinen Text jetzt in Ebenen eingeteilt hast und er in Einzelteilen vor dir liegt, wird es dir nicht schwerfallen, jedem Textteil jetzt ein Gefühl zuzuordnen. Das ist wichtig für das Storytelling.

Wie immer in der Kunst geht es auch beim Handlettering um kreativen Ausdruck und das Berühren des Betrachters. Beim Gestalten mit Buchstaben nutzen wir verschiedene Schriften und Alphabete, um den Inhalt emotional zu unterstreichen.

Im **Kapitel 5 ›Handlettering‹** hast du schon einige Schriftbilder gesehen, die verschiedenen Gefühlswelten zuzuordnen sind. Mit etwas Übung wirst du sehr schnell für jedes Wort eine bestimmte Schrift oder einen Schriftduktus parat haben. Lass dich inspirieren von anderen Letterings und prüfe immer mal wieder, ob das für dich Sinn ergibt oder was du anders machen würdest.

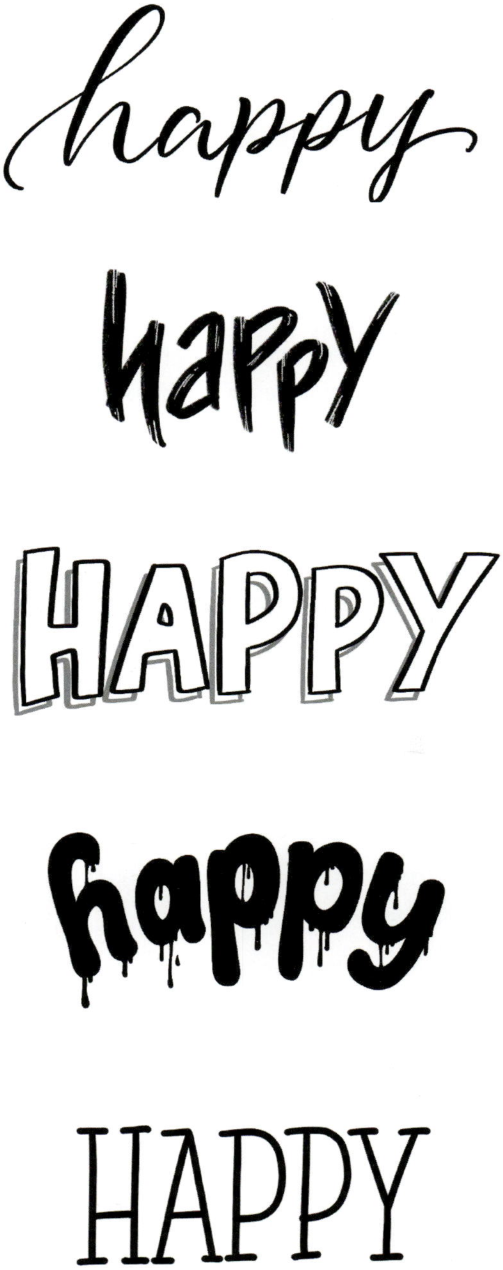

Dein persönlicher Geschmack spielt eine große Rolle. Vielleicht möchtest du z. B. für das Wort ›happy‹ nichts Verspieltes verwenden, sondern lieber etwas Frecheres?

Keine Schnörkelschrift, vielleicht lieber etwas Kraftvolles? Soll dein ›happy‹ groß und kräftig sein oder lieber leise und zart?

Es ist also allein deine Entscheidung, welche Emotion du mit welcher Optik ausdrücken möchtest. Du musst dich nur entscheiden.

So wird es dir leichtfallen, die passende Schrift auszuwählen, bei kurzen Texten am besten nur eine oder zwei Schriftarten.

Form

Die Entscheidung darüber, welche Form dein Lettering haben wird, kommt oft erst mit dem Loslegen und dem Gestalten, aber wird dann sehr schnell zur Nummer drei der wichtigsten Entscheidungen in deinem Bauplan.

Dein Text steht, du hast die Wörter nach Priorität geordnet, und ein Gefühl hast du dazu bestimmt auch schon. Nun ist noch wichtig, dass du dir schon mal Gedanken zur Gesamtform deines Letterings machst.

Im **Kapitel 3** hast du einiges erfahren über Seiteneinteilung und Blattformate. Dieses Wissen gibt dir einen Anhaltspunkt, ob dein Lettering nachher vielleicht quadratisch sein muss, rund oder ganz frei. Welche Idee hast du vielleicht schon im Kopf?

Vielleicht soll es auf eine Karte oder auf einen Anhänger oder groß an die Wand, oder wird es ein Lesezeichen? Wie könnte das Layout dann aussehen?

Hat dich bereits ein bestimmtes Layout inspiriert? Dann merke dir diese Form schon mal.

Bei der Form-Frage geht es nur um eine erste grobe Vorstellung, das heißt, beginne zumindest mal mit einer Form im Kopf, die du dir vorstellen kannst. Wenn du gleich zu skizzieren beginnst, ist es gut möglich, dass neue Formen in deinem Kopf aufpoppen, aber das ist gut. Das nennt sich Kreativität.

Ich zeige dir auf den nächsten Seiten, was aus deiner ersten ›Form-Entscheidung‹ alles entstehen kann.

Auf welchem Format du später dein Lettering platzierst, spielt an dieser Stelle noch gar keine Rolle, das kannst du später noch entscheiden.

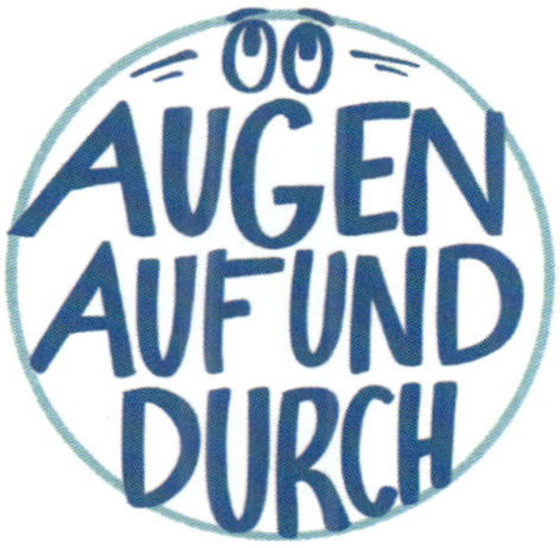

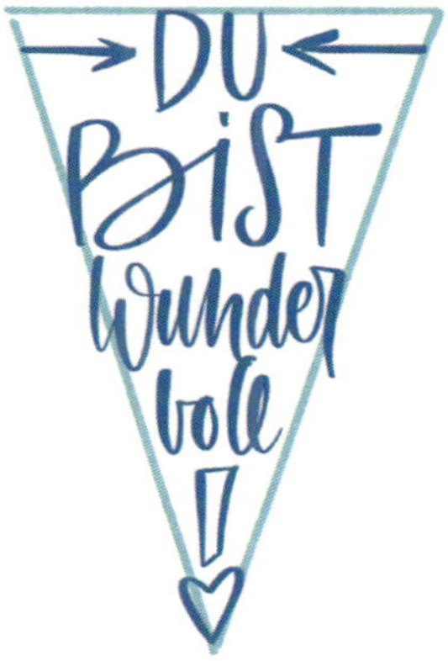

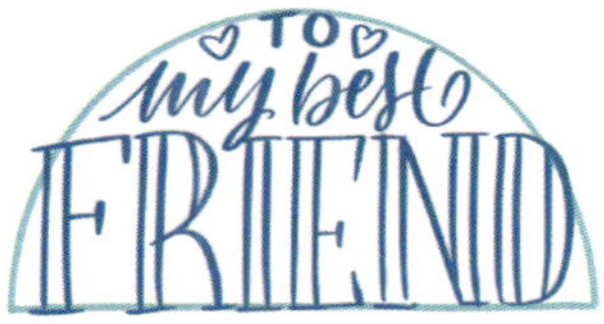

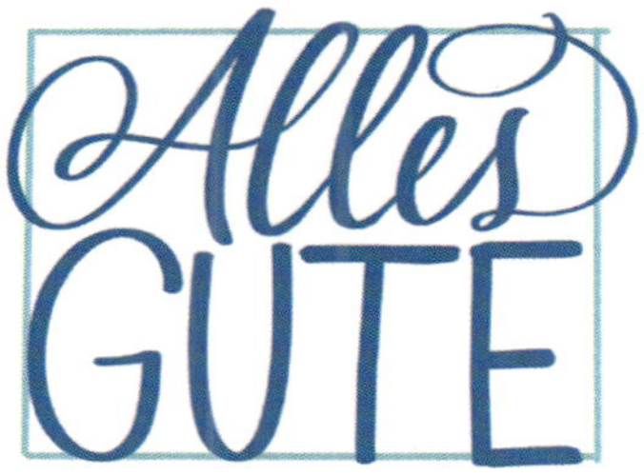

Tipp!

Immer flexibel bleiben!

8 / 2 Kontraste

Nach diesen wichtigsten ersten drei Schritten auf dem Weg zur perfekten Komposition hast du nun schon elementare Entscheidungen getroffen und die ersten Planungsergebnisse für dein Lettering-Haus auf dem Tisch liegen. Der Hausbau kann beginnen!

Der Schlüssel zum Glück

Stell dir vor, du bekommst den Schlüssel schon, bevor dein Haus bewohnbar ist. Der Schlüssel für dein perfektes Haus, dein Schlüssel zum Glück, heißt KONTRAST.

Wirklich wahr. Du wirst in diesem Buch sehr, sehr vielen Kontrasten begegnen, und du wirst bei all deinen Handletterings ab sofort in Kontrasten schwelgen.

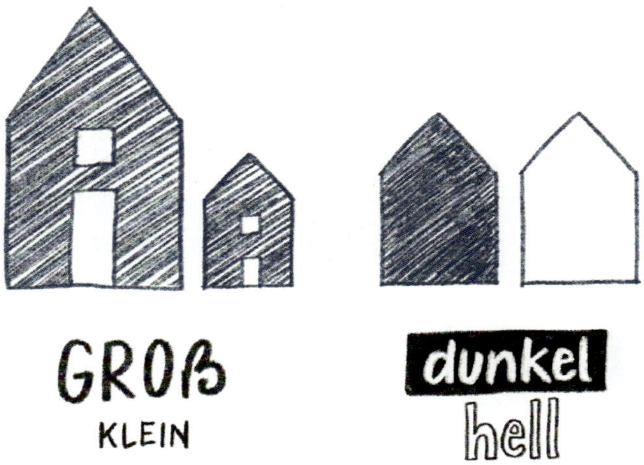

Was sind Kontraste eigentlich?

Kontraste sind nichts anderes als Gegensätze: zwei oder mehr Elemente oder auch nur Wahrnehmungen wie z. B. Emotionen, die dir gegensätzlich ins Auge springen.

Das Wort Kontrast, abgeleitet von den italienischen Wörtern ›contra‹ = gegen und ›stare‹ = stehen, bezeichnet Unterscheidungsmerkmale, die es in vielen verschiedenen Bereichen gibt. In der Musik gibt es z. B. laut und leise, in unserer Gefühlswelt glücklich und traurig und in der Gestaltung beispielsweise hell und dunkel oder groß und klein.

Wir ordnen eigentlich unser ganzes Leben mit der Hilfe von Kontrasten, meistens ohne dass wir es immer als Gegensätze empfinden. Mit Kontrasten als Ordnungssystem können wir prima umgehen. Kontraste sind uns sehr vertraut, und wir haben sofort eine Haltung dazu, wenn uns etwas gegensätzlich erscheint.

Kontrast im Handlettering

Mit Kontrasten zu gestalten, macht vieles so viel einfacher. Kontraste verstärken deine Hierarchie und verdeutlichen die gewählten Emotionen. Kontraste helfen bei der Lesbarkeit und lassen den Betrachter den Überblick behalten.

Klingt simpel, ist simpel. Schau genau hin: Selbst wenn in einem guten Lettering nur eine Schrift verwendet wurde, hat der Text bzw. die Schrift im besten Fall den perfekten Kontrast zur hellen Fläche, zum Weißraum darum herum. Und so verhält es sich bei allen Gestaltungselementen, die du für dein Werk aussuchst.

In **Kapitel 4** hast du schon gesehen, dass die Schriften kontrastreich gewählt werden sollten, und das gilt für alle Flächen und Elemente. Achte darauf, dass Schriften, Formen und Flächen entweder ganz gleich sind oder wirklich kontrastreich. Wobei der Kontrast auf alle Fälle dein Werk spannender und gekonnter macht als pure Gleichheit und Wiederholung.

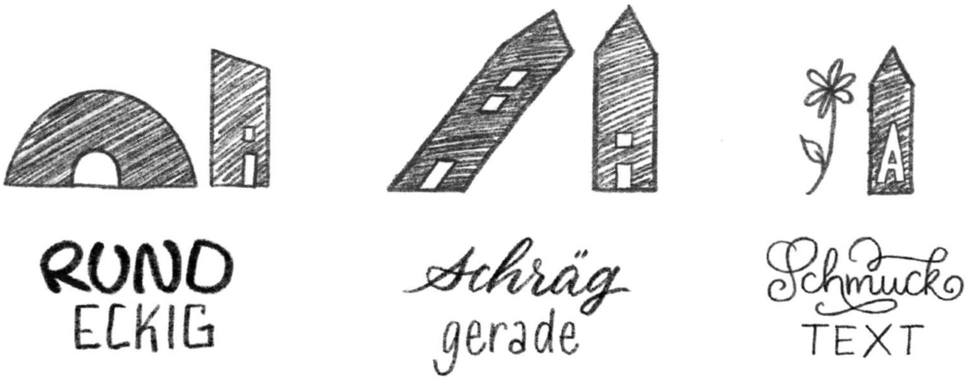

Der Haken daran ist die Balance.

Was im Gegensatz zueinander steht, zieht sich an und ergänzt sich in gleichem Maße. Aber Kontraste neigen auch dazu, für Chaos zu sorgen, wenn sie schlecht platziert sind. Somit sollte der Schlüssel zum Glück wohl besser ›geordnete Kontraste‹ heißen.

Durch dein Baumaterial, die vielen Buchstabengestalten, ist von Haus aus ja schon viel los auf deinem Blatt. Ein Schriftenmix sorgt zwar für den nötigen Kontrast, aber zusätzlich auch für unterschiedliche Größen und Gewichte. Dadurch kann es leicht passieren, dass dein Lettering an der einen oder anderen Stelle zu dunkel und zu geballt wirkt oder man den Eindruck hat, es fehle etwas.

Geordnete Kontraste erreichst du durch eine harmonische und ausbalancierte Anordnung deiner gegensätzlichen Gestaltungselemente.

Das wird dir bei den Beispielen auf den nächsten Seiten schnell klarer.

Kontrastarten

Im Handlettering nutzen wir Kontraste bei fast all unserem Baumaterial:

» Schriftenkombinationen

» Schriftgrößen

» Formenspiel

» Weißräume und Flächen

» Farben

» Textverzierungen

8/3 Planung & Idee

Miniskizzen (Thumbnails)

Die Komposition deines Letterings ist ein Prozess, der eine gute Planung benötigt, aber dennoch bis zum Schluss flexibel ist.

Alles ist im Fluss!

Damit der Weg zum Ziel nicht zu lang wird und du nicht allzu oft einen Umweg einschlagen musst, hilft dir das erste Skizzieren deines Textes, um eine gute und schöne Anordnung zu finden. Denn sehr oft sieht etwas in unserem Kopf ganz anders aus als auf dem Papier. Unsere Vorstellung bezieht meistens keine kollidierenden Unterlängen mit ein und achtet nicht auf Zeilenabstände oder Wortlängen. Daher muss man das einfach immer wieder schwarz auf weiß sehen und ausprobieren.

» Nimm deinen Bleistift und skizziere deine Wörter ganz locker wie kleine Minikompositionen auf ein Blatt. Diese Vorschauskizzen werden auch Thumbnails genannt, weil sie Fingernagelgröße haben, wobei ich das tatsächlich etwas zu klein finde. Richte dich nach der Größe einer Briefmarken oder maximal eines Post-its.

» Verwende in deinen Skizzen schon eine oder zwei Schriften, die du im Kopf hast, und platziere sie in verschiedene Wortformen.

» Achte schon auf ausreichend Kontrast und eine einigermaßen stabile Balance, indem du verschiedene Textausrichtungen und Anordnungen deiner Wörter ausprobierst. Aber verlier dich nicht im Detail, bleibe locker und schemenhaft – das genügt.

» Es geht einzig darum, ein Gefühl dafür zu bekommen, wie lang deine Wörter sind, wie sie zusammen aussehen, wie sie miteinander auf kleinem Raum wirken. Möchte ich Schmuckelemente platzieren, und welche Optik gefällt mir am besten?

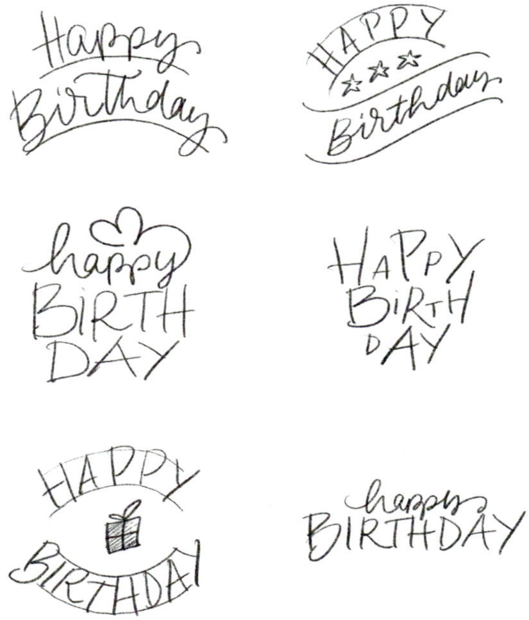

» Versuche, auf mindestens vier kleine Skizzen zu kommen, aber nicht auf mehr als zehn.

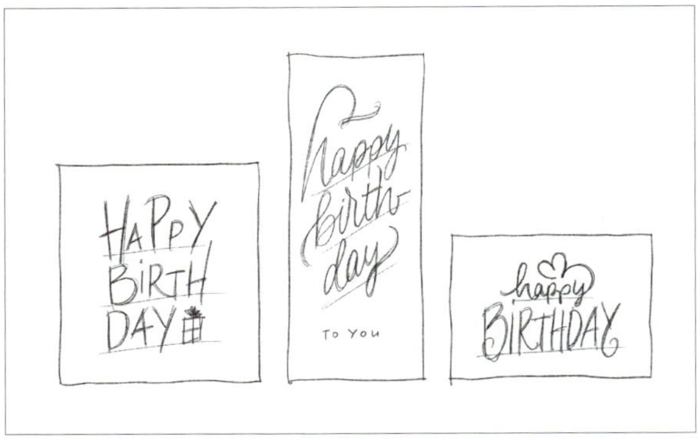

» Wenn du schon etwas geübt bist, kannst du dir auch dein Seitenformat schon darum herum zeichnen und testen, wie dein Gesamtlayout später sein könnte, aber zwingend notwendig ist das nicht.

Wenn du wie hier das ›Happy Birthday‹ mehrfach skizzierst, entstehen auf deinem Blatt ganz leicht verschiedene Ideen.

So siehst du schnell und ohne viel Aufwand, was wirklich zusammenpasst und was nicht. Welche Minikomposition könnte funktionieren, und welche gefällt dir?

Selbst wenn du vielleicht vorher noch gar keine konkrete Idee hattest, wird es dir helfen, den Ideenprozess überhaupt anzukurbeln, und es hilft dir bei der Entscheidung, welche finale Form dein Lettering bekommen soll.

Und das Schöne dabei: Es geht in keiner Weise um Perfektion oder eine Punktlandung. Du wirst dich aber deiner Gestaltung und Komposition spielerisch annähern und dich dann für eine Kompositionsidee entscheiden können, auch wenn es eine ganz simple sein wird.

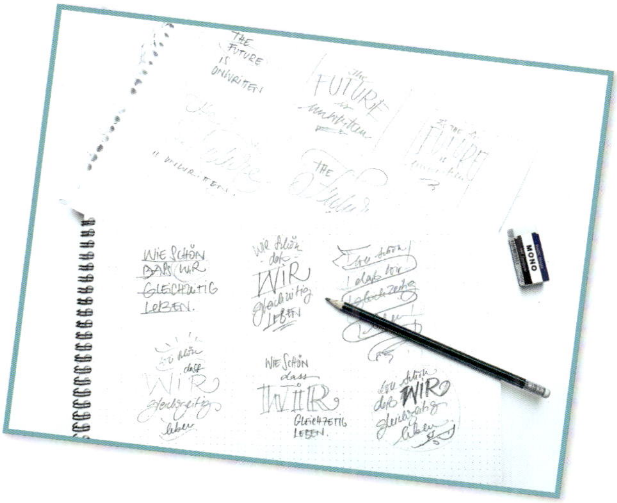

Tipp!

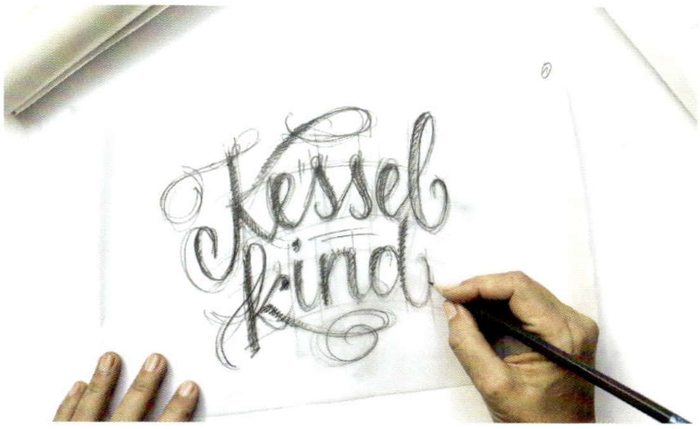

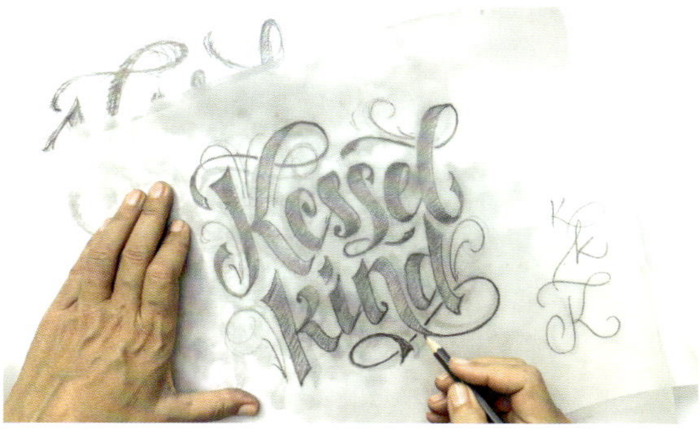

Ich nutze für alle Arten der Skizzen gerne Transparentpapier. So lassen sich Thumbnails, Wortgestaltungen und ganze Kompositionen sehr gut Schritt für Schritt neu arrangieren.

Für jeden Verbesserungsschritt lege ich eine Lage Transparentpapier über die Skizze und kann so die Buchstaben abpausen und gleichzeitig z. B. die Balance oder den Buchstabenschwung optimieren.

Das Radieren wird überflüssig und ich behalte den Überblick, wenn sich im Laufe des Entwurfsprozesses herausstellt, dass eine Gestaltungsidee einige Schritte zuvor doch besser gepasst hat.

Zusätzlich nummeriere ich jeden neuen Bogen Transparentpapier und kann so einfach ›zurückblättern‹ und so den kompletten Kompositionsverlauf sehr gut nachvollziehen.

Legetechnik

Aus der Kalligrafie stammt noch eine weitere Möglichkeit, die beste Kompositionsidee zu finden. Besonders wenn du etwas Kraftvolleres gestalten möchtest, etwas mit großen Buchstaben vielleicht, oder wenn deine Wörter mehr Gewicht haben sollen, dann kannst du es auch mal mit der Legetechnik versuchen.

Ebenso für längere Texte ist das sehr hilfreich, um die Anordnung der Wörter zu finden:

1. Schreibe deinen Text wieder locker auf ein Blatt, gerne auch die Wörter einzeln, dieses Mal mit einem dickeren oder dunkleren Stift, sodass etwas mehr Kontrast als bei einem Bleistift entsteht. Verwende schon die Schriften, die dir vorschweben.
2. Schneide die Wörter nun aus, sodass du einigermaßen den Buchstaben folgst. Aber nicht zu detailgetreu, das soll nicht zeitaufwendig sein. Die ausgeschnittenen Wörter dienen nun dazu, dass du sie hin und her schieben und so dir wunderbar verdeutlichen kannst, wie sie zueinander passen, wo Ober- und Unterlängen kollidieren, wo Luftlöcher entstehen oder die Leserichtung komisch wird.
3. Noch deutlicher wird dir das, wenn du ein dunkles Blatt Papier darunterlegst oder deine Wörter auf eine dunkle Tischplatte legst.
4. Schiebe die Wörter wie bei Tetris hin und her, bis du das Gefühl hast: So könnte es was werden.
5. Ich fotografiere mir die finale Legevariante ab oder klebe sie ganz simpel auf ein Blatt Papier. Das ist dann meine Grundlage für die erste richtige Skizze meines Letterings.

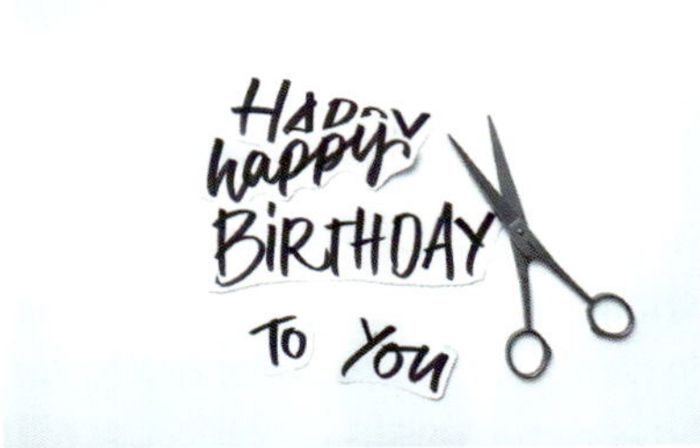

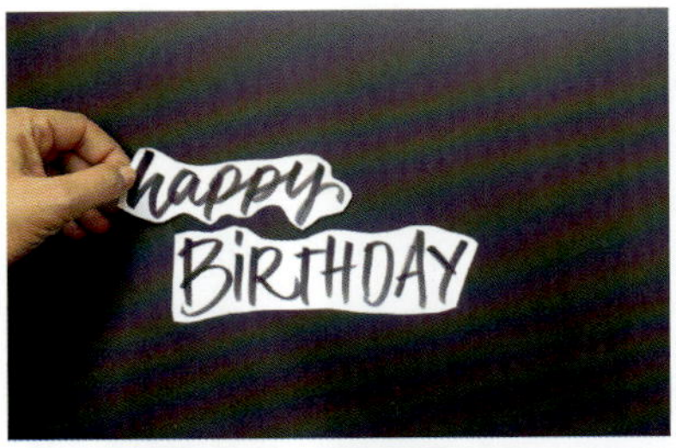

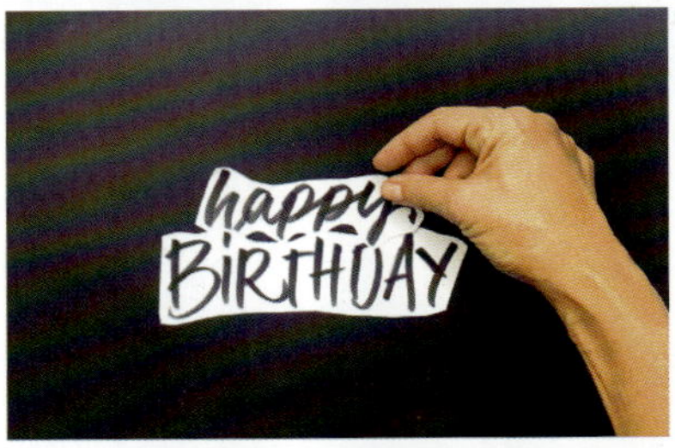

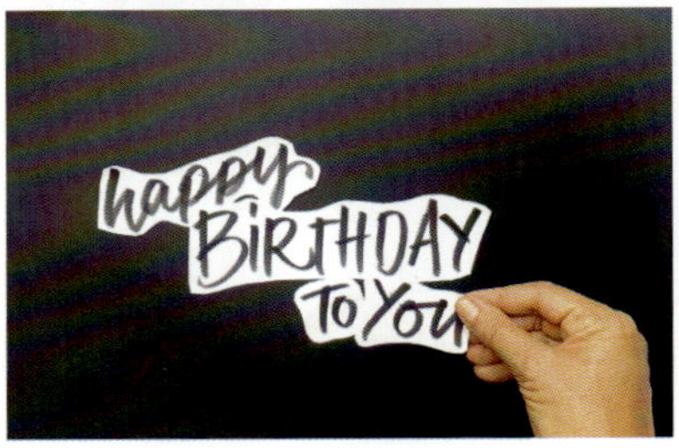

Wenn du gerne auf dem iPad in Procreate arbeitest oder auch in Photoshop, kennst du diese Art des Verschiebens ja schon aus der digitalen Welt. Da die Ausschneidetechnik mit Schere und richtigem Papier aber auch ein haptisches Erlebnis ist, wirst du daran doppelt lernen. Von der Hand in den Kopf und wieder zurück. Und es hilft dir auf alle Fälle, deine Augen zu schulen und ein Gefühl für die Harmonie der Wörter untereinander zu finden.

Dann lass uns jetzt mal Schritt für Schritt loslegen und verschiedene Kompositionsideen kennenlernen.

8 / 4 Einfache Zwei-Wort Kompositionen

Einfache Konstruktion

Da man ein schickes ›HAPPY BIRTHDAY‹-Lettering immer mal gebrauchen kann, ist das doch ein gutes Beispiel, um daran eine einfache Komposition zu üben.

Lass uns Thumbnails zeichnen und uns die ersten drei Entscheidungen treffen.

Ich habe mich für eine **Hierarchie** wie im Beispiel rechts entschieden. Das ›happy‹ soll emotionaler und fröhlicher sein, während das ›BIRTHDAY‹ Gewicht und Aussagekraft haben darf. Daher kombiniere ich simpel, aber effektvoll eine Schwungschrift mit serifenlosen Großbuchstaben. Das sorgt auf alle Fälle schon mal für den notwendigen Kontrast.

In meinen **Miniskizzen** habe ich mich zunächst auf die Achsen der Wörter fokussiert und verschiedene Anordnungen ausprobiert. Durch die diagonalen Grundlinien erhalte ich Dynamik. Die Bogenform hat z. B. etwas Festliches. Ich muss mich entscheiden, ob ich den Text mittig platzieren oder ob ich die Wörter lieber versetzt anordnen möchte.

Wenn ich eine Miniskizze gefunden habe, mit der ich es versuchen will, kann ich loslegen.

Durch die beiden gewählten Schriften habe ich schon einen kräftigen Kontrast, und ich möchte versuchen, daraus nun eine stabile und ausbalancierte Komposition zu erstellen.

Das kräftige ›BIRTHDAY‹ steht mit allen Beinen fest auf dem Boden und verträgt nun wunderbar etwas Leichtes und Fröhliches durch das ›happy‹ in Schwungschrift.

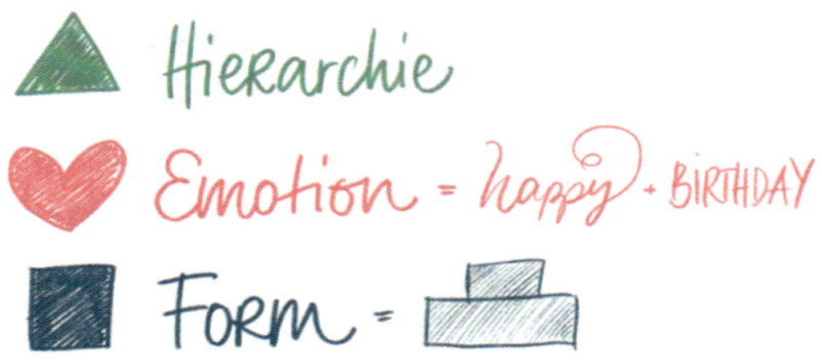

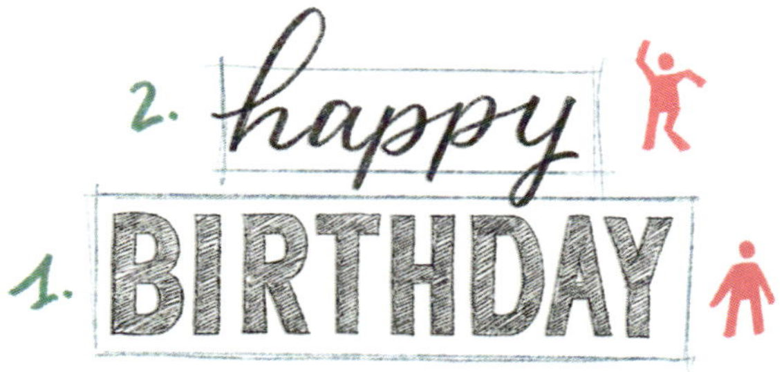

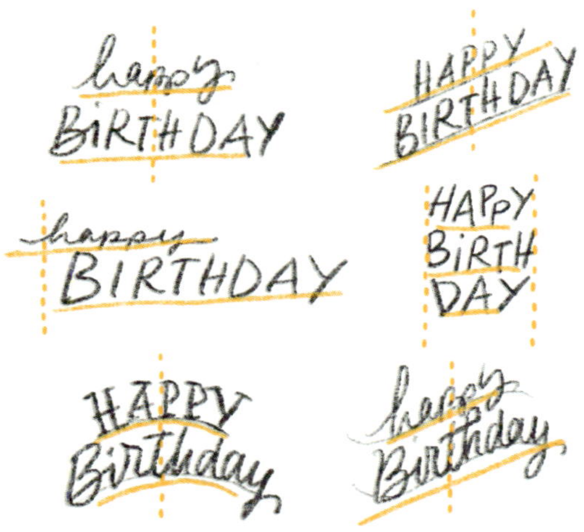

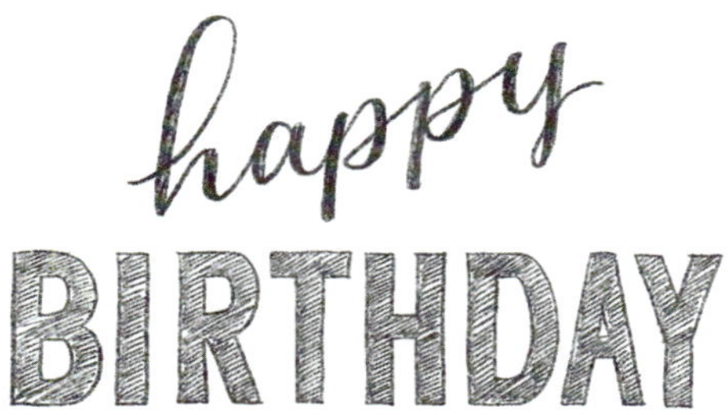

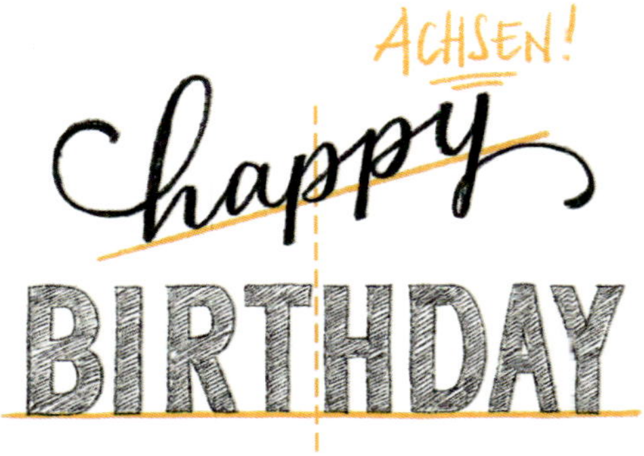

Ich habe das ›happy‹ mittig und leicht schräg platziert, dadurch bleibt alles in Balance, und dennoch wird durch die schräge Grundlinie etwas mehr Schwung und Fröhlichkeit zum Ausdruck gebracht.

> **Tipp!**
>
> ***Denke daran, einen wirklichen Unterschied der beiden Wörter zu kreieren – nicht zu knapp, damit die beiden Wörter wirklich kontrastreich sind und sich nicht beißen.***

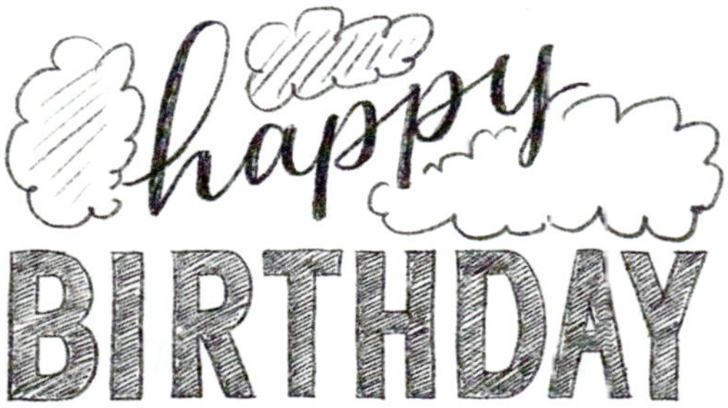

Wie schon in **Kapitel 7** am Beispiel ›Heartbeat‹ erklärt, ist darauf zu achten, dass das obere Element immer das leichtere bleibt, um das untere Wort nicht zu erdrücken. Hier ist es das kleinere Wort, und damit lässt es sich gut stapeln.

Schau dir die entstehenden Weißräume ganz genau an. Wo befinden sie sich, und welchen davon solltest du vielleicht füllen, damit keine unnötigen Löcher entstehen und deine Komposition auseinandergerissen wird oder der Weißraum zum Schwergewicht wird?

Entscheide dich dann, wie du mit den Löchern im Haus umgehen möchtest.

Dafür gibt es drei Lösungen:

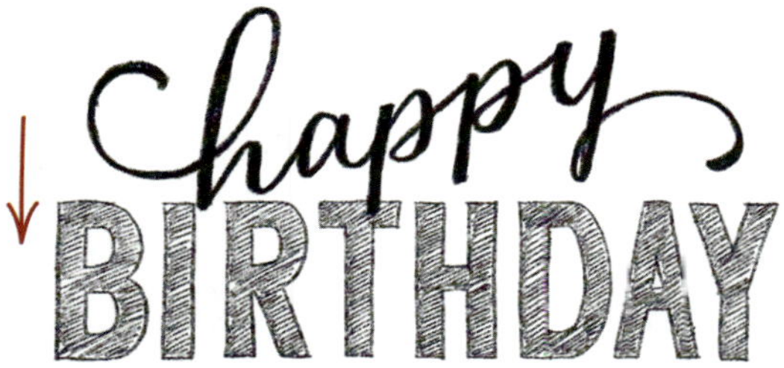

1. **Zeilenabstand verringern**

   Setze das ›happy‹ direkt auf das ›BIRTHDAY‹. Das kannst du bei so unterschiedlichen Schriften wunderbar machen. So schafft der Kontrast der Schriften keinen Gegensatz, sondern eine Verbindung und wird als Einheit wahrgenommen.

2. **Buchstabenvariationen (z. B. Schwünge) verwenden**

   Ich habe den Auf- und Abstrichen von ›h‹ und ›y‹ etwas mehr Schwung und damit mehr Gewicht verliehen. Das füllt die Weißräume rechts und links. **Mein Spezialtipp:** ›h‹ und ›y‹ sind sehr ähnliche Buchstaben, wenn du sie auf den Kopf stellt. Dreh einfach das ›h‹, und du erhältst so eine sehr ausbalancierte Gleichheit am Anfang und Ende des Worts.

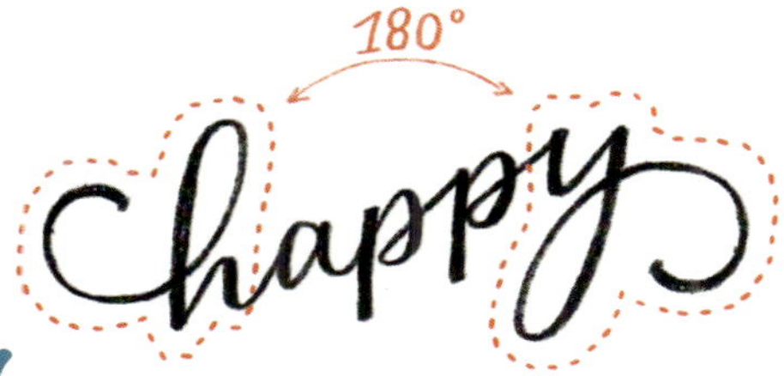

3. **Schmuckelement oder kleine Illustrationen einsetzen**

   Schau dir zunächst an, wo du das Schmuckelement platzieren willst, und mach dir den leeren Raum deutlich. Welche Form hat dieser Raum? Rund oder länglich? Wähle dann ein dekoratives Element, eine kleine Illustration, die die Bedeutung deines Textes betont, aber auch die Form des Weißraums hat bzw. ihn am besten ausfüllt. Der Spruch: ›Das Runde muss ins Eckige‹ ist hier keine Hilfe. Ich fand ein Füllhorn mit Luftschlangen passend, aber das ist völlig variabel.

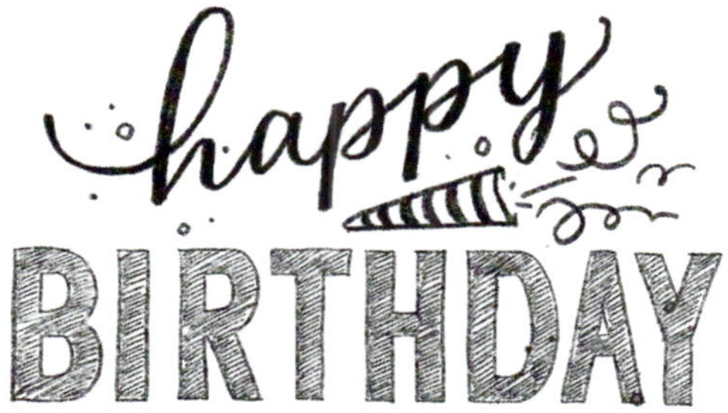

Ob du Schmuckelemente nutzt oder nur Buchstaben, ist reine Geschmackssache. Alles ist möglich, solange es in Balance bleibt und dein Lettering eine geschlossene Harmonie ergibt.

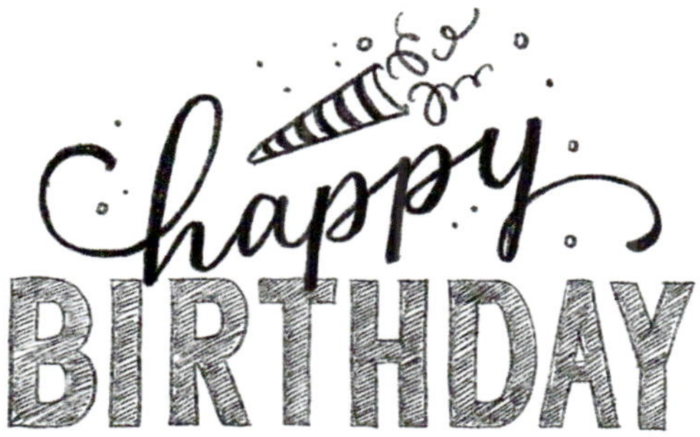

Oder alle drei Möglichkeiten. Hier habe ich alle Möglichkeiten kombiniert. Das kleine Füllhorn oben platziert wie ein Kuchen-Topping, gefällt mir am besten, und der Weißraum vor der h-Oberlänge bietet sich dafür perfekt an.

Achte auf die Achsen und denke an Formen!

Wir empfinden eine geschlossene Form als harmonisch und ausbalanciert. Daher versuche deine Komposition immer zu optimieren und dir eine Formschablone darum herum vorzustellen. Sie führt den Blick nur, sie soll nicht wirklich erkennbar sein.

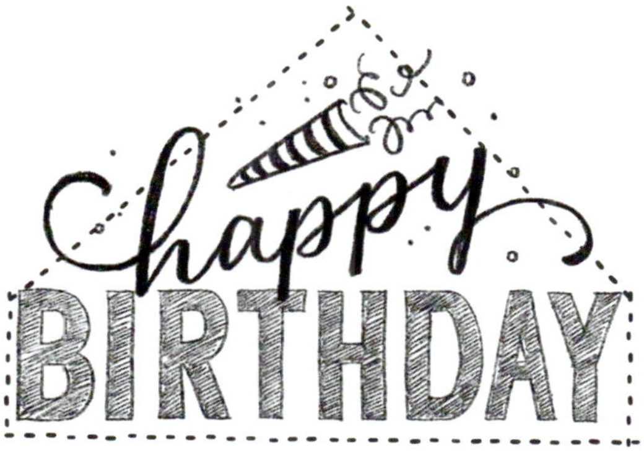

Genau dasselbe Prinzip gilt auch, wenn du eine andere Schrift wählen würdest oder deinem Lettering mithilfe eines Banners noch mehr Fröhlichkeit verleihen möchtest.

» Denke an den Kontrast oder Gleichheit, nichts dazwischen.

» Vermeide zu viel Abstand zwischen den Elementen. Achte immer darauf, dass dein Zeilenabstand nicht zu groß ist, damit erst gar keine unnötigen Löcher entstehen.

» Schließe große Weißräume.

» Schau dir an, ob dein Lettering eine ausgewogene Form ergibt.

Versuche, dein Lettering immer kompakt zu gestalten, dann kannst du bei deinen Kompositionen gar nicht mehr viel falsch machen.

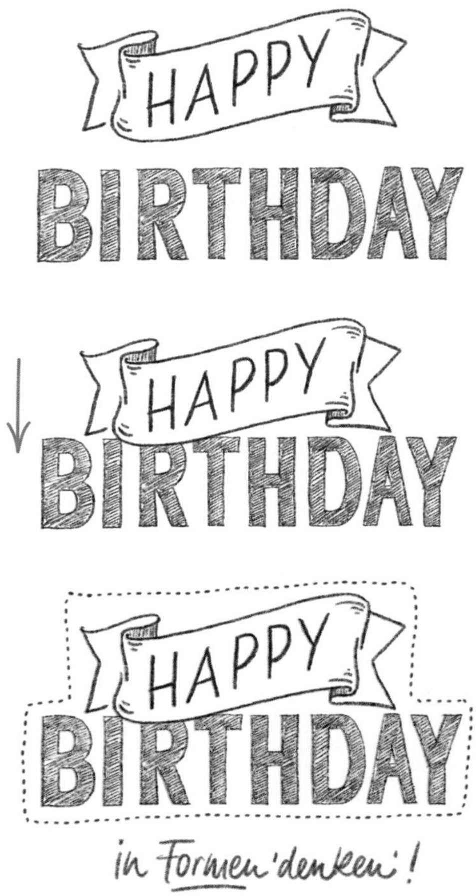

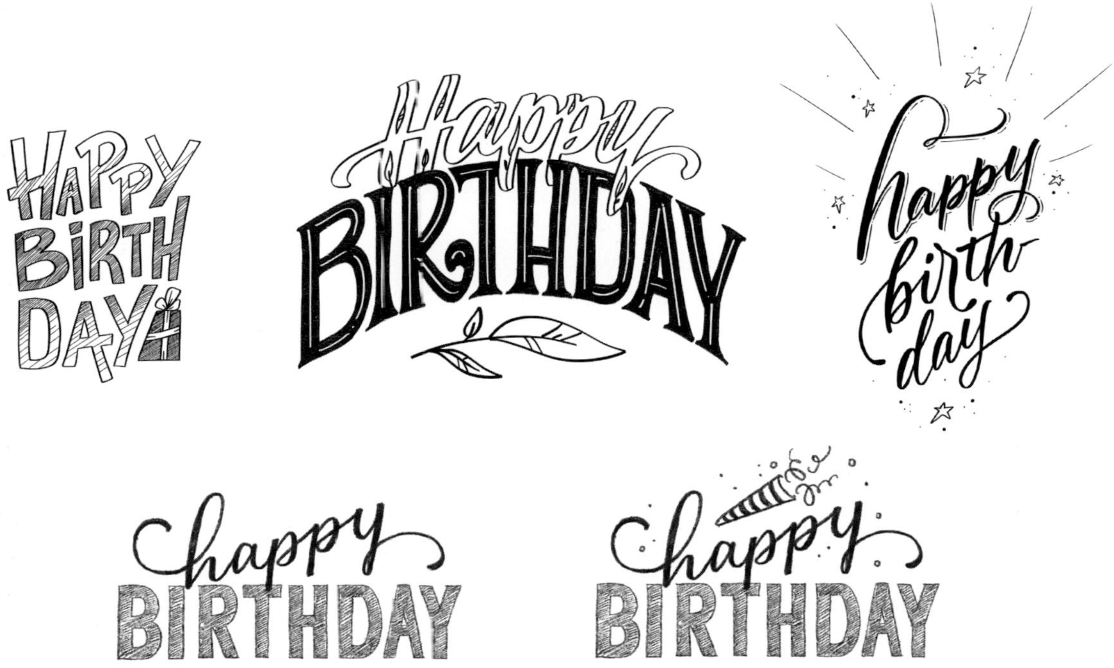

Groß/Klein-Kontrast

Du wirst schnell feststellen, das Herantasten an eine Lettering-Komposition ist immer ähnlich: Du entscheidest dich für die inhaltlichen Schwerpunkte in deinem Text = Hierarchie. Du definierst die emotionale Wirkung = Auswahl der Schrift. Und du legst fest, in welcher Form das Lettering Sinn machen könnte. Los geht's mit ›Be You!‹

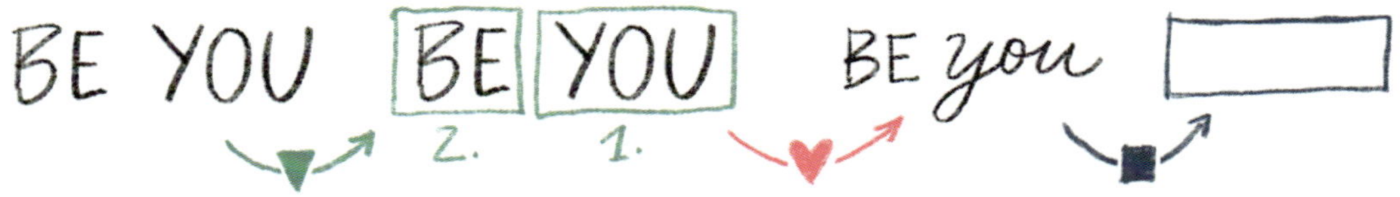

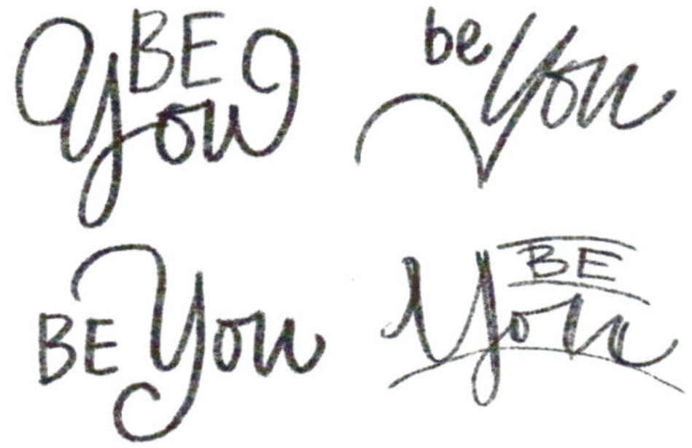

Skizze
›Be‹ als simples Beiwort kann in seiner Optik zurücktreten, aber darf auch nicht stiefmütterlich behandelt werden. Dein Lettering soll lesbar bleiben und ausreichend Kontraste aufzeigen. Selbst noch so kleine Elemente sollen im Gegensatz und dennoch im Einklang miteinander stehen. In diesem Beispiel ist es die **Schwungschrift im Mix mit der geraden Serifenschrift**, und die beiden unterschiedlichen Größen der Wörter sorgen für Hierarchie und Abwechslung im Lettering.

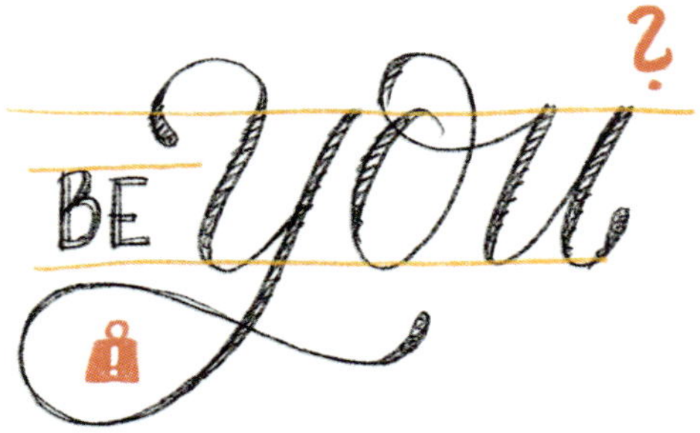

Achse & Balance
Eine gerade Bandoptik soll die Form bestimmen. Die Grundachse verläuft nur horizontal. Dabei solltest du besonders darauf achten, etwas Spannung in dein Design zu bekommen. Versuche ›Ausschläge‹ zu kreieren, wie hier z. B. die ausladende Unterlänge des ›Y‹.

Aber kaum hast du eine solche Entscheidung getroffen, folgt die sogleich zweite, denn durch die große Unterlänge kippt die Komposition nun nach links unten. Jetzt ist ein Gegengewicht gefragt. Siehe Wortgestaltung Kapitel 7.

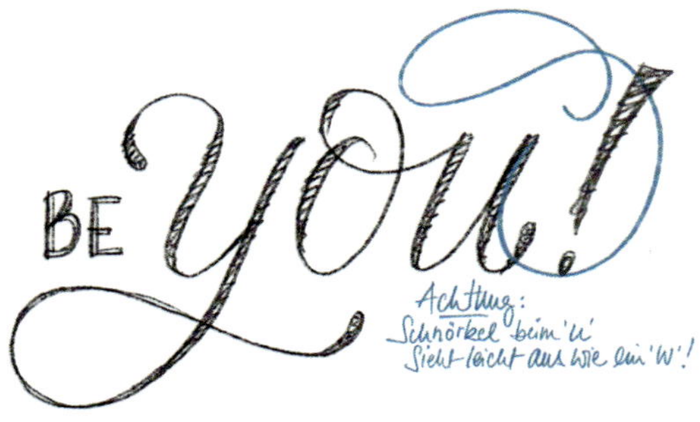

Du könntest dem ›u‹ nun oben einen Schnörkel verpassen oder wieder ein bisschen Deko. Ich habe mich in diesem Fall für ein Ausrufezeichen entschieden. Es passt zum Text und füllt stimmig und simpel den Weißraum. Satzzeichen können wunderbare Gestaltungshilfen sein!

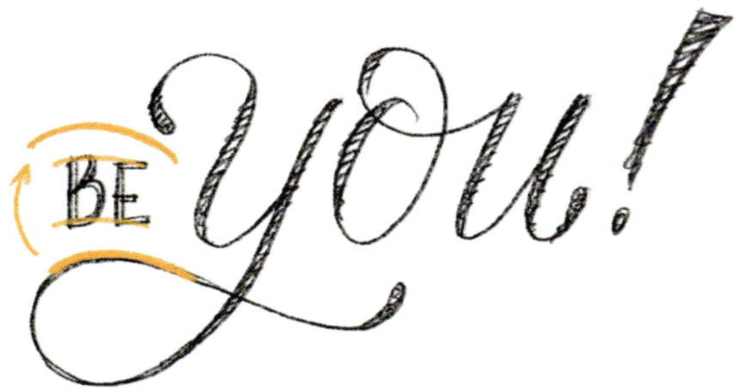

Abwechslung
Oftmals bietet es sich an, Form und Kurven eines Buchstabens zu nutzen und das eine oder andere Wort dem anzupassen. Hier schwimmt das ›BE‹ auf dem Y-Schwung und mit einem kleinen Deckel parallel zum Schwung und in selber Form entsteht ein dezenter Banner-Effekt, der beide Wörter geschickt verbindet.

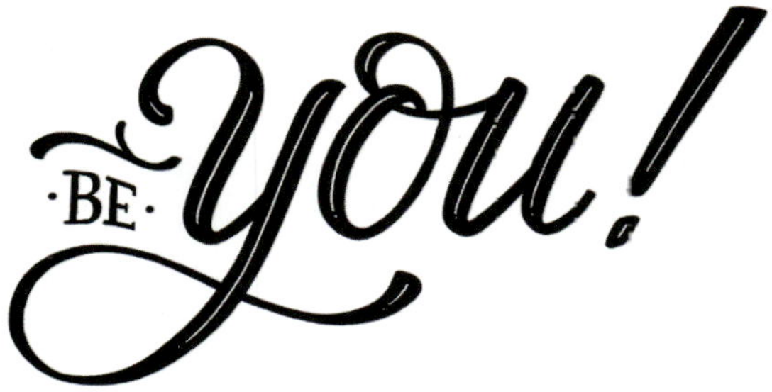

Finales Lettering
Wenn die Komposition steht, radierst du den Bleistift so weit wie möglich weg, sodass du nur noch schattige Spuren siehst, und zeichnest alles mit Fineliner, Brushpen oder deinen Lieblingsstiften nach. In nur wenigen Schritten erzielst du so eine kleine, aber feine Komposition.

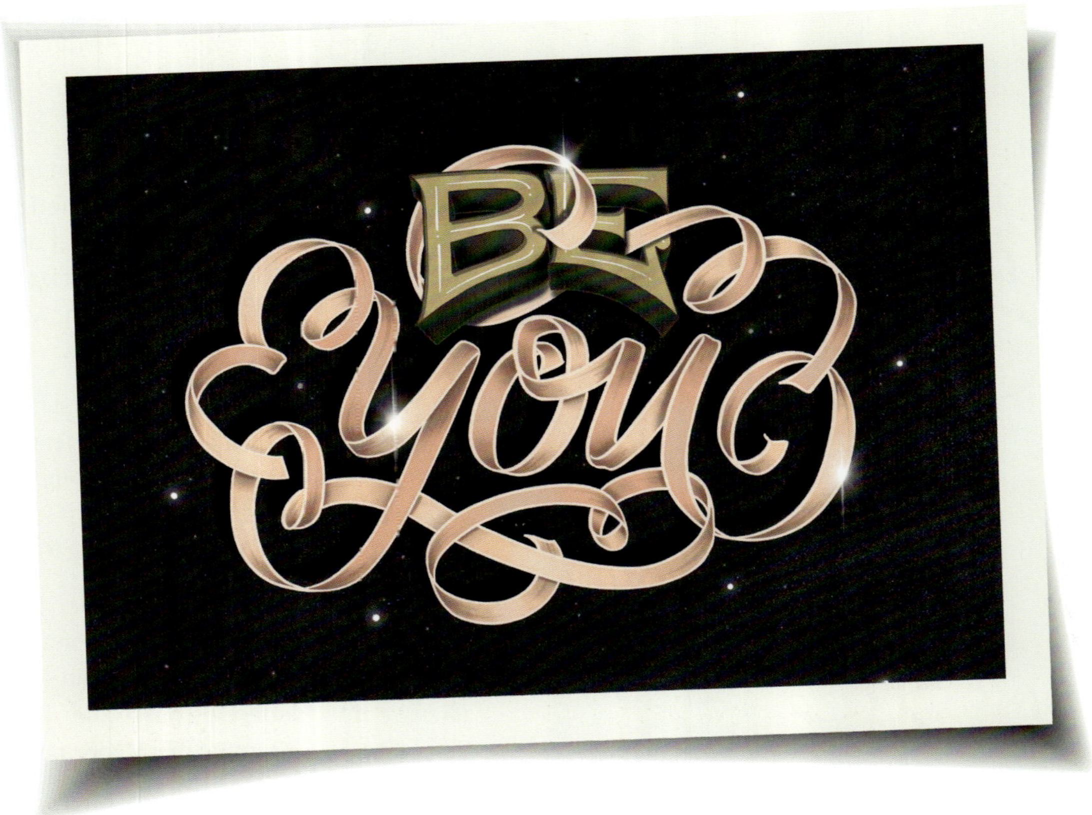

Anrede & Pronomen

Im vorherigen Beispiel musste das kleine Wörtchen ›BE‹ untergebracht werden. Im grammatikalischen Sinn ist es ein Verb, aber optisch und grafisch war es eher ein Beiwort.

Solche Beiwörter sind besonders bei einer Komposition mit nur zwei Wörtern sehr wichtig, aber optisch sollen sie meistens dem Hauptwort nicht die Show stehlen.

Wenn du ein Lettering mit einem Namen erstellen möchtest, wirst du vielleicht noch ›Liebe‹ oder ›Lieber‹ oder ein ›Für‹ oder ›An‹ davor setzen wollen. Das wäre dann ein wichtiges Beiwort. Doch der Name bleibt zentral im Vordergrund und die Hierarchie ist klar.

Es ist zwar nur eine Minikomposition, aber orientiere dich auch hier am Groß/Klein-Kontrast und wähle eventuell noch den richtigen Schriftmix.

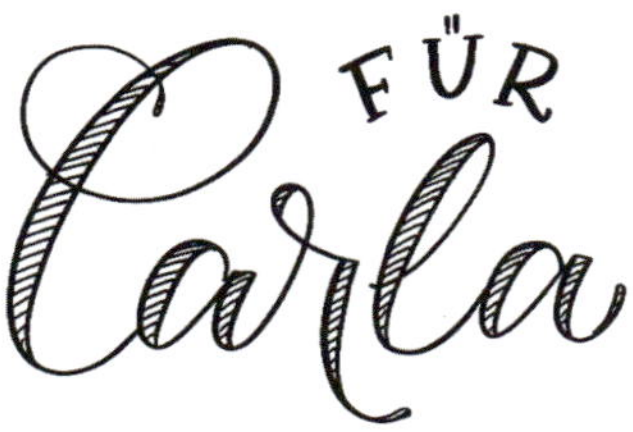

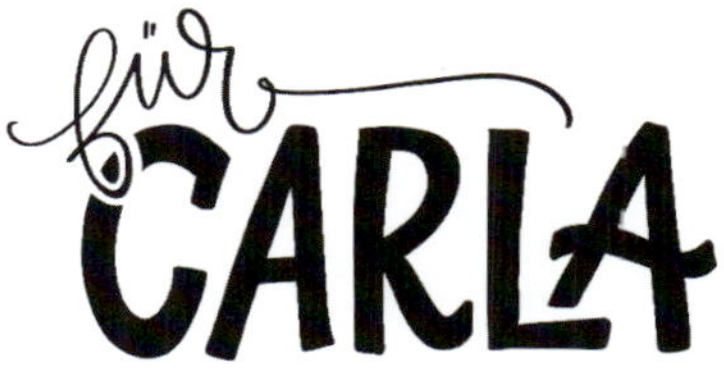

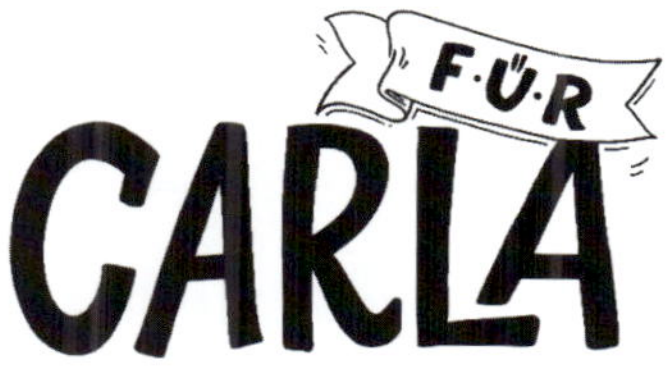

So gehst du vor:

Zeichne zuerst den kompletten Namen und überlege dann, in welcher Schrift und wo du dein Beiwort platzierst.

Je nach Buchstaben und Schrift benötigt es wahrscheinlich einen anderen Platz, damit der Name nicht kippt oder davon erdrückt wird.

Dasselbe gilt auch für Artikel wie der/die/das oder ein/eine/einer. Auch diese spielen meistens eine untergeordnete Rolle und sollten etwas zurücktreten. Ihre Ausgestaltung sollte aber wohlüberlegt sein, da sie denselben Einfluss auf eine Komposition haben wie der Haupttext.

Tipp!

Zwei-Wort-Kompositionen lassen sich wunderbar und schnell skizzieren, und mit Namen kannst du toll üben und ganz nebenbei z. B. Geschenkanhänger gestalten.

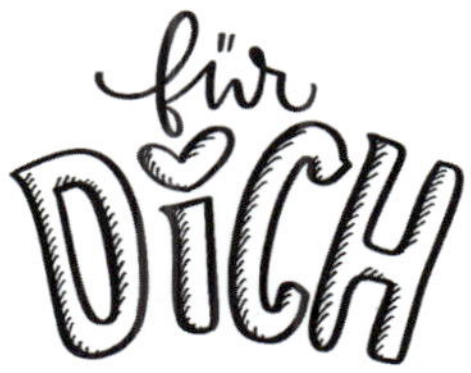

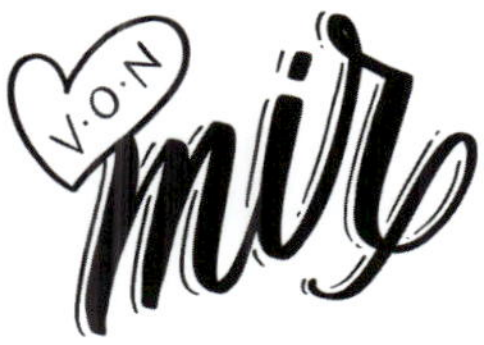

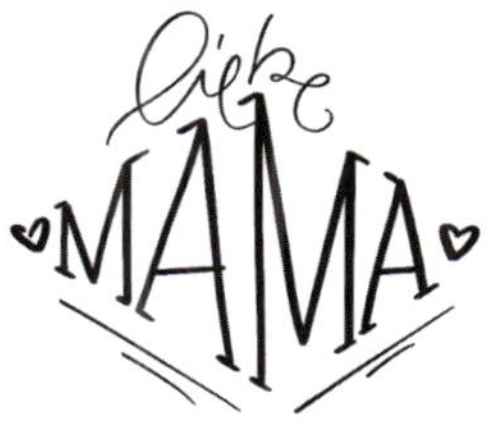

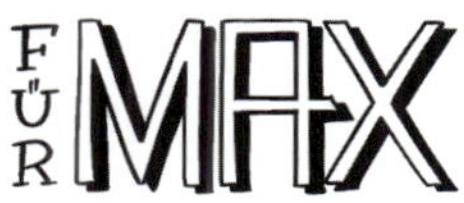

Gleichheit

Auch ein Text in nur einer Schrift kommt zum Strahlen, wenn du seine Komposition beachtest. Solltest du dich für keine Hierarchie entscheiden können, kannst du auch nur eine Schrift nutzen und mit dieser versuchen, dennoch eine harmonische, aber spannende Komposition zu erstellen.

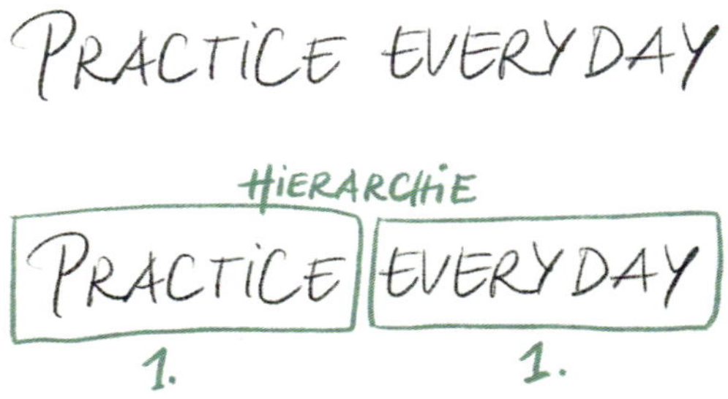

Hierbei ist es wichtig, dass du das Prinzip der Gleichheit nicht aus den Augen verlierst: entweder ganz gleich oder wirklich kontrastreich und gegensätzlich.

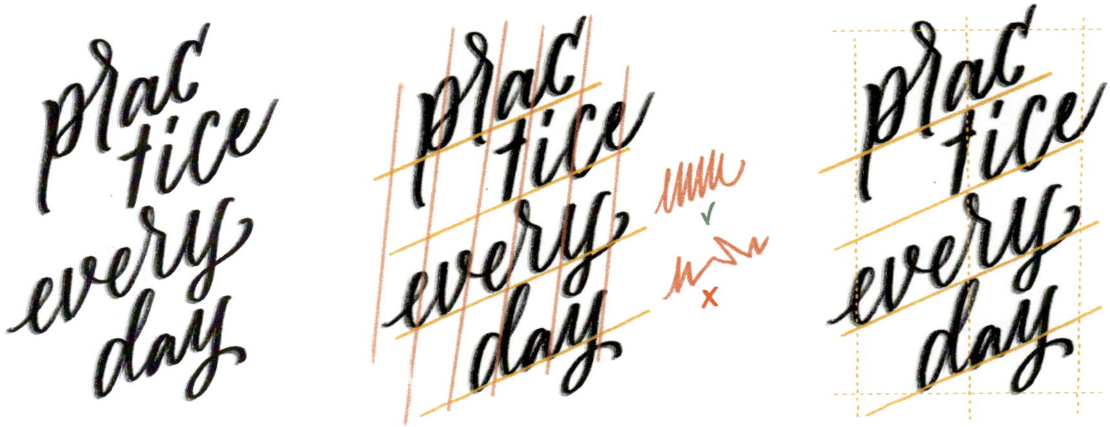

1. Wenn du mit nur einer Schrift arbeitest, dann achte noch mehr darauf, dass **die Grundlinien die gleichen Achsen haben** und deine Buchstaben in gleichmäßiger Richtung stehen. Das heißt, alle Buchstaben sollten die gleiche Schräge und ausgewogene Abstände haben. Denke an die Gesamtform. Hier ist mir beim Doing eine schlanke Blockform ins Auge gesprungen. Zwei lange Wörter einfach untereinander zu platzieren, wirkt natürlich leicht fade, daher sei mutig, trenne deine Wörter und verteile sie auf mehrere Zeilen.
2. Skizziere dir, bis wohin deine Buchstaben reichen dürfen. Wie immer dient das nur den Augen, und natürlich darf das eine lockere Grenze sein und keine Vollbremsung der Zeile. Damit der Block als Grundform nicht zu statisch wirkt, sind diagonale Grundlinien ideal. So wird dein Lettering gleich dynamischer und interessanter.
3. Platziere deine Wortabschnitte gleichmäßig in deinem Block (der Form), aber versuche, Abwechslung zu schaffen. Das ist mit kurzen Wortteilen viel einfacher.

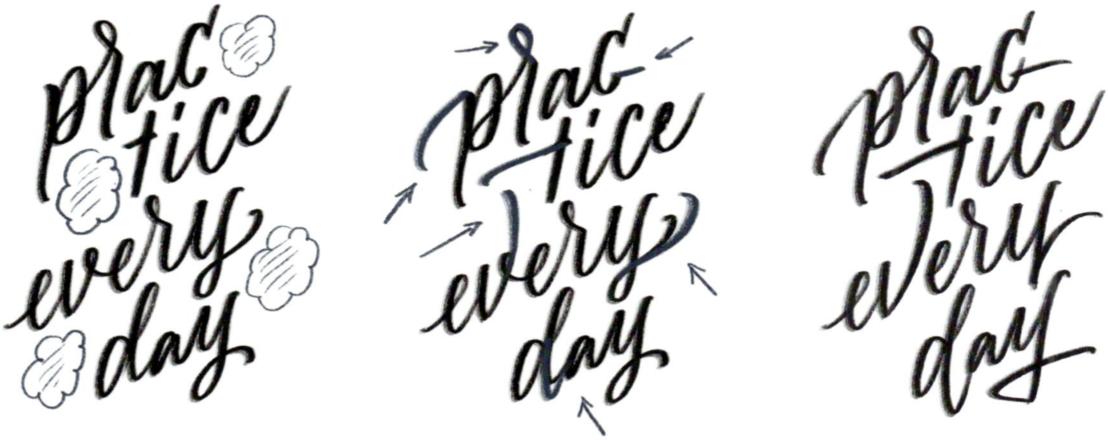

4. Es entstehen meistens dominante Weißräume, die unser Blick als Löcher wahrnimmt und deinen geplanten Aufbau ins Wanken bringt. Übe, diese Räume mit den Buchstaben selbst zu schließen. Versuche, Buchstabenvariationen zu finden, indem du die Ober- und Unterlängen veränderst oder die Anstriche verlängerst. Leichter fällt es dir vielleicht, wenn du deinen Buchstaben etwas ›Bounce‹ verleihst und die Buchstaben leicht springen lässt.

5. Versuche, Trennstriche harmonisch und möglichst unauffällig zu integrieren. Ein orthografisch richtiges Trennen eines Worts ist sinnvoll für die Lesbarkeit, ein Trennstrich ist zwar keine Pflicht, aber hilfreich.

6. So verweben sich die Wörter zu einem Buchstabenteppich, aber auch jede andere Variation ist hilfreich, um Weißräume zu schließen. Es geht nicht darum, sie zuzubetonieren. Diese Zwischenräume sollten am Ende nicht mehr so mächtig wirken und dem Text nicht die Show stehlen. Daher reicht es oft schon, wenn du z. B. einen Aufstrich oder Querstrich verlängerst und ihn etwas in den leeren Raum hineinziehst.

Tipp!

Im Lettering sind kurze Zeilen reizvoller und auch wesentlich einfacher in der Gestaltung.

Hier siehst du gut, dass ich die Blockform, die ich mir überlegt habe, eingehalten habe, aber ohne mich davon ausbremsen zu lassen.

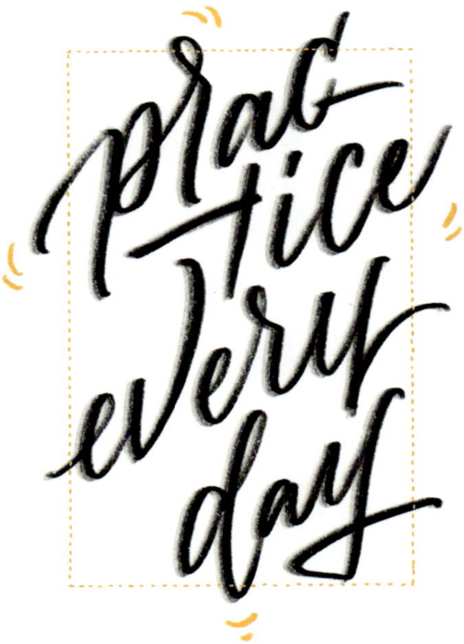

Gerne dürfen die Buchstaben auch leicht darüber hinausreichen, aber gleichmäßig rund um deine Komposition verteilt und auch nur dort, wo es Sinn macht und die Lesbarkeit erhalten bleibt.

So kannst du auch mit nur einer Schrift dein Lettering interessant gestalten und eine Komposition erstellen, die simpel ist, aber nicht langweilig.

Mit Farbe oder Blending gibt's dann den Extrakick, und dein fertig komponiertes Haus erhält einen schicken Anstrich. Zuerst erfolgt jedoch immer der stabile Hausbau.

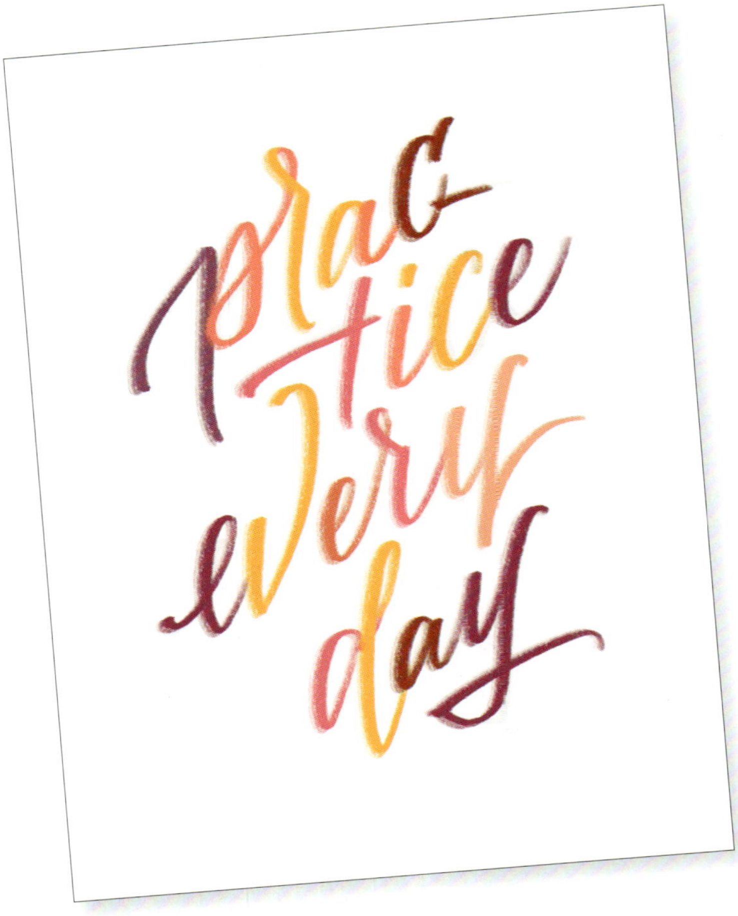

Zu Farbgebung & Anstrich deiner Komposition findest du das Wichtigste in Kapitel 13.

Block

Wenn du ein Lettering blockartig gestalten möchtest, weil es vielleicht keine eindeutige Hierarchie gibt, solltest du das Prinzip der Symmetrie und des Ausgleichs, der Balance, besonders beachten, da die Gefahr, dass sich was beißt, besonders groß ist.

Eine mittige Textausrichtung macht es dir einfacher. Dann ist jedoch Schwung für etwas mehr Dynamik gefragt, wenn auch nicht zwingend – je nach Charakter.

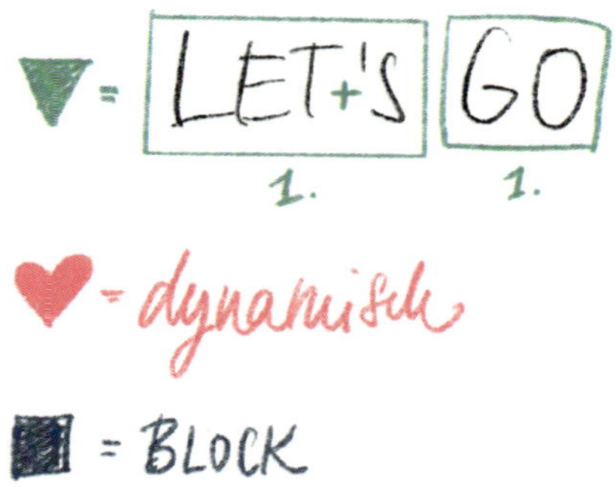

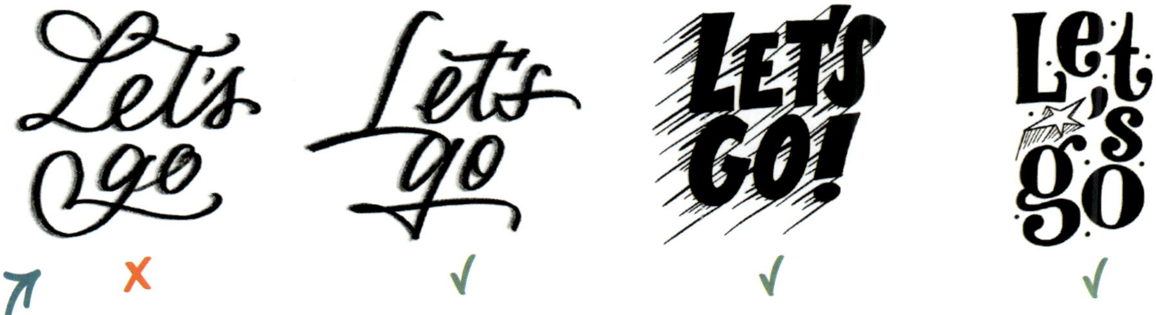

Wie du hier siehst, sind Schnörkel zwar den Schwüngen zuzuordnen, aber nicht immer geeignet, wenn es etwas dynamischer sein soll. Hier muten die Buchstabenschnörkel zu elegant an.

Entscheide dich bei sportlichen oder kraftvollen Themen lieber für Bewegung oder kleine Illustrationen.

Und nicht selten lohnt es sich natürlich auch, zu überlegen, ob es nicht Sinn ergibt, deiner Komposition gleich eine Form zu geben, die inhaltlich am besten passt, wie hier eine Startflagge.

Mehr zu Blocklayouts in Kapitel 11.1.

Tipp!

Wenn mit Apostroph gekürzt wird, dann zähle das gekürzte Wort zum vorherigen dazu. Platziere den Apostroph in deiner Komposition entweder ganz dezent oder so prominent wie den Buchstaben selbst. Beides ist möglich.

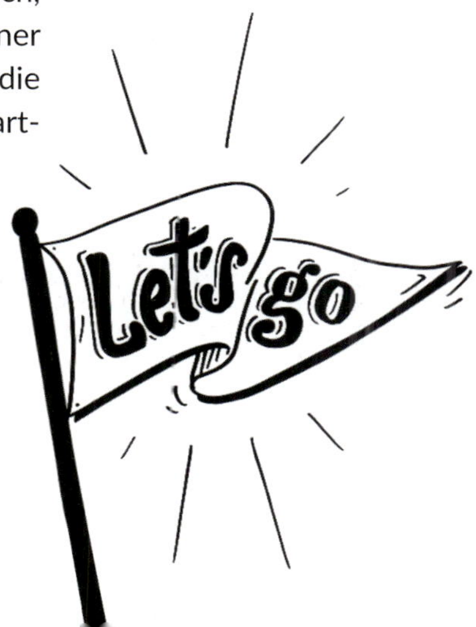

8/5 Drei-Wort-Kompositionen

Bei drei Wörtern und drei Hierarchien ist es recht einfach, eine kleine, aber feine Komposition zu erstellen.

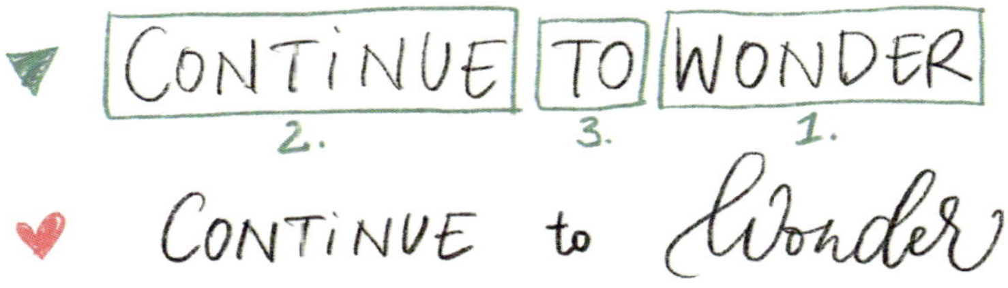

1. Konzentriere dich zuerst auf die erste und die zweite Hierarchie und wähle zwei Schriften, die sich emotional unterscheiden und zueinander passen oder gegensätzlich sind.
2. Hier habe ich eine einfache serifenlose Schrift und eine Schreibschriftvariante gewählt, wobei ich noch nicht entschieden habe, wie die Buchstaben genau ausgestaltet sein sollen. Das Wort ›Wonder‹ ist das emotionalste Wort dieser drei und benötigt eine fließende Schriftart, daher eine Schreibschrift. Als Kontrast dazu bieten sich serifenlose Versalien an.
3. Skizziere die drei Wörter locker untereinander und versuche schon, die Hierarchie und die Schrift etwas zu berücksichtigen. Du kannst dich zunächst auf die erste und die zweite Hierarchie konzentrieren und dir überlegen, an welcher Stelle dir das Beiwort gefallen könnte. Wie du vielleicht schon gemerkt hast, bin ich ein großer Fan von schrägen Grundachsen. Das ist natürlich Geschmackssache, und dieses Beispiel funktioniert auch mit geraden Grundachsen. Beachte hier einfach, dass die Achsen zueinanderpassen und gleich bzw. parallel verlaufen.
4. Ich habe dann wieder versucht, die Löcher zu stopfen und die Oberlängen von ›Wonder‹ als Füllmaterial zu nutzen. Den Zeilenabstand solltest du wieder knapp wählen, sonst wird das Löcherstopfen unnötig schwierig.

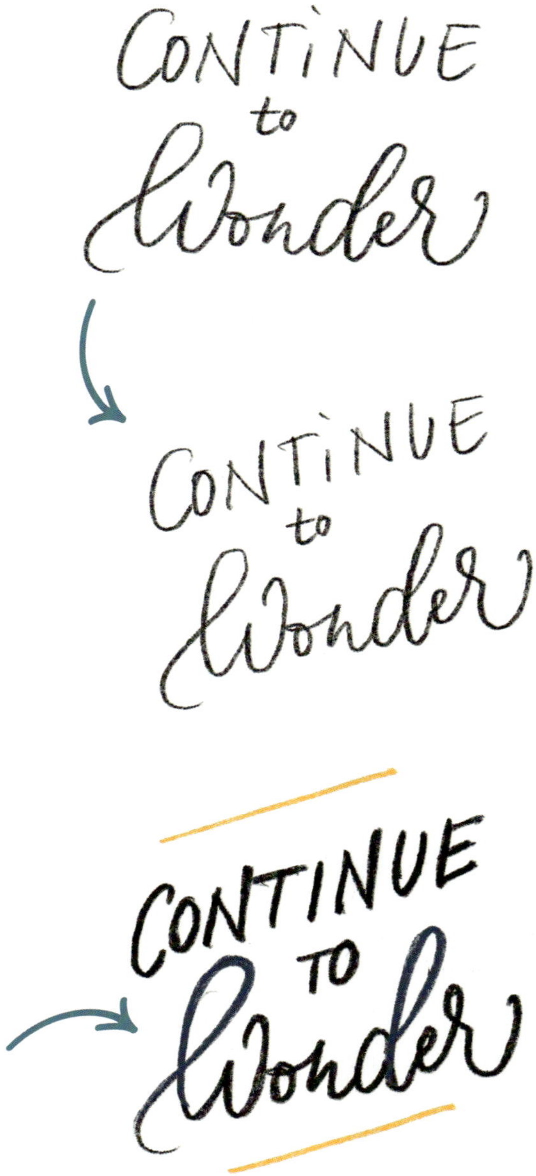

So ist die Komposition nun kein Fehler, aber der optische Knaller ist sie auch nicht.

Was tun?

Kümmere dich um die Details. Versuche, deine Buchstaben noch weiter zu verfeinern. Versuche, den Charakter der beiden Schriften herauszuarbeiten. So wird deine Komposition schon ganz von alleine interessanter.

Nun ist das kleine Wörtchen ›to‹ übrig.

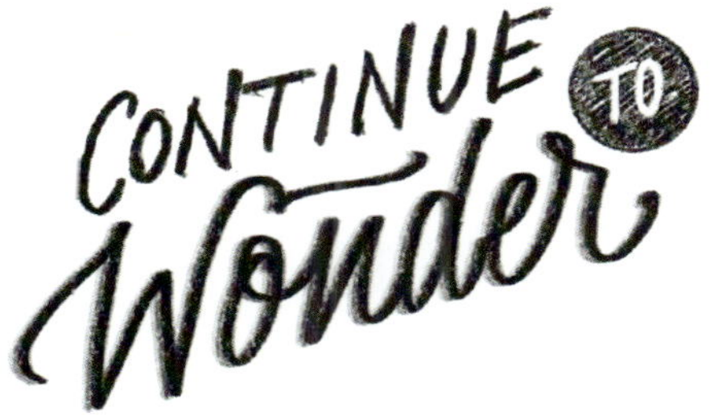

Leserichtung
Wenn du alle drei Wörter platzierst, versuche die Leserichtung zu beachten.

Leicht ist man verleitet, das Wort dort unterzubringen, wo gerade Platz ist oder wo ein Weißraum mit Leben gefüllt werden sollte. Das ist zwar richtig, aber Vorrang hat trotz allem die Leserichtung.

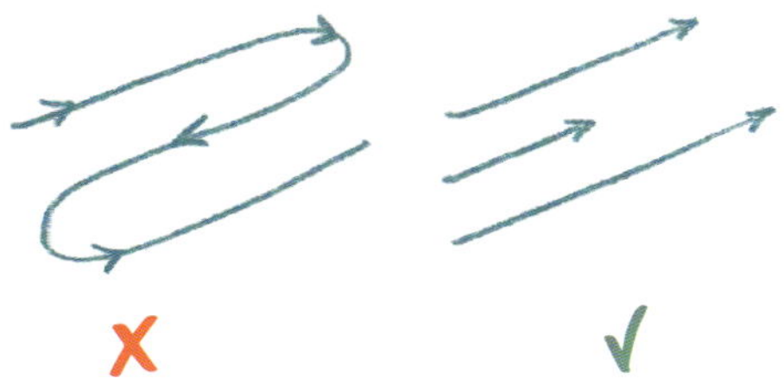

Wir lesen von links nach rechts, und unser Blick wandert eigentlich nicht in Schlangenlinien über das Blatt. Platziere deine Wörter nach Möglichkeit immer von links kommend und kleine Beiwörter (hier das ›to‹) lieber am Zeilenanfang oder mittig.

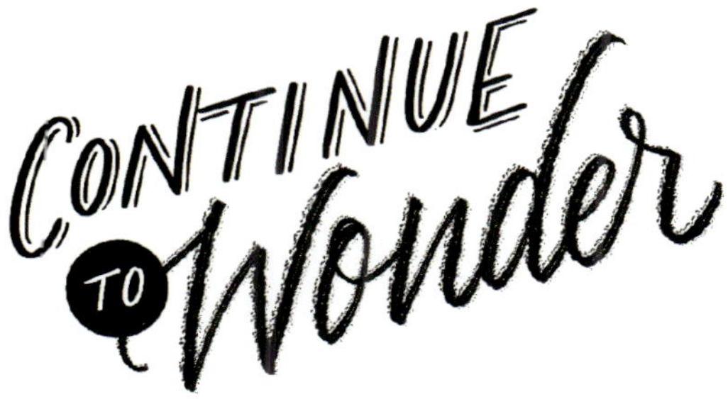

Denn gegen die Leserichtung wird der Blick ausgebremst, und deine Komposition bekommt an der Stelle einen Knick. Je prominenter die Wortgestaltung, desto größer ist die Vollbremsung des harmonischen Bildflusses.

Beiwörter
Die Wörter der dritten Hierarchie, in diesem Fall das ›to‹, sind oft Wortarten wie Konjunktionen/Bindewörter, Pronomen, Präpositionen oder Fürwörter. Sie eignen sich besonders gut dazu, deine Hierarchien miteinander zu verbinden und die Lesbarkeit zu verbessern.

Sie verleihen deiner Komposition den nötigen Kontrast und schenken Struktur.

Sie können funktionieren wie eine tragende Zwischenwand deines Hauses.

Du erinnerst dich sicher an die Regel: hell zu dunkel, groß zu klein usw. Siehe Seite 130.

Meistens bietet es sich an, diese Beiwörter deutlich kleiner zu gestalten. Sie müssen nicht unauffällig sein, aber indem du ihnen die Größe nimmst – bei dennoch detailverliebter Gestaltung –, bieten sie die perfekte Spannung zu den Wörtern der ersten und zweiten Hierarchie und werden trotzdem nicht überlesen.

Es ist gibt unzählige Möglichkeiten, ein Beiwort in Szene zu setzen:

» Platziere es auf dunklem Grund.

» Gib ihm einen Rahmen oder ein Bling.

» Verpasse ihm Schnörkel oder Schwung.

» Zeichne eine witzige Form darum herum.

» Tausche ein UND gegen das bildhafte Ampersand (&).

» Wähle eine weitere Schrift.

Ich liebe diese kleinen Wörter. Sie machen dein Haus stabil und gleichzeitig hübsch und bedeutend. Sie sind wie individuelle kleine Fenster im Haus – mit großem Ausblick und einem schicken Fensterrahmen oder Vorhang als Hingucker.

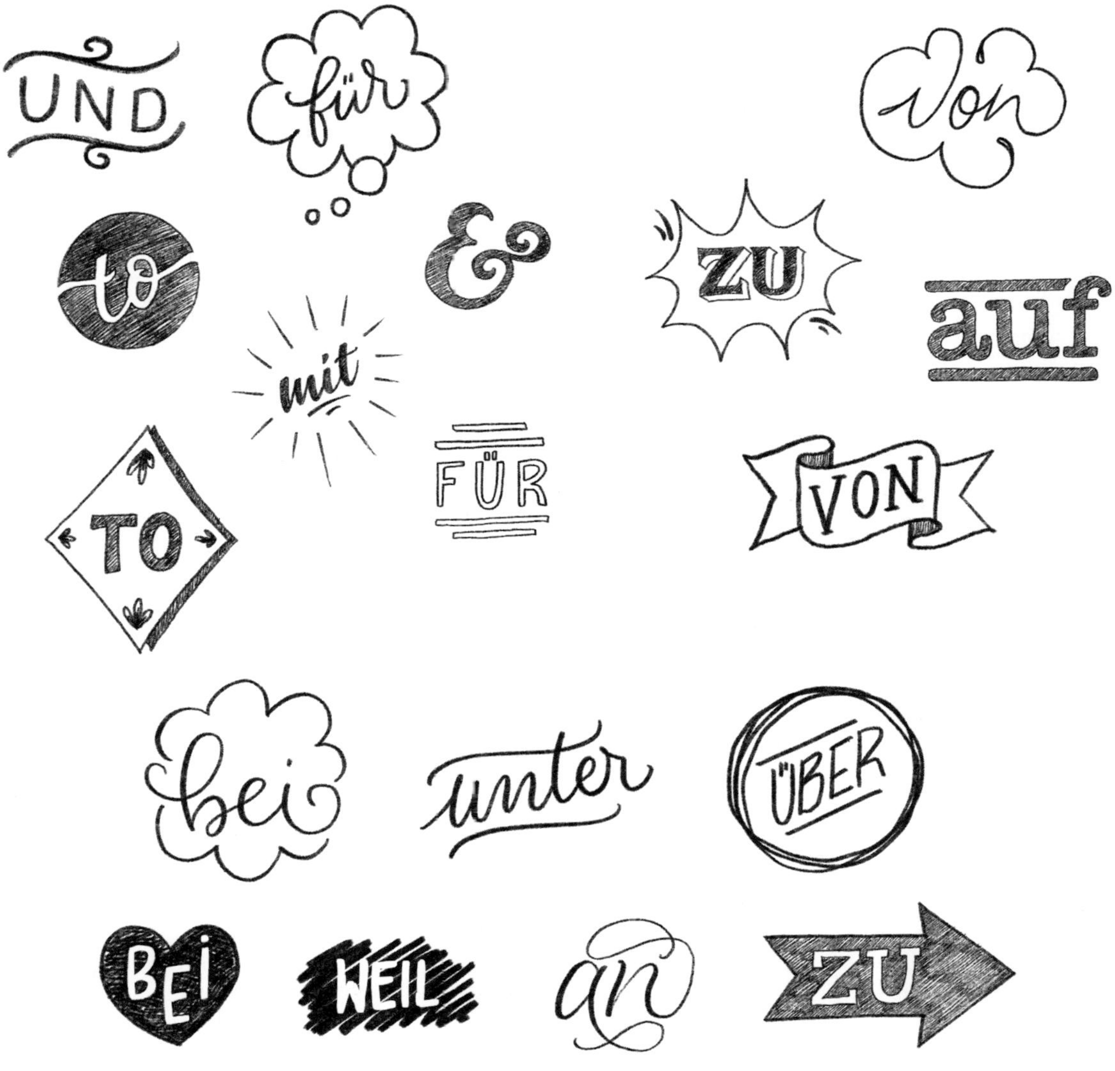

Platziere dein Beiwort nur in wirklicher Nähe zu dem Wort, zu dem es auch inhaltlich gehört.

Hab keine Angst vor Berührung oder dass es untergeht. Mit ein bisschen Übung wirst du bald ein Gefühl dafür haben, welchen Platz deine Beiwörter brauchen.

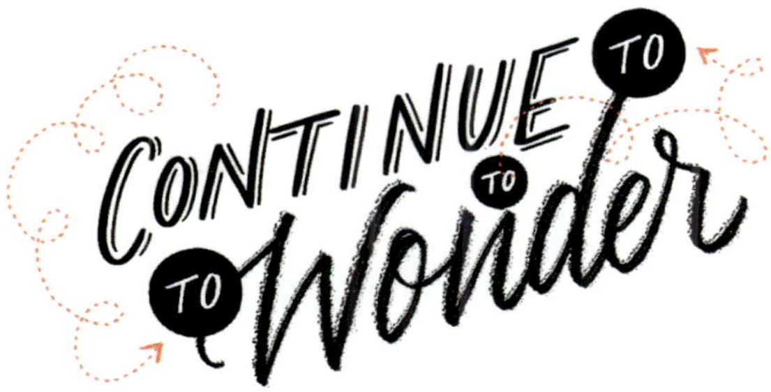

Tipp!

Wenn ich es genau wissen will, skizziere ich mir das Beiwort in zwei, drei Größen, schneide es grob aus und schiebe die verschiedenen Größen so lange über mein Lettering, bis ich denke, diese Größe ist richtig und da oder da fühlt es sich harmonisch an und die Leserichtung stimmt.

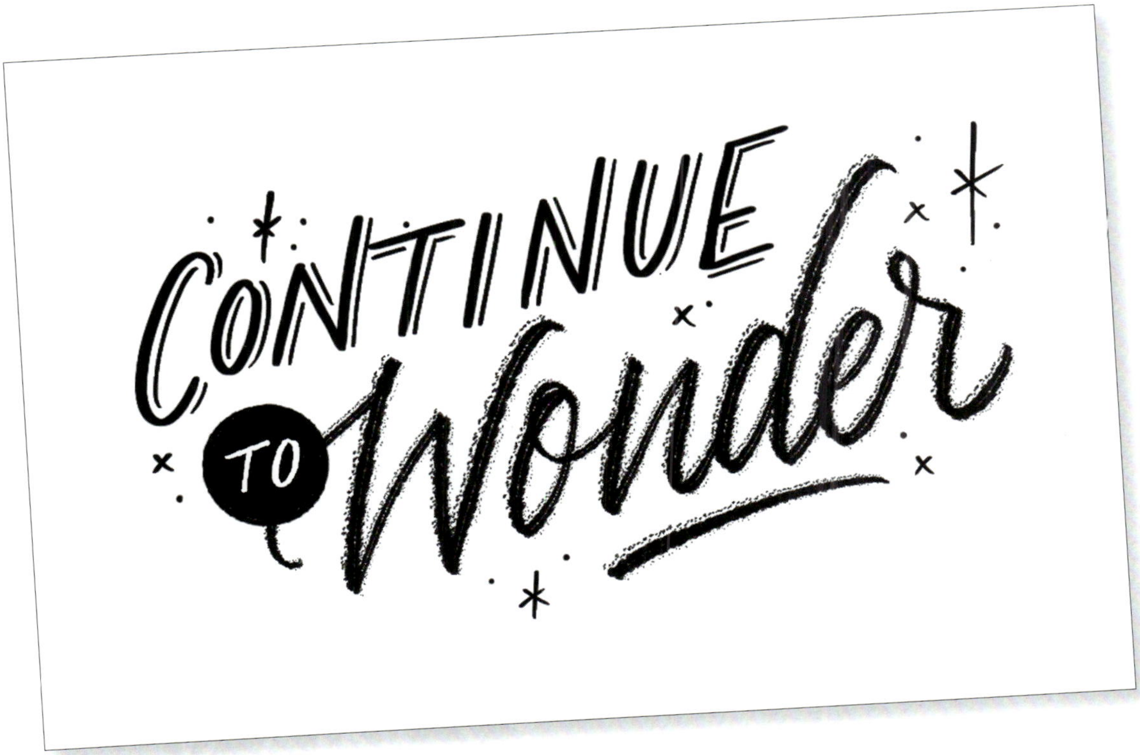

So wie ich Beiwörter liebe, so liebe ich Sternchen. Und schwups! Fertig ist die Komposition.

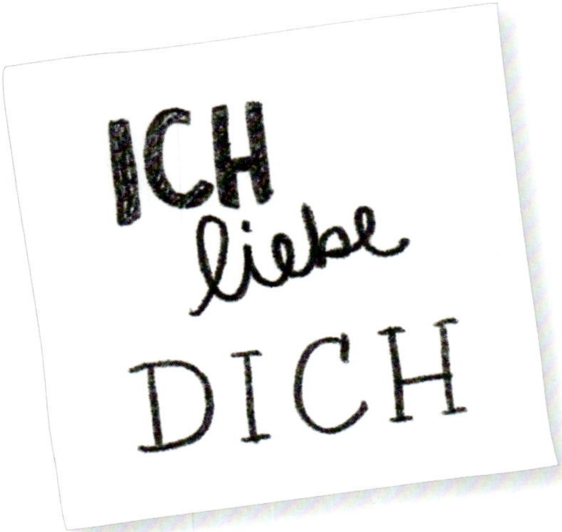

Übung mit drei Wörtern

Nach allem, was du nun schon über das Komponieren von Buchstaben und Wörtern gelesen und gelernt hast, siehst du sicher auf den ersten Blick, dass dieses ›ICH LIEBE DICH‹-Lettering nicht gerade den Architekturpreis gewinnen wird.

Sicher erkennst du immer sehr schnell, ob ein Lettering gut oder schlecht ist, ob es dich anspricht oder nicht, aber du wusstest bislang vielleicht nicht so richtig, warum du das so empfindest. Nun ist dir das aber bestimmt schon viel klarer, und du könntest es sicher schon ohne meine Erklärung benennen.

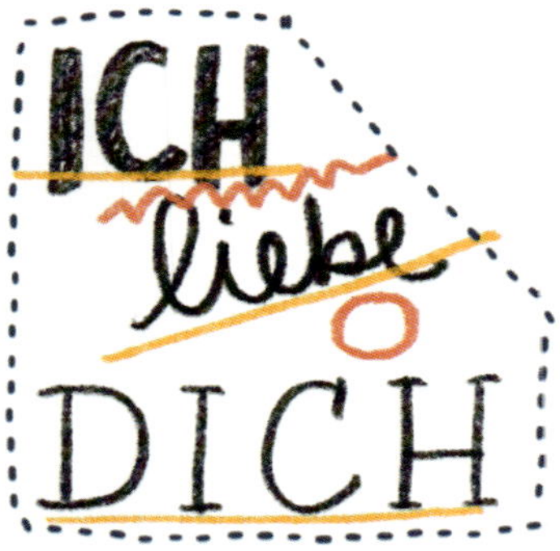

Warum dieses Lettering mit nur drei Wörtern keine Komposition ist:

1. Durch drei verschiedene Schriften ist keine klare Hierarchie erkennbar.
2. Uneinheitliche Buchstabenabstände.
3. Unterschiedlich große Weißräume durch unterschiedlichen Zeilenabstand.
4. Fehlende Textausrichtung: weder mittig noch rechts- oder linksbündig.
5. Keine ausgewogene Endform – nur ein abgebissenes Quadrat.

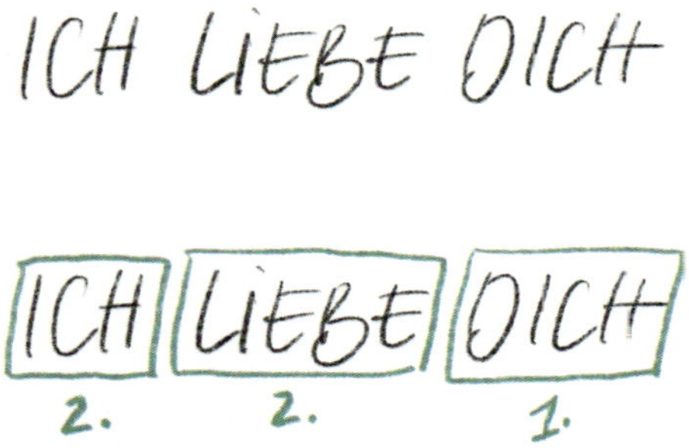

An diesem Beispiel siehst du, wie wichtig Hierarchie ist und welchen Einfluss sie auf die Balance deines Letterings hat.

Ein Satz wie ›Ich liebe Dich‹ macht auch deutlich, dass Hierarchie sehr subjektiv ist und nur du selbst bestimmst, welches Wort du hervorheben möchtest.

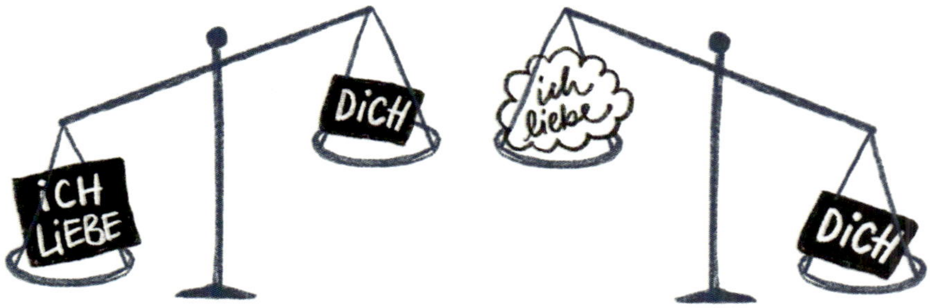

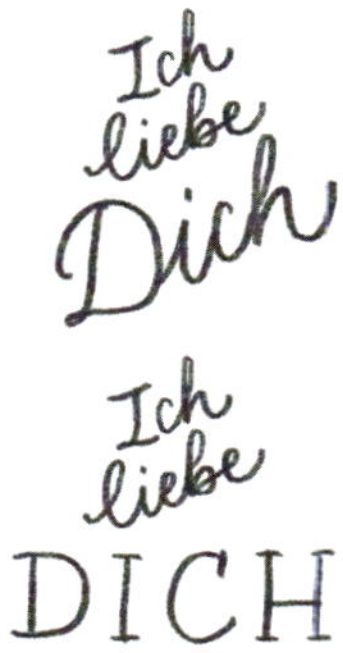

In diesem Fall will ich dir zeigen, was passiert, wenn du das DICH erstrangig behandeln möchtest. Dann sind ICH und LIEBE vielleicht gleichgestellt, doch das Problem zeigt sich schnell: Zwei Wörter wiegen schwerer als eines.

Jedoch soll das Gewicht auf dem Wort DICH liegen. Das Ziel muss somit sein, zwei Wörter leichter zu gestalten als das eine wichtige Wort und am besten noch weitere Kontraste zu schaffen.

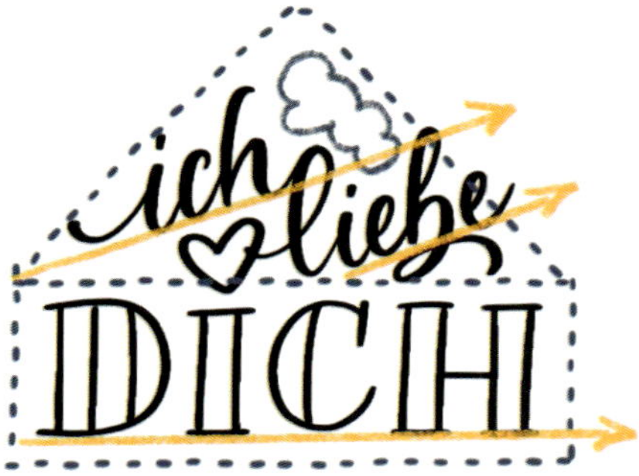

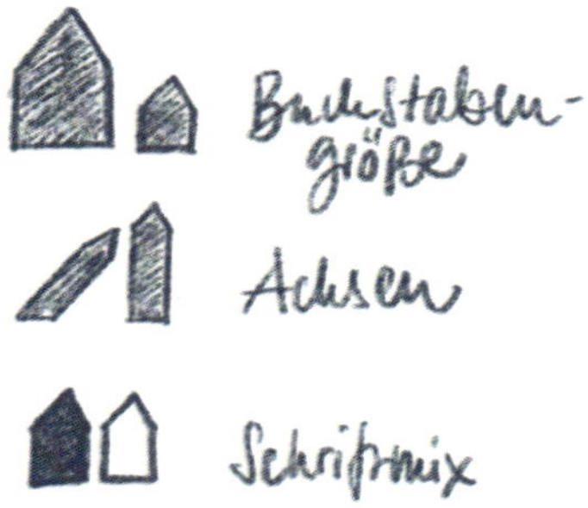

Die Lösung ist:

1. Zwei Schriften zu kombinieren, die sich in ihrer Emotion und ihrem Charakter deutlich unterscheiden.
2. Das wichtige DICH sollte fest auf dem Boden stehen.
3. Das ICH LIEBE könntest du locker darüber platzieren, diagonal oder auch als Welle oder Bogen.
4. Die unterschiedlichen Achsen sorgen dann zusätzlich für Hierarchie und gleichzeitig Kontrast.
5. Eine stabile Grundform gibt deiner Komposition Bodenhaftung.
6. Störende Löcher kannst du zusätzlich ausfüllen oder du achtest auf gleichmäßig verteilte Weißräume. Voilà!

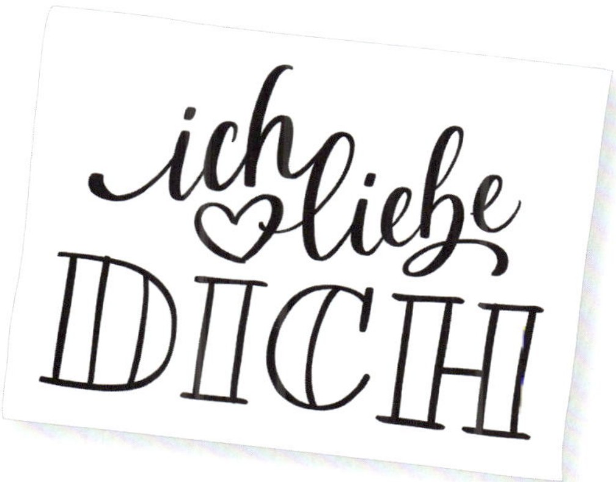

8 / 6 Vier Wörter

Je mehr Wörter dein Text beinhaltet, desto anspruchsvoller wird die Planung deiner Komposition.

Du hast in den letzten Seiten nun viel gelesen und ausprobieren können, und es wäre doch sicher spannend zu wissen, wie viel besser du jetzt schon Kompositionen beurteilen kannst.

> **Mach mit!**
>
> ***Decke die rechte Zeichnung mit einem Blatt Papier ab und schau dir nur das linke Lettering an. Lass nun deine Augen sehen und dein Gefühl sprechen.***

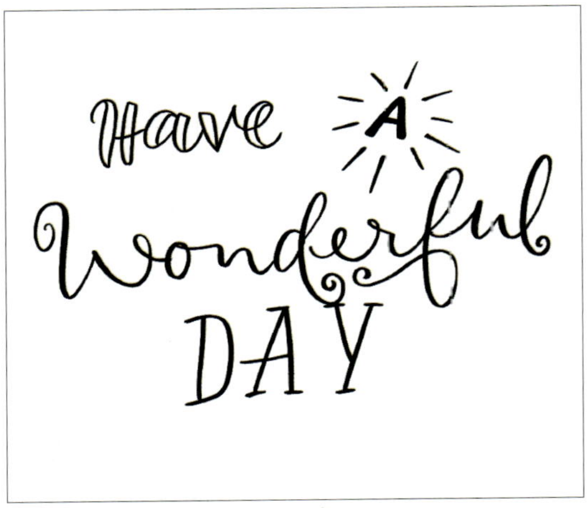

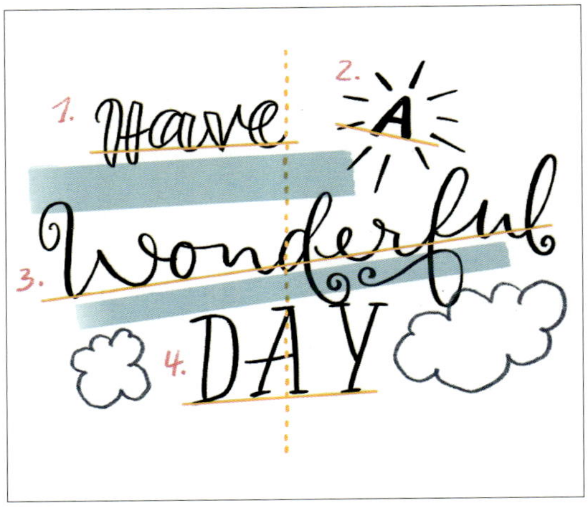

Was siehst du?

Welchen Eindruck macht diese Komposition auf dich? Fehlt etwas? Was fehlt? Würdest du etwas neu arrangieren, würdest du eine andere Schrift wählen? Gefällt es dir?

Auflösung:

» keine Hierarchie erkennbar

» zu viele verschiedene Schriften

» ungleichmäßige Achsen

» Zeilenabstand ist nicht einheitlich

» Buchstaben kollidieren

» Weißräume sind nicht ausgeglichen

» keine Symmetrie – keine Balance

Vielleicht liest sich das nun alles sehr streng und kompromisslos, und irgendwie verlangt das eine gute Komposition eben auch.

Aber versuche immer daran zu denken, dass du ein Haus baust, in dem du dich wohlfühlen möchtest und das schön anzusehen ist.

Lettering-Komposition ist auch manchmal wie ein Puzzle oder ein Zauberwürfel. Es kann knifflig werden, und manchmal hat man einen Knoten im Blick und einen Knick in der Optik, aber es ist ein schönes Spiel. Verlieren und Gewinnen gibt es dabei nicht. Und du bist ganz sicher schon auf dem Weg zur Stararchitektin oder zum Stararchitekten.

Wie bei allen kreativen Themen führen immer viele Wege nach Rom, und auch bei einem Lettering ist der Weg so individuell wie dein Können, dein Geschmack und dein Empfinden.

Hier zwei Beispiele, wie das wacklige Lettering von links in einer ausgewogeneren Komposition besser zur Geltung kommt. Der Text ist der gleiche, in beiden Letterings stimmen nun die Achsen, die Schriften sind sorgfältig gewählt, Kontraste sind zu sehen und die Balance stimmt.

Die Hierarchie der Textbausteine ist unterschiedlich und beide Letterings wirken völlig unterschiedlich. Jedoch ergeben beide Gestaltungsformen jeweils eine harmonische und in sich stimmige Komposition.

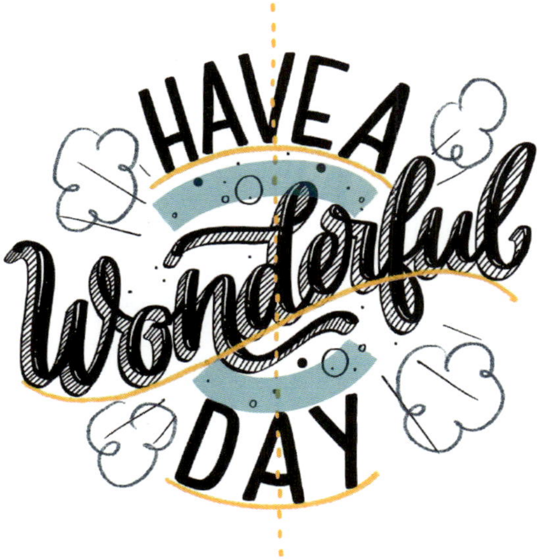

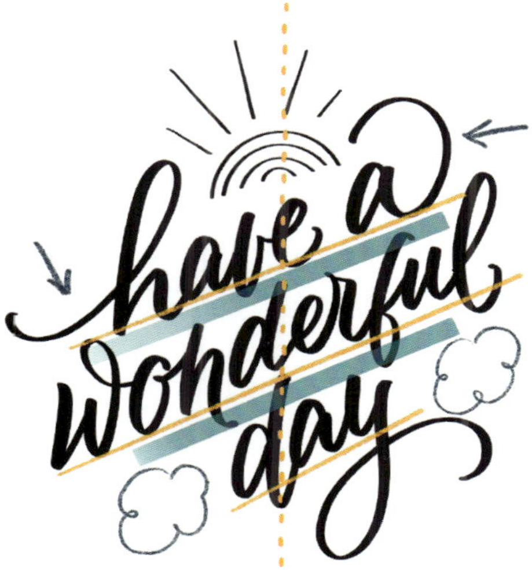

Die blau markierten Zeilenabstände sind gleichmäßig und alle gelb markierten Achsen stehen in Balance zueinander. Weißräume wurden gefüllt oder sind gleichmäßig verteilt.

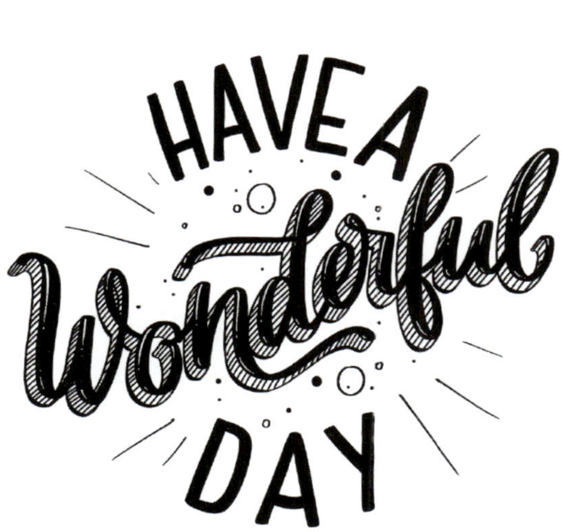

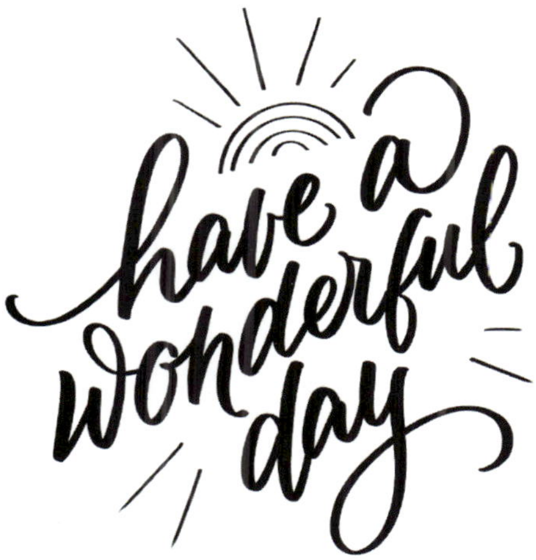

Beispiel ohne klare Hierarchie

Vielleicht geht es dir wie mir, und du strauchelst manchmal schon beim Bestimmen der Textstruktur? Ich kann mich dann einfach nicht entscheiden, welches Wort wichtiger ist. Oder ich habe – wie hier – das Gefühl, dass die Wörter irgendwie zusammengehören und die vier Wörter nicht einzeln priorisiert werden können. Versuche dann einfach, deinem Gefühl zu folgen und eine Lösung dahin gehend zu finden, wie du größere Bauelemente kombinieren und komponieren kannst.

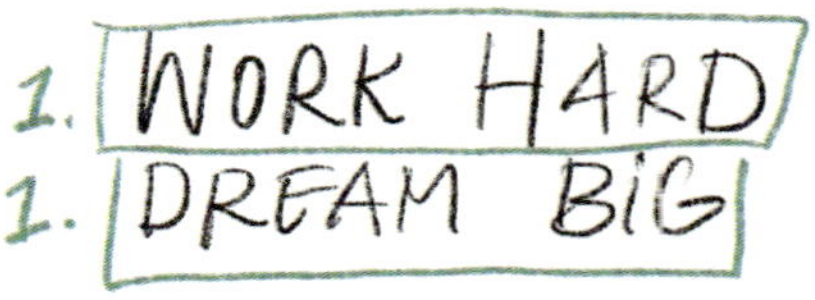

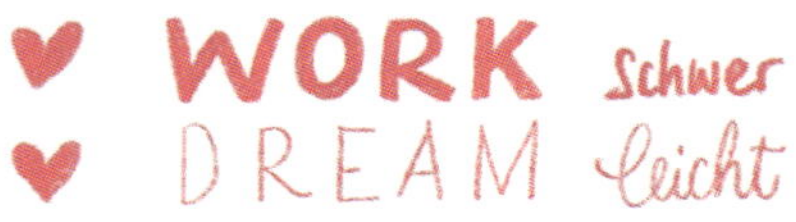

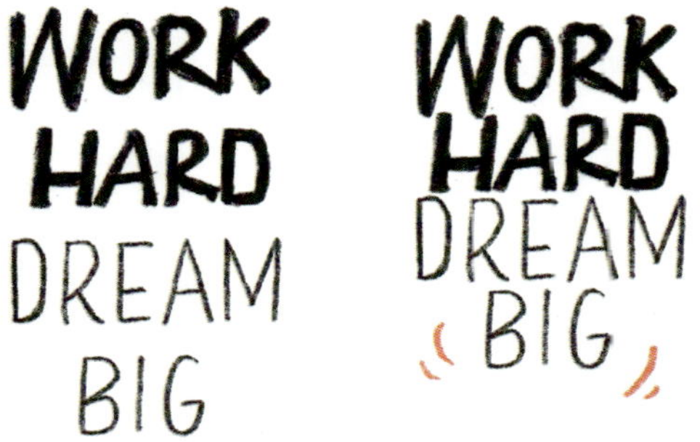

Hier konnte ich mich nur für den Kontrast von leicht zu schwer entscheiden. Das Auftürmen und simple Stapeln ist langweilig, und da der zweite Teil des Textes, das DREAM BIG, der leichtere Teil sein soll, ist es grundsätzlich keine gute Idee, darauf das Haus zu bauen. Einsturzgefahr!

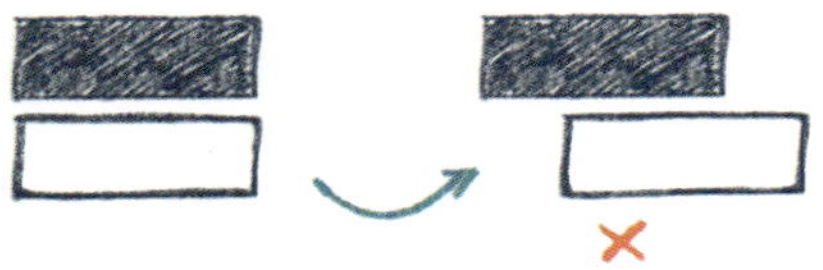

Ein Zweizeiler ist eine Lösung, aber verlangt ebenfalls nach Raffinesse. Die beiden unterschiedlichen Schriften sollen miteinander in Einklang stehen, die Textbausteine sollen als Einheit gelesen und empfunden werden.

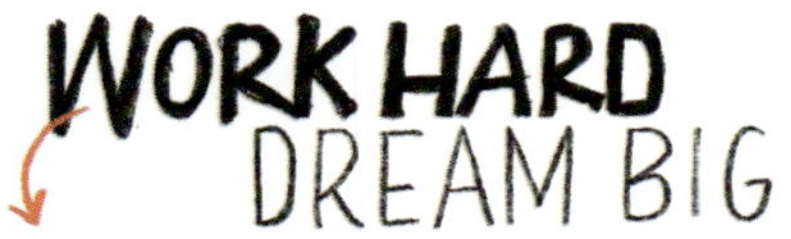

Verschiebe sie einzeln, beachte aber, dass nur das Verschieben deine Konstruktion ins Wanken bringt.

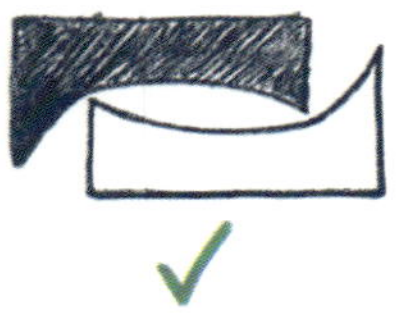

Das ist der Punkt, an dem du dich an den Abschnitt ›Wörter in Formen‹ auf **Seite 102** mit den verschiedenen Formen erinnern kannst. Denn zwei Rechtecke greifen nicht ineinander.

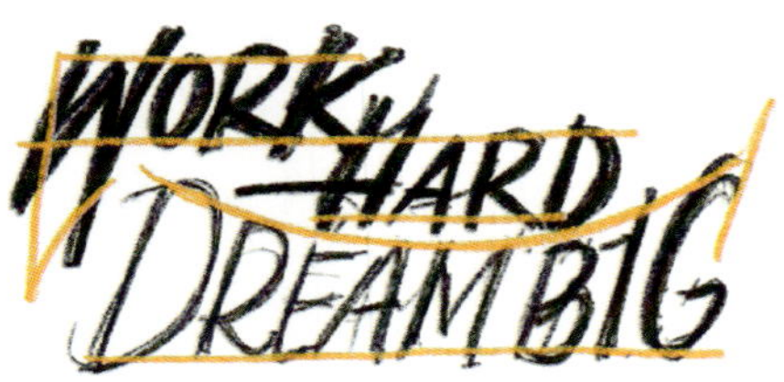

Sobald du jedoch dem Rechteck z. B. einen Bogen gibst, können die Textbausteine wieder zueinanderfinden. Und du verhinderst, dass die Zeilen kippen oder auseinanderbrechen. Ich sprach vorhin von Zauberwürfel und Puzzle, jetzt sind wir schon fast bei Tetris. Herrlich!

Da diese Formgebung etwas ungewöhnlich anmutet, solltest du bei deinen Buchstaben dann keine großen Experimente mehr wagen, sonst wird es unnötig kompliziert. Wähle dieselbe Schriftfamilie, und wenn du eine kursive, schräg gestellte Schrift nutzt, beachte unbedingt die gleichmäßige Schräge deiner Buchstaben. Das unterstützt die Stabilität einer harmonischen Komposition.

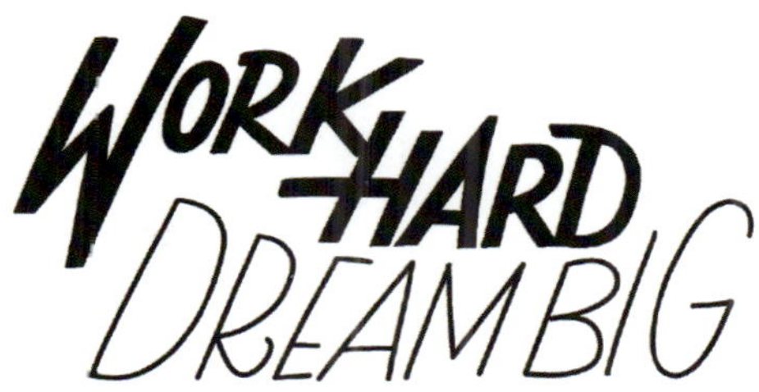

Die Weißräume sind recht gut ausgeglichen. Für mehr Charme darfst du natürlich auch wieder mit Schmuckelementen oder freien Formen dekorieren.

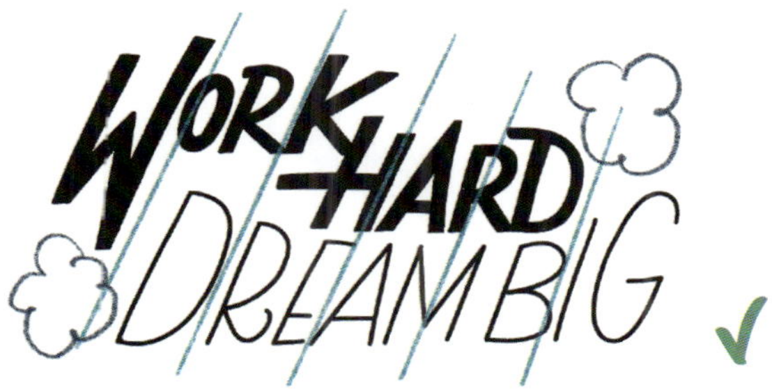

Die Endform von WORK HARD – DREAM BIG erinnerte mich hier eher zufällig an eine Wolke – jaaa, es gibt auch Zufälle beim Komponieren, die darfst du ruhig nutzen –, und da das perfekt zu Dream und der Träumerei passt, habe ich die Komposition mit ein wenig Himmelsdeko vervollständigt. Das schließt die Form und gleicht auch im Nachhinein noch die eine oder andere Unregelmäßigkeit in der Komposition aus. Manchmal gilt also doch: Viel hilft viel.

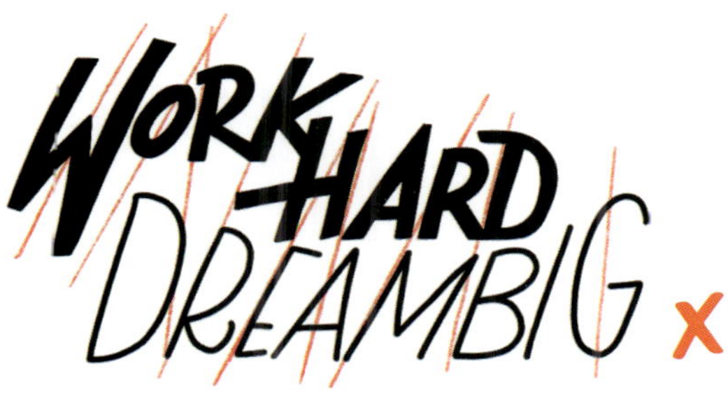

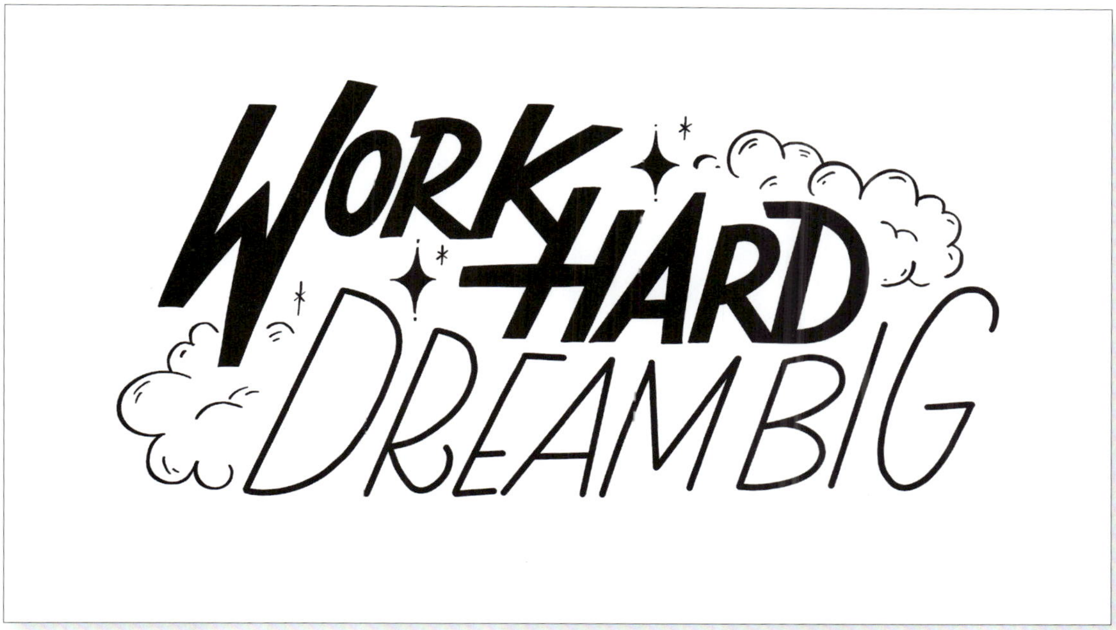

Level up!

Zum Abschluss dieses Kapitels kannst du dich nun sicher auch schon an komplexe Letterings herantrauen. Du weißt längst, was es zu beachten gilt:

Mit Hierarchie, Emotion und Formgebung fängt es an, mit dem Verteilen von Weißräumen geht es weiter, und damit, Löcher zu füllen und die Balance auszurichten, hört es auf.

›Creativity is my Superpower‹ passt an dieser Stelle doch jetzt ganz gut, und ich hoffe, ich kann dich motivieren, weiter zu experimentieren. Hier zeige ich dir noch mal einige Schritte auf dem Weg zur fertigen Komposition.

Hierzu passt eine Art Sticker-Format ganz gut.

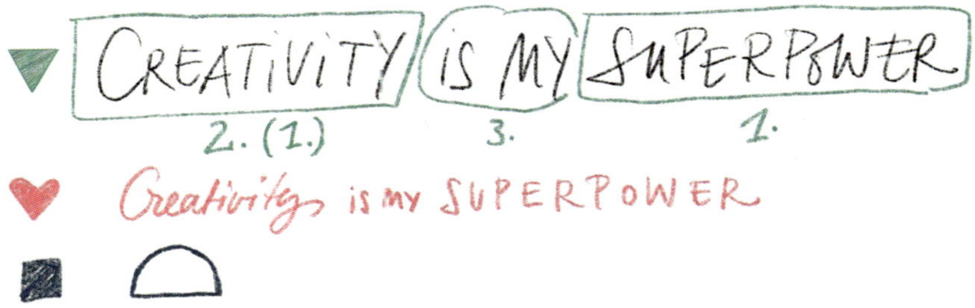

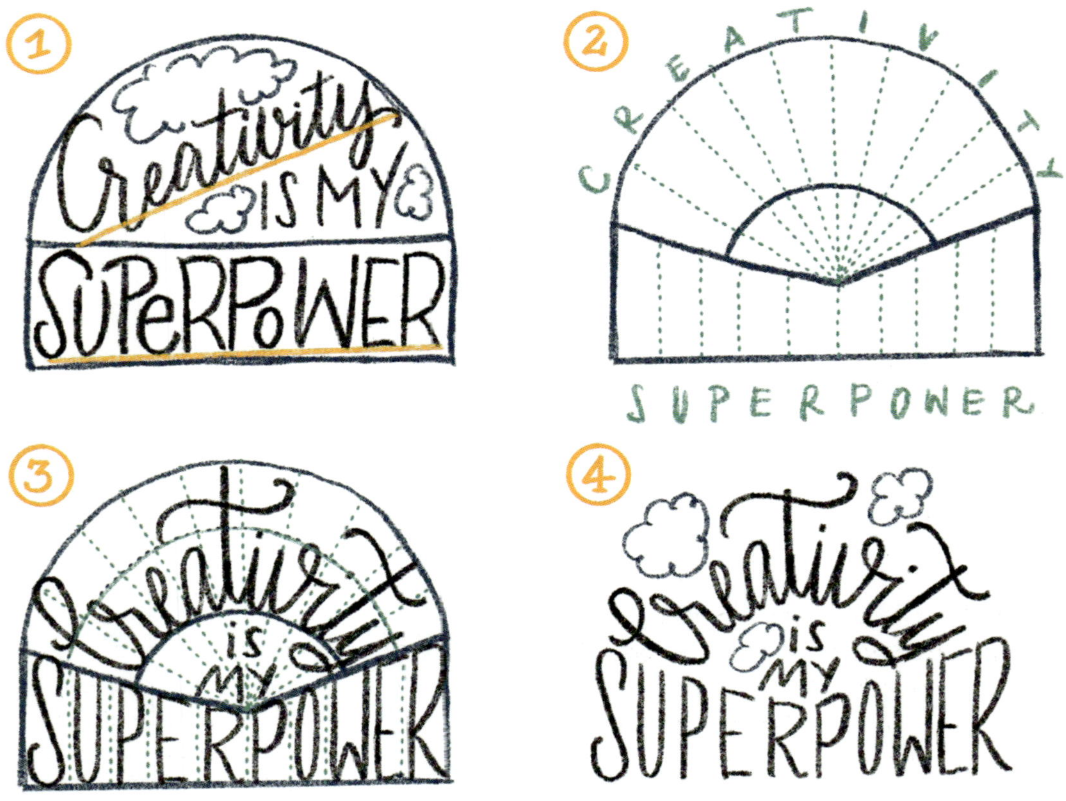

5

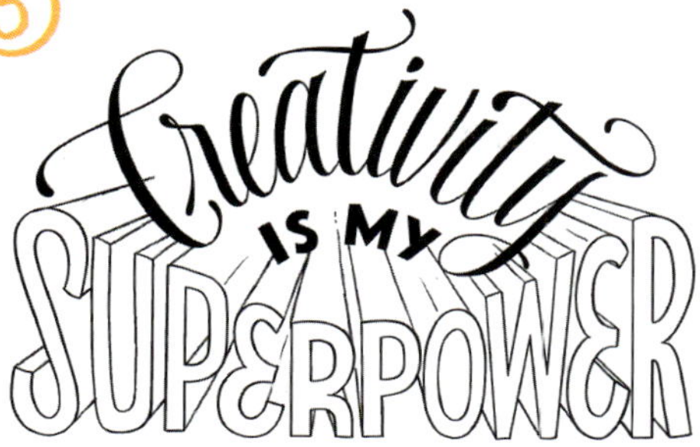

6

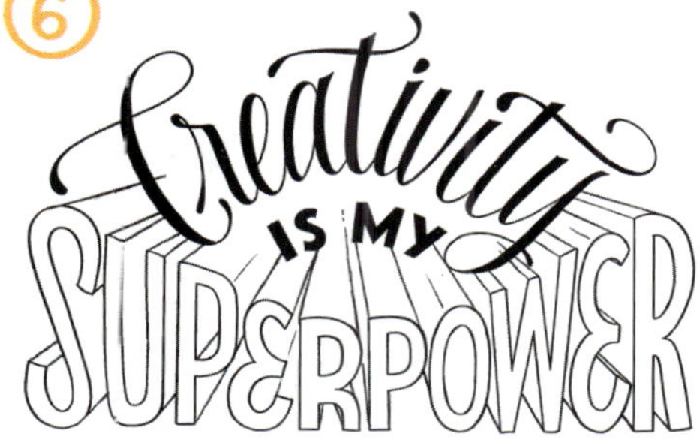

7

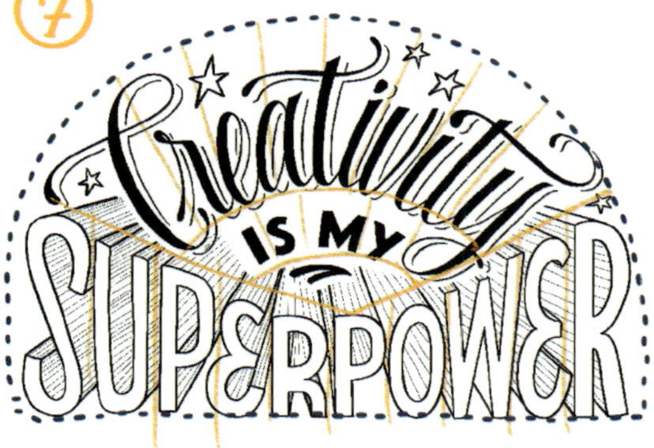

8

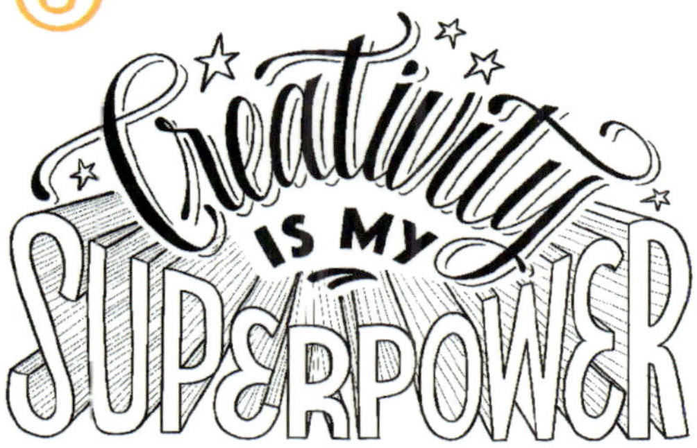

1. Skizziere deine Form und schreibe locker deine Wörter in der gewählten Schrift in deine Form.

2. Optimiere jede Wortform und zeichne dir Hilfslinien für die Position der Buchstaben. Um die Form des Halbkreises besser zu nutzen, habe ich mich hier zugunsten der radialen Balance umentschieden und die Wortform noch mal angepasst.

3. Platziere die Wörter gleichmäßig in dein Raster, **siehe Seite 106**.

4. Widme dich nun den Weißräumen und überlege dir, wie du Löcher füllen möchtest.

5. Du bist auf der Zielgerade. Schau dir noch mal genau an, welche Position für jede Hierarchie Sinn ergibt. Geh bei deinen Wörtern nun gestalterisch ins Detail. Sitzt alles harmonisch? Stimmt die Balance?

6. Manchmal fehlt noch eine Verbindung, weil der Zeilenabstand doch etwas luftig geworden ist. Dann sei kreativ und schmücke deine Buchstaben aus. Hier habe ich einen 3-D-Effekt hinzugefügt, so wurde alles etwas kompakter.

7. Überprüfe noch einmal die Gesamtform, die Achsen und die Symmetrie.

8. Dann kannst du weiter ausschmücken, die Buchstaben dekorieren oder kleine Illustrationen einfügen. Wie es dir gefällt. Achte darauf, dass deine Schmuckelemente dezent bleiben und nicht vor den Buchstaben im Rampenlicht stehen.

> **!**
> ***Layout und Komposition bedeuten, Entscheidungen zu treffen. Kleine und große, aber immer wieder, und jede Entscheidung ist eine neue Weiche für das Gesamtbild.***

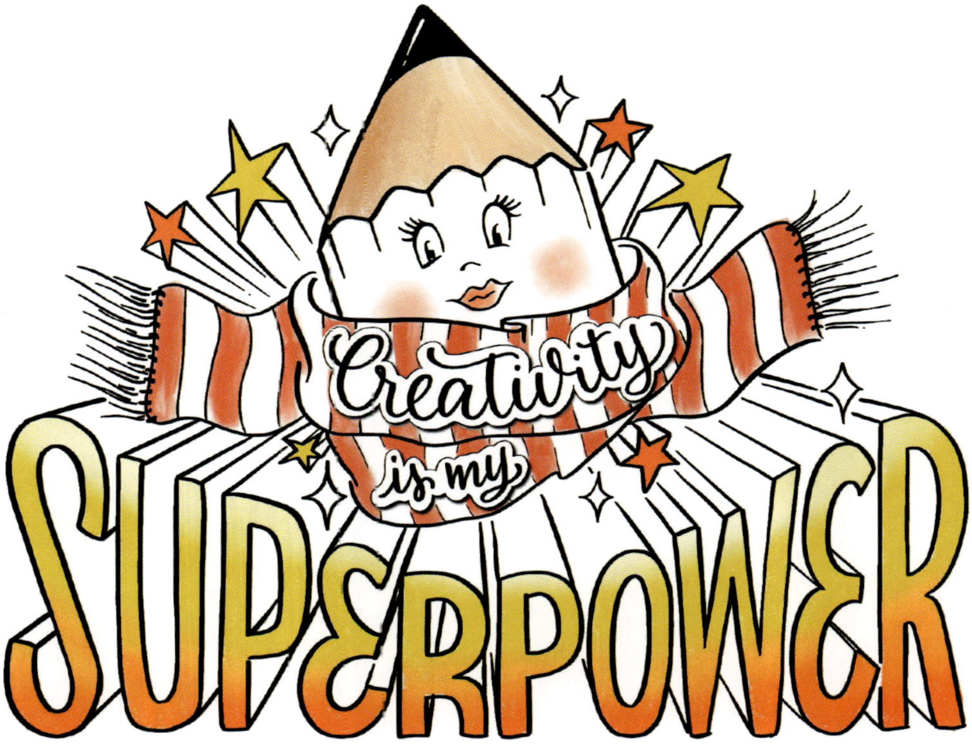

Wenn du gerne zeichnest, dann kombiniere deinen Spruch mit einer Illustration. Das Prinzip ist dasselbe, versuche also, deine kleine Zeichnung wie ein Wort zu behandeln. Achte darauf, dass sie in deinem Entwurf auf Kontraste stößt und dein Text sich harmonisch drum herum schlängelt oder anschmiegt.

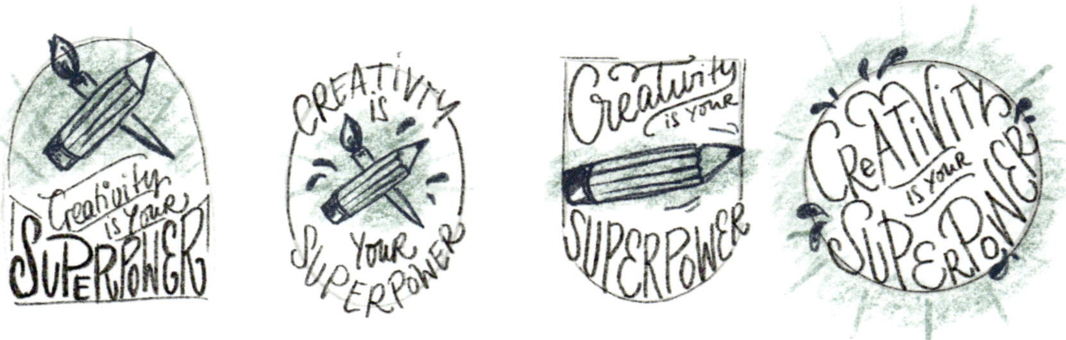

Idee

Lass deinen Bleistift einfach mal einige Formen ausprobieren und skizziere Text hinein.

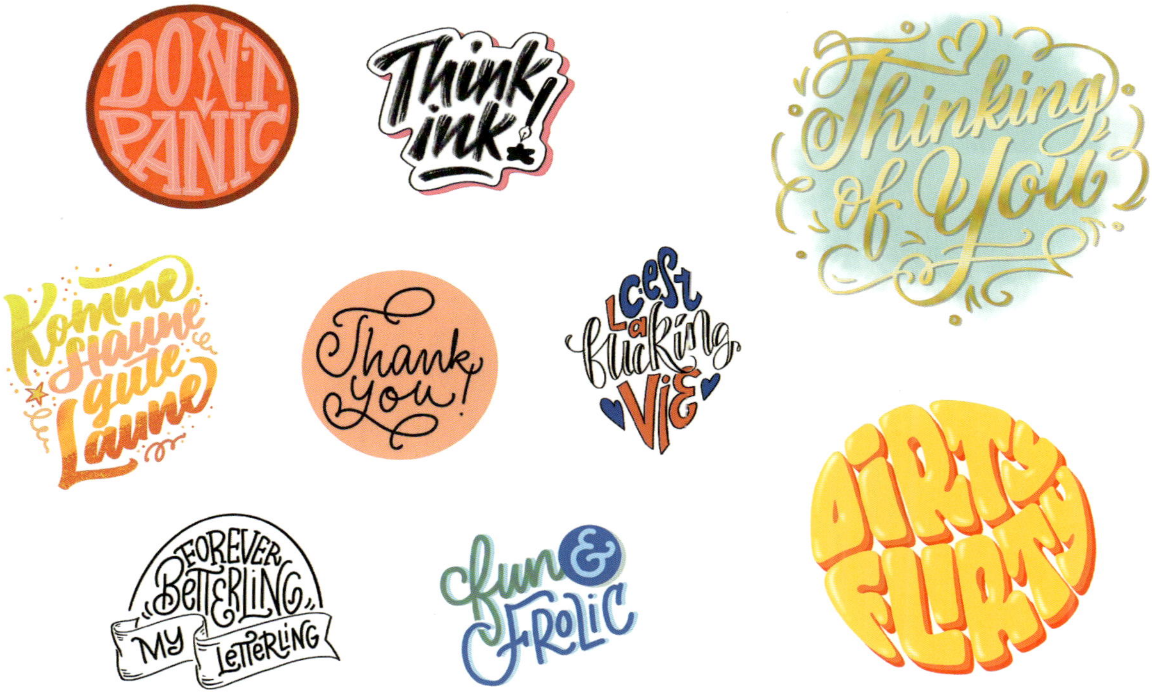

Sticker

Die Gestaltung von Stickern eignet sich wunderbar zum Üben kleiner, aber kompakter Kompositionen. Die Technik hast du auch am Ende des **Kapitels 7 ›Wortgestaltung‹** schon kennengelernt, sie lässt sich auch mit mehreren Wörtern gut üben. Mit mehr als vier Wörtern wird es etwas eng in der Form, aber natürlich geht es auch hier um Probieren über Studieren. Mit Sticker meine ich nicht nur das gestanzte Modell zum Aufkleben, sondern ganz allgemein die Form, in der sich dein Text anpassen sollte.

Aber klaro, es ist ein toller Nebeneffekt, dass du deine fertige Komposition auch ausschneiden kannst oder sogar daraus Sticker drucken lassen kannst.

Die Sticker-Form hat den entscheidenden Vorteil, dass sie möglichst klein bleiben sollte, maximal ca. 1 bis 10 cm. So kannst du viele Formen einfach mal testen und bist mit den Kompositionen recht schnell fertig. Die Gesetze einer guten Komposition sind immer gleich, egal ob auf Ministicker oder A3-Poster.

Beim Üben soll es ja eher schneller vorangehen, und wenn du bei Fehlern neu beginnen musst, tut das nicht so weh.

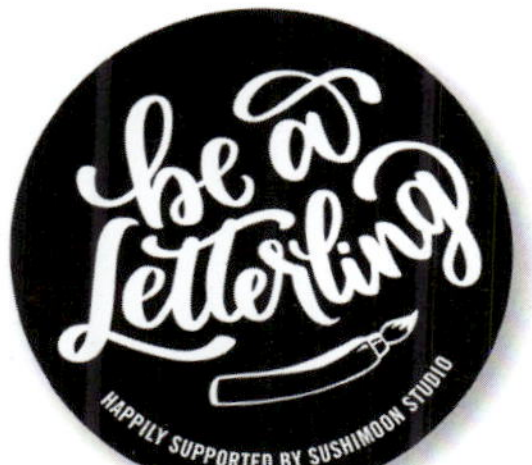

Let today be better than yesterday

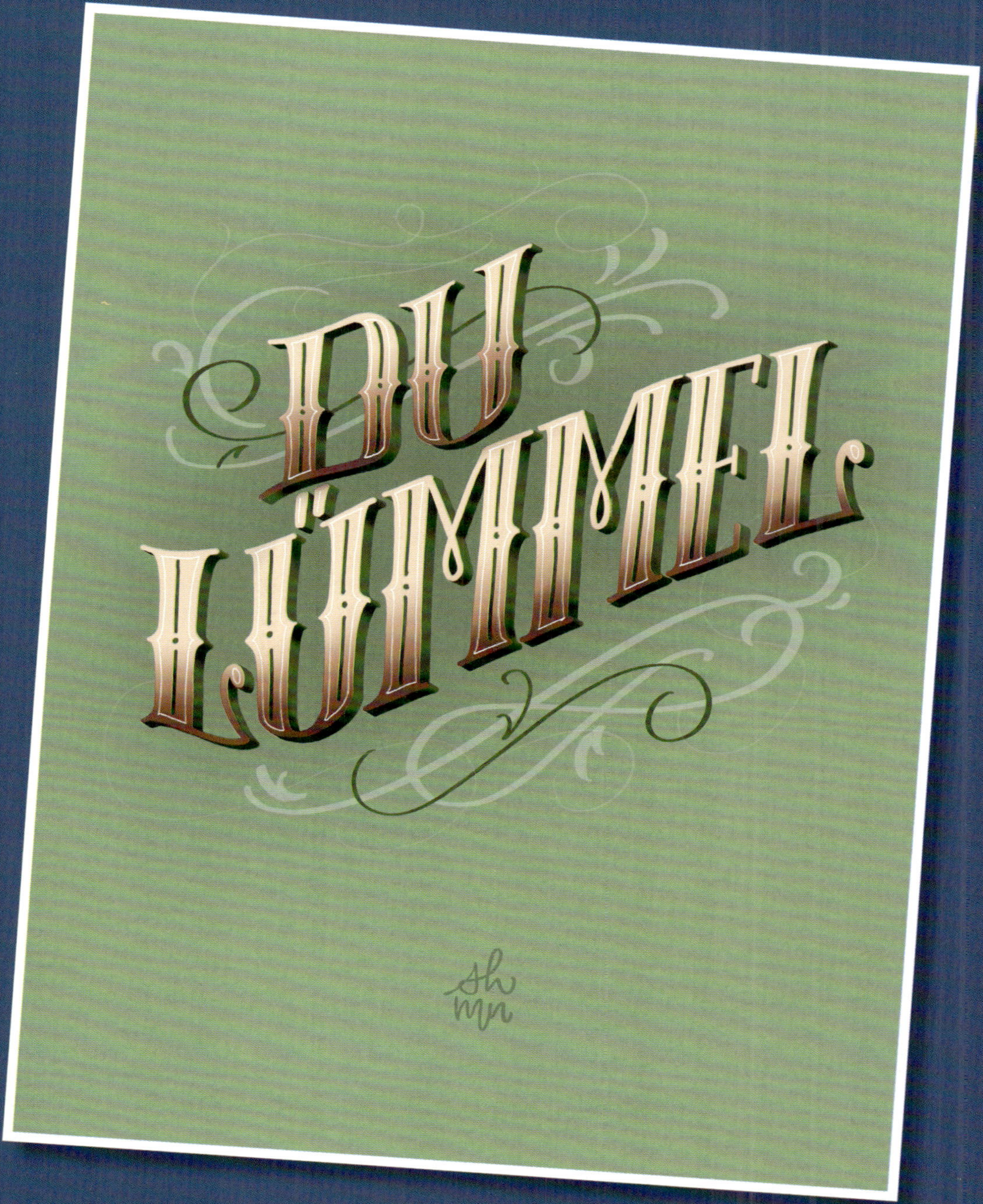
DU LÜMMEL

9 / MITTELLANGE TEXTE

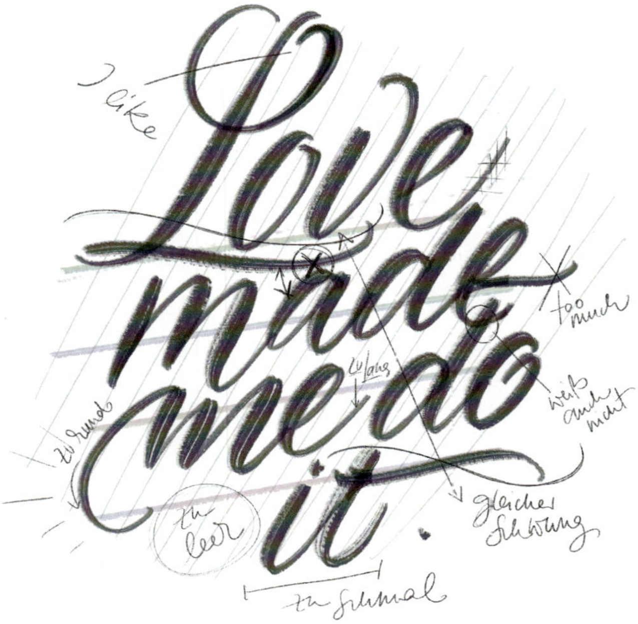

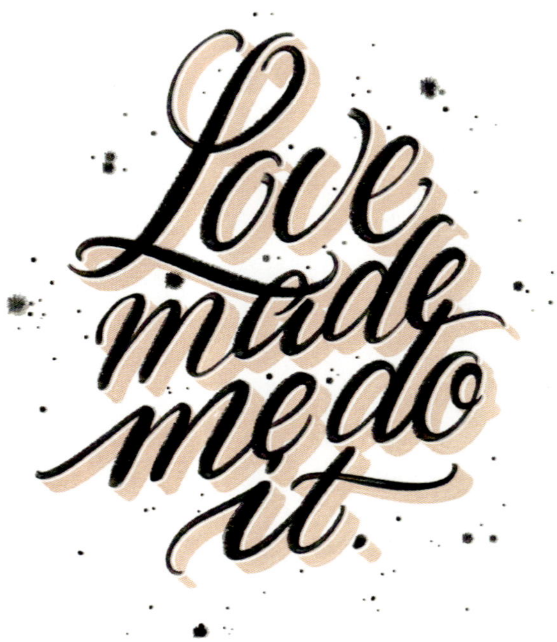

Denkst du jetzt, dass es aber ganz schön viel zu beachten gibt bei so einer Komposition, oder ist schon alles klar wie Kloßbrühe, und du fühlst dich bereits sehr sicher so als Architektin oder Architekt deines Letterings?

Ganz klar ist auf alle Fälle, dass dein Blick geschult sein sollte und es dir immer leichter fallen wird, eigene ansprechende Letterings zu gestalten, je mehr Letterings du dir von anderen ansiehst, z. B. kurze Texte, Gedichte oder auch wilde Werke von Schriftkünstlern. Die guten Letterings und Kalligrafiekompositionen haben alle gemeinsam, dass sie entweder ausgleichend harmonisch oder anregend spannend sind. Die Balance dieser Werke ist perfekt und das Betrachten macht einfach Freude

Am meisten wirst du lernen, wenn du die Werke anderer analysierst. Mach dich so oft es geht vertraut mit den ›Bauweisen‹ anderer Künstler. Je mehr Wörter hinzukommen, desto kniffliger kann das Erstellen deiner Komposition werden. Bei mehr Text ist dir vielleicht auch noch wichtiger, was du zum Ausdruck bringen möchtest, und die Hierarchie wird bedeutender.

Du hast nun schon das Werkzeug und viel Baumaterial kennengelernt und sicher auch bereits viel üben können. Jetzt gibt es noch mehr zu jonglieren: den Zement zu schleudern und das Dach zu decken oder auch wieder etwas abzureißen, weil deine Komposition wackelt.

Mach dich auf den nächsten Seiten noch mal vertraut mit dem wichtigsten Fundament deines Handletterings, der **Balance**. Ich zeige dir eine stabile Leiter, mit der du die nächsten Stockwerke deines Hauses erklimmen kannst.

9 / 1 Balance & Symmetrie

Was ist eigentlich der Unterschied?
Symmetrie und visuelle Balance hängen zwar zusammen, aber sie sind nicht ein und dasselbe.

» Die Balance hält in der Gestaltung alles zusammen. Über die gesamte Komposition hinweg erscheint alles gleichgewichtig, und jedes Element steht in harmonischer Verbindung zu den anderen. Stell dir eine Waage vor, auf die du zu gleichen Teilen Erbsen und Walnüsse verteilen sollst, ohne dass eine Seite zu schwer wird. Du baust ein Haus und bist dafür verantwortlich, dass eine Wand nicht mehr Steine hat als eine andere, sonst kippt dein Haus oder stürzt völlig ein.

» Die Symmetrie ist das Werkzeug, mit dem du Balance erzeugen kannst. Bei der Symmetrie sind die Bauelemente an einer Achse entlang gespiegelt oder gleichmäßig aufgereiht. Eine symmetrische Anordnung ist immer ausbalanciert. Es gibt verschiedene Arten der Symmetrie.

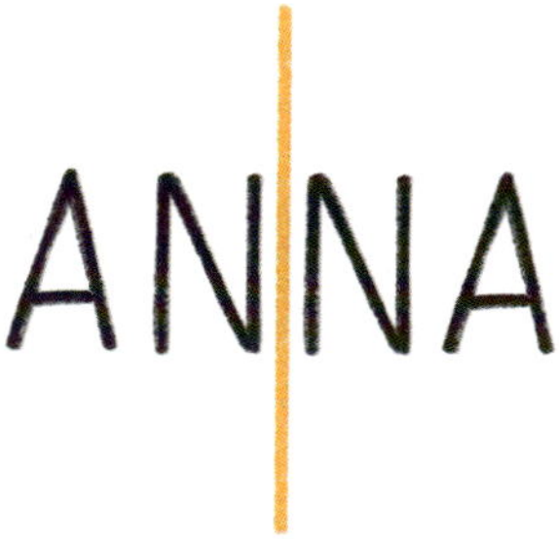

Spiegelsymmetrie

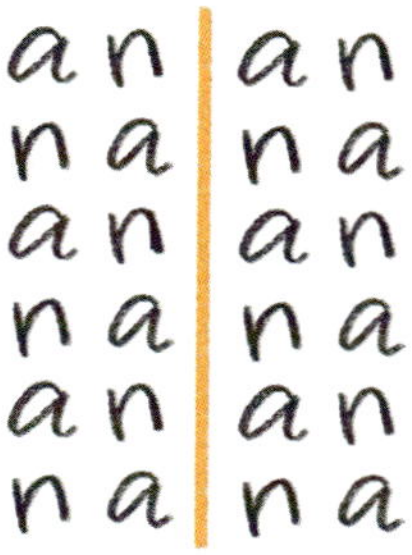

Translations-/Mustersymmetrie

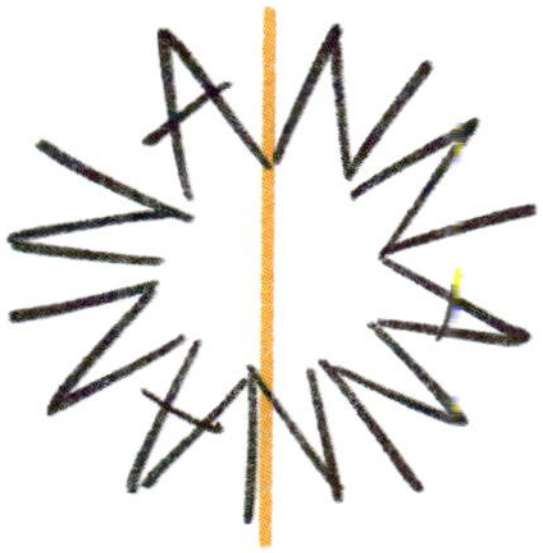
Rotationssymmetrie

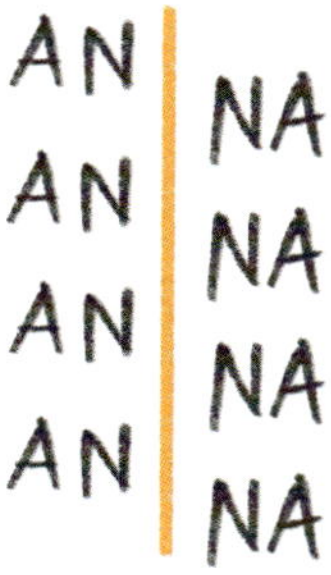

Gleitsymmetrie

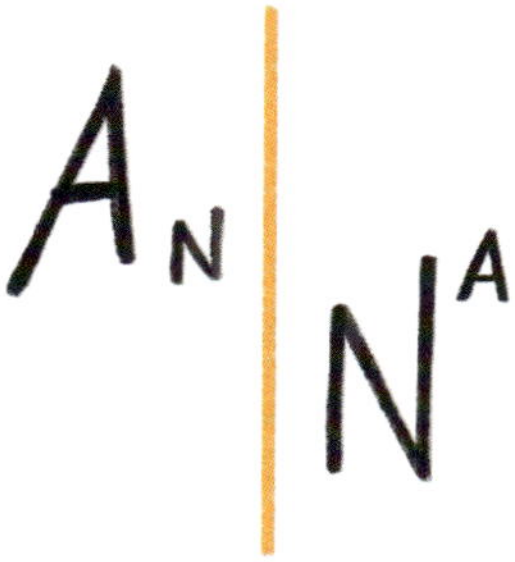

Asymmetrie

Richtig spiegelnd ist ein Lettering selten, da es nur sehr wenige Wörter gibt mit identischen Buchstaben am Wortanfang und -ende, so wie z. B. TOT oder OTTO. Die große Stabilität einer Symmetrie wirkt auch gerne mal etwas zu statisch, es besteht schnell die Gefahr der optischen Langeweile, und dein Kunstwerk wirkt schnell flach und fade. Daher ist eine ausgewogene **Asymmetrie** der Spiegelsymmetrie vorzuziehen.

9 /2 Asymmetrie

Ein Lettering wirkt ansprechend und interessant, wenn du eine leicht asymmetrische Balance erreichst – eine visuelle Symmetrie, ohne spiegelnd zu sein. Es scheint verwirrend, dass etwas Asymmetrisches dennoch zur Symmetriefamilie gehört.

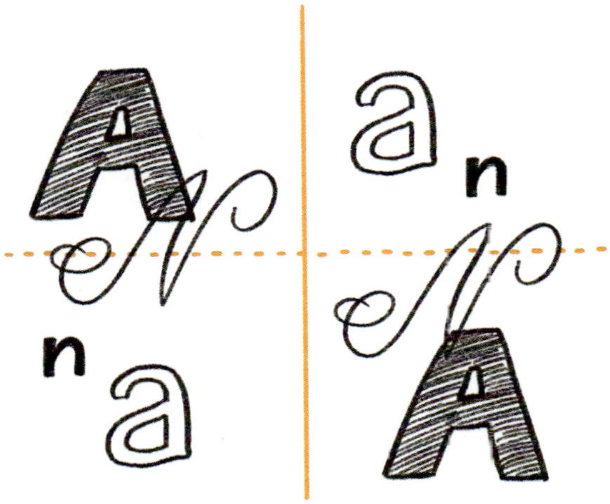

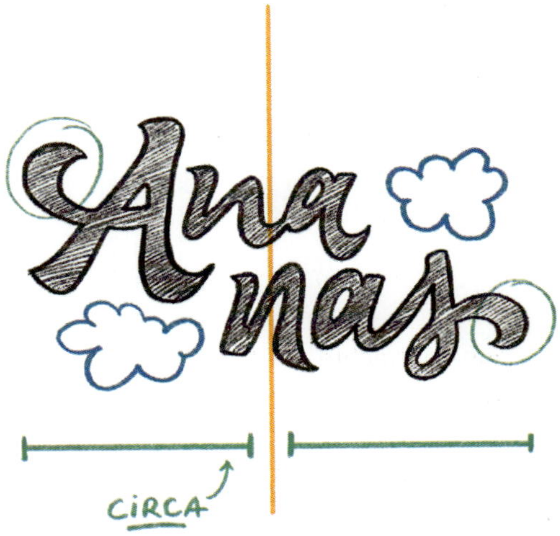

Und die Gestaltung eines asymmetrischen Letterings, das aber ausbalanciert ist, kann herausfordernd sein, ist aber mit Sicherheit die schönste Lösung für dein Werk.

Im Handlettering ist Kontrast sehr essenziell und wir arbeiten gerne mit ganz unterschiedlichen Stilen und Schriften. Daher ist eine optimale Aufteilung sehr wichtig, um die Balance nicht zu verlieren.

In diesem Beispiel besteht ›Anna‹ aus unterschiedlich gestalteten Buchstaben, die kontrastreich sind und sich nicht beißen. ›Anna‹ ist rechts und links der Mittelachse nicht gespiegelt platziert, aber die Aufteilung mutet dennoch symmetrisch an. Es wurde darauf geachtet, dass das Gewicht auf beiden Seiten gleichermaßen schwer erscheint, indem auch oben und unten auf eine ähnliche Gewichtung geachtet wurde.

So ist ein spannendes und ausbalanciertes Bild mit den gleichen Elementen entstanden.

Allerdings kommt es nur selten vor, dass wir auf beiden Seiten der Achse die gleichen Buchstaben zur Verfügung haben, wie du oben mit dem Wort ›Ananas‹ siehst. Wie kannst du diesen symmetrischen Effekt erreichen, wenn du mit unterschiedlichen Buchstaben und Wortlängen kämpfst?

Versuche, deinen Augen und deinem Blick mehr zu vertrauen als dem Geodreieck oder einer exakten Anordnung. Versuche, die Buchstaben und Weißräume symmetrisch einzusetzen, aber ohne dass sie exakt gespiegelt sind.

Nutze auf beiden Seiten der Achse den gleichen Raum und wiederhole das eine oder andere Gestaltungselement. Achte auf das gleichmäßiges Verteilen von hell und dunkel.

9 /3 Hausbau unter der Lupe

Natürlich geht es nicht darum, in deinen Werken nur Elemente an einer Achse zu spiegeln, aber wenn du dir einmal bewusst darüber bist, wie Balance und Symmetrie die Wirkung deines Letterings beeinflussen, steht dir ein wichtiges Werkzeug zur Verfügung.

Bevor du nun selbst ein etwas längeres Lettering unter Berücksichtigung von Symmetrie und Balance gestaltest, lass uns zusammen noch eine kleine **Analyserunde** drehen.

Auf den nächsten beiden Doppelseiten siehst du zwei meiner Werke. Nimm dir einen Moment und betrachte die Bilder in Ruhe und ganz genau. Sicher erkennst du selbst schon, was ich bei meinem Gestaltungsprozess beachtet habe, um eine sichere Balance zu erzielen und dem Lettering eine ansprechende Wirkung zu verleihen. Die Erklärung dazu siehst du dann rechts daneben.

So eine kleine Analyse, ganz ohne selber zu zeichnen, kann Wunder wirken und hilft, dir auf einfache Art und Weise bewusst zu machen, welche Argumente für eine gelungene Komposition sprechen. Du erkennst, was du selbst schon wahrnimmst, was du übersehen hast und was du noch etwas üben kannst.

Die Fragen unten helfen dir, ein Lettering unter die Lupe zu nehmen. Auf all deine Skizzen kannst du sie ebenfalls anwenden.

Tipp!

Natürlich kannst du auch deine eigenen alten und neuen Letterings auf diese Weise unter die Lupe nehmen.

Mach mit!

1. **Ist eine Hierarchie erkennbar?**
2. **Welches Gefühl löst das Lettering bei dir aus?**
3. **Erkennst du Formen und Achsen?**
4. **Sind die schräg gestellten Buchstaben konstant?**
5. **Siehst du ›Löcher‹?**
6. **Ist es luftig genug oder kollidieren Elemente?**
7. **Entdeckst du klare Kontraste?**
8. **Ist das Lettering ausbalanciert und wirkt es harmonisch?**
9. **Wurden Schmuckelemente oder Illustrationen ausgewogen platziert?**
10. **Wie sitzt das Lettering im Blatt?**

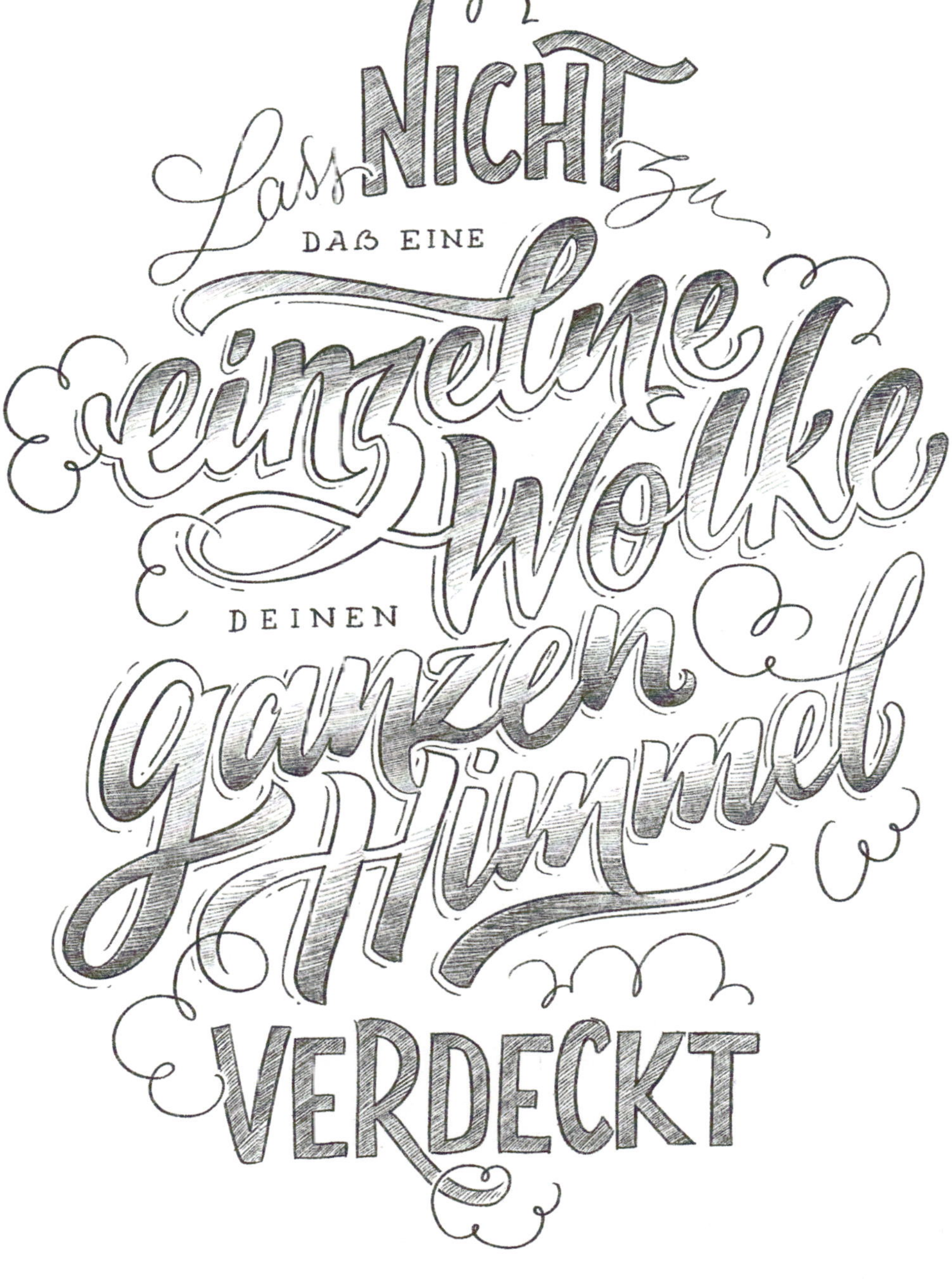
Lass NICHT zu
DAß EINE
einzelne Wolke
DEINEN
ganzen Himmel
VERDECKT

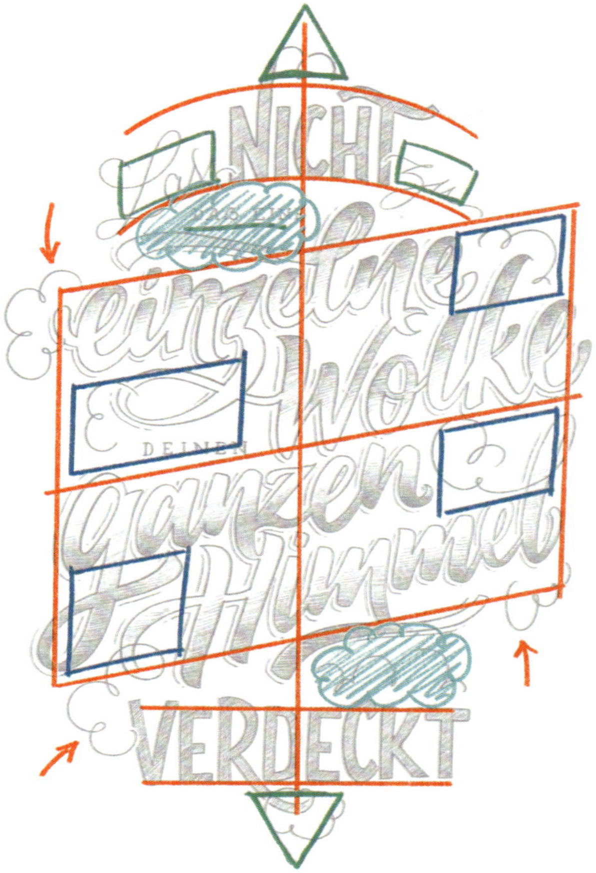

Diese Komposition des Letterings ist viel simpler, als sie aussieht. Als Hilfslinie habe ich eine Symmetrieachse in der Mitte platziert. Für die erste Hierarchieebene ›einzelne Wolke/ganzen Himmel‹ habe ich eine einfache Kastenform gewählt, diese mittig platziert und etwas verzerrt (Parallelogramm), so gewinnt ein Kasten an Attraktivität.

Innerhalb dieser Form habe ich die Wörter etwas versetzt angeordnet, aber auch die Weißräume, die dadurch entstehen, sind diagonal ausbalanciert und dann mit Buchstabenschwüngen gefüllt. So ist der Kasten wieder kompakt und stabil. Doch die Wirkung ist dynamischer, als wenn ich den Kasten einfach untereinander mit vier Wörtern gefüllt hätte.

Um Symmetrie und Balance zu verstärken, ohne dass es aufgereiht wirkt, startet das Lettering oben mit einer Bogenform. Zwar mit unterschiedlichen Schriftarten belegt, aber in der Formoptik gespiegelt. Wenn eine gerade Form auf eine runde oder schräge Form trifft, entsteht oft ein ungünstiger Weißraum. Hier habe ich dann innerhalb des Weißraums Text und unten einen Schwung platziert.

Die verbindende Verzierung sind Schnörkel in Wolkenform, die dem Werk helfen, kompakt und dekorativ zu sein.

Als Hauptschrift habe ich eine schwungvolle Scriptschrift ausgesucht, damit alles schön luftig und himmelsgleich erscheint.

Tipp!

Wörter versetzt anzuordnen, gibt mehr Platz für Unter-/Oberlängen und macht dein Lettering interessanter.

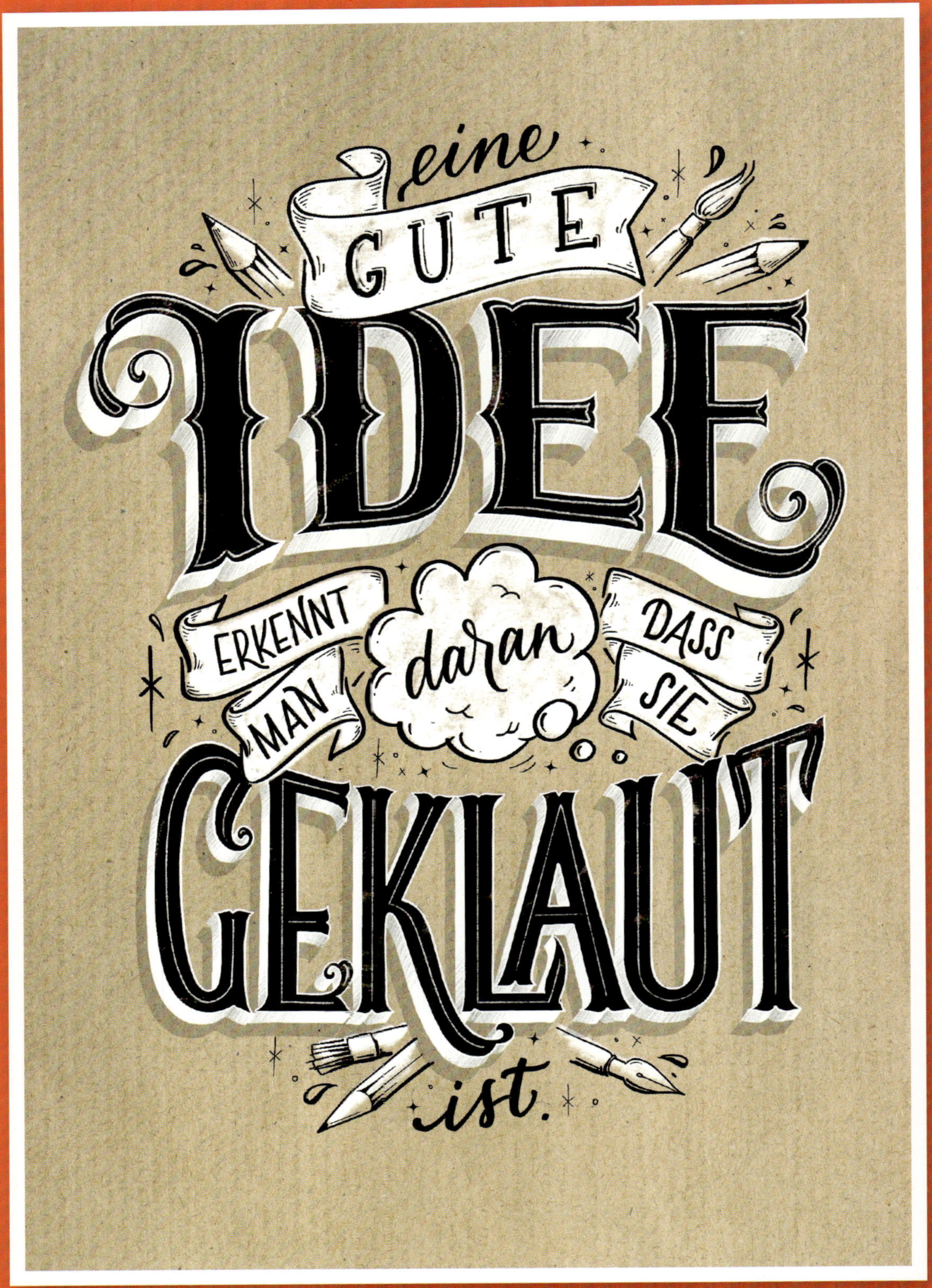
eine
GUTE
IDEE
ERKENNT
MAN
daran
DASS
SIE
GEKLAUT
ist.

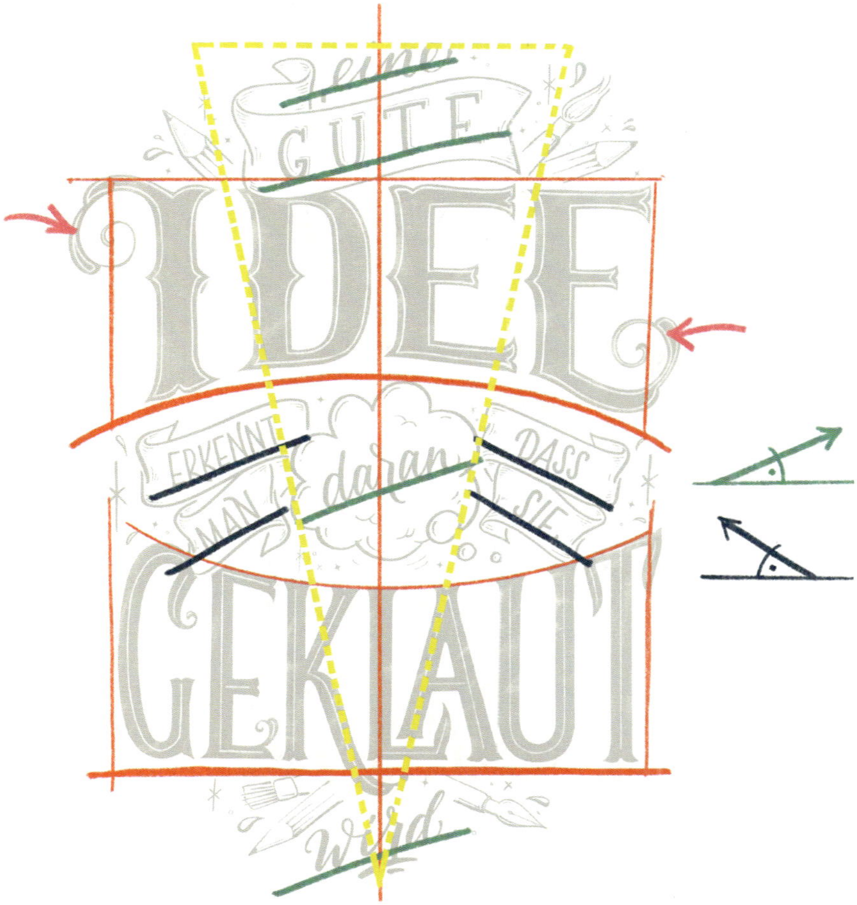

Auch hier habe ich zuerst eine Symmetrieachse in der Mitte des Bildes skizziert. Die beiden Wörter ›IDEE‹ und ›GEKLAUT‹ der Hierarchieebene 1 wurden in eine Bogenform platziert. Durch die Spiegelung der Formen entsteht auch optisch eine vertikale Symmetrie. Die Buchstaben sind jeweils ausgewogen auf der Grundlinie platziert und bringen die Statik nicht ins Wanken.

Damit das aber nicht zu langweilig wird, habe ich ein Spannungsfeld, ebenfalls symmetrisch, aber in Dreiecksform, von den oberen Wörtern der Hierarchieebenen 2 und 3 zum unteren Wort gestaltet. Für eine Auflockerung und den fröhlichen Look habe ich Schmuckelemente wie Banner und eine Gedankenblase (passend zum Thema IDEE) verwendet, damit konnte ich Löcher schließen. Die Wörter der sekundären Hierarchien habe ich auf die Diagonale gesetzt und darauf geachtet, dass die Grundlinien die gleichen Winkel haben.

Buchstabenschwünge sind in asymmetrischer Balance und füllen zu offenen Weißraum.

Mehr Kontrast erhielt ich durch Weiß und Schwarz, aber auch durch die unterschiedlichen Größen der Buchstaben. Die Kontraste helfen, das Lettering übersichtlich und lesbar zu halten.

Schriftarten: Vintage-Serifenschrift (da hatte ich einfach Lust drauf!), serifenlose Versalien und als Kontrast dazu und für mehr Lebendigkeit eine einfache Schwungschrift.

9 /4 Gestaltung mit asymmetrischer Balance

Wie kannst du nun selbst eine komplexere Komposition mithilfe der Symmetrie erstellen?

» Skizziere dir immer eine mittige Symmetrieachse auf deinem Blatt.

» Wichtig ist, dass du die Symmetrieachse in der Mitte im Blick behältst und alle Elemente sich über diese Mitte gleichmäßig nach rechts und links strecken.

» Nutze auf beiden Seiten der Achse den Weißraum für die Baumaterialien deiner Komposition.

» Vermeide jedoch Gleichheit und Spiegelung!

» Schenke den sich gegenüberliegenden Elementen und Wörtern eine visuelle Verbindung. Das kann diagonal oder vertikal sein. Dabei können die Größen gerne variieren, was sogar hilfreich ist – du weißt ja, Kontraste sind der Schlüssel zum Glück.

» Daher nutze die Symmetrie nur als optisches Gerüst und nicht im geometrischen Sinn.

» Vertraue mehr deinem Gefühl als dem Lineal!

Tipp!

Sei sparsam! Das ist ein hilfreicher Leitgedanke, wenn du ein Lettering mit mehr als vier oder fünf Wörtern erstellen möchtest. Das Einzige, was du viel auf dem Blatt haben wirst, sind Buchstaben. Spare aber an Achsen, Weißräumen und Schriftarten. Lass dich nicht ablenken und denke nicht, je mehr Buchstaben, desto mehr Baumaterial bräuchtest du. Wenn du das ein bisschen im Blick behältst, gelingt dir sicher auch mit vielen Wörtern eine stimmige Komposition.

Art is magical, not magic

In der Skizze gegenüber habe ich dir markiert, was ich verändert habe, um ein symmetrisches Lettering dynamischer und aufregender zu gestalten.

Weg von der reinen Symmetrie zur asymmetrischen Balance.

Die stabile Statik soll erhalten bleiben, doch du hast immer die Wahl, die Schrift etwas emotionaler zu wählen, die Achsen dynamischer anzuordnen oder abwechslungsreiche Schmuckelemente zu nutzen.

Mach mit!

Nimm deinen Bleistift und skizziere nun dein eigenes Lettering. Gewusst wie!

It's not magic!

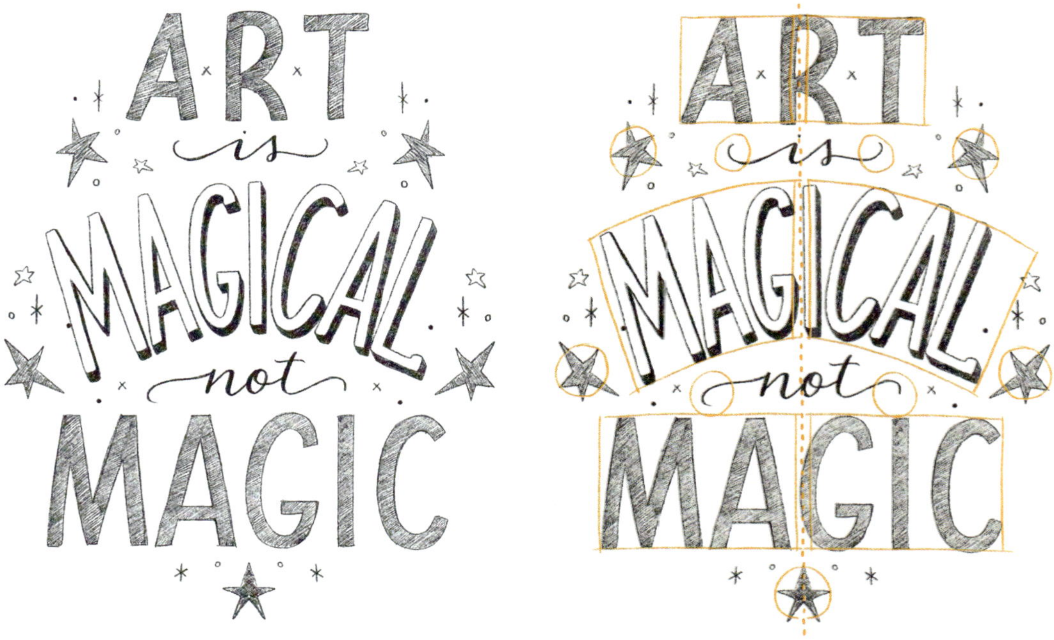

Die Wortformen dehnen sich gleichmäßig nach rechts und links aus. Die Bogenform zeigt leicht den Fokus. Die Schmuckelemente sind überall die gleichen und spiegelnd verteilt. Die Auf- und Abschwünge haben dieselbe Richtung. Die komplette Form des Letterings wirkt pyramidenförmig und erscheint so noch statischer.

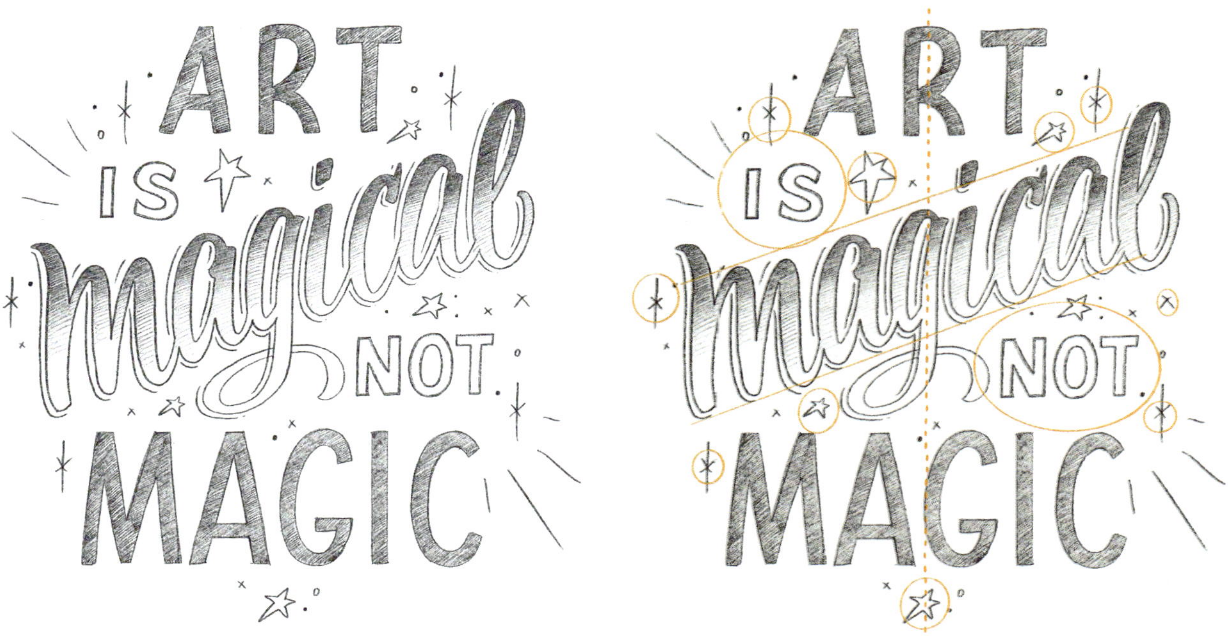

Die Wortformen bleiben gleichmäßig verteilt. Hierarchieebene 1, ›MAGICAL‹, bekommt durch die diagonale Scriptschrift mehr Fokus. Dadurch musste ich allerdings IS und NOT schlichter gestalten, das hätte sich ›gebissen‹. Die Schmuckelemente sind aus demselben Thema, aber nicht identisch. Sie füllen die Weißräume, sind aber nicht gespiegelt.

Ruck, zuck zur Balance

Hier noch eine Übung, mit der du dich sehr schnell mit dem optimalen Aufbau für etwas längere Texte vertraut machen und mit wenigen Mitteln deine Letterings ausbalancieren kannst.

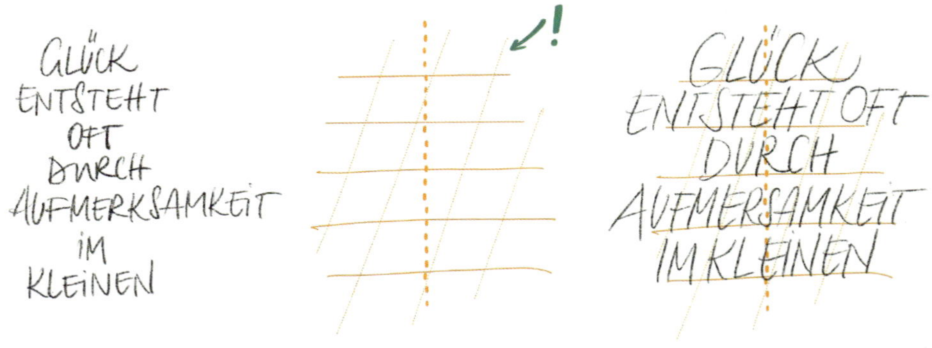

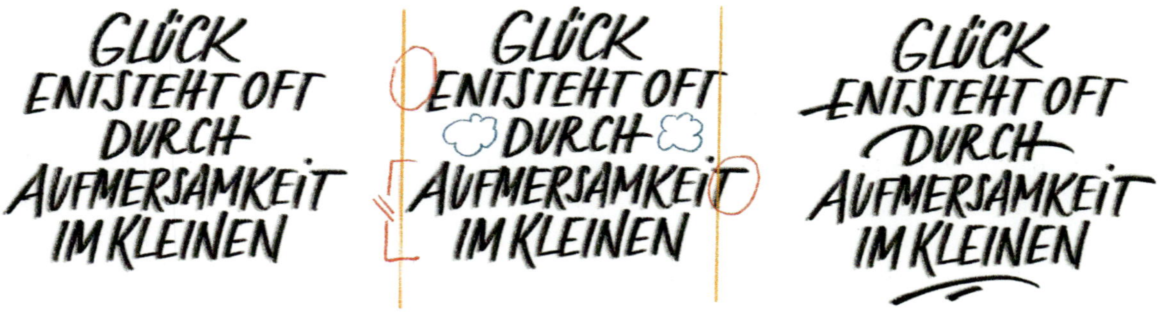

Die Frage nach der Hierarchie kannst du hier unbeachtet lassen, da du dich ganz auf ein symmetrisches und ausgewogenes Schriftbild konzentrieren kannst. Aber natürlich macht es Sinn, sich bewusst zu machen, auf welchen ein, zwei oder drei Wörtern der Fokus liegt.

Tipp!

Das Gestalten mit nur einer Schrift und einer Hierarchieebene ist die beste Übung für das Erkennen der Balance.

1. Schreibe die Wörter locker untereinander, damit du ein Gefühl für die Wortlänge bekommst und wie sie aufeinanderstehen könnten. Wenn du dir unsicher bist, zeichne um jedes Wort eine Testbox, dann wird noch klarer, wie viel Platz ein Wort benötigt. Nun siehst du, dass bei diesem Text durch die extrem unterschiedliche Länge der Wörter das Lettering wohl eine wacklige Angelegenheit werden kann. Hier hilft es, wenn du die etwas unwichtigeren Wörter zusammenfasst bzw. schaust, ob du Pärchen bilden kannst – in diesem Fall das ›entsteht oft‹. So hast du mehr zusammenhängende Buchstaben und einen Ausgleich zum langen Wort ›Aufmerksamkeit‹.
2. Skizziere jetzt locker mit einem Bleistift und, wenn du möchtest, mithilfe eines Lineals die Grundlinien. Beachte, dass alle Buchstaben gleich groß sein werden und der Zeilenabstand wieder möglichst gering sein sollte.

Tipp!

Bei Verwendung von nur einer Schrift ist die Gleichmäßigkeit der Buchstaben sehr wichtig, und als Hilfe kannst du dir die Linie für die Neigung deiner Buchstaben ebenfalls aufzeichnen, auch wenn sie ganz senkrecht stehen sollen.

3. Wähle einfache serifenlose Großbuchstaben. Wenn du sie etwas kursiv setzt, wird dein Lettering nachher dynamischer und weniger statisch wirken. Aber das ist nicht zwingend. Setze deinen Text so auf die Linien.
4. Gib deinen Buchstaben nun das Gewicht und die Form, die sie haben sollen. Weiterhin mit Bleistift!
5. Nun wirst du merken, dass das mit der mittigen Ausrichtung gar nicht so einfach ist, obwohl du vorskizziert hast. Sobald du deinen Buchstaben mehr Fleisch verleihst oder sich die Zwischenräume minimal verändern, rutscht das Wort – schwups – ganz leicht aus der Mitte heraus. Passiert mir ständig! Es ist eben Handarbeit. Die letzten beiden Zeilen sind hier nun etwas eng geraten, auch das passiert leicht, wenn ein Wort nur einen Millimeter mehr Höhe als ein anderes hat. Um aber nicht immer alles neu überdenken und noch mal von vorne anfangen zu müssen, kannst du erfinderisch sein. Schau dir die kleinen Pannen genau an und lokalisiere sie. Dabei kannst du auch gleich die entstandenen Weißräume inspizieren und entscheiden, ob du sie füllen oder leer lassen möchtest. Hach, immer die Entscheidungen …
6. Bei diesem Beispiel hat es sich angeboten, durch den Mittelstrich des ersten ›E‹ bei ›ENTSTEHT‹ das Wort etwas nach links zu verlängern. Das gleicht das etwas nach rechts verrutschte Wort ›AUFMERKSAMKEIT‹ aus, und es hat den Anschein, als säßen die Wörter wieder symmetrisch, ohne dass du sie noch mal verschieben musst.
7. Den Weißraum, der rechts und links des mittig gesetzten ›DURCH‹ entsteht, kannst du ebenfalls mit Verlängerung des Buchstabenstrichs füllen oder auch mit einem kleinen Schmuckelement.
8. Der etwas zu enge Zeilenabstand der unteren beiden Zeilen lässt den Text nach unten hin ein wenig gedrängt und damit zu schwarz und zu schwer wirken. Das ist minimal, aber es geht ja darum, wie du ein Lettering optimieren kannst. Und optimiert ist es immer dann, wenn alles harmonisch miteinander eine Einheit bildet und nichts rausfällt.
9. Zu guter Letzt lockert ein simpler, aber dynamischer Unterstrich die Komposition auf und bildet dazu noch ein schönes Gegenstück zum ›GLÜCK‹. Daher auch die ähnliche Länge des Strichs.

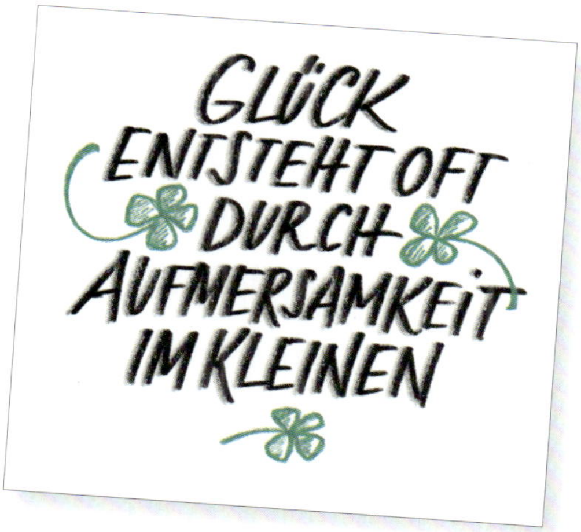

Idee

Zum Ausgleich einer Komposition kannst du auch einfach Schmuckelemente wie z. B. Kleeblätter nehmen. Die Platzierung folgt denselben Balanceregeln.

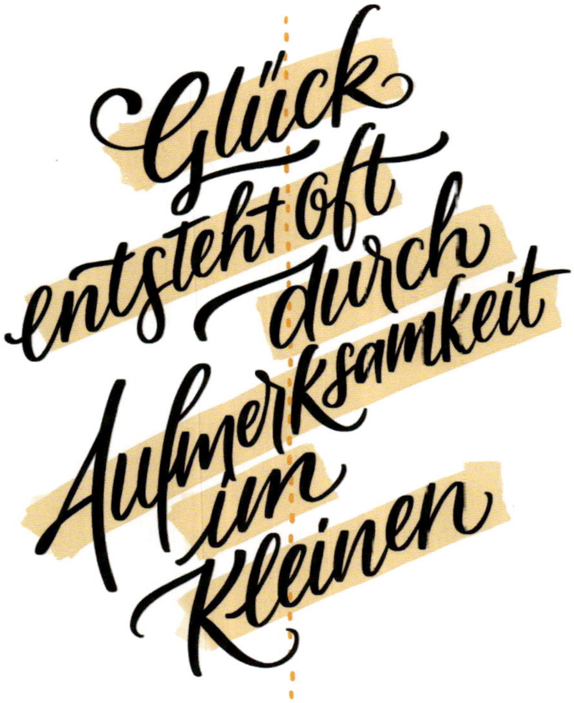

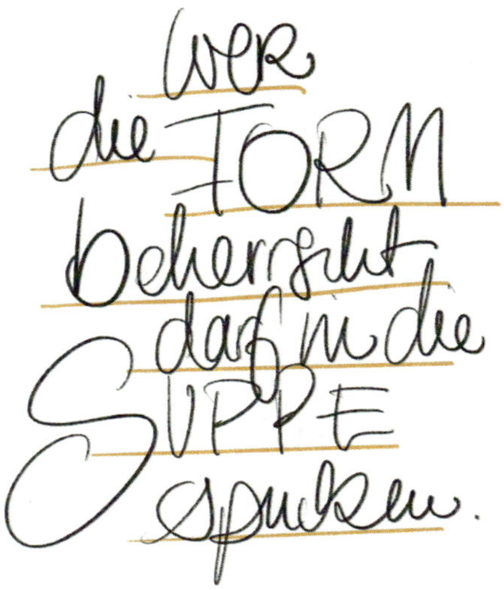

Auch diese Beispiele benutzen die Symmetrie als Gerüst und bestehen nur aus einer Schrift.

Die Wörter sind harmonisch an der Achse ausgerichtet, doch ohne nur mittig fade daran zu hängen. Schiebe die Wörter auch mal nach rechts und links, um dein Lettering spannender zu gestalten, solange dein Gesamtwerk in Balance bleibt, ist fast alles erlaubt. Denke daran, den Weißraum ebenfalls wie ein Wort zu behandeln. Er gibt deinem Lettering Luft, aber leere Löcher solltest du vermeiden.

Wenn du gerne ›Bounce-Lettering‹ magst, macht dir diese Art der Komposition bestimmt besonders viel Spaß. Hierbei tanzen die Buchstaben ein wenig auf der Grundlinie, stehen also nicht alle haargenau auf der Linie, sondern mal ein bisschen drüber und drunter. Das ist zwar Geschmackssache, aber manchmal ist es einfacher, die Komposition kompakt zu gestalten, damit sich die Buchstaben der einzelnen Zeilen leichter annähern und sich so von oben nach unten aneinanderschmiegen dürfen.

Du kannst gerne die Wörter deiner ersten Hierarchieebene deutlich größer und dicker zeichnen, um dem Lettering einen Eyecatcher zu verleihen und die Lesbarkeit etwas zu verbessern. Beachte immer die Balance.

Auf diese Weise habe ich dem Lettering noch einen Hintergrund verliehen, damit die ovale oder blockartige Form verstärkt wird.

Mehr dazu in Kapitel 13.

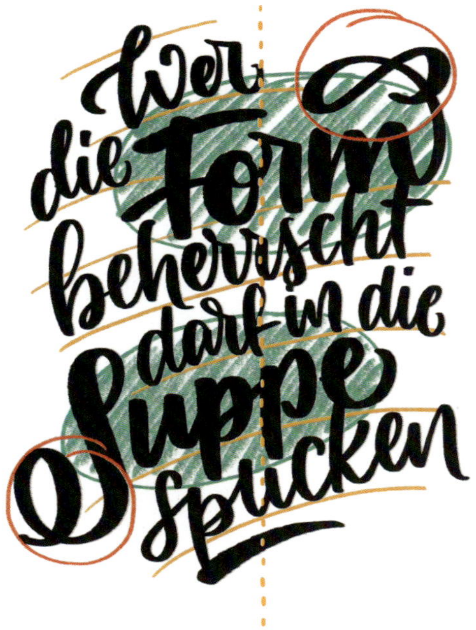
Wer
die Form
beherrscht
darf in die
Suppe
spucken

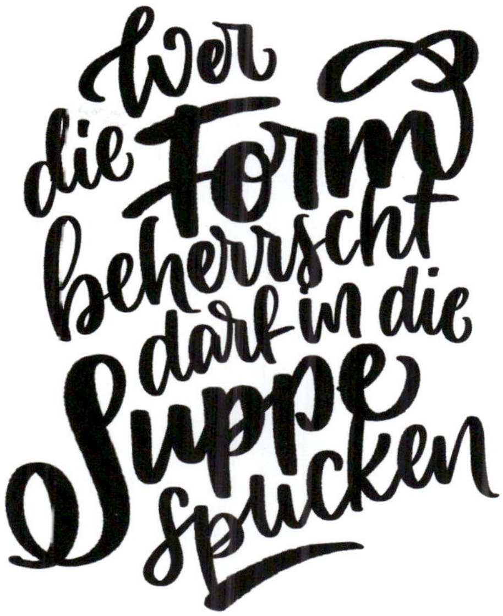
Wer
die Form
beherrscht
darf in die
Suppe
spucken

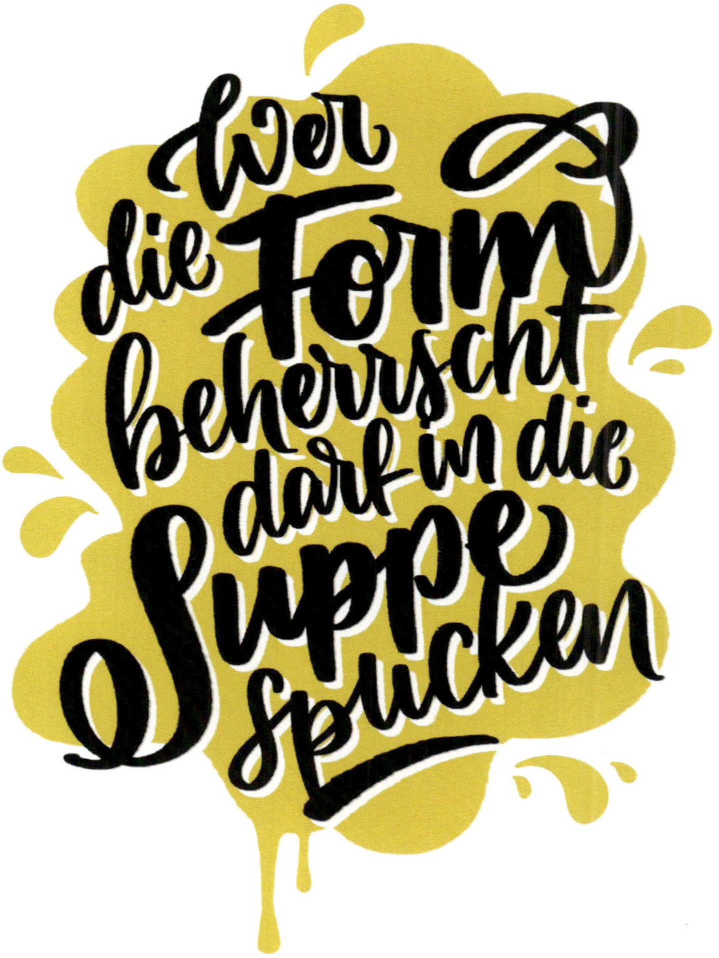
Wer
die Form
beherrscht
darf in die
Suppe
spucken

Schlicht, aber nicht fade

Eine gelungene Komposition ist nicht abhängig von der Vielfalt der Schriften oder Farben.

Und je mehr Text du verwendest, umso vorsichtiger solltest du mit deinem Baumaterial umgehen, besonders wenn du vielleicht noch nicht so geübt bist.

Lass dich nicht entmutigen, weil ich dazu rate, längere Sprüche mit nur einer Schrift zu gestalten, denn du wirst schnell feststellen, wie viel Freude es macht, nur mit den Buchstaben kreativ zu sein, mit denen du am vertrautesten bist, und wie schön dein Ergebnis sein wird.

Wenn du dich auf nur eine Schrift konzentrierst, bist du fokussiert auf die so wichtige Balance und musst nicht zusätzlich noch mit anderen Baumaterialien jonglieren.

Es sind viele kleine Entscheidungen zu treffen, und es kann herrlich entspannend sein, nicht noch zu überlegen, welche Schrift zu welcher passt und wie das noch mal mit den ganzen Kontrasten und der Typografie war ...

Deiner Fantasie sind dennoch keinerlei Grenzen gesetzt, und du kannst eigenwillige Buchstabenformen entwickeln, die Weißräume füllen können. Du kannst dekorieren und ausschmücken oder alles ganz schlicht lassen.

Wenn deine Wörter gut platziert sind und dein Haus stabil steht, braucht es oft gar nicht so viel mehr, um toll auszusehen.

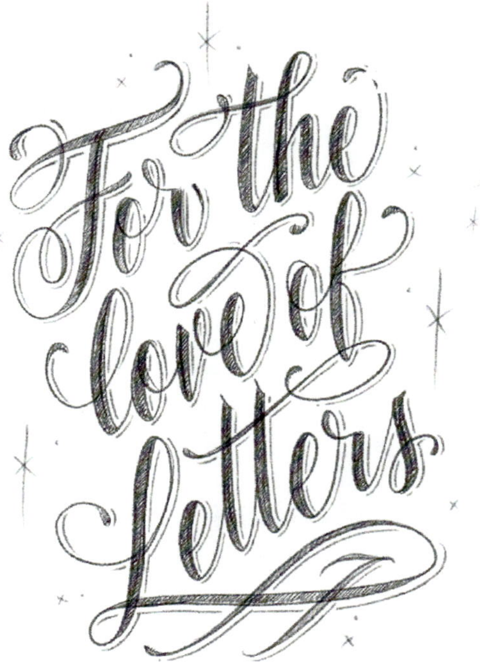

Warum Komposition so wichtig ist:

Damit dein Lettering

- **eine ausgewogene Form hat,**
- **visuell ansprechend ist,**
- **gut lesbar bleibt und**
- **ein dekoratives Einzelstück wird.**

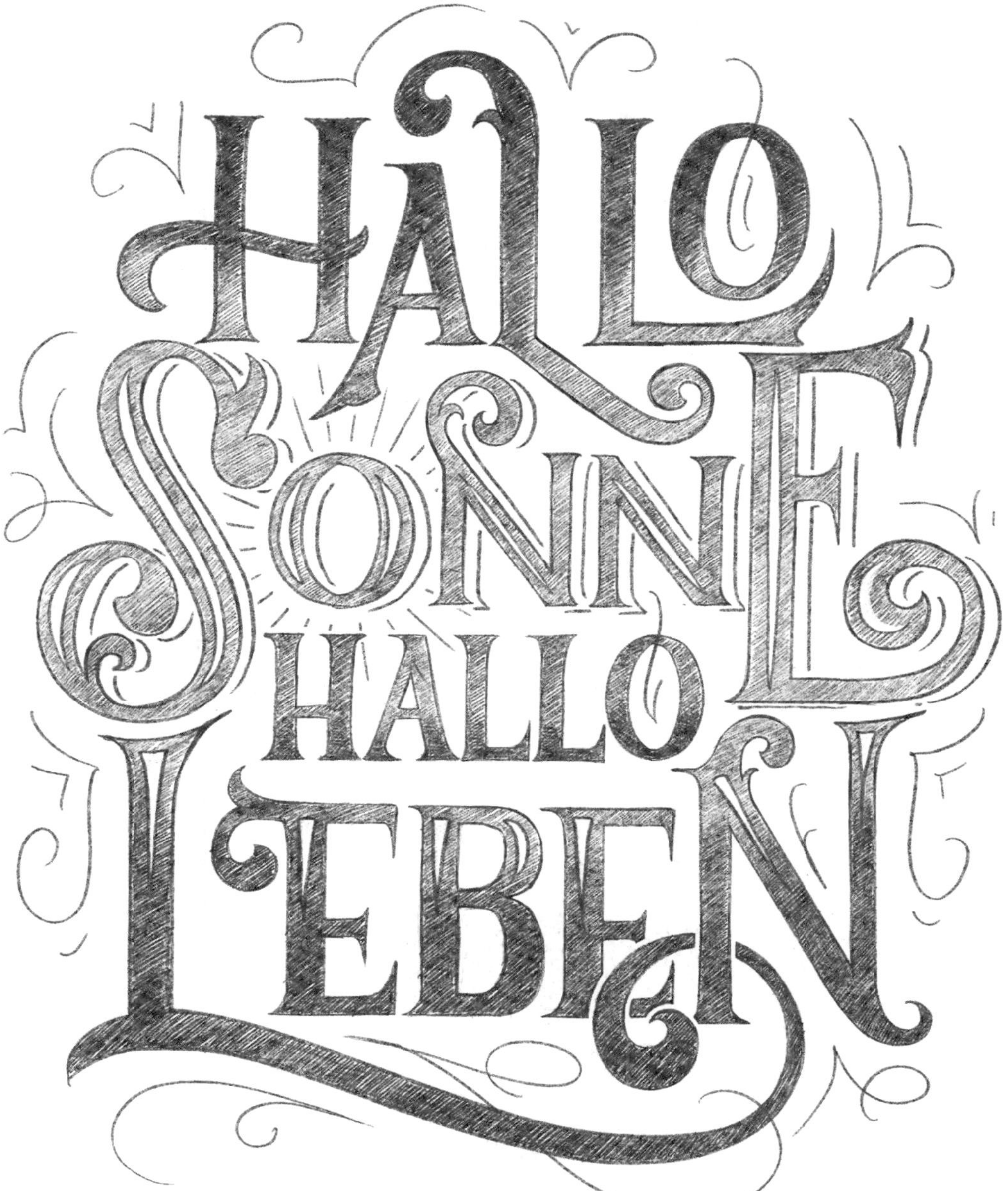
HALLO
SONNE
HALLO
LEBEN

Mehr Schrift, mehr Form

Wenn du schon einige Schriften in deinem Repertoire hast, dann suche dir bei langen Texten zwei heraus oder wähle eine Schriftfamilie und variiere nur die Dicke oder die Größe der Buchstaben.

Denk an den Kontrast zwischen den Schriften und weise so jedem Schriftstil eine Hierarchieebene zu.

Wenn du wie im Beispiel unten die rechte und die linke Seite deiner Vorzeichnung im Blick behältst und deine Textelemente einigermaßen gleichmäßig darüber verteilst, dann ist das gar nicht so schwer.

Dein Text in Formen oder auf gewellte oder gebogene Grundlinien zu schreiben, macht dein Lettering zusätzlich interessanter.

Hier folgen auch die Wörter in kleiner Schrift denselben Grundlinien wie die Wörter der Hauptschrift. Das sorgt für Dynamik, die jedoch stabil bleibt und so dafür sorgt, dass das Lettering flatterig wie ein Band wirkt, aber nicht ›wegflattert‹ oder umkippt.

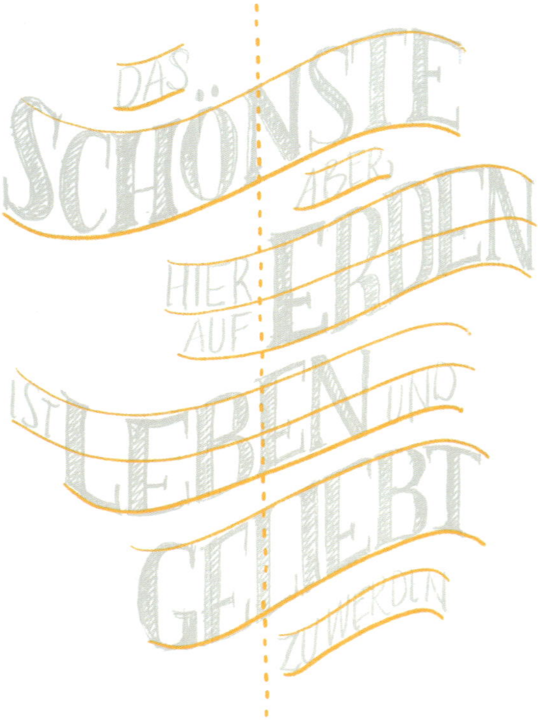

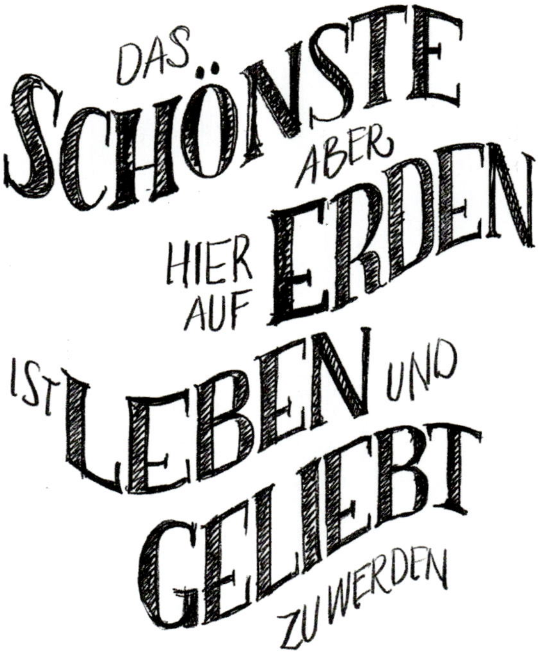

9 /5 Grids und Raster

Sicher hast du im Internet oder auf Instagram schon diese Ordnungsraster gesehen. Gestapelte Formen, die meistens auch alle entlang der Mittelachse ausgerichtet sind.

Bogen und Rechtecke, Kreise und Kegel. Kleine und große Formen wechseln sich ab. Leer ohne Inhalt, ohne Text.

In den vorherigen Kapiteln hast du schon einige Formen kennengelernt, an die du deine Wörter anpassen kannst, und teilweise auch schon, wie du sie kombinierst. Bei diesen Grids sind nun genau diese Formen schon miteinander kombiniert.

Wenn du die Basics einer Komposition wie auf den vorherigen Seiten etwas geübt hast, kannst du dich auch bei mehr Text an das Gestalten mit mehreren Wortformen wagen. Du möchtest sicher nicht nur immer geradeaus gestalten, und da sind Wörter in Formen eine tolle Abwechslung. Außerdem wird dir das Tüfteln mit Kreisen und Rechtecken Spaß machen.

Du ahnst vielleicht schon, dass es mit dem bloßen Aufeinanderstapeln von Wörtern in ihren Grids nicht getan ist. Es gilt die Zwischenräume zu beachten, Weißräume zu füllen, Buchstabenausrichtungen zu korrigieren, und lesbar soll es auch sein. Erst dann ist es eine schöne, funktionierende Komposition.

So können diese Grids nur eine Inspiration dazu sein, wie dein Text angeordnet werden könnte.

Wenn mir eine bestimmte Wortform gut von der Hand geht, nutze ich oft immer und immer wieder die gleiche Formenkombination und sehe vor lauter Buchstabenbäumen den Wald nicht mehr. Dann sehen alle Letterings sehr schnell sehr ähnlich aus. Vielleicht geht es dir ähnlich? Dann ist es hilfreich, sich im Internet die vielen Vorlagen zu Rastern anzuschauen und auch mal neue Formen auszuprobieren.

Einige Beispiele siehst du hier:

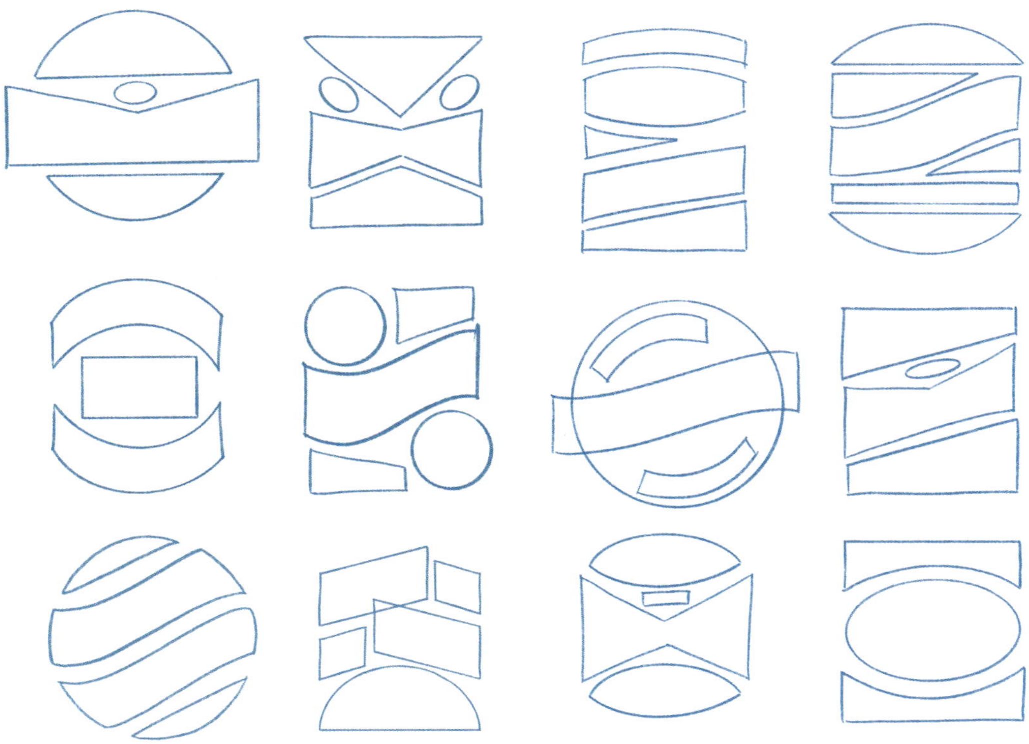

Die vielen verschiedenen Baukästen sind eine gute Anregung, mal eine andere Wortgestaltung auszuprobieren.

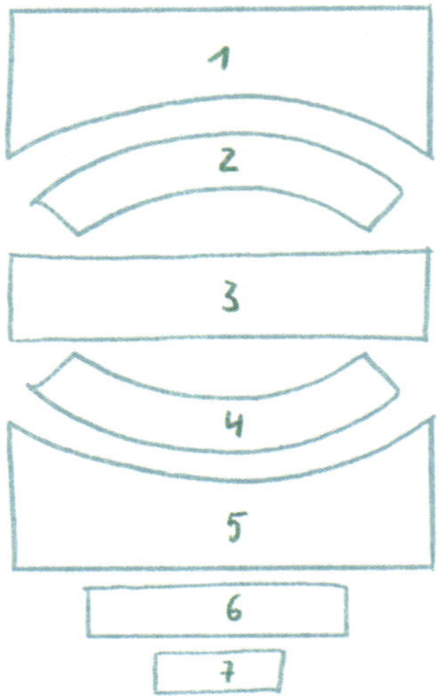

Allerdings kommt jetzt mein ABER. Diese fertigen Grids haben leider den trügerischen Effekt, dass man das Gefühl hat, ein perfektes Lettering und eine schöne Komposition zu haben, wenn man die Formen einfach ausfüllt. Das wäre super praktisch, und ich bräuchte dieses Buch gar nicht zu schreiben.

Ich hatte als Anfänger schnell den Eindruck, ich müsste nur meine Wörter abzählen, mir ein Raster mit der entsprechenden Anzahl an Formen raussuchen und mit schöner Schrift ausfüllen. Fertig!

Aber zu früh gefreut. Was dann passiert, siehst du am Beispiel rechts mit dem Spruch aus den letzten Seiten.

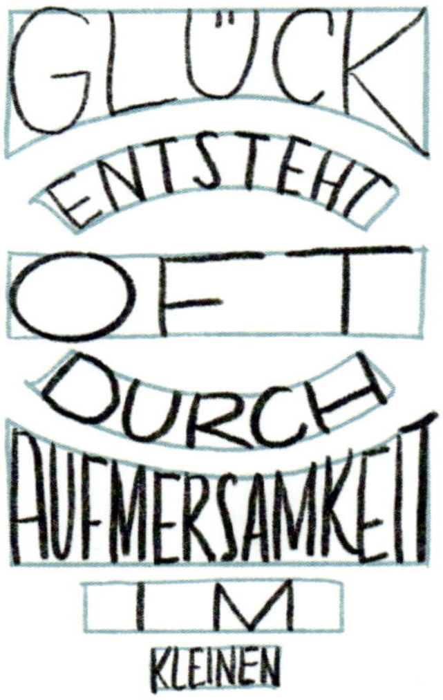

Der Spruch hat sieben Wörter, und ich habe ein Grid mit sieben Formen ausgesucht, hübsch arrangiert, und stabil sieht es auch aus.

Der Reihe nach ausgefüllt, wird dann jedoch schnell klar, dass das so keinen Sinn mehr macht. Der Fokus liegt durch die Formgebung nun auf ›OFT‹, was bei diesem Text sicher nicht der Hierarchie entspricht. Daher kann eine Komposition nicht funktionieren, wenn Grids einfach ausgefüllt werden.

Daher lass dich von den vielen Rastervorschlägen nur zur Formgestaltung anregen, aber versuche den Weg zunächst wieder über die Hierarchie zu nehmen. Welche Wörter sind wichtig, welche nicht? Teile deinen Text wieder in zwei bis vier Ebenen ein und denke an den einfachsten Kontrast: groß & klein.

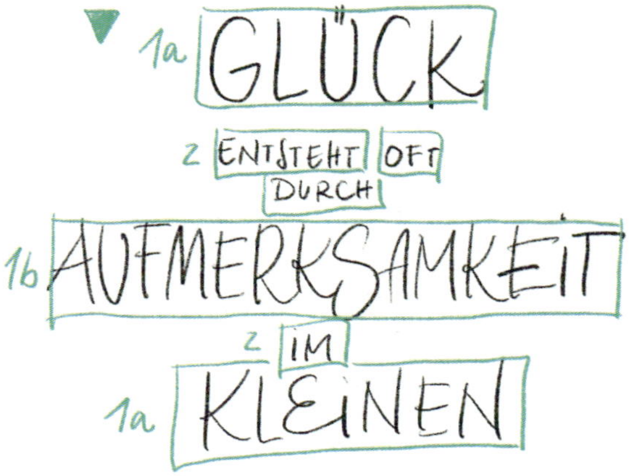

Wenn du die Wörter untereinander notierst und eventuell wieder Textboxen um jedes Wort zeichnest, siehst du schnell, wie dein Grid aussehen könnte, und du findest sicher selbst die passende Formlösung.

Denn die Wörter nur untereinander zu schreiben, ist zwar kein Fehler, aber eben auch sehr alltäglich, und bei einem Spruch, der für ›Aufmerksamkeit im Kleinen‹ wirbt, darf es ruhig etwas fantasievoller und mit mehr Liebe zum Detail zugehen. Versuche, die Hierarchie beizubehalten und nur die Formgebung zu ändern. Mit Bogen und Wellen wird deine Komposition freundlicher und dynamischer. Achte natürlich wieder auf die Mittelachse und platziere die Wörter ausbalanciert auch in die Zwischenräume.

Tipp!

Bei Kompositionen mit Bogen und Wellen entstehen ›Löcher‹, die du gut für Dekorationen oder Beiwörter nutzen kannst.

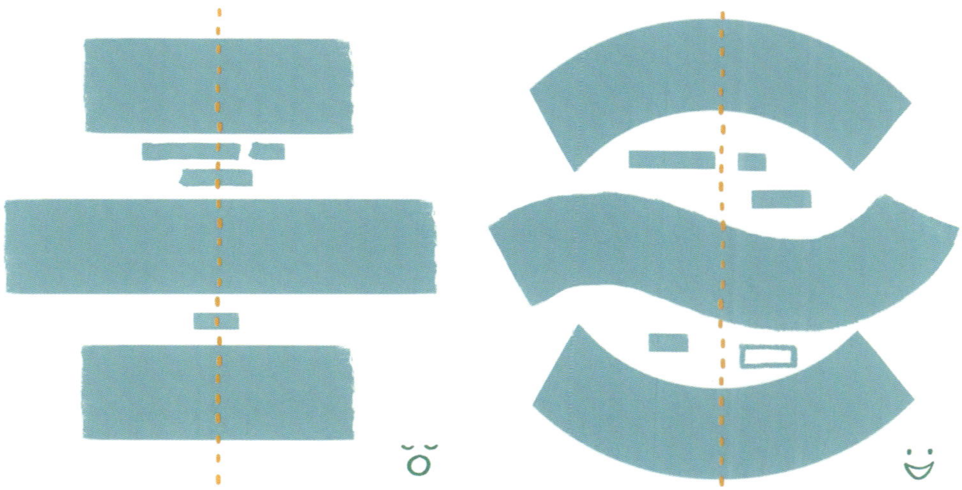

Der kleine Weißraum, der rechts unten entsteht, sollte dich erst mal nicht stören und kann Platzhalter für ein Schmuckelement sein.

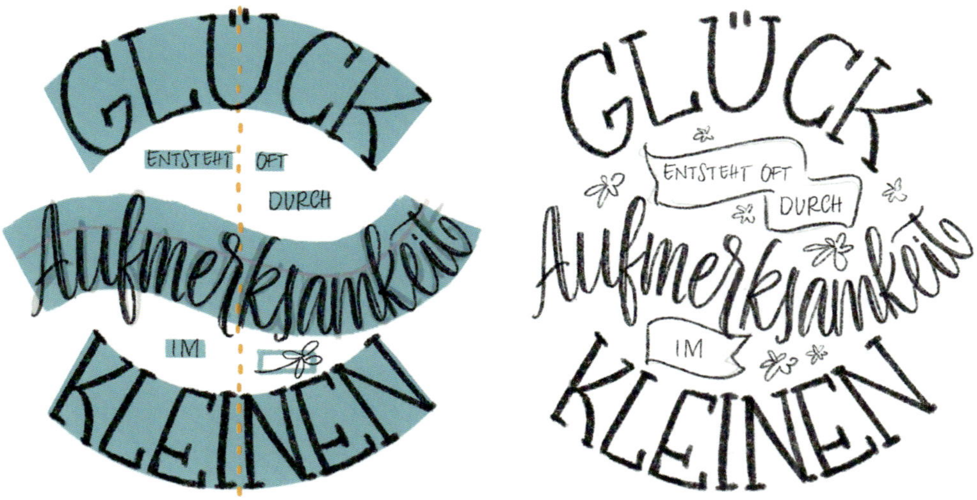

Beim Handlettering geht es darum, deinen Wörtern deinen ganz persönlichen Ausdruck zu verleihen und Schrift harmonisch mit Bild zu verbinden.

Wichtig ist mir dabei, dass du selbst entscheiden kannst, was du in den Fokus rücken möchtest, was für dich hübsch anzusehen ist und mit welchen Schriften du gerne arbeitest. Komposition heißt, immer wieder viele kleine Entscheidungen zu treffen, während du dich durch die unerschöpfliche Welt der Buchstaben zeichnest.

Ich zeige dir, wie mein Prozess zur perfekten Komposition ist und welche Entscheidungen ich treffe. Du wirst schnell feststellen, dass viele Wege nach Rom führen, doch mit einer fundierten Bauanleitung kannst du meinen Weg verlassen und sehr leicht zu deiner eigenen Spur finden.

Auf diesen beiden Seiten zeige ich dir an einem Text mit neun Wörtern noch einmal die Schritte bis zur fertigen Komposition.

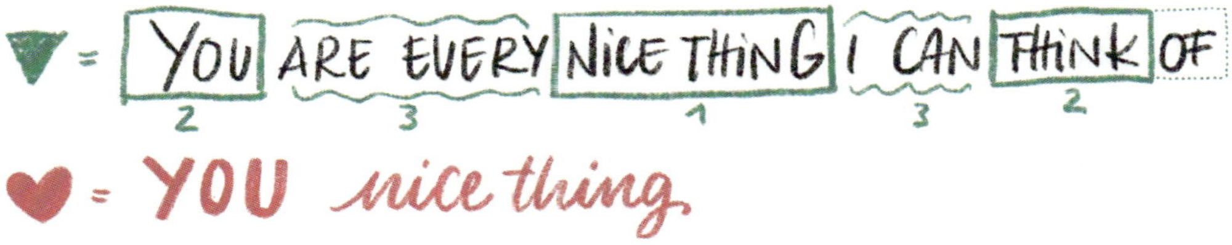

1. Hierarchie und Emotion festlegen.
2. Thumbnails skizzieren und sich für einen Aufbau entscheiden. Dieser Schritt benötigt etwas Erfahrung, bis du überhaupt weißt, was alles möglich ist. Geh spielerisch an das ‚Downsizen' deines Letterings und experimentiere einfach. Manchmal ändert sich dabei auch noch mal die Idee der Schrift, oder man stellt fest, dass das, was man im Kopf sieht, gar nicht auf Blatt gehen will.

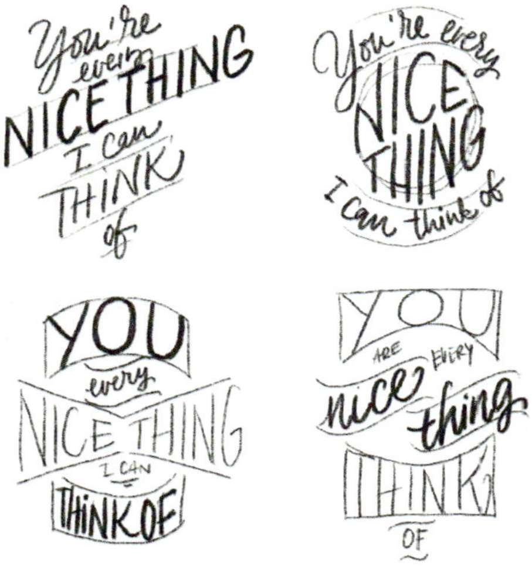

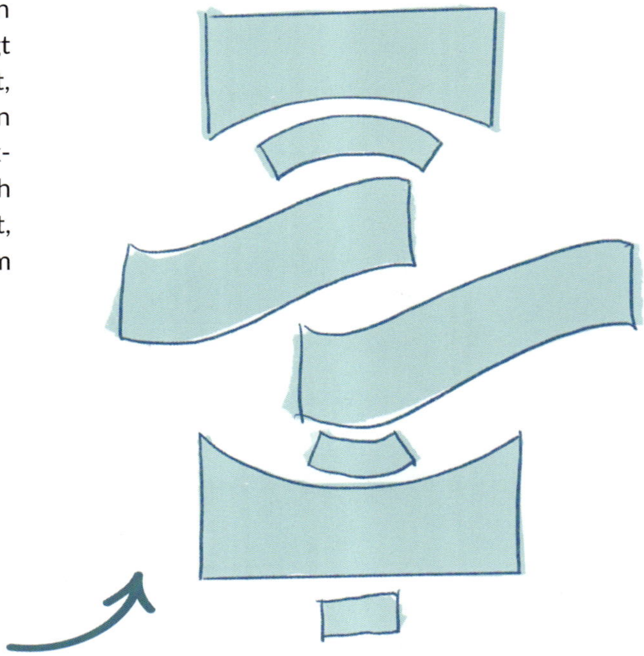

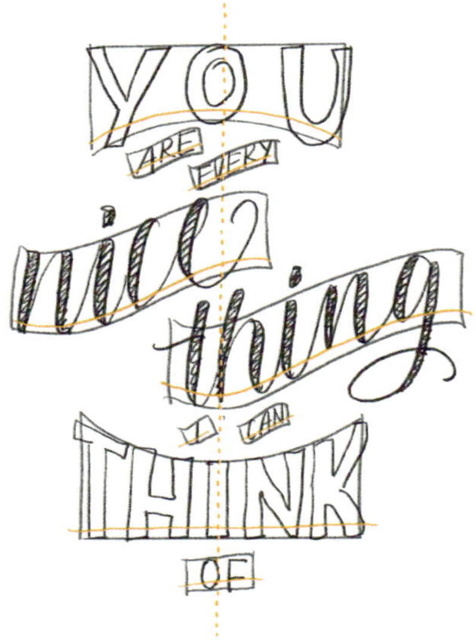

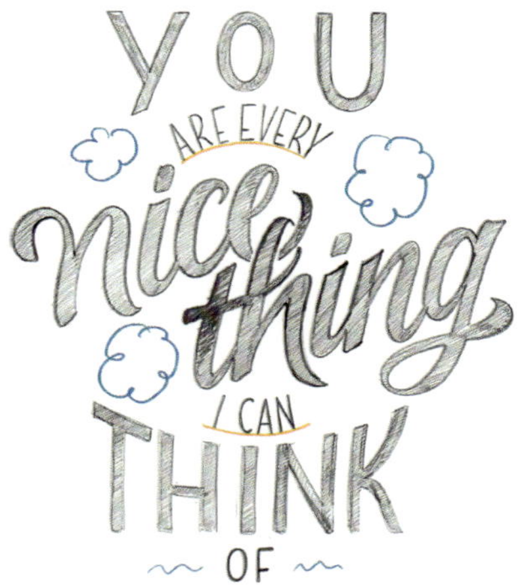

3. Für ein Raster entscheiden und noch mal nur die geplanten Formen skizzieren.
4. Formen und alle Achsen skizzieren. Mittelachse und alle Achsen der Formen beachten und mit Text ausfüllen, möglichst gleich mit den gewählten Schriften.
5. Formen und Wortgestaltung optimieren. Da ist meistens noch Feintuning nötig, wenn man die Skizze mit Leben füllt. Jetzt suche ich gezielt nach Löchern (Weißräumen) in der Komposition.

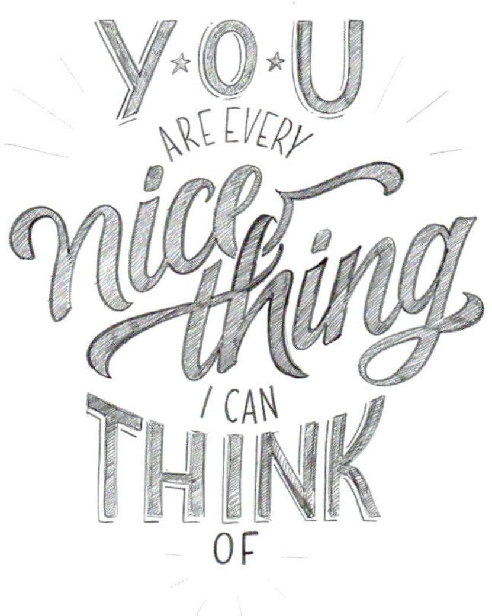

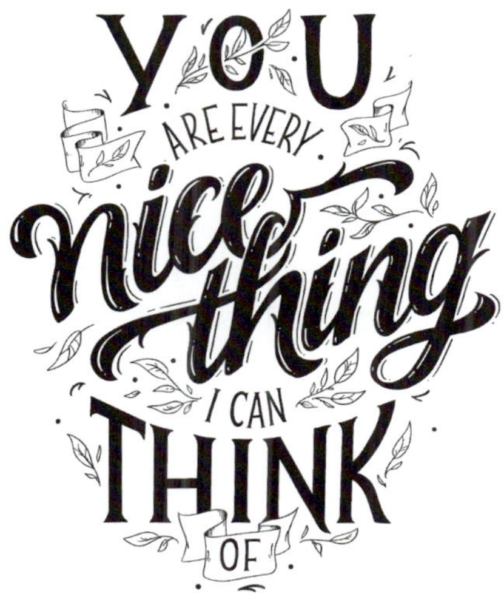

6. Skizze finalisieren. Bei diesem Schritt bekomme ich oft noch neue Ideen wie: Ich hätte doch gerne Serifen, oder es sollte alles etwas floraler und romantischer werden. Es lohnt sicher, hier einiges auszuprobieren.
7. Reinzeichnung. Ich nutze Fineliner (oder auch Farbe), um mein Lettering zu finalisieren und alle Schmuckelemente detailreich zu zeichnen.

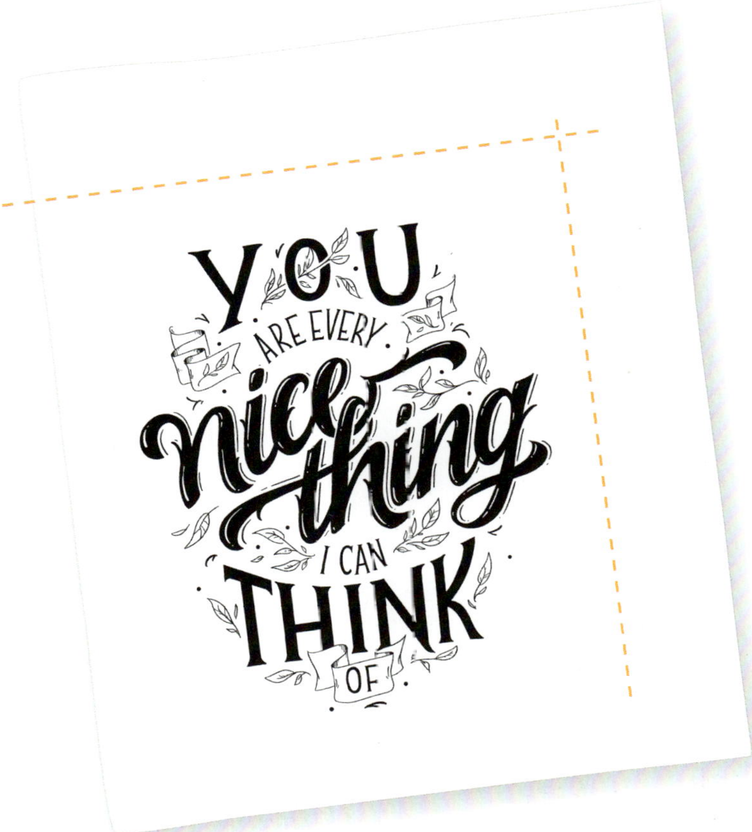

8. Der allerletzte Schritt ist das endgültige Wählen des Layouts. Das heißt, nun geht es darum, den richtigen Platz deiner Komposition im Blatt zu finalisieren. Sicher hast du dir darüber schon zu Beginn der Skizze Gedanken gemacht, aber da der Prozess einer Komposition ja durchaus Überraschungen bereithält, weil z. B. die Schriftart etwas breiter läuft als vermutet oder das eine oder andere Wort doch mehr Platz benötigt, muss zum Schluss, bevor du vielleicht mit Farbe weitermachst, das Blatt eventuell noch mal angepasst werden.

Da ich gerne frei aus der Hüfte zeichne und kein Fan von Ausmessen und unnötig viel Vorzeichnen bin, kann es immer passieren, dass mein fertiges Werk nicht so ganz richtig im Blatt sitzt. Dann greife ich zur Schere und mache es passend. Auf Seite 34 findest du die Grundlagen der Blatteinteilung. Oftmals klebe ich die fertige Zeichnung dann mit reichlich Luft drum herum auf einen Fotokarton. Das lässt ein Lettering brillieren und verstärkt den Kontrast von der Zeichnung zum weißen Blatt. Und Kontrast ist immer gut!

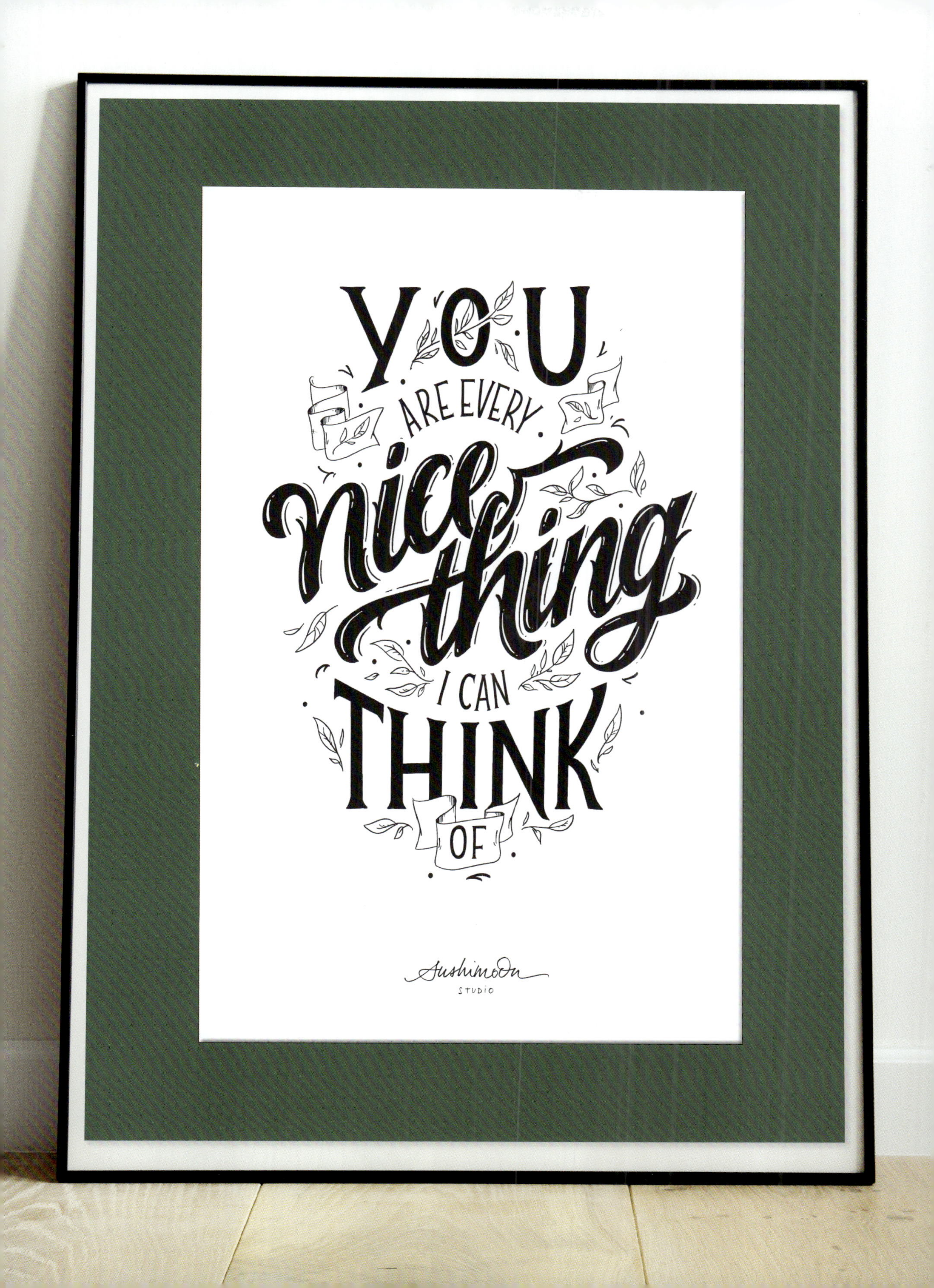
YOU
ARE EVERY
nice thing
I CAN
THINK
OF
Sushimoon
STUDIO

9/6 Beobachten statt Lesen

Huch! Was ist jetzt passiert?

Versuche, bei diesem Lettering zunächst einmal nicht den Text lesen zu wollen, sondern schau dir an, was du an Formen, Achsen, Symmetrien erkennst. Empfindest du es als harmonisch und ausbalanciert?

Findest du nicht, dass dieses Lettering, obwohl es auf dem Kopf steht, irgendwie sinnvoll aussieht?

Warum also ist dieses Lettering ein stabiles Haus geworden? Ich bin sicher, das kannst du nach den letzten Kapiteln nun schon selbst beantworten.

Um dein Empfinden zu festigen und damit du die Entscheidungen, die notwendig sind, bis alles steht, in jedem Schritt besser nachvollziehen kannst, lass uns den Prozess dieses Letterings mal von hinten betrachten. Zerlege mit mir dieses fertige Haus in seine Einzelteile.

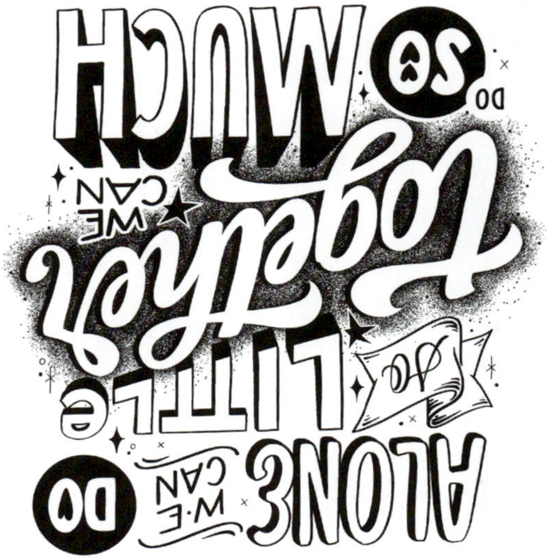

Tipp!

Wenn du im Prozess der Komposition nicht sicher bist oder so richtig feststeckst, dann dreh dein Blatt einfach mal um! Natürlich sollen beide Perspektiven nicht gleich aussehen, aber es soll sich ausgeglichen anfühlen. Traue deinen Augen und deiner Idee, die du zu Beginn deines Entwurfs hattest.

Achsen

» Rechts siehst du die eingezeichneten Achsen, die Wiederholungen, ohne dass sie gleich sind.

» Weißräume wurden mit Schwüngen der Buchstaben aufgefüllt.

» Beiwörter und Wörter der unteren Hierarchieebenen treten in den Hintergrund und sorgen dennoch für Stabilität.

» Der Hell-dunkel-Kontrast dient der Lesbarkeit und der Struktur.

» Kleine Schmuckelemente runden die Komposition ab.

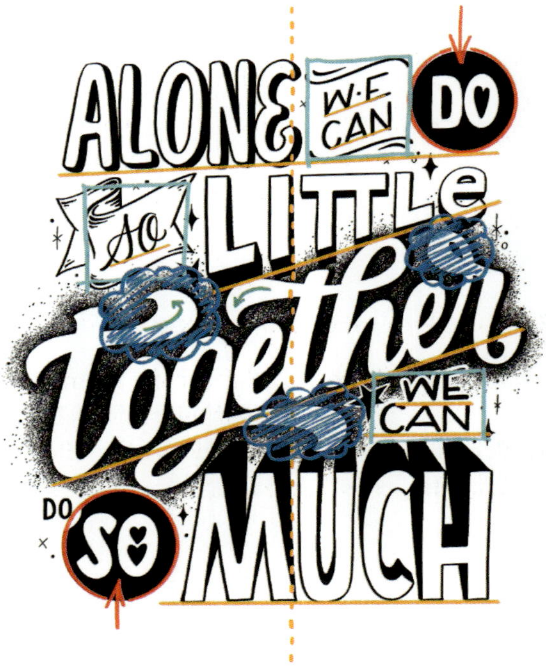

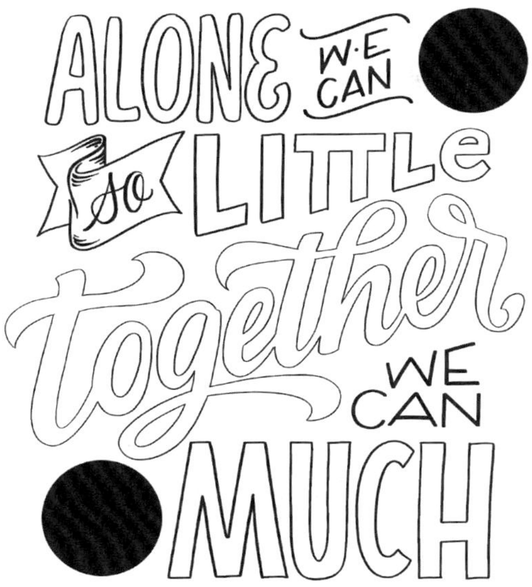

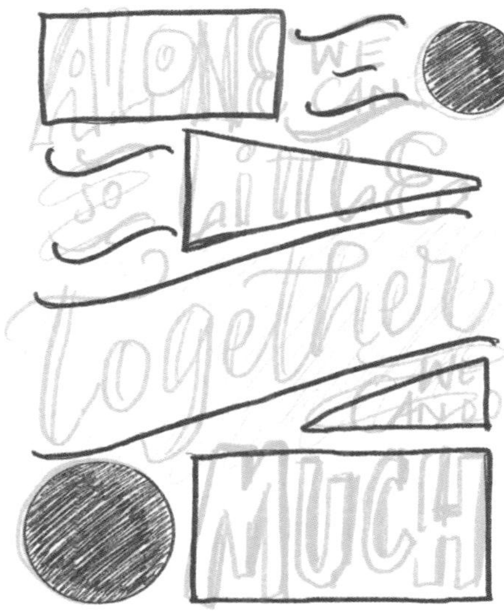

Schriften

Ich habe nur zwei Schriftfamilien gewählt.

1. Schrift im Stil einer Schwungschrift
2. serifenlose Versalien

Um die Komposition spannender zu gestalten, habe ich innerhalb der Schriftfamilie die Buchstaben variiert.

Ich habe versucht, die Buchstaben streng den gewählten Formen unterzuordnen.

Versuche auch hier sehr detailverliebt vorzugehen, damit du anhand nur der Buchstaben eine Form erkennen kannst.

Formen

Rechts oben siehst du das Formengerüst dazu.

Wenn du in deine ersten Skizzen die Formen als wirkliche Formen mit einzeichnest, tust du dich viel leichter, deine Buchstaben diesen auch folgen zu lassen, als nur dir vorzustellen, dass dein Wort z. B. aussehen soll wie ein Wimpel. Um die Formen einzuzeichnen, musst du nicht mit Geodreieck oder Zirkel arbeiten! Wichtiger ist es, dass die Größe der Formen deiner gewählten Hierarchie entspricht und dass sie das richtige Größenverhältnis zueinander haben. Achte hierbei immer auf die Balance. Schweres nach unten, Luftiges nach oben, zwischendurch kleinere oder dynamischere Elemente.

Fokussieren wollte ich mich auf ‚together', doch ohne dass das Wort zu abseits da steht, daher war es mir wichtig, eine schmeichelnde, emotionale Form zu wählen.

Drum herum habe ich Kreise, Rechtecke und Dreiecke angeordnet. Die Formen sollten sich abwechseln bzw. verteilt in der Komposition auftauchen. Gleiche Formen direkt nebeneinander oder untereinander verdoppeln sich optisch, werden schwer und ziehen zu sehr den Blick auf sich. Sie vermitteln einen falsch platzierten Fokus.

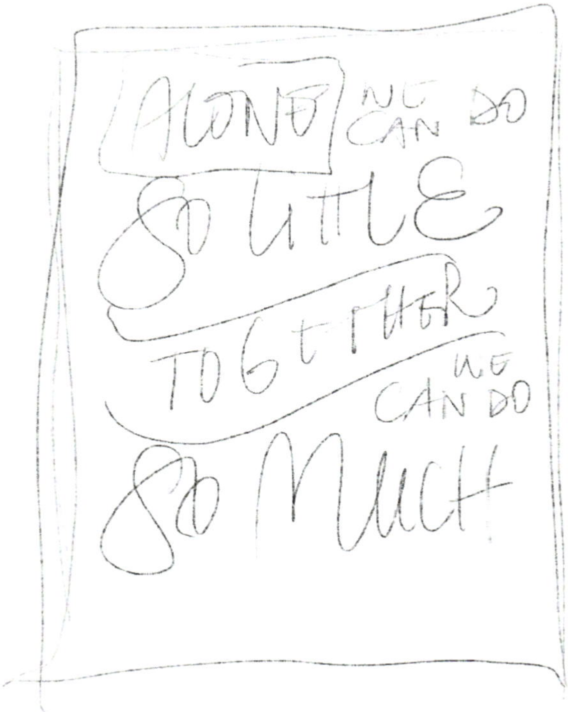

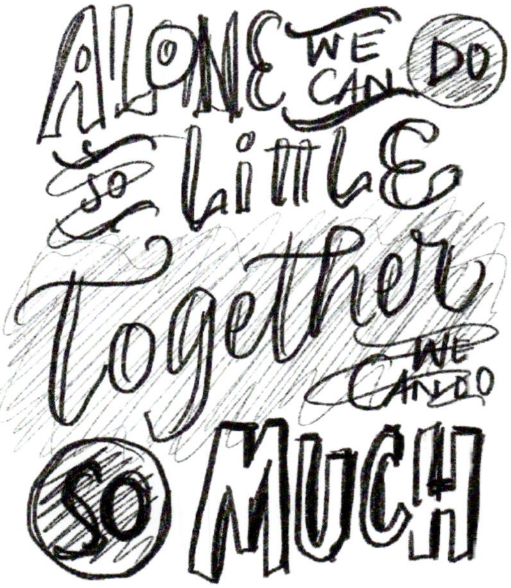

Skizze

Und hier noch mal der Beweis, dass auch alle meine Letterings mit wildem Gekritzel beginnen. Ich hatte in meinem Kopf die Grundform eines Blocks. Die Komposition sollte rundherum geschlossen sein. Wie beim Blocksatz hier im Buch oder in der Zeitung, aber viel schöner.

Mir schwante schon, dass das knifflig wird, und die Momente, in denen auch ich so was mangels Geduld wieder verwerfen möchte, sind nicht gerade gering.

Aber genau darum geht es. Think out of the Box und raus aus der Komfortzone. Damals dachte ich natürlich: „Sieht ja kein Mensch, einfach mal machen." Dass dieses Lettering mal in einem Buch gut zu gebrauchen ist, hätte ich nicht für möglich gehalten. Es gibt wohl Werke, die einzig und alleine den Zweck haben, daran zu lernen, und das hört niemals auf, wenn du mit Buchstaben gestaltest. Aber als Bonus bekommst du immer und immer wieder neue Entdeckungen und ungeahnte schöne Ergebnisse. Daher zeige ich dir dieses Lettering.

Dem ersten Annähern der Komposition geht ein loses Platzieren der Wörter voraus. Hier siehst du nichts außer superlockeren Bleistiftspuren. Aber dieser Schritt ist sicher einer der entscheidendsten.

Dieser Schritt ist so herrlich ungezwungen, macht einfach Spaß und führt fast immer zu einem Ergebnis. Hierbei entdeckst du, ob deine Hierarchie auch optisch funktioniert, und du wirst schnell feststellen, welche Wörter unverhofft lang sind oder vielleicht auch zu kurz für die Ausgestaltung, die du im Kopf hast.

Tipp!

Skizziere dir ein Seitenformat, in das du deine Wörter kritzelst, das hilft ungemein dabei, gleich zu Beginn ein gutes Gefühl für Standfestigkeit und Balance zu bekommen.

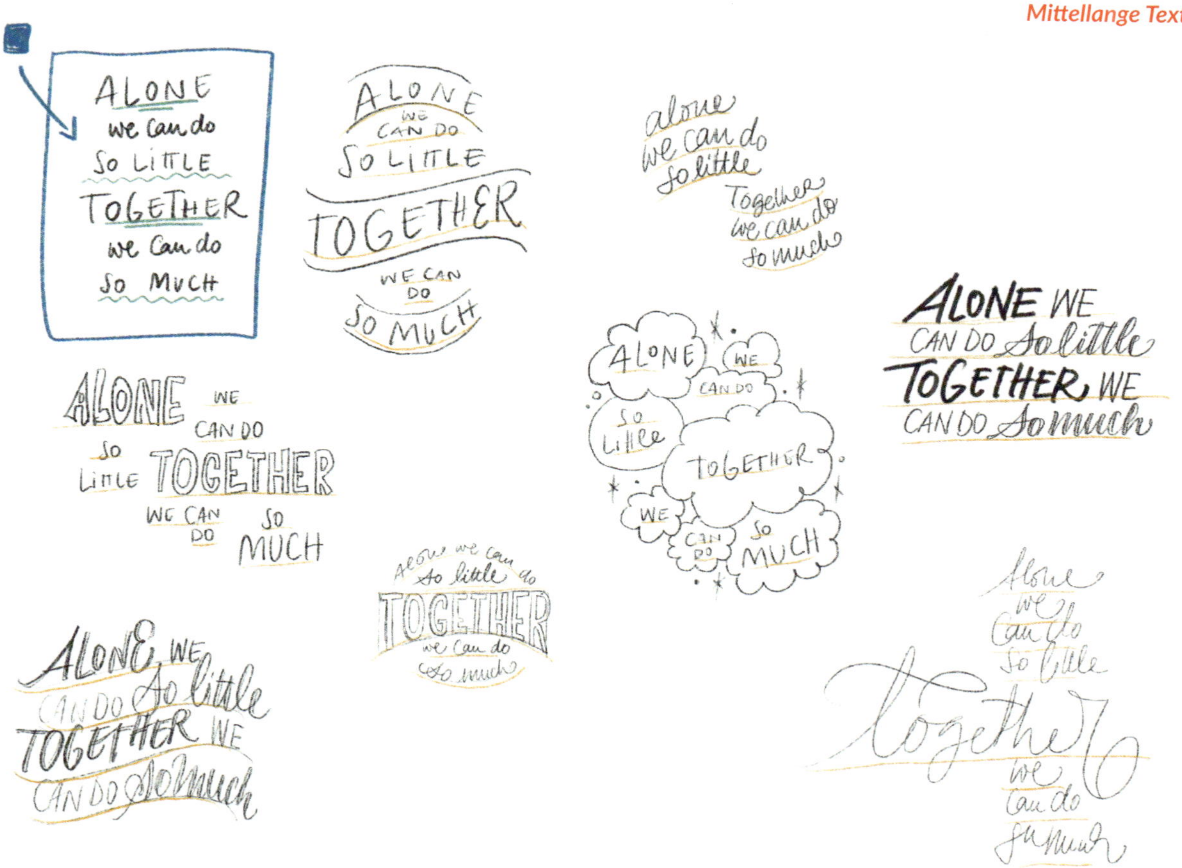

Thumbnails

Viel Text erfordert oftmals auch mehr Miniskizzen (Thumbnails), um sich dem Aufbau des Letterings zu nähern. Erst mit den Skizzen weiß ich, was ich will, und wie so oft wurde auch hier letztendlich was ganz anderes daraus als gedacht. Und nach einigen spielerischen Layouts entschied ich mich dann doch für ein erst mal simpel erscheinendes Layout.

Ich dachte, das wäre leichter, als bei so viel Text auch noch Bögen, Schnörkel oder Illustrationen einzubauen. Nun ja, dass das dann doch einiges an Tüftelei bedarf, um ein langweiliges Lettering zu vermeiden, hast du auf den letzten Seiten gesehen.

Im Nachhinein fand ich aber genau das spannend. Einer simplen Idee Pfiff und Abwechslung zu verleihen.

Idee

Bewahre deine Skizzen mit Thumbnails auf. Nicht wegschmeißen, nicht radieren!

Denn wenn mal Zeit ist, kannst du hier schon einsteigen und einfach noch weitere Raster ausgestalten. Meistens hat man mehr als nur eine Idee und muss sich dennoch erst mal für eine entscheiden. Und all die Thumbnails inspirieren dich für ein neues Lettering. Nicht selten staune ich selbst über manch alte Idee, auf die ich so im Augenblick einfach nicht mehr gekommen wäre.

Oder du stellst nach den ersten paar Schritten fest, dass es doch nicht dem entspricht, was du wolltest. Dann suchst du dir aus deiner Thumbnail-Liste einfach ein neues Raster aus.

Hierarchie

Als ich den Text zerlegt und zwölf Wörter gezählt habe, wurde mir fast schon schummrig. Denn viele Wörter im Text schüchtern mich immer wieder ein, da ich natürlich, wie du sicher auch, schon die Erfahrung gemacht habe, dass eine Komposition mit viel Text ganz schön kniffig sein kann. Ich habe immer wieder erlebt, dass ich während des Gestaltungsprozesses stecken geblieben bin, weil sich einfach kein harmonisches Gesamtbild ergeben wollte.

Schließlich mussten in diesem Fall ganze 41 Buchstaben verarbeitet werden. Das ist eine Menge Baumaterial! Aber um die Furcht vor langen Texten gleich in die Flucht zu schlagen, wird es dir helfen, besonderen Wert auf das Analysieren deines Textes zu legen. Das wird leider oft nicht so richtig ernst genommen bzw. zu schnell übersprungen, aber dieser erste Schritt gibt dir große Klarheit und zeigt dir fast von alleine, wo du die wichtigen Kontraste setzen kannst.

Hier habe ich schnell festgestellt, dass sich manche Wörter zusammenfügen lassen und dass es Dopplungen gibt. Das habe ich markiert. Wenn ich den Text nur lese, ist mir das oft noch gar nicht so bewusst. Mit dem Visualisieren der Hierarchie aber wird es sofort deutlich.

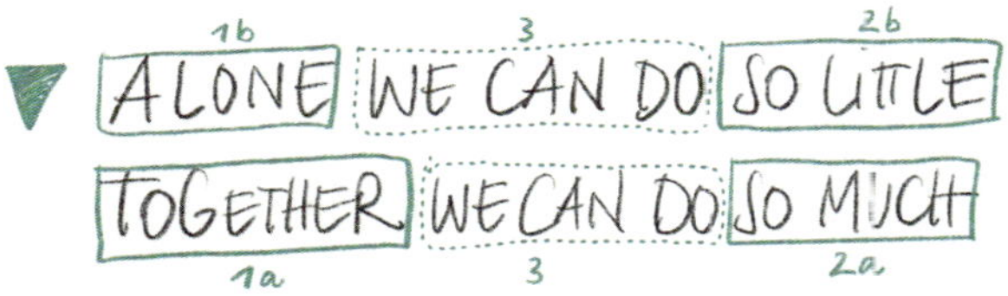

So hatte ich das Gefühl, es handele sich nur noch um sechs Wörter. Und dieses ›Abkürzen‹ von Text lässt mich jedes Mal aufatmen, und der Berg der Komposition erscheint nicht mehr groß und unüberwindbar.

Im Anschluss kannst du dich wunderbar an den Grundlagen der Statik ›entlangletten‹. Dann gelingt dir ganz sicher auch eine Komposition mit mehr als nur vier Wörtern.

Vielleicht hat dich das nun inspiriert, und du hast Lust, diesen Text selbst einmal umzusetzen. Ganz nach deinem Geschmack. Mit deinen Lieblingsschriften und im Look deiner Wahl.

Nur Mut!

Zum Abschluss dieses Kapitels verrate ich dir noch mein Geheimnis dieses Werks:

In der letzten Zeile musste ich das ›DO‹ nachträglich irgendwie, irgendwo einfügen. Ich hatte es im Zuge des Lettering-Prozesses irgendwann verloren. Und es ist wahrlich schon ein Klassiker im Handlettering, wenn einem vergessene Wörter oder Buchstaben erst auffallen, wenn das Werk so gut wie vollendet ist oder sogar schon an der Wand hängt.

Ein vergessenes Wort in eine fertige Komposition einzufügen, ist ziemlich schwierig, schließlich soll ja alles aufeinander aufbauen, und es soll an einer Stelle plötzlich nicht zu voll werden, damit du nicht auf den letzten Metern rufen musst: »Achtung, Baum fällt!« Die Schriften sind schon den Wörtern zugewiesen und alle Kontraste brav ausbalanciert. Und dann will da plötzlich noch ein Wörtchen seinen Platz erobern.

Um nicht wieder von vorne anzufangen. musste eine praktische Lösung her. Daher habe ich es klein, in unauffälliger Typo und angelehnt an die Kreisformen, links außen eingefügt.

Fazit: Sei bei vergessenen Buchstaben oder Wörtern kreativ und suche nach einfachen oder, noch besser, frechen Lösungen, bevor du dein Werk zum Altpapier wirfst. Der Gesamteindruck deines Letterings wird dann sicher nicht leiden.

Mach mit!

Versuche es auch mal:
Zerlege deinen Text in maximal drei Ebenen, und du bekommst schon ein sehr gutes Gerüst für dein stabiles Lettering.

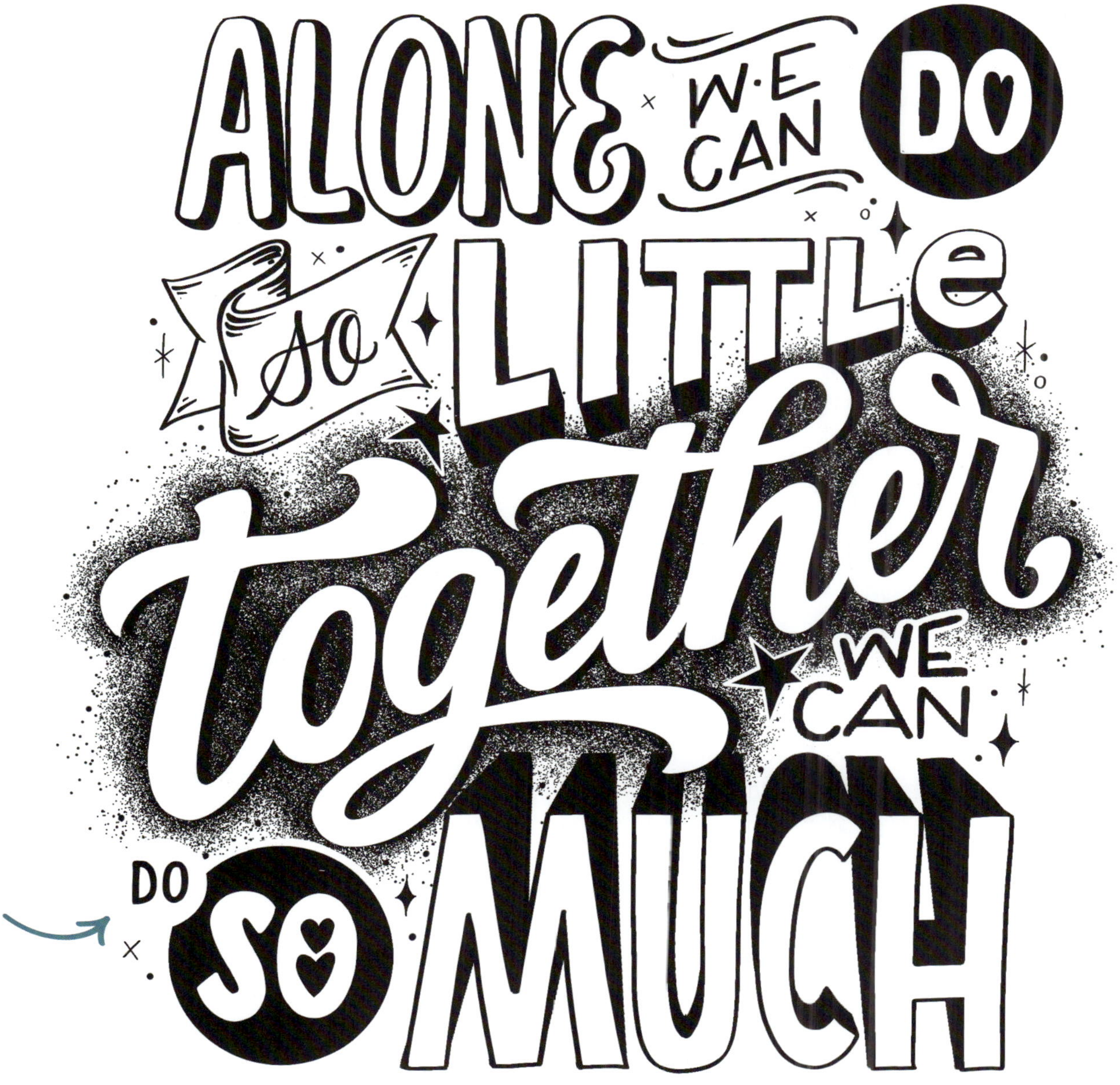

»Alone we can do so little, together we can do so much.« – *Helen Keller*

9 /7 Komposition mal anders

Wir lieben die Symmetrie, aber es ist nicht immer einfach, bei all den vielen Einflüssen und Inspirationen im Internet oder auf Social Media das Rad neu zu erfinden und Kompositionen zu erstellen, die etwas eigenwilliger sind. Schön ist es, wenn dein Lettering mit der Zeit deinen eigenen Stil wiedergibt, deinen persönlichen Geschmack und deine Emotionen zum Ausdruck bringt.

Um sich dem eigenen Stil anzunähern und ihn irgendwann zu finden, ist es wichtig, offen für neue Gestaltungsformen zu bleiben. Experimentiere viel, probiere viel aus, und nach und nach wird ein Sammelsurium aus Einflüssen deine eigene Handschrift werden. Deine Handletterings werden individueller und dadurch sicher auch noch schöner.

Um zu experimentieren, lade ich dich auf den nächsten Seiten dazu ein, dich von den üblichen Kompositionsformen zu lösen und deinen Text etwas freier zu setzen als bislang.

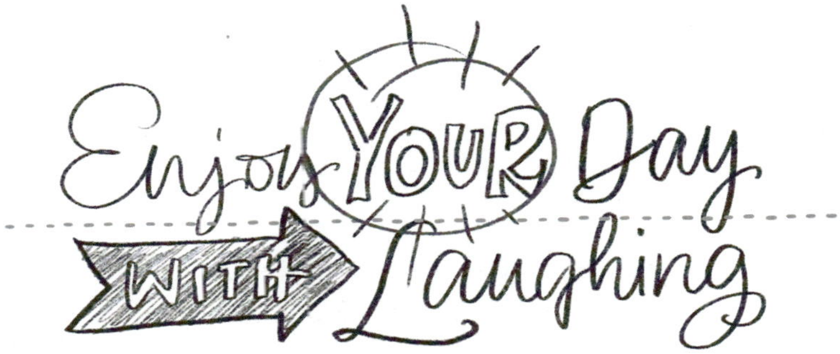

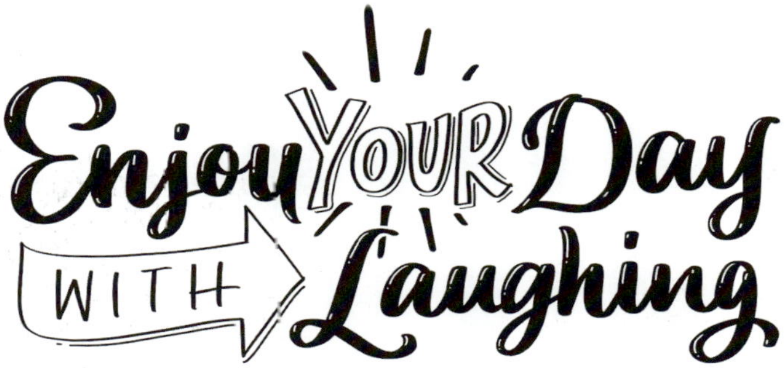

Horizontale Symmetrie

Lass nun deine symmetrische Hilfslinie **horizontal** durch das Blatt laufen, und es entsteht fast von ganz alleine eine etwas eigenwilligere Komposition, der es ebenso an nichts fehlen wird, wenn du wieder alle Gesetze der Balance beachtest. Dein Gestaltungsraster bleibt unabhängig von der Wahl der Schriften oder der Bestimmung der Hierarchieebenen. Da eine solche Komposition an ein Querformat erinnert, erscheint die Zeilenlänge etwas gedehnter, und es können auch mal mehr Wörter in einer Zeile untergebracht werden. Drei bis fünf Wörter nebeneinander sind möglich, wenn du Kontrast und Fokus beachtest.

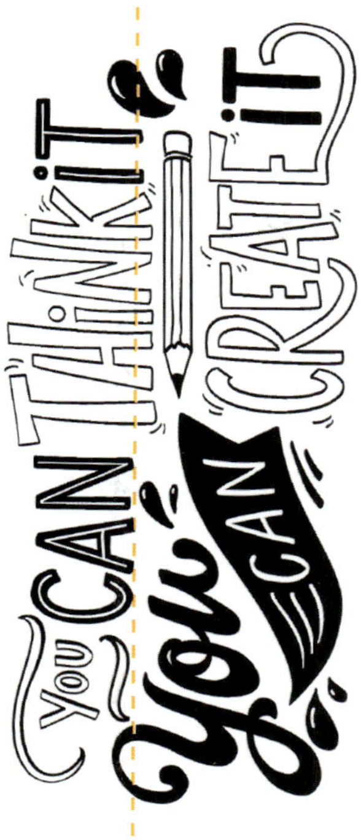

Dreh dich!

Wenn du unsicher bist, ob deine Komposition eine gute Balance in alle Richtungen hat, drehe sie um 180 Grad nach links. Nun sollte dein Lettering auch rechts und links deiner Symmetrieachse (die nun vertikal verläuft) wunderbar ausgeglichen sein.

So würde dir besonders gut auffallen, wenn die Weißräume zu groß wären und dein Lettering nicht kompakt genug wäre. Dein Haus hätte unschöne Löcher, und du müsstest etwas nacharbeiten.

Denke bei der horizontal ausgerichteten Komposition auch an die asymmetrische Balance. Platziere ähnliche Schwünge oder andere Schwerpunkte diagonal gegenüber.

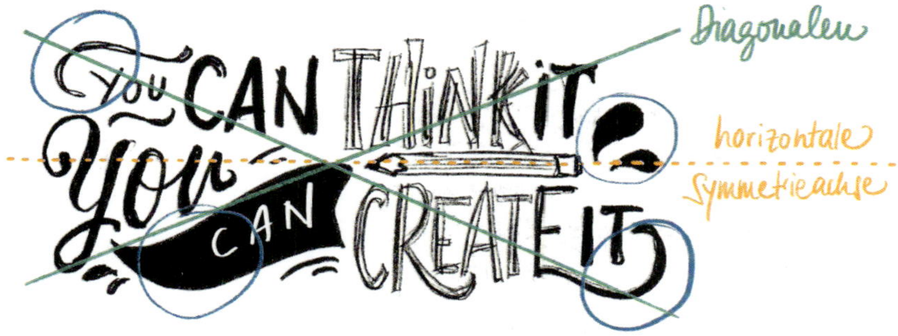

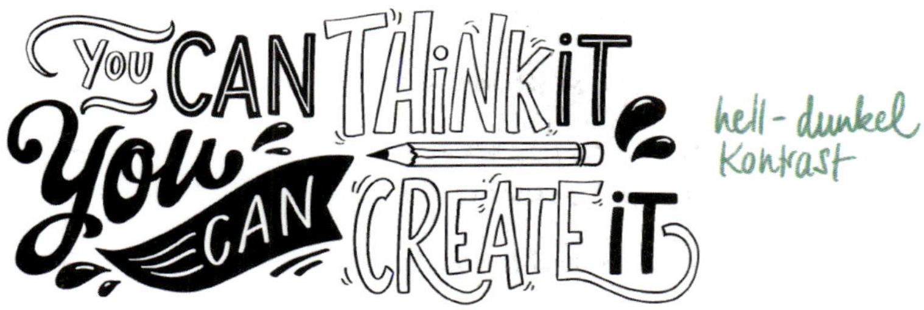

Achte darauf, dass auch die hellen und die dunklen Flächen gleichmäßig oben und unten verteilt sind. Nicht streng oder unbedingt abwechselnd, lass deinem Gespür und Geschmack den Vorrang.

Tipp!

Dein Lettering bekommt mehr Charme, wenn du eine strengere Halbe/Halbe-Aufteilung mal unterbrichst und Elemente auch auf der Mittelachse platzierst. Hier im Beispiel das schwarze ›YOU‹ oder der Bleistift.

Extreme Asymmetrie

Auf **Seite 189** hatte ich einige Thumbnails erstellt für das vorherige Zitat. Hier habe ich nun eine übrig gebliebene Skizze herausgegriffen, bei der die Asymmetrie im Fokus steht.

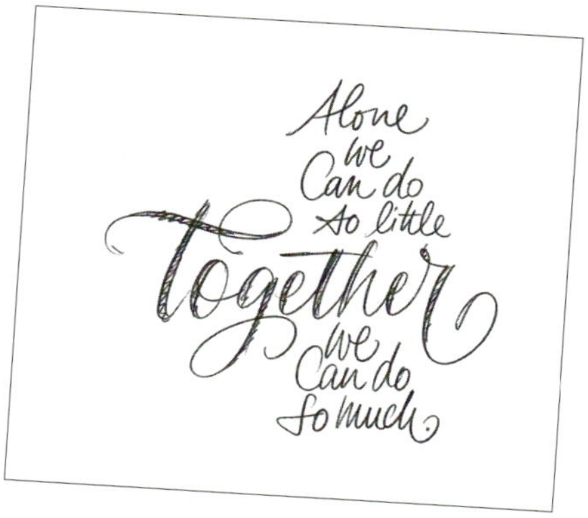

Wie dir sicher auffällt, fällt das ›Together‹ sowohl optisch als auch geometrisch sehr aus dem Verbund der anderen Wörter heraus. Da dieses Wort die Hierarchieebene 1 hat, macht das Sinn. Doch nach allem, was du bei den bisherigen Kompositionen erlernen konntest, sollte man meinen, dass unser Haus nun umfällt und nach links stürzt, da die Symmetrie des Textes ins Wanken gerät.

Warum ist dieses Lettering nun dennoch ausbalanciert und wirkt harmonisch und stabil?

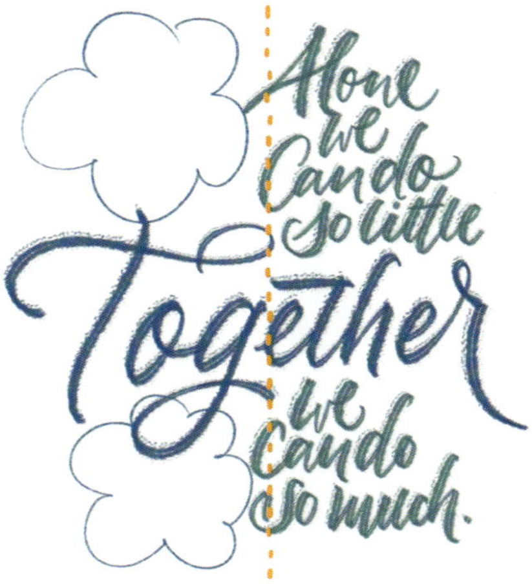

Der Fließtext (Hierarchieebene 2) dient als senkrechter Träger der ganzen Komposition. Der geringe Zeilenabstand lässt diesen Pfeiler stabil und kompakt wirken und stützt das große ›Together‹ (Hierarchieebene 1).

Das Lettering selbst hat dadurch eine unsichtbare, aber zu spürende Symmetrieachse entlang des Textes. Weißräume und Text ergeben eine (asymmetrische) Balance.

Ich habe nur eine emotionale Schriftart verwendet, das bringt zusätzlich Standhaftigkeit.

Besonders ausgeglichen wirkt das Lettering, da das ganze Blatt in die Komposition mit einbezogen wurde. Das Gesamtlayout spielt hier eine große Rolle. Der entstandene große und klare Weißraum bildet den perfekten Gegenpol zum bildhaften Text und stützt das herauswachsende ›Together‹.

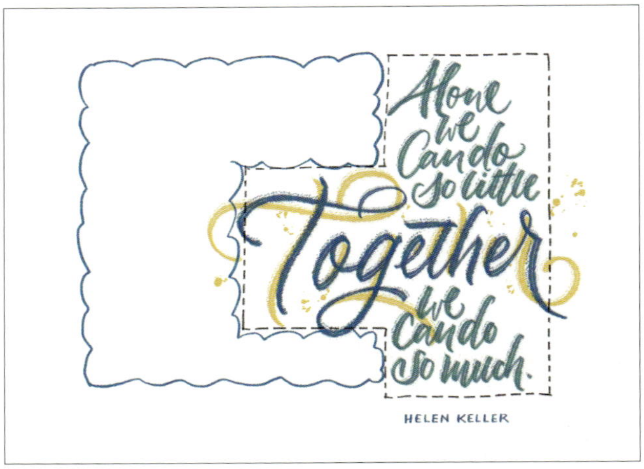

Erst durch das Layout ist dieses Handlettering eine stimmige Komposition.

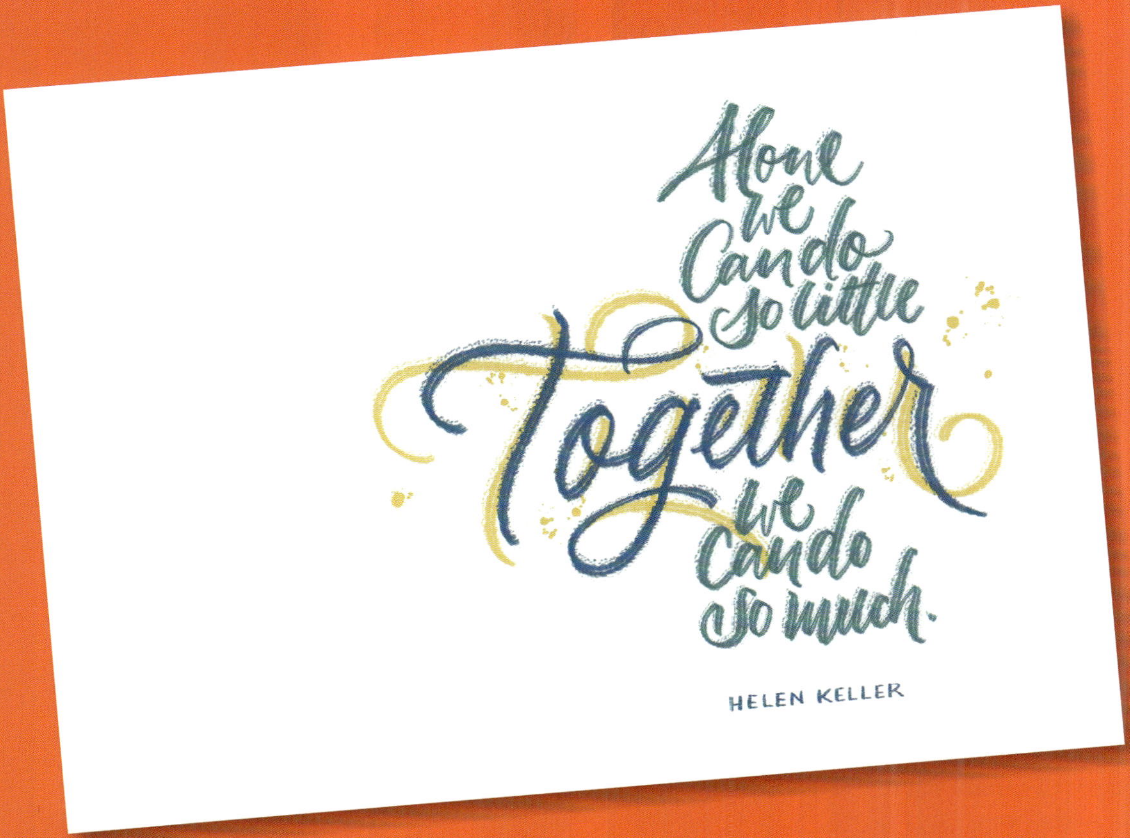
Alone we can do so little
Together we can do so much.
HELEN KELLER

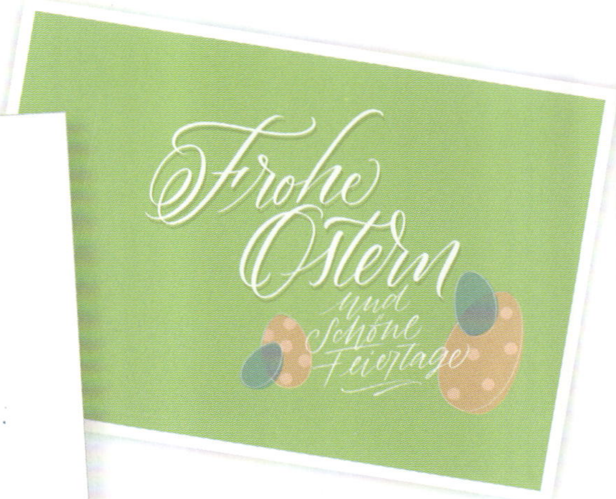

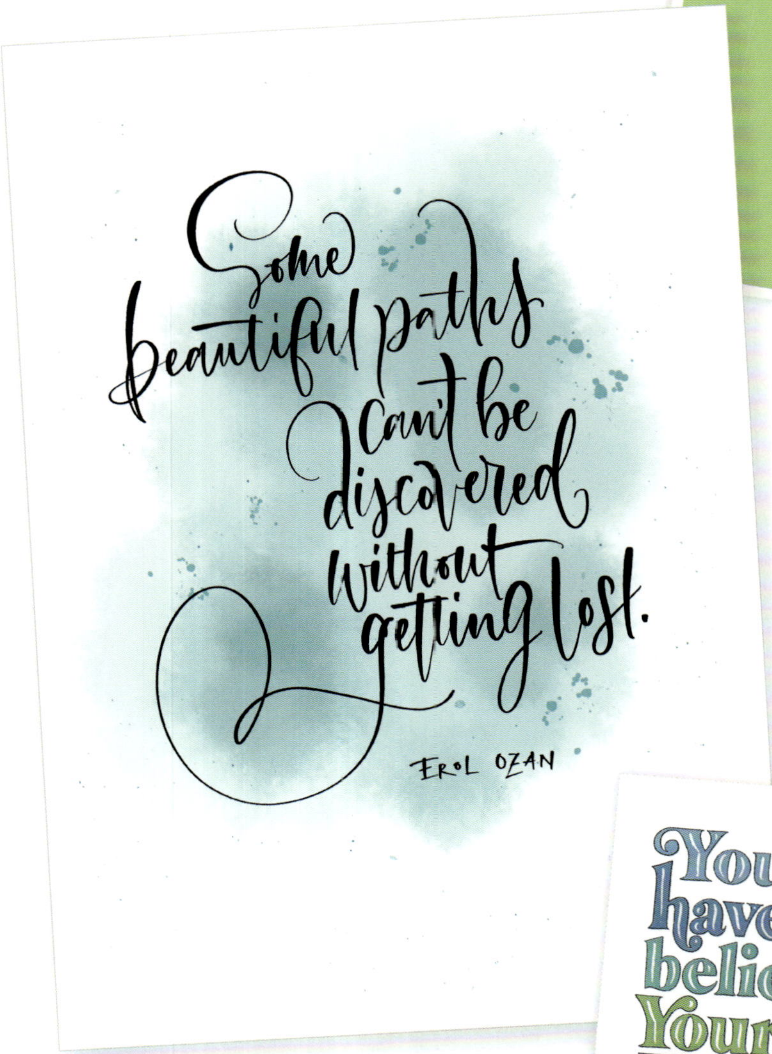

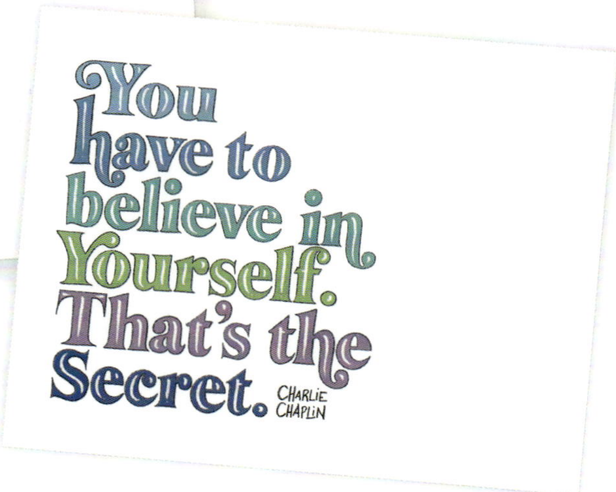

Grundsätzlich gilt für jedes Lettering, dass die Platzierung im Blatt eine tragende Rolle spielt. Erst das Gesamtlayout macht aus deinem Werk den echten Hingucker und auch eine schlichte Komposition kann durch eine ungewöhliche Platzierung interessant werden.

Sei mutig und versuche auch andere Wege als nur an die goldene Mitte zu denken.

Tipp!

Weise auch nebensächlichen Bezeichnungen wie Autor oder anderen Zusatzdaten einen bewusst ausgewählten Platz im Layout zu. Ihr Kontrast zur eigentlichen Komposition kann sie zusätzlich stützen.

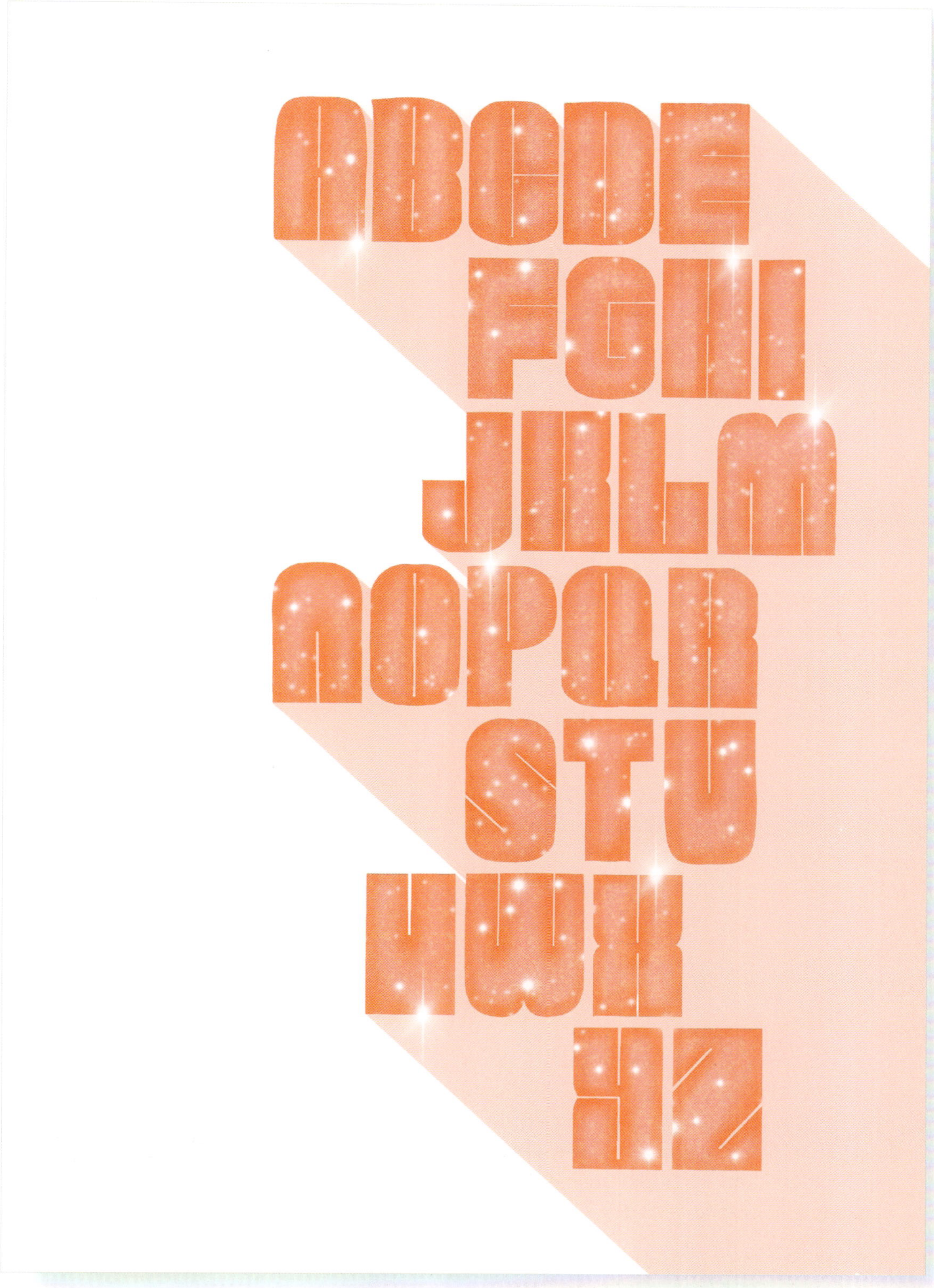
ABCDE
FGHI
JKLM
NOPQR
STU
VWX
YZ

10 / LANGE TEXTE

Jetzt geht's hoch hinaus!

Wenn man ein Gartenhäuschen baut, ist die Gefahr des Einsturzes natürlich auch gegeben, aber denke erst mal an die Statik eines Wolkenkratzers ...

Sicher, du bist jetzt schon ein richtiger Fuchs in deinem Bau und hast bereits gut erkannt, auf was du bei Layout und Komposition deines Letterings achten musst. Wenn du nun einen langen Text zu bewältigen hast, wirst du umso mehr Baumaterial wie Buchstaben und Schmuckelemente verwenden. Mach es dir aber nicht unnötig schwer und nutze nur das nötigste Material – und das aber so kreativ wie möglich.

Längere Texte erfordern eine genauere Vorbereitung und hier und da etwas mehr Tüftelei. Aber mit Experimentierfreude und etwas Geduld wirst du auch mit diesen Texten gut zurechtkommen.

10/1 Die häufigsten Fehler

Du hast sicher schon gemerkt, dass man doch an einiges denken muss und ein paar wenige Entscheidungen schon deine ganze Komposition beeinflussen können. Und da man bei langen Texten gerne mal den Überblick verliert, hier eine kleine Erinnerung daran, was du vermeiden solltest.

Auf dieser ›schwarzen Liste‹ findest du eine Zusammenfassung der häufigsten Fehler, die zu einer nicht so gelungenen Komposition führen. Sie soll dir noch mal helfen, Einsturzgefahr zu vermeiden.

Schwarze Liste

Die häufigsten Fehler der Komposition

- keine Hierarchie
- zu viele Schriften
- fehlende Gleichmäßigkeit der Buchstaben
- Kerning und Wortabstände sind nicht ausgewogen oder nicht gleichmäßig
- zu wenig oder zu viel Zeilenabstand
- Grundachsen in zu unterschiedlichen Richtungen
- fehlende Symmetrie- oder andere Hilfsachsen
- fehlende Textausrichtung
- überladene Dekoration
- unausgeglichene Weißräume

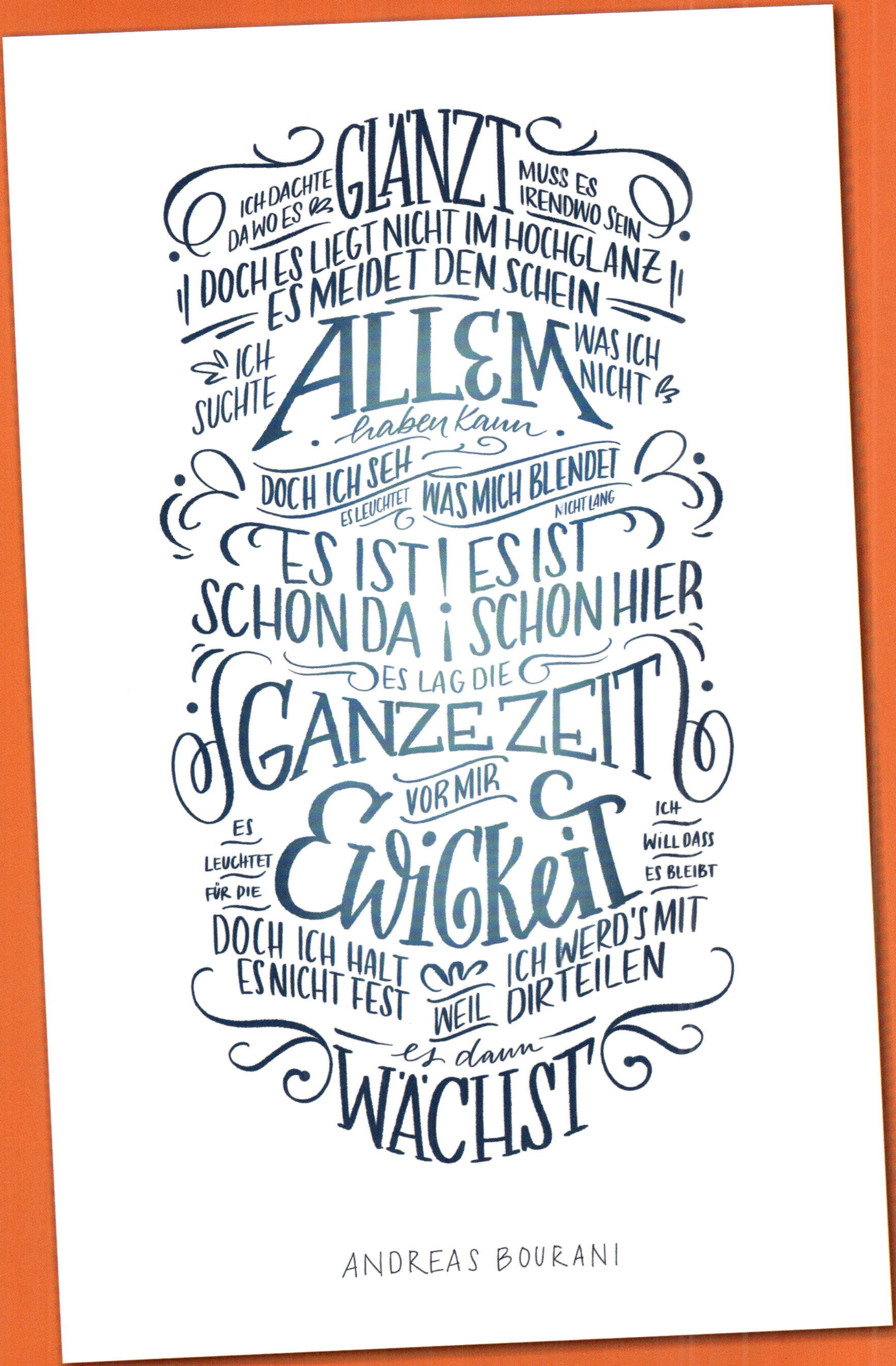
ICH DACHTE DA WO ES GLÄNZT MUSS ES IRENDWO SEIN
DOCH ES LIEGT NICHT IM HOCHGLANZ
ES MEIDET DEN SCHEIN
ICH SUCHTE ALLEM WAS ICH NICHT
haben kann
DOCH ICH SEH WAS MICH BLENDET
ES LEUCHTET NICHT LANG
ES IST SCHON DA
ES IST SCHON HIER
ES LAG DIE GANZE ZEIT VOR MIR
ES LEUCHTET FÜR DIE EWIGKEIT
ICH WILL DASS ES BLEIBT
DOCH ICH HALT ES NICHT FEST
WEIL
ICH WERD'S MIT DIR TEILEN
es dann WÄCHST
ANDREAS BOURANI

10/2 Gliederung

Je mehr Wörter du hast, desto wichtiger ist die inhaltliche Gliederung. Versuche sorgfältig, deinen Text zu zerlegen und dir noch mehr Gedanken zur Hierarchie zu machen.

Noch mehr Gedanken heißt aber nicht noch mehr Ebenen. Teile auch einen längeren Text in nicht mehr als drei bis vier Hierarchieebenen ein. Gerade bei mehr Text und noch mehr Buchstaben wird es schnell unübersichtlich auf dem Blatt, und dadurch gerät alles schnell ins Wanken. Hast du schon mal Yenga gespielt? Das ist das Spiel, bei dem man viele Klötzchen stapelt. Einfach nur draufloszustapeln, lässt den Turm schnell einstürzen. Daher sei wachsam und bedacht beim Platzieren deines Baumaterials. Versuche, stabile Päckchen zu packen und zusammengehörigen Text zu bündeln.

Textgruppen

Das Aufteilen der Textinformationen ist bei langen Texten ein ganz wesentlicher Schritt. Stell dir vor, du läufst über einen chaotischen Schrottplatz mit Schlafbrille und versuchst, vier Autoreifen zu finden. Natürlich ist dein Text kein Schrott, aber viel Text lässt einen ebenso leicht das Wesentliche aus den Augen verlieren. Daher muss man sich zu Beginn eines langen Letterings noch mehr die Mühe machen, sich seinen Text genau vorzuknöpfen, sonst verliert man sich schnell im Buchstabenhaufen.

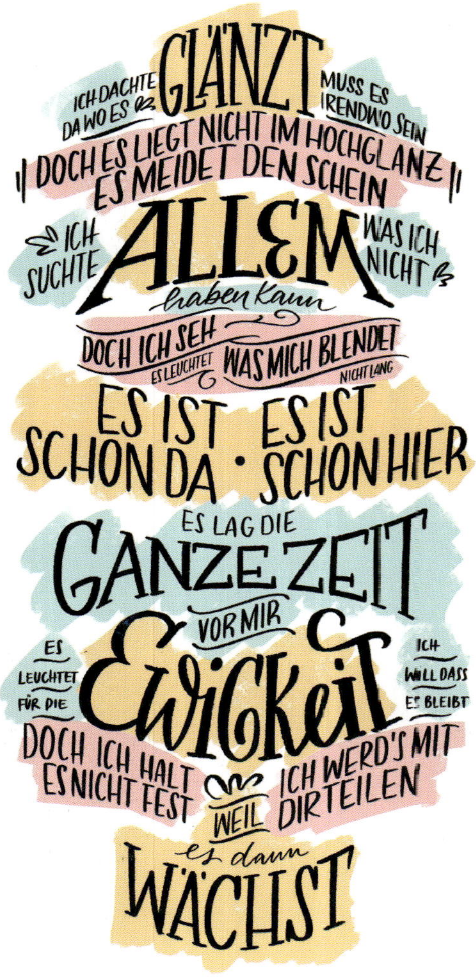

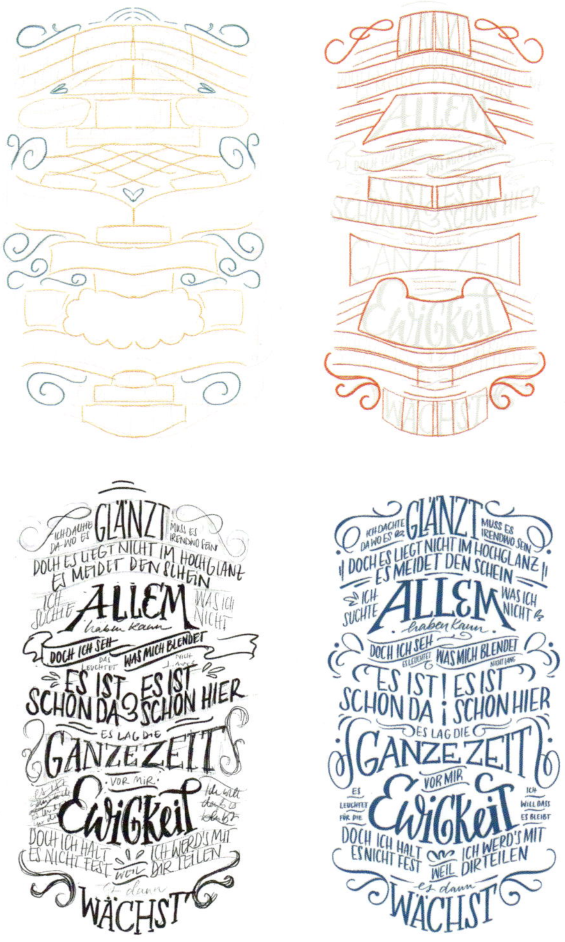

Hierarchie

- Starte immer mit der Priorisierung der Hierarchieebenen.
- Stell dir vor, du liest den Text zum allerersten Mal, oder vielleicht hast du ihn sogar selbst geschrieben. Das erleichtert dir die Gliederung. Welche Abschnitte sind besonders wichtig? Welche Wörter gehören zusammen? Welche Ideen kommen dir und könnten zusammenpassen? Gibt es Fragen oder bestimmte Ausrufe? Gibt es Wörter, die auffallen?
- Markiere dir Beiwörter und Nebeninformationen wie Zahlen oder Ähnliches.
- Lies deinen Text laut, dann kannst du vielleicht sogar einen Leserhythmus ausmachen, der ebenfalls bei der Gliederung hilft.
- Mach dir immer gleich Skizzen zu den einzelnen Textpäckchen oder halte zumindest die Emotion fest, die jeder Baustein mit sich bringt. In diesem Schritt geht es um Emotionen für ein ganzes Textpaket und weniger um das Gefühl zu einem einzelnen Wort.
- Markiere dir nun deine Hierarchieebenen und lege konkret die Wichtigkeit einer Textpassage fest.
- Sehr hilfreich ist es, wenn du zu jedem Textpäckchen eine kurze Miniskizze anfertigst, die noch einmal verdeutlicht: Was ist das Hauptelement? Was sind die Kernaussagen? Was ist das zweitwichtigste Element? Was sind die bei Beiwörter?

Wenn du dich der Hierarchie bei langem Text häppchenweise näherst, hast du eine gute Basis für eine gelungene Lettering-Komposition.

Tipp!

Eine klassisch symmetrische Aufteilung ist bei langen Texten am einfachsten und am Ende sehr dekorativ.

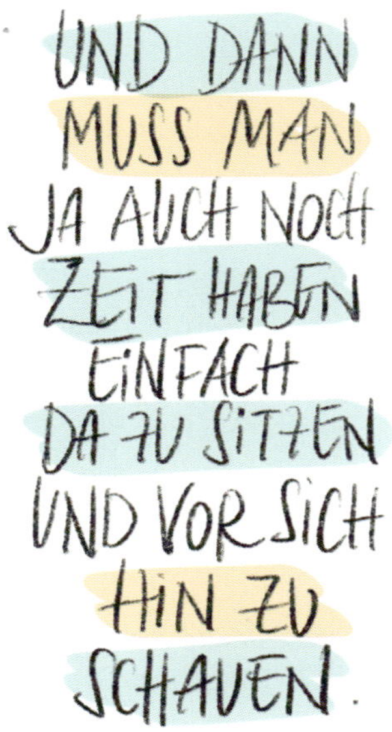

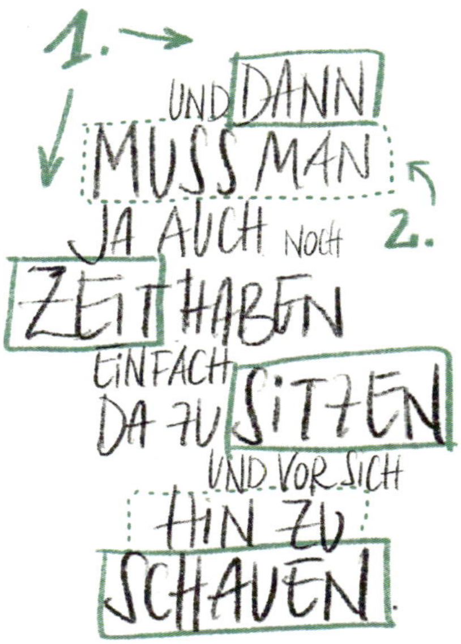

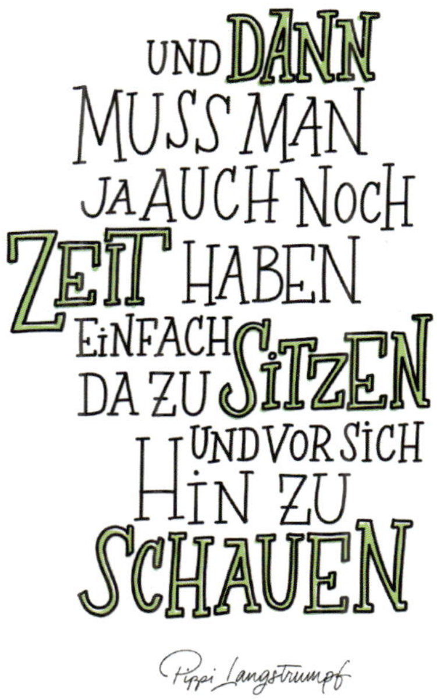

10 / 3 Gestaltung

Emotion

Weise den Hierarchieebenen nun wieder Emotionen zu, aber möglichst wie bei einem kurzen Lettering nur zwei bis drei. Wähle die passende Schriftkombination oder belasse es bei einer Schriftart mit gegebenenfalls verschiedenen Schriftschnitten, was gerade bei viel Text eine wunderschöne Sache sein kann, da du dann sehr großzügig mit Kontrasten umgehen kannst, die der Gliederung und Lesbarkeit guttun.

Schrift

Die Emotion bestimmt wieder die Schriftart. Wähle möglichst nur eine Schriftart als deine Hauptschrift und für alles der Hierarchieebene 1 und damit auch für die wichtigste Emotion, die dein Text vorgibt.

Für weitere Hierarchieebenen wählst du maximal eine zweite Schriftart. Sie kann der Emotion entsprechen oder aber eine dezente serifenlose Schriftart sein, die eher neutral wirkt.

Bei Versalschriften ist es eine schöne Idee, einen Italic-Style (kursiv) für die weitere Hierarchieebene zu verwenden. So bleibt alles übersichtlich und dennoch abwechslungsreich.

Versuche optische Einheiten zu bilden. Deine Textpakete aus der Phase der ›Bauplanung‹ sollen natürlich miteinander und nicht wie einzelne unabhängige Absätze wirken. Dazu sind knappe Abstände hilfreich.

Form & Ausrichtung

Nutze die Symmetrieachse! Lange Texte asymmetrisch auszubalancieren, ist ein sehr schwieriges Unterfangen und extrem zeitaufwendig. Daher empfehle ich dir – wenn du nicht allzu ehrgeizig bist –, dir zur Form deines Letterings nicht allzu viele Gedanken zu machen und die Formgebung eher schlicht zu halten. Keine gemischten Formen oder Kreise oder Spiralen. Eine klassisch symmetrische Aufteilung ist am einfachsten und am Ende sehr dekorativ. Nutze viel mehr deinen persönlichen Stil, deine Lieblingsschrift und deine liebsten Schmuckelemente.

Schmuck

Platziere Schwünge oder Florales, um alles zu verbinden. Vielleicht gibt es Elemente, die schon in deiner Komposition vorkommen und die sich eignen, daraus eine zusammenhaltende Dekoration zu gestalten.

Balance

Besonders harmonisch wird dein Werk, wenn du in allen Himmelsrichtungen miteinander verwandte Elemente nutzt und so dein Lettering gleichmäßig ausbalancierst. Zumindest oben und unten solltest du eine ähnliche Optik wählen und eventuell einen Fokus in der Mitte deines Letterings setzen, dann wird das Auge gleichmäßig durch den langen Text geführt. Die Verzierung soll nur der Zement sein, der alles zusammenhält. Je nach Buchstabenvielfalt ist mal mehr, mal weniger notwendig.

Dein Stil

Du hast alle Freiheiten, deinen eigenen Style zu wählen, solange du ihn im gesamten Lettering konstant durchziehst. Lege bei langen Texten auch besonderen Wert auf deine Buchstabengestaltung. Eine Gleichmäßigkeit der Buchstaben und der Wörter ist sehr wichtig. Daher wähle die Schrift, bei der du dich am sichersten fühlst. Wenn du noch nicht so geübt bist, halte dich besser an kürzere Texte oder ziehe dir sehr viele Hilfslinien.

Tipp!

Zoom out! Denk daran, dass der Betrachter dein Lettering immer als EIN Gesamtwerk sehen sollte. Also immer wieder mit Abstand einen Blick auf dein Werk werfen.

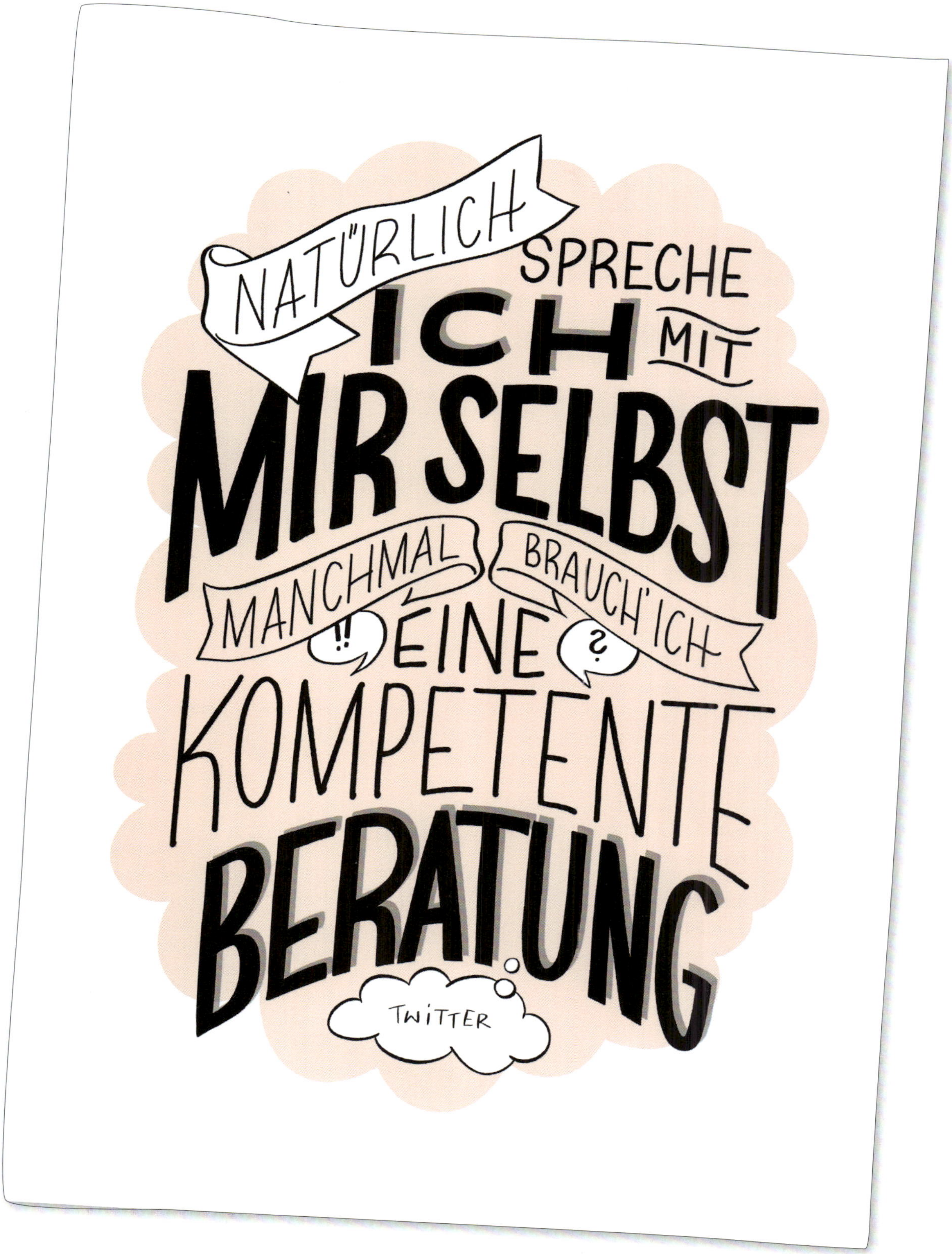
NATÜRLICH
SPRECHE
ICH
MIT
MIR SELBST
MANCHMAL
BRAUCH' ICH
!!
EINE
?
KOMPETENTE
BERATUNG
TWITTER

10 / 4 Übung zu Lesbarkeit & Storytelling

Sehr lange Texte haben mich immer sehr eingeschüchtert, da eine Komposition mit vielen Wörtern sehr schnell sehr komplex wird, und ich habe nur allzu oft die Erfahrung gemacht, dass unkontrollierbares Chaos auf dem Blatt ausbricht. Das Grauen in Buchstaben quasi.

Aber das muss nicht sein!

Wie du auf den letzten Seiten schon gelesen hast, ist es wichtig, dass lange Texte gut zu erfassen und lesbar sind, und das Einteilen in kleinere, kompaktere Abschnitte oder kompakte Abteile oder eben Stockwerke ist sehr sinnvoll. Das führt das Auge und das Werk wird spannender und dekorativer.

Der große Vorteil an kleineren Abschnitten ist, dass du dich während der Gestaltung in überschaubaren Etappen durch dein Lettering bewegst. Stockwerk für Stockwerk. Natürlich benötigst du wie bei jeder Komposition einige Skizzen und einen Plan, zumindest eine Idee und Experimentierfreude, aber der Berg scheint gar nicht so riesig, wenn du ihn Stück für Stück erklimmen darfst.

Bis einem ein Lettering mit viel Text gut von der Hand geht, ist Übung gefragt.

Ich möchte dir gerne eine Übung dazu vorstellen, die wirklich richtig viel Spaß macht:

Gestalte doch mal ein Blatt mit vielen Einzelaussagen, wie etwa diesen:

» dein persönlicher Jahresrückblick

» funny Facts über dich

» deine Ziele für die nächsten Monate

» deine Lieblingsbands

oder einfach, was dir sonst so einfällt.

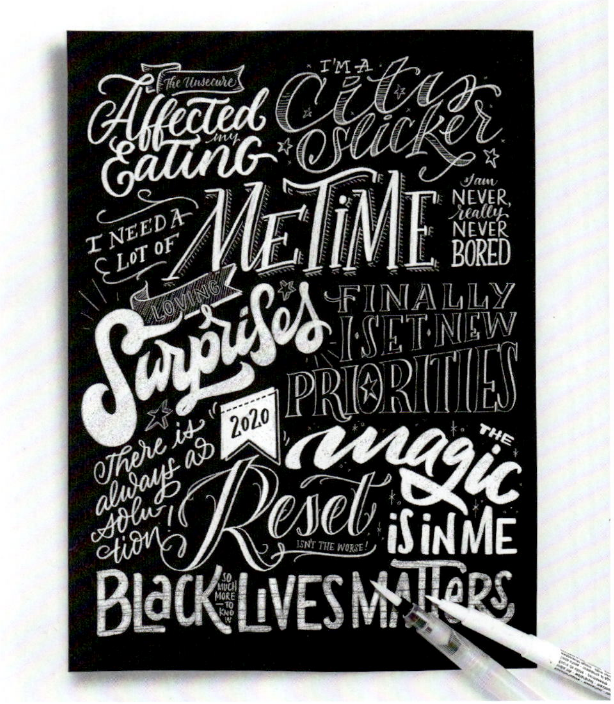

What the Pandemic taught me

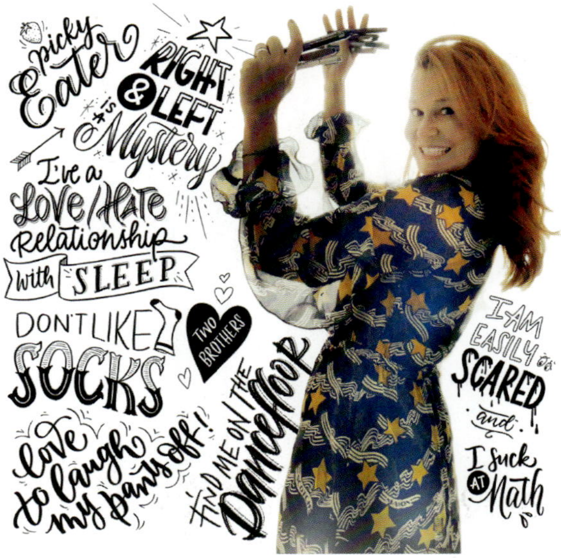

Sushimoon's Fun Facts

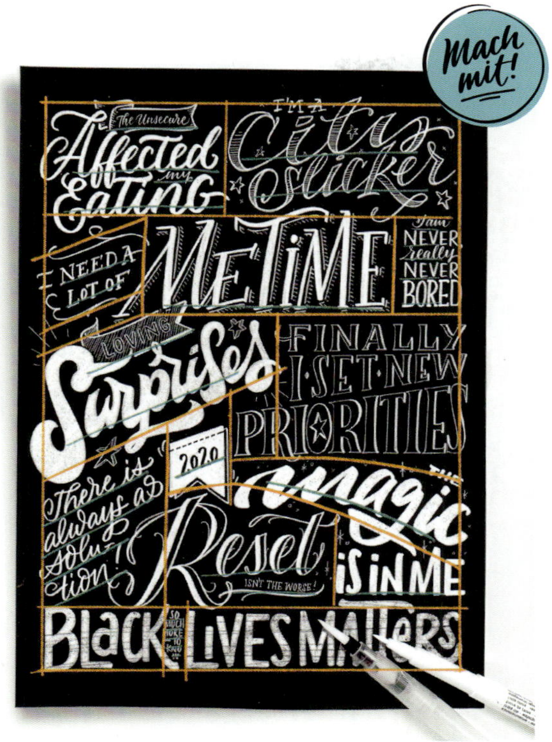

Such dir ein übergeordnetes Thema, das dir richtig Freude macht. Sammle alle einzelnen Botschaften, notiere sie dir und mach am Ende eine komplette Komposition daraus.

» Nimm dir ein Blatt – das Format ist egal – und unterteile es grob in ein Raster mit so vielen Kästen, wie du Aussagen hast.

» Versuche schon ein bisschen zu beachten, wie viele Wörter eine Aussage hat und wie viel Platz sie benötigt.

» Die Reihenfolge ist ganz egal ist. Das ist toll.

» Mach es dir einfach und konzentriere dich bei dieser Übung zunächst nur auf die Gestaltung. Vergiss das mit der Hierarchie. So bekommst du ein noch besseres Gefühl dafür, wie Schriften miteinander harmonieren und wie du Weißräume nutzen oder schließen kannst.

» Versuche jede Aussage im Kasten anders zu gestalten. Kombiniere Schriften und Kontraste. Achte darauf, dass innerhalb einer Aussage, eines Kastens, die Wörter in Harmonie miteinander sind. Der Kasten ist gedacht, versuche nur gestalterisch in der Form zu bleiben.

» Jeder Kasten wird und soll etwas anders aussehen. Wichtig für die Balance deines Gesamtwerks ist, dass zwei ähnliche Stile sich nicht nebeneinander oder direkt aufeinander befinden. Denk an eine Patchwork-Decke, die aus verschiedenen Mustern besteht, aber ein hübsches großes Ganzes ergibt. Die perfekte Balance erreichst du, wenn sich die Optik deiner Aussagen sowohl abwechselt als auch sehr ähnelt.

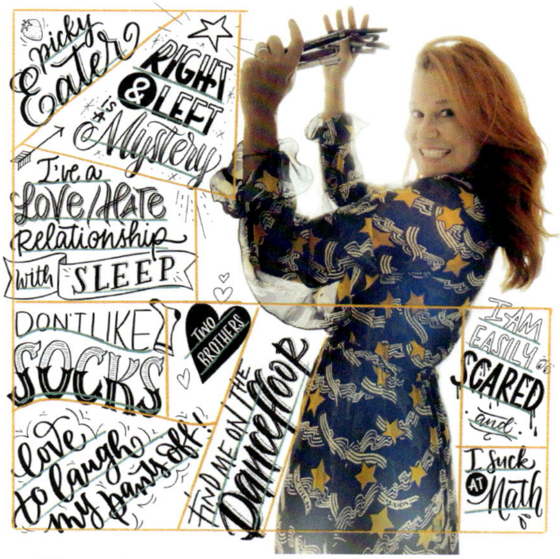

Probiere es selbst einfach mal aus.

Idee

Wenn du gerne mit Procreate arbeitest, nimm dir ein vorhandenes Foto, das zu deinem Thema passt, und platziere deine Facts direkt im Bild. Das Prinzip der kastigen Komposition bleibt gleich.

10/5 Buchstabenteppiche

Eine charmante, wenngleich auch mehr dekorative Variante eines Letterings sind Buchstabenteppiche.

Sie unterscheiden sich etwas von der klassischen Komposition, da Hierarchie kaum eine Rolle spielt. Stattdessen geht es mehr darum, Buchstaben einzusetzen wie bei einem Muster.

Wörter oder Einzelbuchstaben werden ohne inhaltliche Fokussierung aneinandergereiht, um ein mehr dekoratives als lesbares Gesamtbild zu ergeben.

In der Kalligrafie und der gesturalen Schriftkunst entdeckt man Buchstabenteppiche oft als Hintergrund oder aber auch als eigenständige Komposition, die ein komplettes Blatt füllt.

Angelehnt daran können im Handlettering Buchstabenteppiche jede Form haben: kreisrund, eckig oder ganz frei. Sie müssen nicht einmal Sinn ergeben. Lebe einfach deine Freude an Buchstaben hier so richtig aus!

Du hast völlige Freiheit, was die Wahl deines Alphabets angeht und ob du eine oder zwei oder mehrere Schriften nutzt. Jedoch gilt auch hier wieder: Weniger ist mehr und dein Lettering wird gleichmäßig wie ein tatsächlich gewebter Teppich, wenn du bei einer oder zwei Schriften bleibst.

Skizziere dir einfach die Form, die dein fertiger Teppich haben soll, und fülle sie mit Buchstaben.

Oder du fängst einfach mal an, Buchstaben zu platzieren, und schaust während des Tuns, welche Form sich ergibt. Alles ist möglich. Für eine Hintergrundgestaltung z. B. kannst du auch einfach ein Blatt über und über mit Text beschriften und dann zuschneiden.

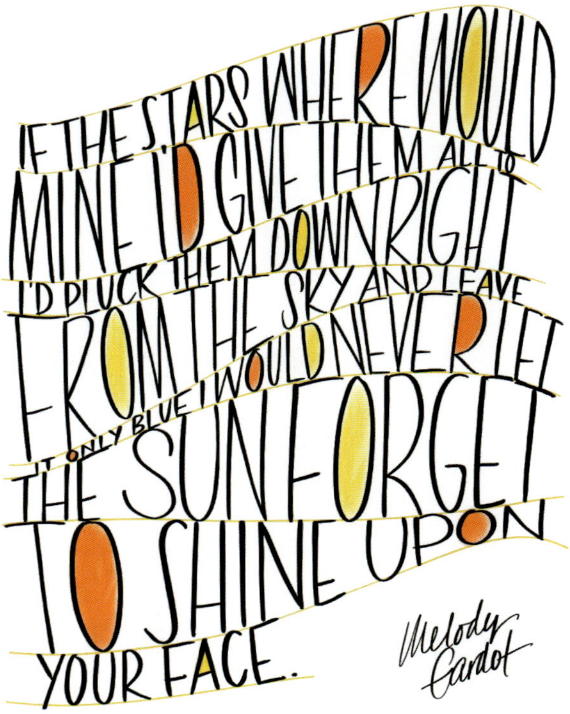

Dann ist aus deinem Lettering ein sehr schönes Muster geworden. Dieses kannst du als Hintergrund für ein Lettering nutzen oder auch als Geschenkpapier oder als Lesezeichen oder, oder, oder ...

Ich mag Buchstabenteppiche so gerne, da es nur um die pure Schönheit von Buchstaben geht, die im Zusammenspiel miteinander eine sehr große Vielfalt zur Dekoration bieten.

Buchstabenteppiche zu schreiben, ist außerdem sehr entspannend. Oftmals weiß ich noch gar nicht, was ich damit mache, aber da das im Prozess meistens nicht so entscheidend ist, mach ich einfach mal und schaue dann, zu was mich die vielen Buchstaben inspirieren.

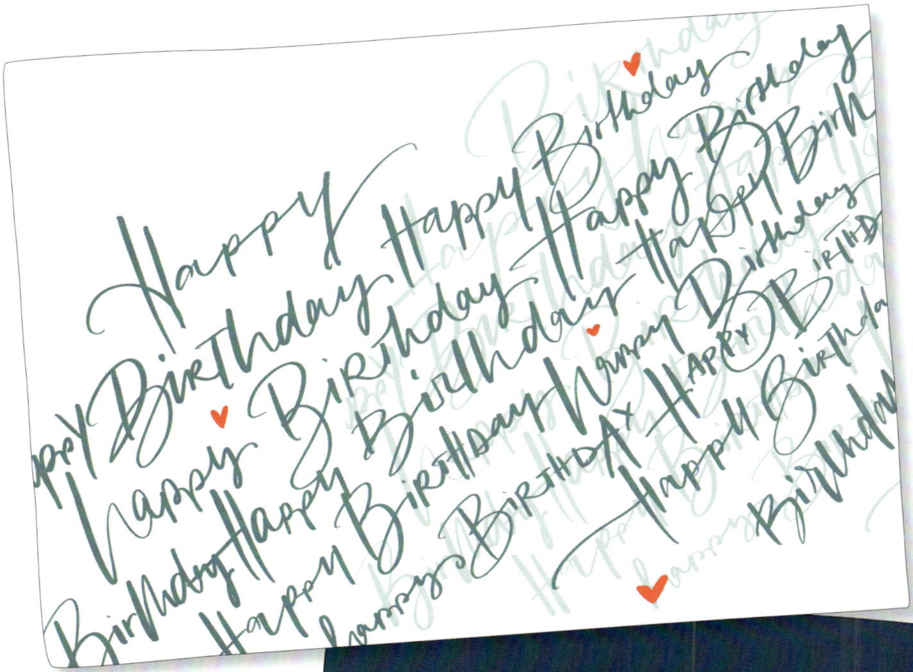
Happy Birthday

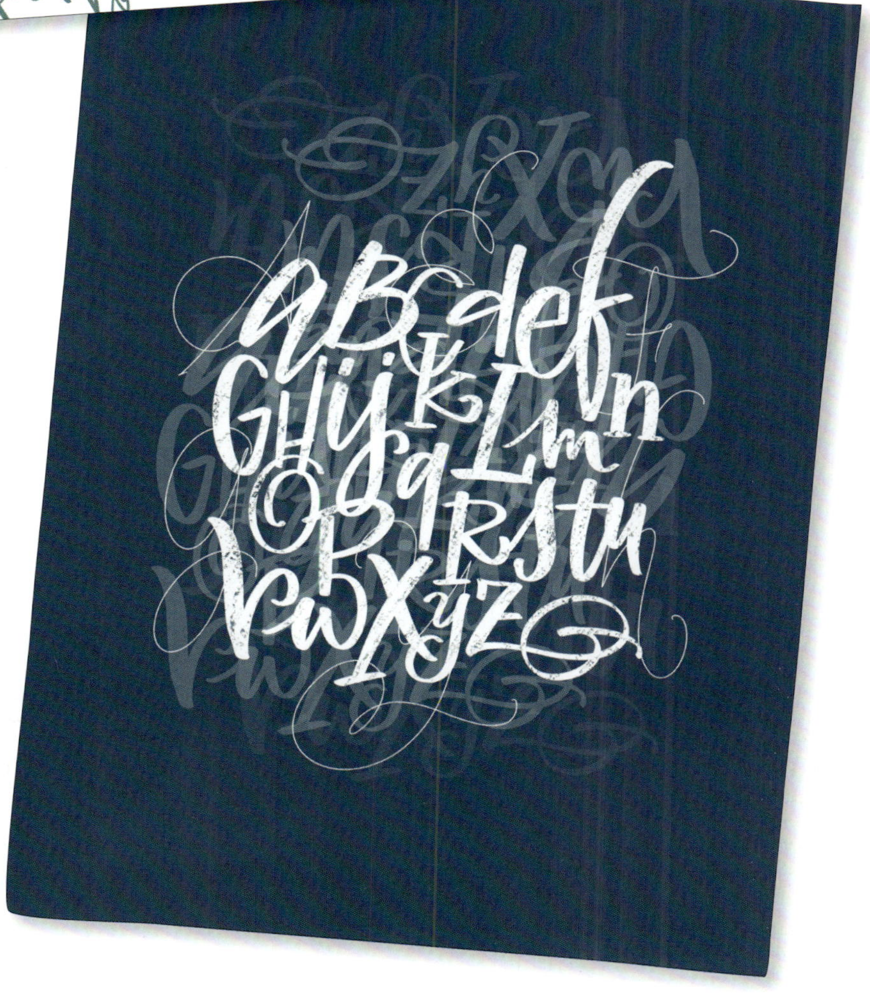

11 / BESONDERE KOMPOSITIONEN

Nicht jedes Haus ist gerade und so groß wie die anderen. So individuell wie die Häuser deiner Stadt sollen auch Schriftbilder und Handletterings sein. Und wenn du dich nun sicher darin fühlst, wie du deiner Komposition Balance verleihen kannst, steht dir natürlich jede Art von Layout, Form und Look zur Verfügung. Du kannst deine Kreativität voll ausleben, indem du deinem Text jede Gestalt geben kannst, die dir persönlich gefällt.

Auf den nächsten Seiten stelle ich dir ein paar Möglichkeiten dazu vor, wie du deinen Text in etwas andere Kompositionen verpacken kannst.

11 / 1 Boxy

Die Überschrift sagt eigentlich alles. Der gesamte Text, alle Buchstaben orientieren sich an einer Kastenform. Sie bewegen sich kaum aus der Box heraus, oder zumindest ergibt das Gesamtlettering eine streng geometrische Form. Gerade in der kompromisslosen Schachteloptik liegt dann der Reiz.

Diese Art der Komposition ist gar nicht so schwierig und dabei sehr effektvoll. Damit unsere Augen die Komposition auch als Box wahrnehmen, gibt es nur ein paar wenige Dinge zu beachten:

- Möglichst wenig bis gar keine Löcher, wie z. B. unnötige Weißräume, entstehen lassen.
- Ausgestaltung bis zu den Formrändern.
- Innerhalb der Box können die Grundlinien, Schriften und Schmuckelemente variieren.
- Geringer Zeilenabstand.

Am einfachsten gelingt das mit Großbuchstaben und einer serifenlosen Schrift. Aber viele kreative Wege führen zu einer Komposition in der Box, und sie eignet sich auch für dekorative Tafeln oder Karten.

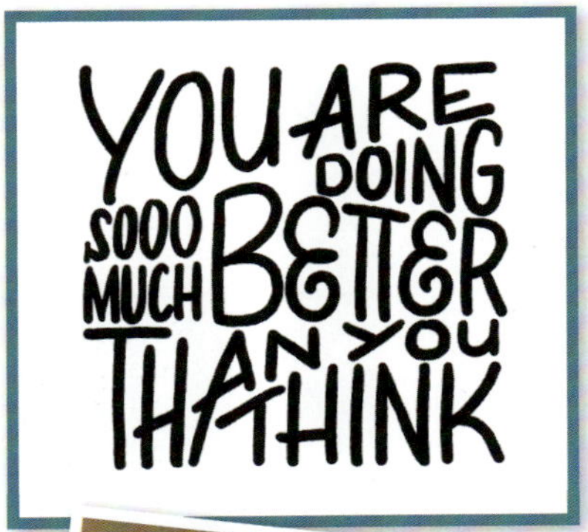

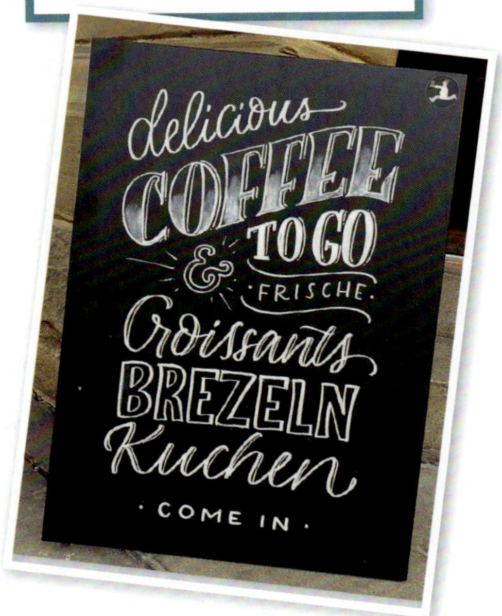

Idee

Toll für Tafeln, da das Layout übersichtlich und dennoch dekorativ erscheint.

Auch mehrere kleine Kompositionen können zusammengefügt ein größeres Boxlayout ergeben, wie du hier bei meiner Komposition mit meinen Lieblingsdingen sehen kannst.

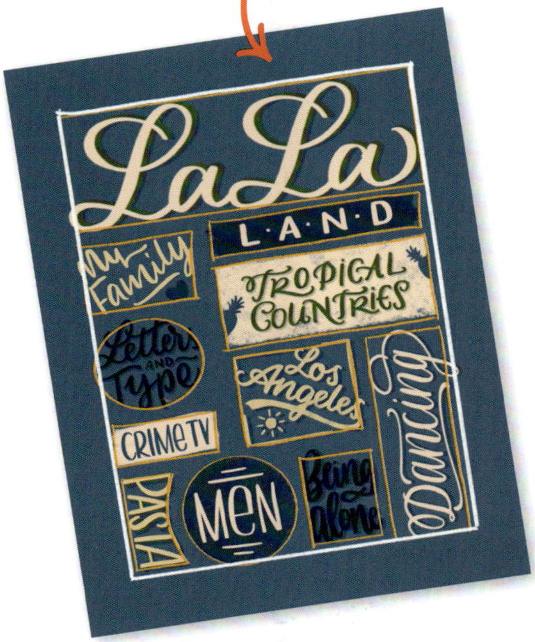

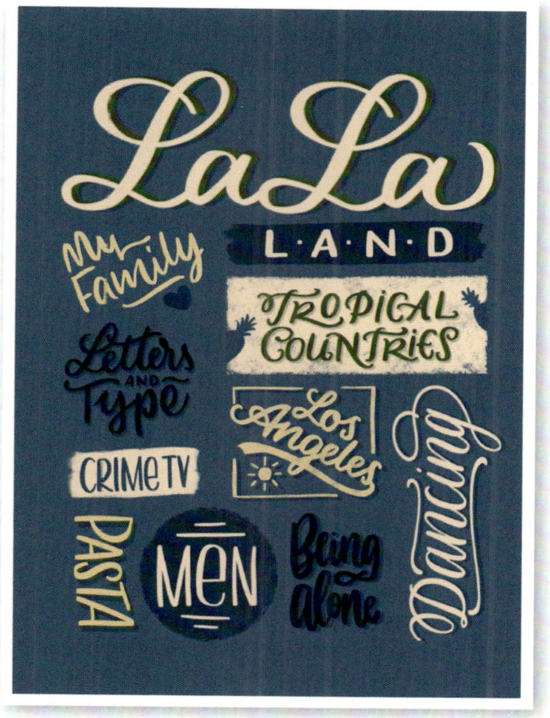

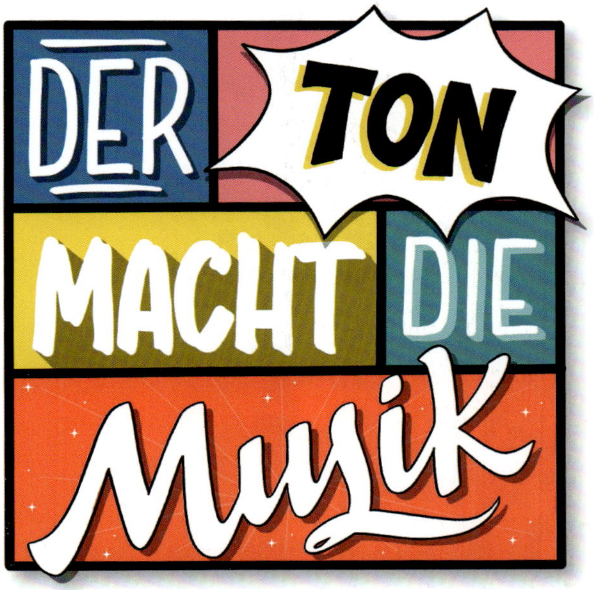

Alternativ kannst du auch einfache kastige Formen zeichnen und diese verschieden befüllen. Die Begrenzung der Kästen bleibt erhalten und schafft ebenso eine fertige Box-Optik.

> **!** ***Achte auch bei dieser Form der Komposition darauf, dass du nicht zu viele Schriften und Stile verwendest.***

11 / 2 Rundherum

Sehr dekorativ sind runde und kreisförmige Letterings. Bei diesen Kompositionen und Layouts geht es meistens nicht so sehr um Lesbarkeit als vielmehr um eine hübsche Gestaltung und die Ruhe, die oft mit diesen runden Kompositionen verbunden ist.

Die sogenannte **Radiale Balance** lässt diese Lettering-Formen so ausgewogen und harmonisch wirken, und die Sogwirkung macht diese Gestaltungsform besonders anziehend.

Es wird unterschieden zwischen Spiralformen, bei denen wie bei einem Schneckenhaus oder einem Labyrinth die Wörter angelegt und von außen nach innen geschrieben werden, und dem wirklichen Kreis, bei dem der Text auf eine meist unsichtbare Kreiskontur gelegt wird.

Beide Formen bieten die Herausforderung, dass die Textgröße, die Laufweite und auch die Buchstabenausrichtung genau platziert werden müssen.

Tipp!

Lass dich von den alten Mönchen inspirieren. Viele sehr beeindruckende Spirallayouts findest du in der Kalligrafie und in Büchern zu historischen Schriften.

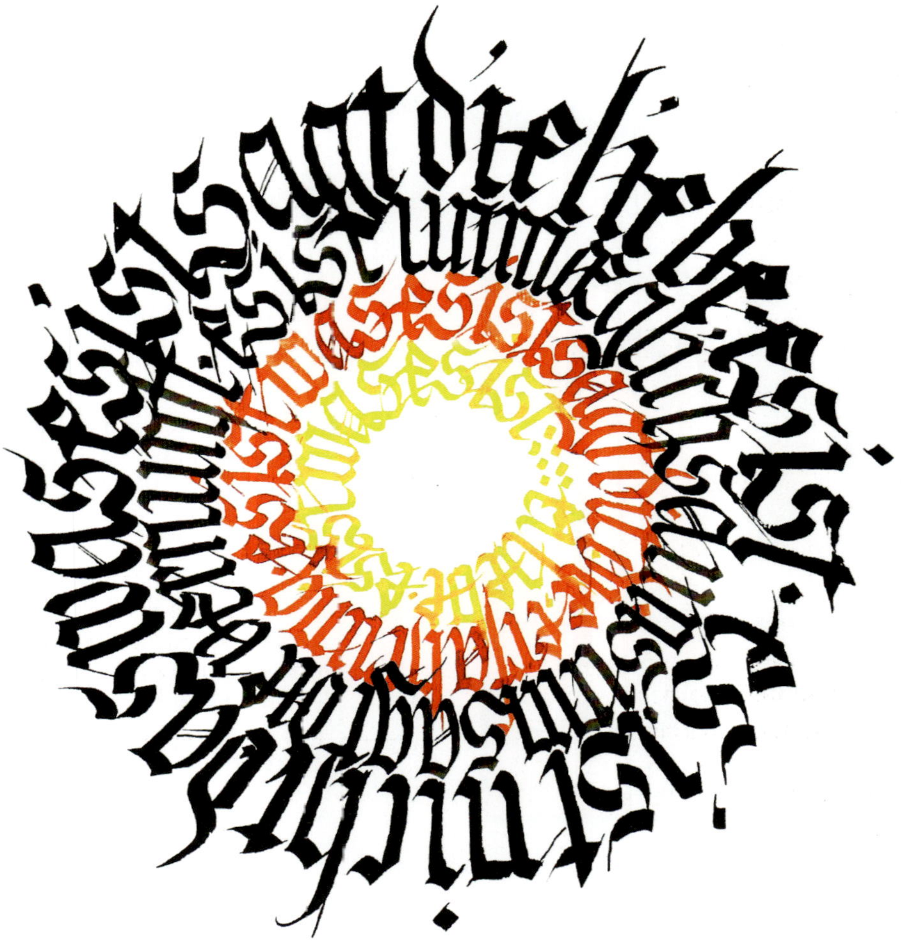

Spirale

Bei einer Spirale, die von außen nach innen geschrieben wird, ist eine aufwendige Konstruktion zwingend. Sonst geht einem nach vielen Zeilen der Schönschreiberei plötzlich der Platz aus. Hier bedarf es vieler Versuche und auch geometrischen Geschicks, um das Verhältnis von Textlänge zu Spiralgröße zu ermitteln.

Mit dem Schreiben innen zu beginnen, würde es zwar viel einfacher machen, den Text einzuteilen, aber es entspricht so gar nicht unserem Schreibfluss, und die Schrift in der Spirale würde schrecklich konstruiert und das Lettering unnatürlich aussehen.

Ein langer Text würde horizontal geschrieben schnell mal mehrere Meter ergeben. Diesen dann gelungen ›einzuwickeln‹, ist eine große Herausforderung und erfordert sehr viel Übung. Eines der wenigen Layouts, bei dem auch ich Freihandkünstlerin zu Zirkel oder Schablone raten würde.

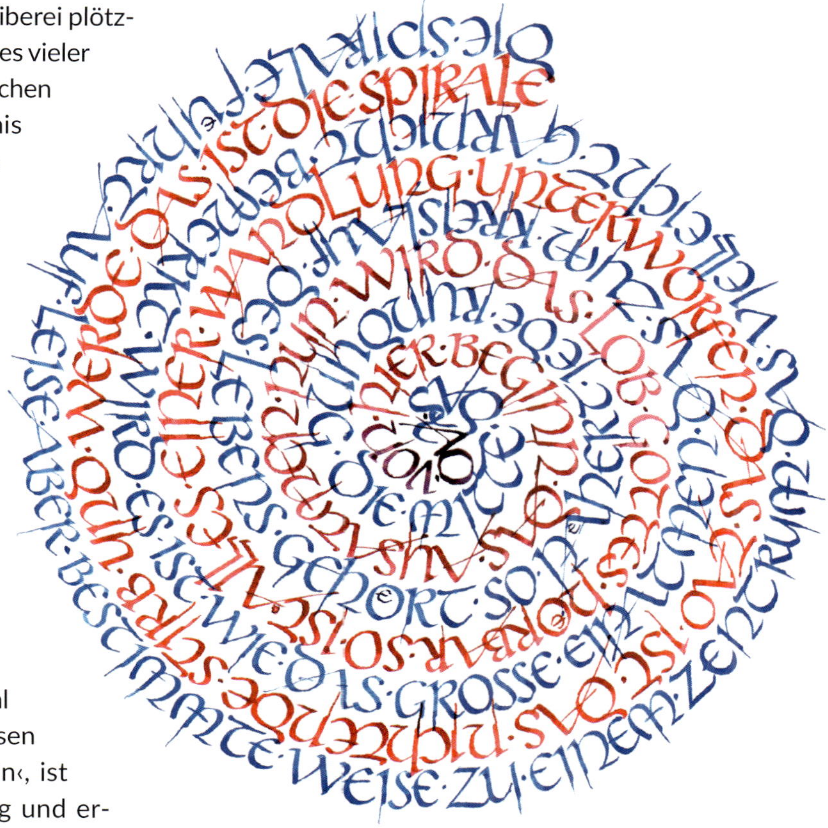

Kalligrafien von meinem Vater Horst Obleser

Bei dieser Art Komposition sind besonders das Kerning, der Buchstabenabstand, und auch der Wortabstand zu beachten. Die Abstände sollten sehr gleichmäßig wirken, aber müssen hier oder da auch optisch angepasst werden. Das heißt, die Abstände können verschieden sein, aber nicht auffällig, sodass am Ende ein einheitlicher Spiralteppich sichtbar ist.

Tipp!

Nimm dir die Zeit und skizziere deinen Text immer wieder mit Bleistift in der Spirale bis alle Wörter ausgeglichen sind und der vorhandene Platz harmonisch genutzt ist.

Kranz

Anders wie bei der Gestaltung IM Kreis wird hier der Text AUF die Kreiskontur geschrieben oder gezeichnet, sodass ein Kranz entsteht.

Diese Gestaltungform eignet sich besonders für kurze Texte. Schwünge und Schnörkel oder Illustrationen können besonders harmonisch und wirkungsvoll in Szene gesetzt werden.

Hier ist die Sogwirkung nicht so auffällig wie bei der Spiralform. Doch wenn du dein Lettering richtig ausschmückst, wirst du feststellen, dass die optische Zentrierung auf den Mittelpunkt auch hier einen großen Reiz ausmacht.

Mach mit!

Lass uns eine Komposition im Kreis zusammen gestalten.

1. Skizziere dir mit dem Bleistift zunächst eine Kreisform (mit Untertasse oder Ähnlichem).
2. Zeichne dir ein rechtwinkliges Kreuz über den Kreis, sodass dieser einigermaßen mittig im Kreis sitzt und die Linien über die Kreiskontur hinausragen. Unterteile dieses Raster nun in weitere Achtel oder mehr, je nachdem, wie viele Führungslinien du wünschst.
3. Beginne nun damit, deinen Text mit Bleistift einzusetzen. Zähle die Wörter deines Textes und verteile ihn auf die Kuchenstücke. Setze das erste Wort nicht oben mittig, sondern beginne weiter links, um eine zu strenge mittige Ausrichtung zu vermeiden.
4. Wähle nur eine Schrift.
5. Nun kann es leicht passieren, dass dein Text nicht gleich komplett reinpasst. Bei der Kreisform hat man eben nur diese eine Linie. Verringere dann den Buchstabenabstand und eventuell den Wortabstand. Überprüfe auch die gewählte Schrift. Es kann vorkommen, dass du eine zu breit laufende Schrift gewählt hast, dann musst du entweder von vorne beginnen und deinen Bleistiftkreis

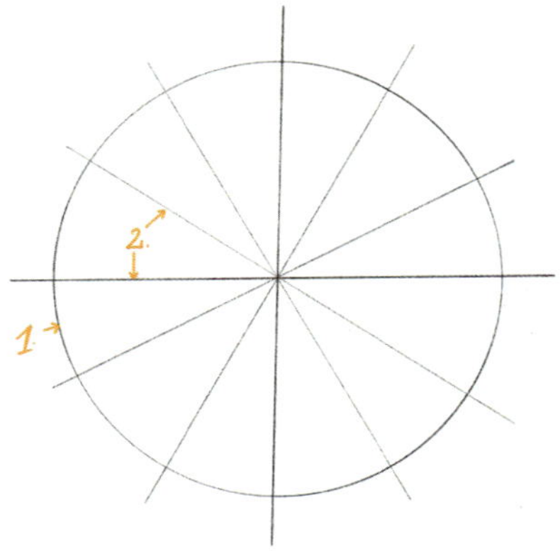

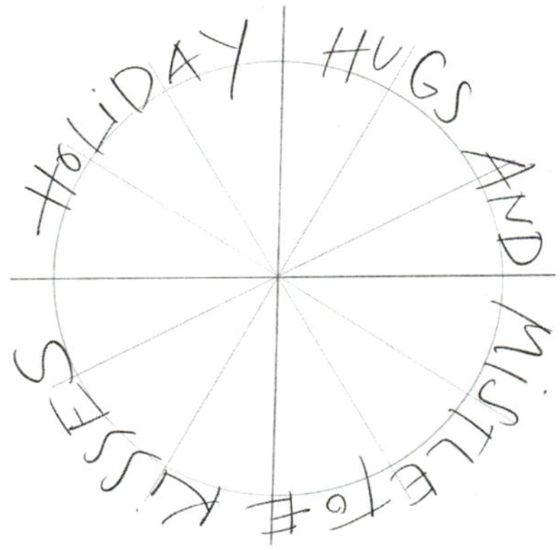

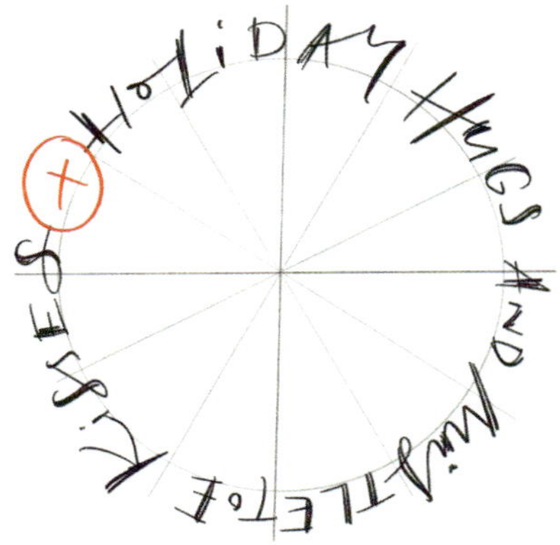

Tipp!

Wenn du dir mehr Halt für deine Buchstaben wünschst, kannst du dir einen zweiten größeren Kreis drum herum zeichnen mit einem Abstand, der deiner gewünschten Buchstabenhöhe entspricht. Einige Abstandsmarkierungen reichen aber in der Regel auch. Ich finde, etwas Unregelmäßigkeit schadet bei dieser Kompositionsform gar nicht.

vergrößern (um mehr Strecke zu gewinnen) oder eine schmaler laufende Schrift wählen. Das ist die Stelle im Prozess der Komposition, an der du die meiste Sorgfalt benötigst. Aber es lohnt sich. Versuche, den Text genau einzupassen, sodass sich zwischen dem ersten und dem letzten Wort nur ein regulärer Wortabstand ergibt. So ein Kreis ist besonders schön, wenn er eine Endloswirkung erzielt. Je nach künstlerischer Freiheit und kreativem Geschmack kannst du Wortabstände ganz gering halten oder auch mal weglassen. Die dekorative Optik steht bei dieser Übung im Vordergrund.

6. Wenn dein Text nun austariert ist, kommt das Feintuning. Je nach Stil und Schrift kannst du deine Buchstaben finalisieren und ausschmücken.
7. Um die radiale Balance noch zu verstärken, kannst du mittig noch ein Schmuckelement oder eine Illustration einfügen oder einen zusätzlichen kontrastreichen Text platzieren, der wie ein kleines Bild wirkt.

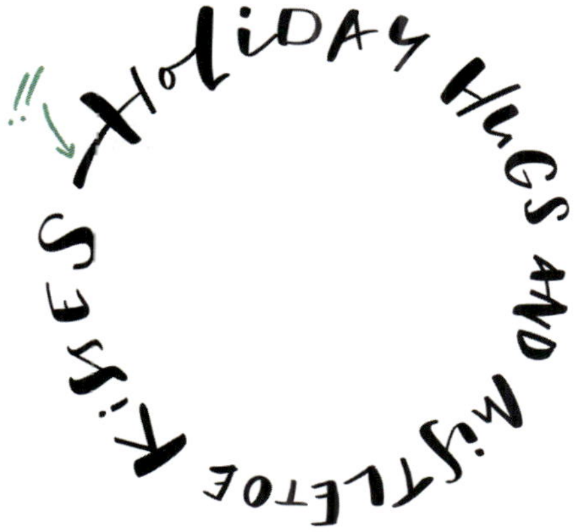

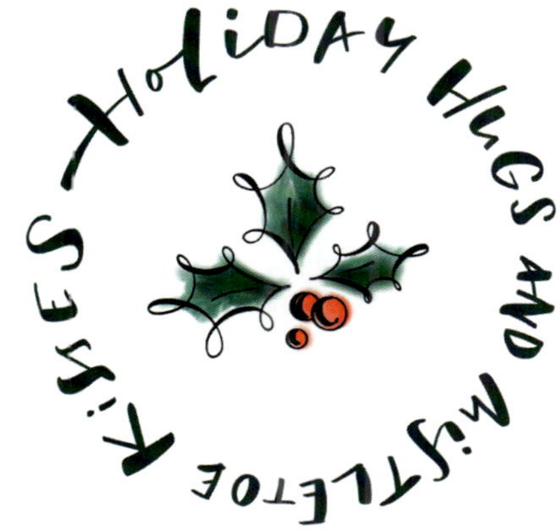

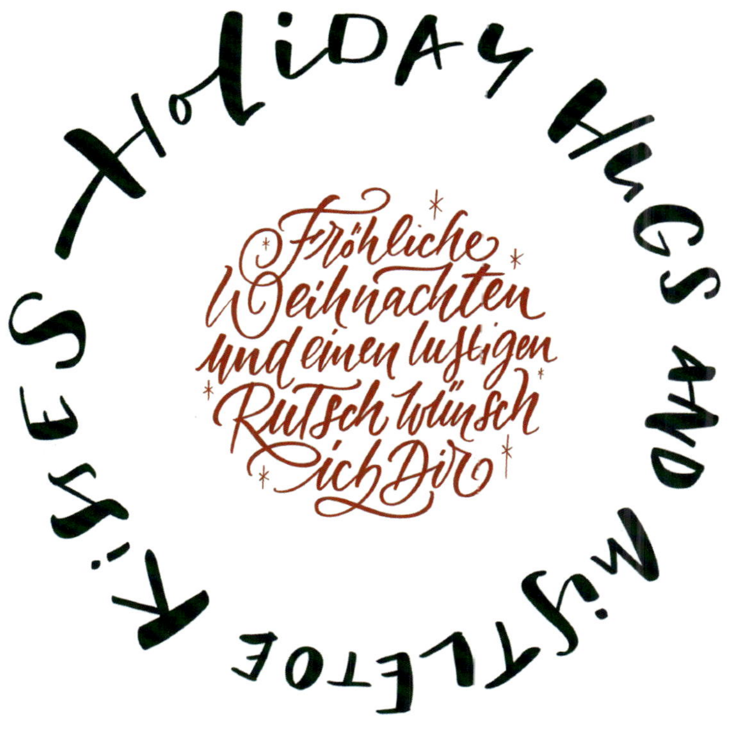

Mit Ornamenten oder Schmuckelementen lassen sich nachträglich noch gut Löcher in der Komposition stopfen.

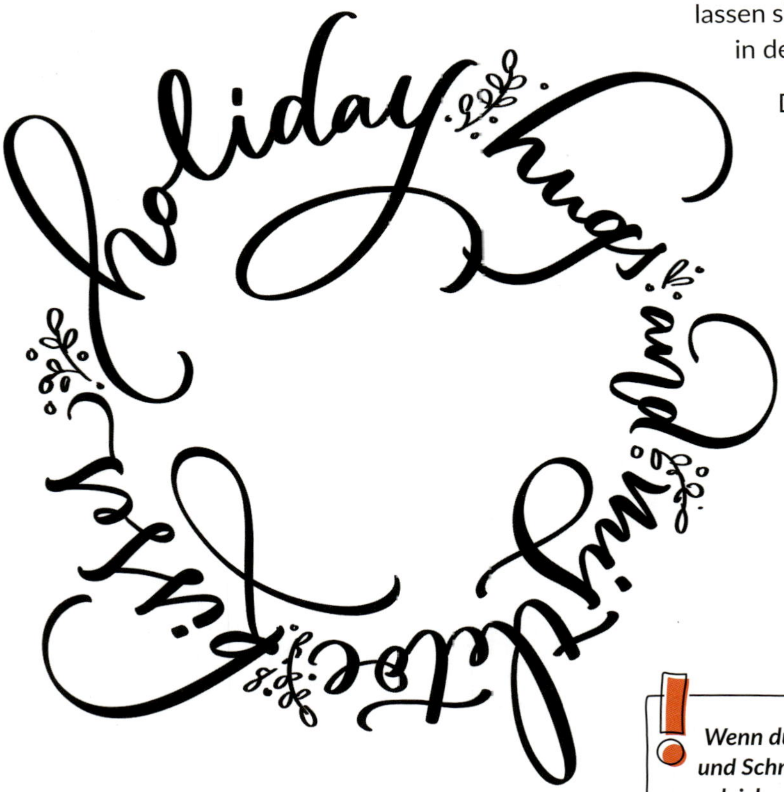

Die Komposition im Kreis erfordert zwar etwas Geduld, bis der Text gleichmäßig verteilt ist, aber der große Vorteil liegt in der natürlichen Symmetrie. Ein Kreis ist die symmetrische Vollendung und kann nicht kippen oder einstürzen und verzeiht auch kleinere Fehler in der Einteilung des Textes oder bei der Dekoration.

> **!** ***Wenn du, wie ich, gerne mit Schwüngen und Schnörkeln gestaltest, achte auf eine gleichmäßige Verteilung der Schlaufen.***

Nutze die Oberlängen und Unterlängen, aber eventuell nicht jede, sodass die Schwünge nicht zu gedrängt an einer Stelle sitzen, sondern sich gleichmäßig um den Kreis herum verteilen. Du kannst Schwünge auch nach innen ›wachsen‹ lassen. Auch hier wieder gleichmäßig. Als Hilfe dienen hier die Speichen deines Rasters. Du erkennst schnell, ob die Kuchenstücke gleichmäßig voll oder leer sind.

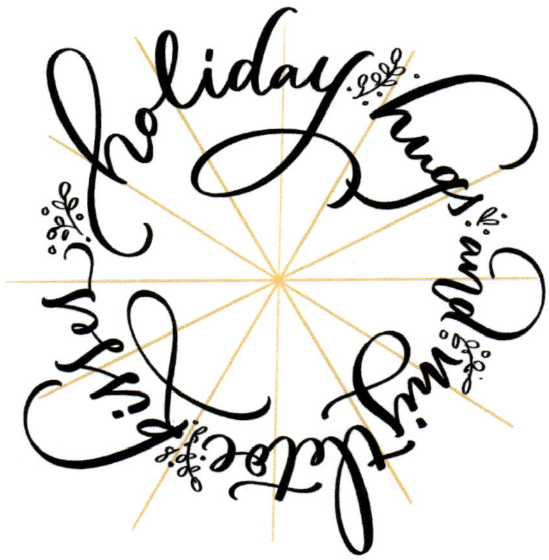

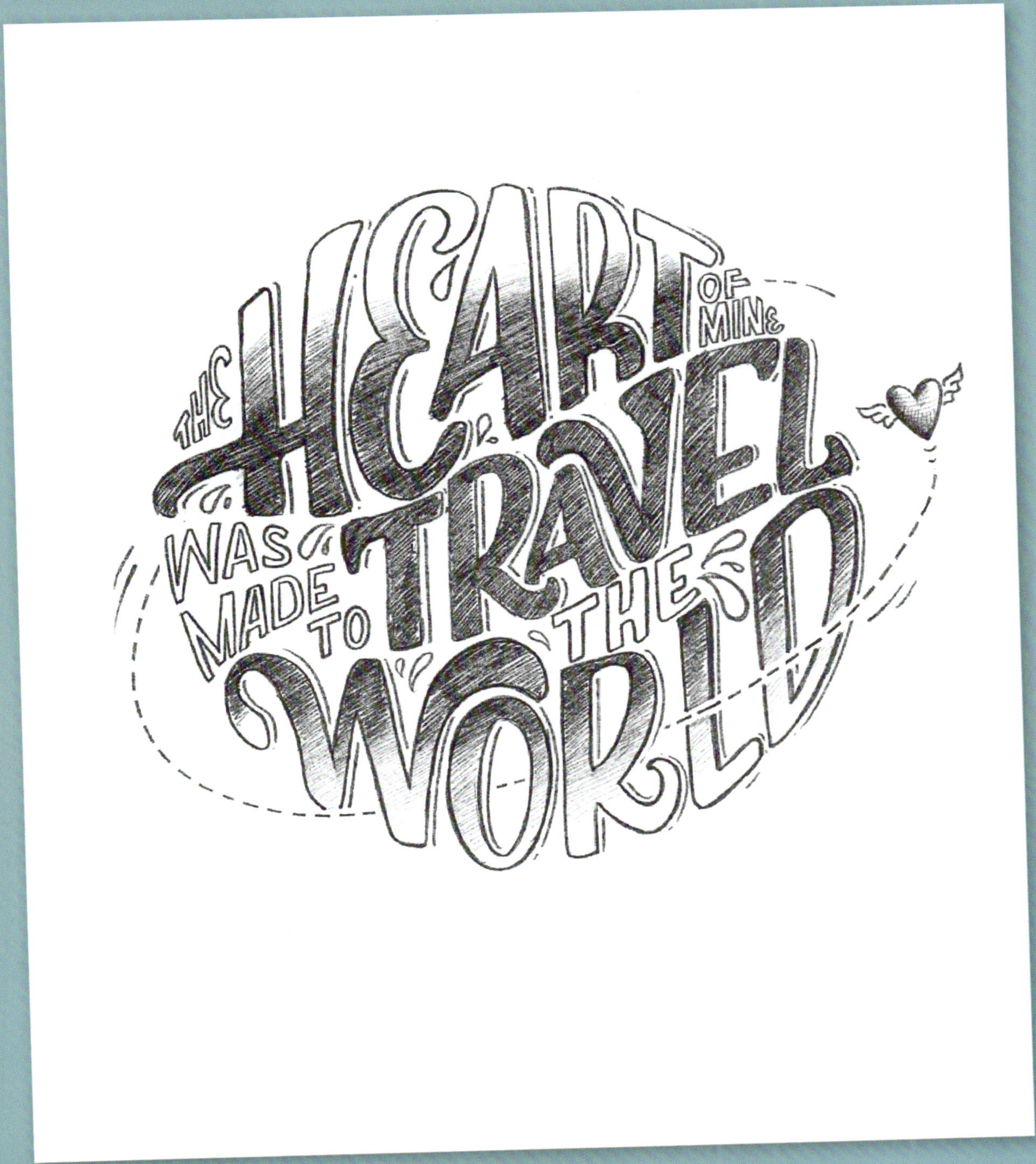

Kreis als Grundform der Komposition

11 /3 Sonderformen & Silhouetten

Diese Lettering-Kompositionen erinnern mehr an Illustration als an Schriftbilder. Hier stehen die Form und das Motiv im Vordergrund. Der Text wird der Form ›nur‹ angepasst. Schrift funktioniert mehr als reiner Transport des Inhalts und als Schmuck eines Motivs. Die Buchstaben sollen sich einfügen und dem Motiv nicht die Show stehlen. Sie sind mehr Muster als Lettering. Manchmal sind sie Formgeber (wie bei Elvis), manchmal füllen sie nur die Fläche oder den Weißraum.

Für das Handlettering in Formen muss man sicher Spaß am illustrativen Zeichnen haben, da das Bildmotiv im Fokus steht. Aber auch kleinere Motive wie ein Herz oder Stern können Spaß machen und sind sehr dekorativ.

Mach mit!

Eine super Übung ist es, das Titelblatt eines Magazins mit Buchstaben zu füllen oder abzupausen und deinen Text einzufügen. Du kannst dem Umriss des Motivs folgen oder einfach den Text beliebig platzieren.

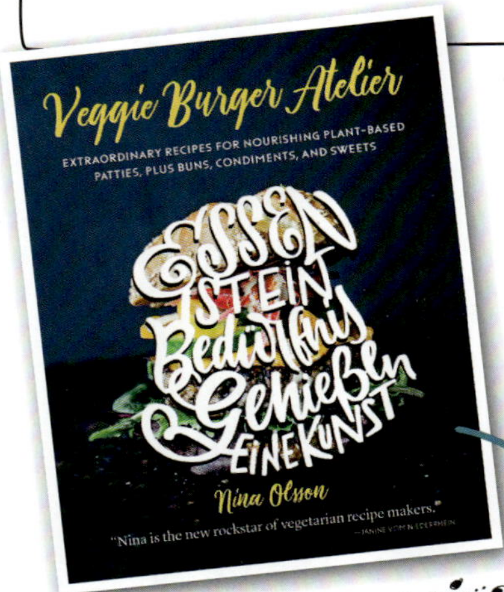

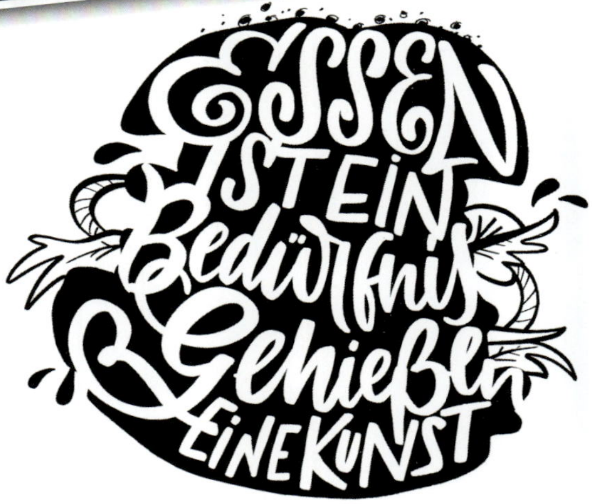

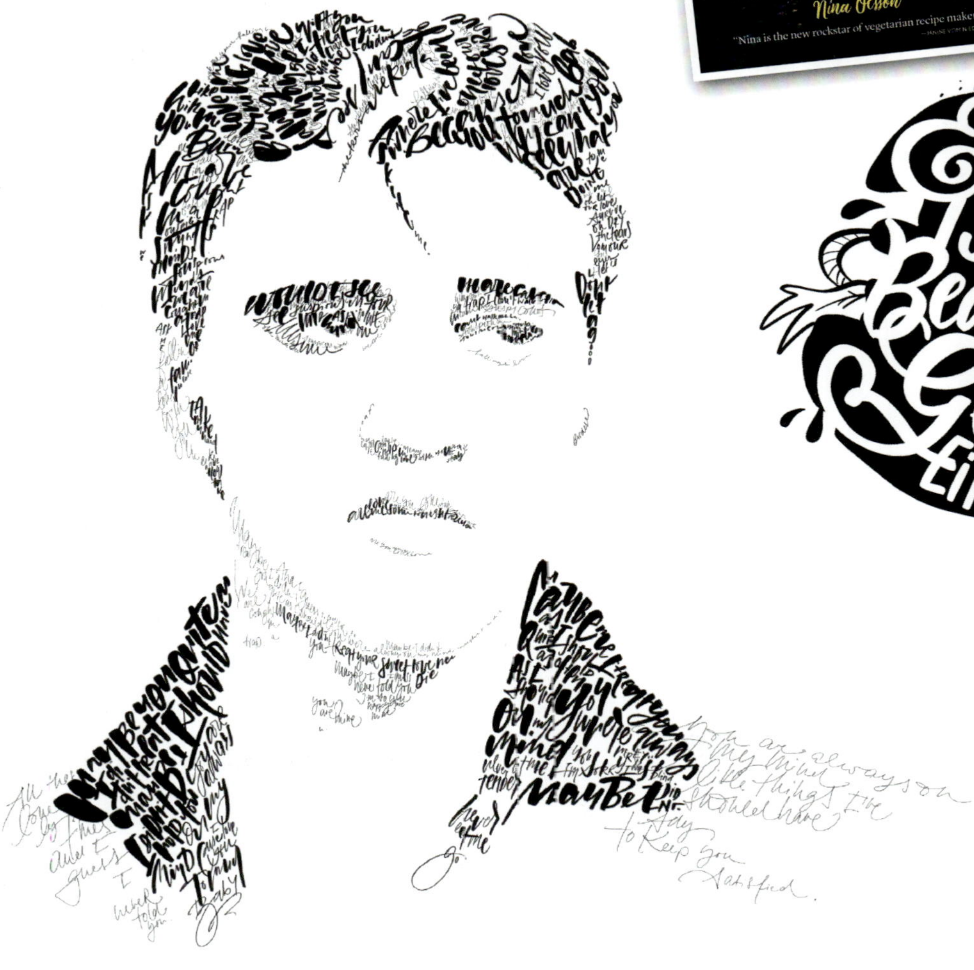

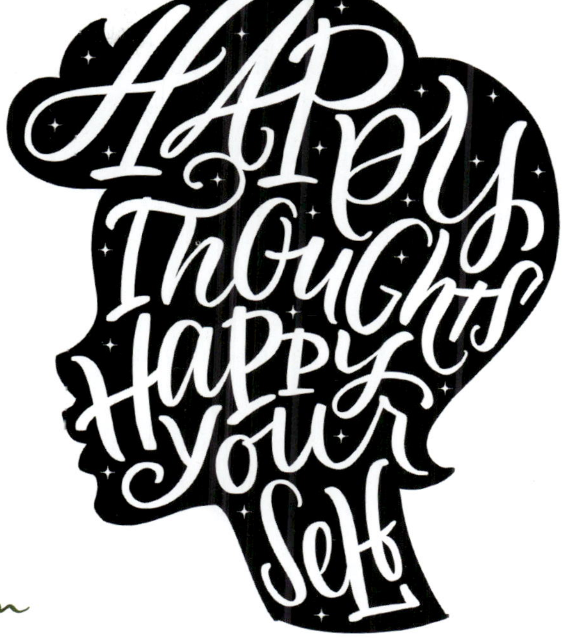
Happy Thoughts Happy Yourself

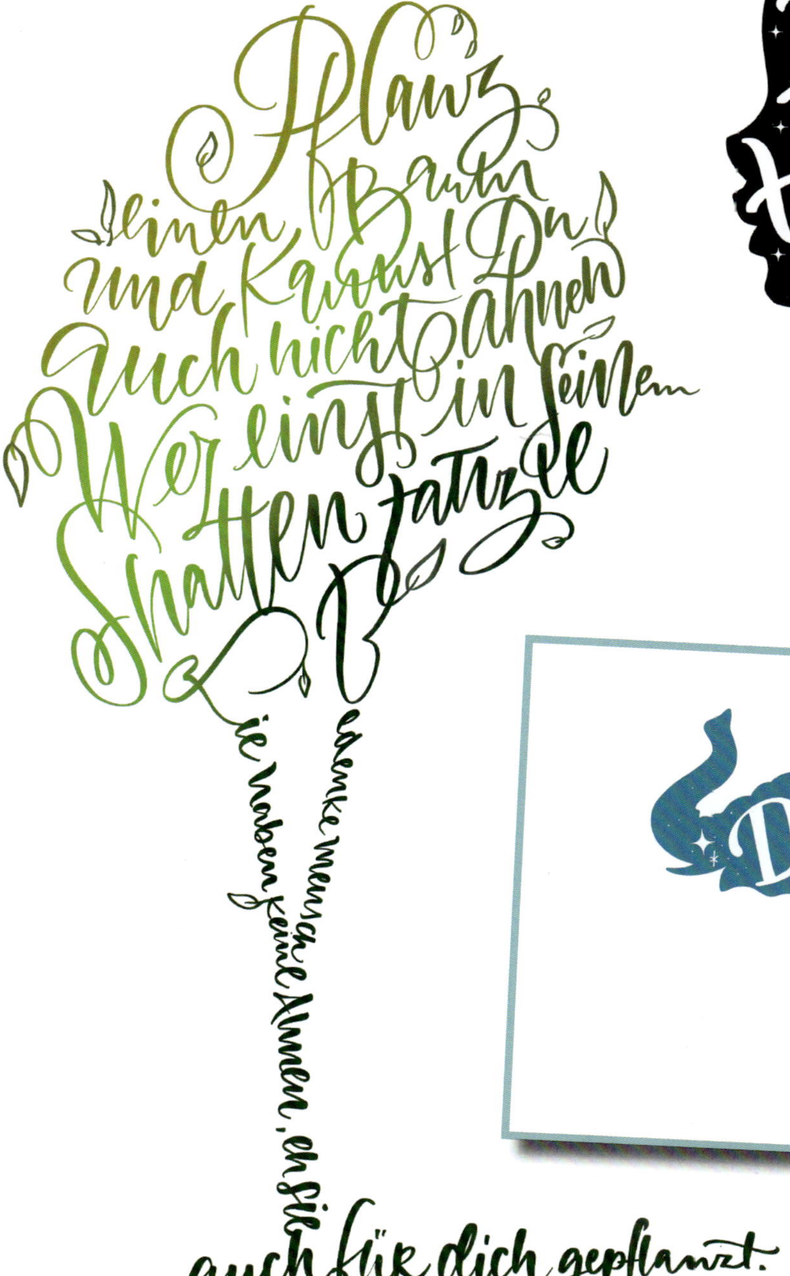
Pflanz einen Baum und kannst Du auch nicht ahnen wer einst in seinem Schatten tanzt
Bedenke Menschen
Sie haben keine Ahnen, eh sie
auch für dich gepflanzt.

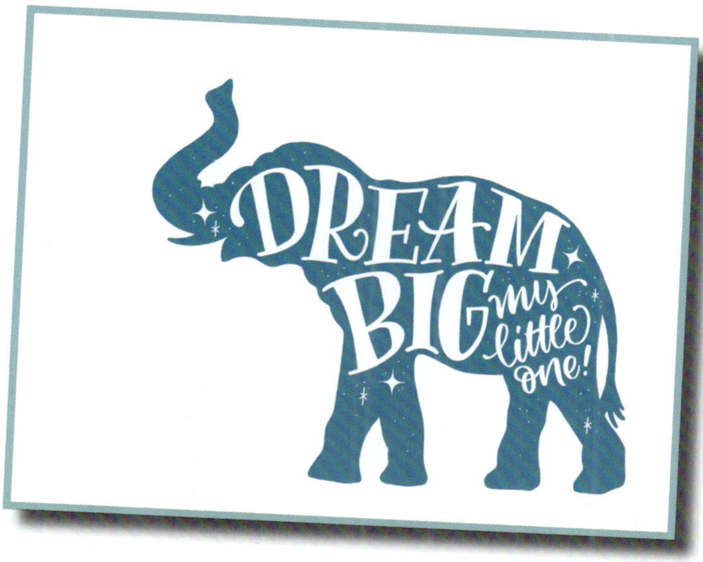
DREAM BIG my little one!

12 / REINZEICHNUNG

12 / 1 Abpausen

Nachdem du nun sicher sehr viele Skizzen, Tests und Versuche auf dem Tisch hast, bin ich sicher, du hast ein Ergebnis, mit dem du zufrieden bist und das du als finales Lettering weiter ausgestalten möchtest.

Dafür ist es schöner, ein ›jungfräuliches‹ Papier zu nehmen ohne Radiergummispuren oder Bleistiftfurchen.

Es gibt verschiedene Möglichkeiten, deine rohe Skizze nun auf dein Wunschpapier zu übertragen.

Am Fenster

Nimm die finalste deiner Skizze und fahre die richtigen Linien noch mal mit dem Bleistift und viel Druck nach oder auch mit einem dünnen schwarzen Stift, je nachdem, wie dünn und durchscheinend dein finales Material ist und wie viel Kontrast deine Skizze haben muss, damit sie durchscheint.

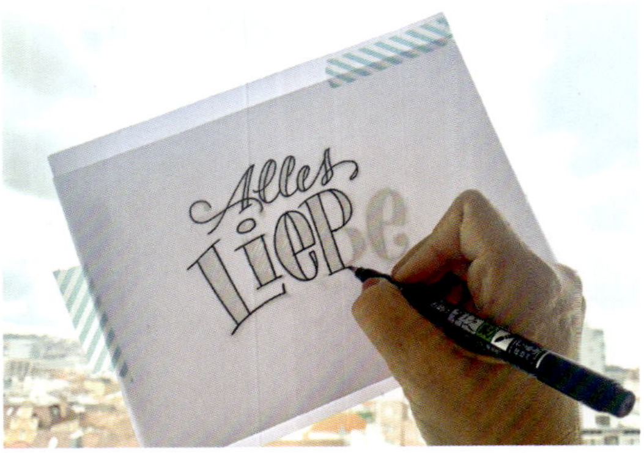

Dann einfach ans Fenster kleben oder auch nur halten und darüber dein endgültiges Zeichenpapier. Mit Bleistift und leichtem Druck nun einfach abpausen. Fertig.

Mit dem Leuchttisch

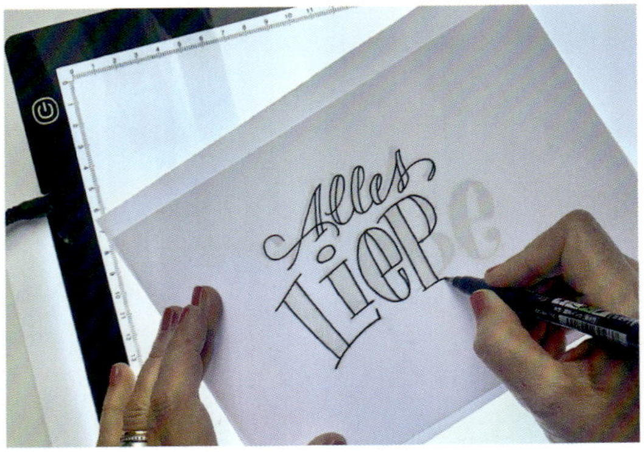

Die Luxusvariante zum Abpausen ist ein Leuchttisch oder ein LED-Lightpad. Damit ist das natürlich deutlich bequemer, da du am Tisch sitzen kannst und die Lichtquelle bei den meisten Geräten lichtstark ist, sodass du auch durch etwas dickeres Papier durchsehen und leichter abpausen kannst.

Wenn du viele Handletterings gestalten möchtest, kann ich dir die Anschaffung eines LED-Lightpads wirklich nur empfehlen.

Idee

Alternativ kannst du dir einfach eine Lampe unter einen Glastisch stellen oder eine angeschlossene Glühbirne oder Lichterkette unter eine gläserne Auflaufform legen. Fertig ist dein DIY-Leuchttisch!

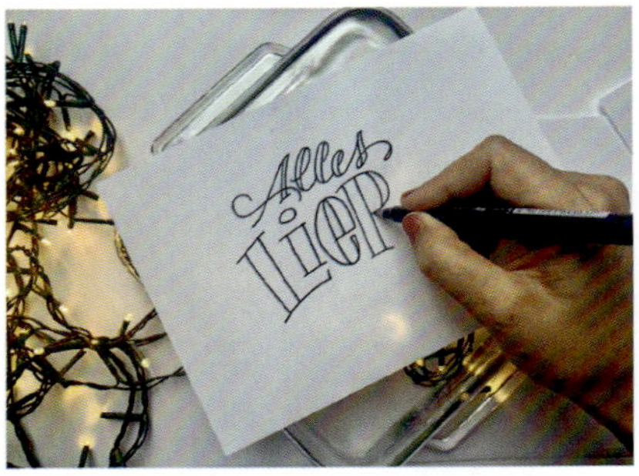

12/2 Transfer mit Grafit

Wenn du farbiges oder blickdichtes Papier wie ein Grußkarte oder einen Kraftkarton für dein Lettering verwenden möchtest, lässt sich deine Skizze nicht einfach abpausen. Hierfür eignet sich diese Transfermethode.

Bereite deine Skizze auch hier wieder vor und fahre die finalen Linien eventuell noch mal dicker nach, damit du sie gut erkennst und von anderen unfertigen Linien unterscheiden kannst.

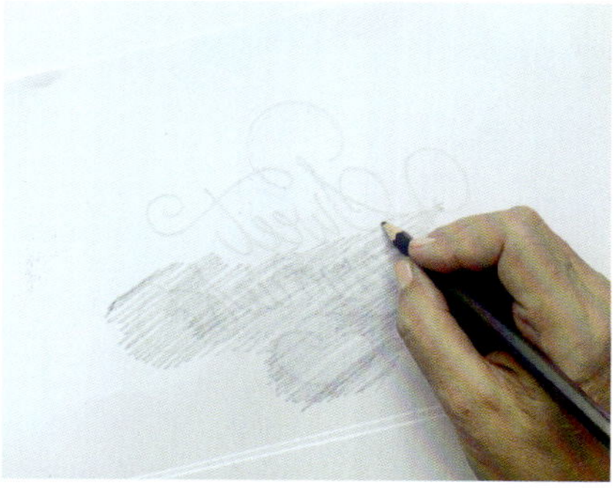

1. Dreh dein Blatt nun um und schraffiere auf der Rückseite deines Letterings mit flachem Bleistift locker über deine Skizze – so, dass deine komplette Zeichnung mit Grafit bedeckt ist.

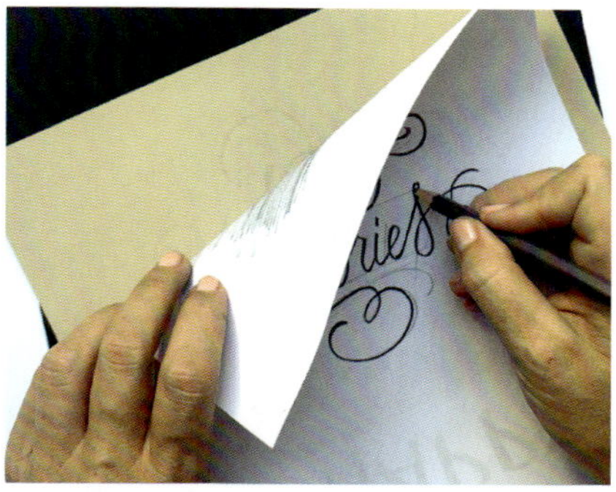

2. Drehe nun dein Blatt wieder richtig herum und leg es auf dein ausgesuchtes Papier. Funktioniert auch bei dunklem oder schwarzem Papier und teilweise sogar anderen Materialien.

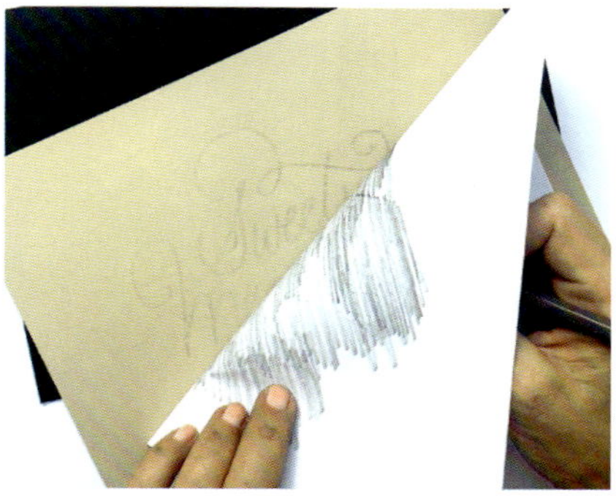

3. Fahre nun jede Linie deiner Skizze noch mal mit dem Bleistift nach. Hier musst du etwas Druck ausüben. So wird das Grafit als Abrieb an den überzeichneten Konturen auf dein Zeichenpapier gedrückt, und eine Skizze bildet sich leicht als ›Gespensterzeichnung‹ ab. Überprüfe immer mal wieder, ob du nicht verrutscht bist.

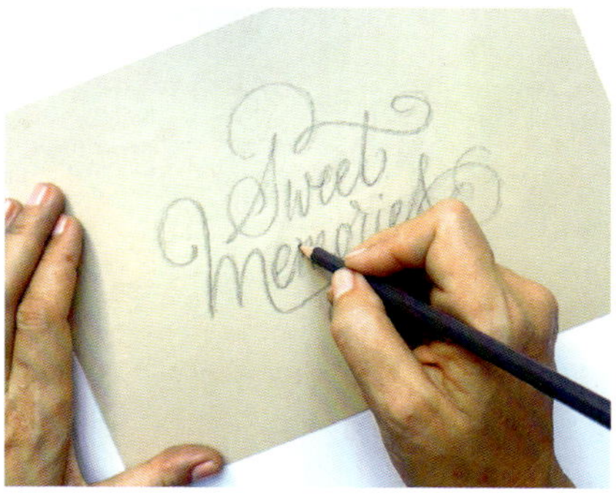

4. So entsteht eine neue fertige Bleistiftskizze. Diese lässt sich nun natürlich noch mal optimieren oder gleich mit deinen gewählten Stiften und Farben finalisieren.

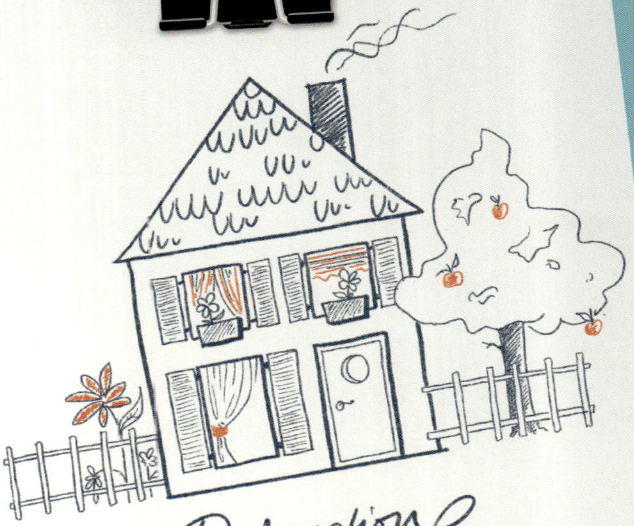

Dekoration

TEIL 5

DEKORATION

Achtung, jetzt wird's bunt. Komposition und Layout wirken nur durch das harmonische Miteinander von Schriften und Elementen und ihre perfekte Balance. Wenn dein schwarz-weißes Haus nun prächtig dasteht, wird es ein Leichtes werden, deinem neuen Lettering einen Anstrich zu verpassen oder noch einen Garten darum herum zu pflanzen. Schau dir auf den nächsten Seiten an, wie Farbe und Verzierung dein Werk weiter verschönern oder deine einfarbigen Kontraste noch besser hervorbringen.

Kapitel 13 Farbgebung
Hier gebe ich dir Tricks & Tipps, wie du deinem Werk noch einen Farbkick verleihst, ohne die Komposition zu ruinieren.

Kapitel 14 Verzierung
Last, but not least findest du in diesem Kapitel einige Anregungen zur perfekten Platzierung von Verzierungen rund um dein Handlettering.

13 / FARBGEBUNG

Vielleicht hast du dich schon gewundert, warum die meisten Letterings in diesem Buch schwarz-weiß sind, oder vielleicht warst du auch froh, dass du dich gar nicht erst um das Farbthema kümmern musstest. Vielleicht bist du Schwarz-Weiß-Fan so wie ich – oder auch gar nicht, und du freust dich, dass es jetzt doch noch etwas bunter wird in diesem Buch.

Über die Gestaltung mit Farben gibt es Unmengen von wundervollen Büchern. Auch gibt es Bücher über das nachträgliche Kolorieren mit Farben, und vielleicht machst du intuitiv schon alles richtig.

Daher möchte ich dir in diesem Kapitel nur das Wichtigste mit auf den Weg geben, damit du bei einer gelungenen Komposition nicht Gefahr läufst, dass dein neu erbautes Haus wieder zusammensackt, weil der Anstrich zu knallig, zu viel und zu laut geworden ist.

Dein Lettering mit all seinen Buchstaben soll im Fokus bleiben. Ansonsten wäre wahrscheinlich eine Form der Malerei mit seinen wundervollen Bildwelten sinnvoller.

13/1 Komposition sticht Farbe

Farben können dein Lettering noch attraktiver machen oder aber auch von deiner Komposition zu sehr ablenken. Selbst bei einer Schwarz-Weiß-Komposition wird durch viel Kontrast dein Lettering so lebendig, als wäre es in Farbe. Daher benötigt ein harmonisches Handlettering auch eine Farbplanung.

Für geübte Handlettering-Komponisten und Wortgestalterinnen passiert das schon während des ›Hausbaus‹. Oder vielleicht gibt es sogar schon ein Farbidee, bevor überhaupt die Idee für ein Lettering steht.

In diesem Kapitel zeige ich dir, wie du Schritt für Schritt deine vielleicht sogar während des Lesens dieses Buchs erstellte Komposition nun bunt werden lassen kannst.

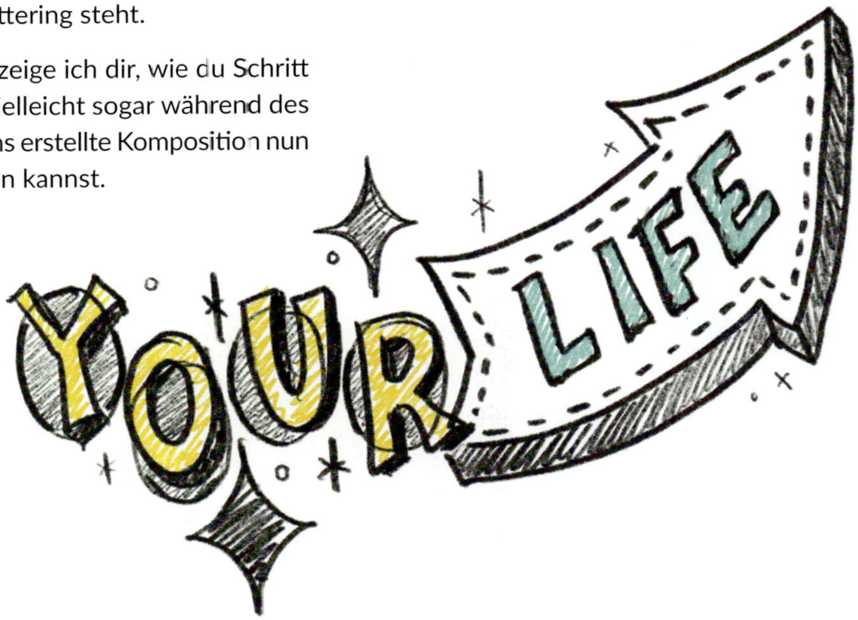

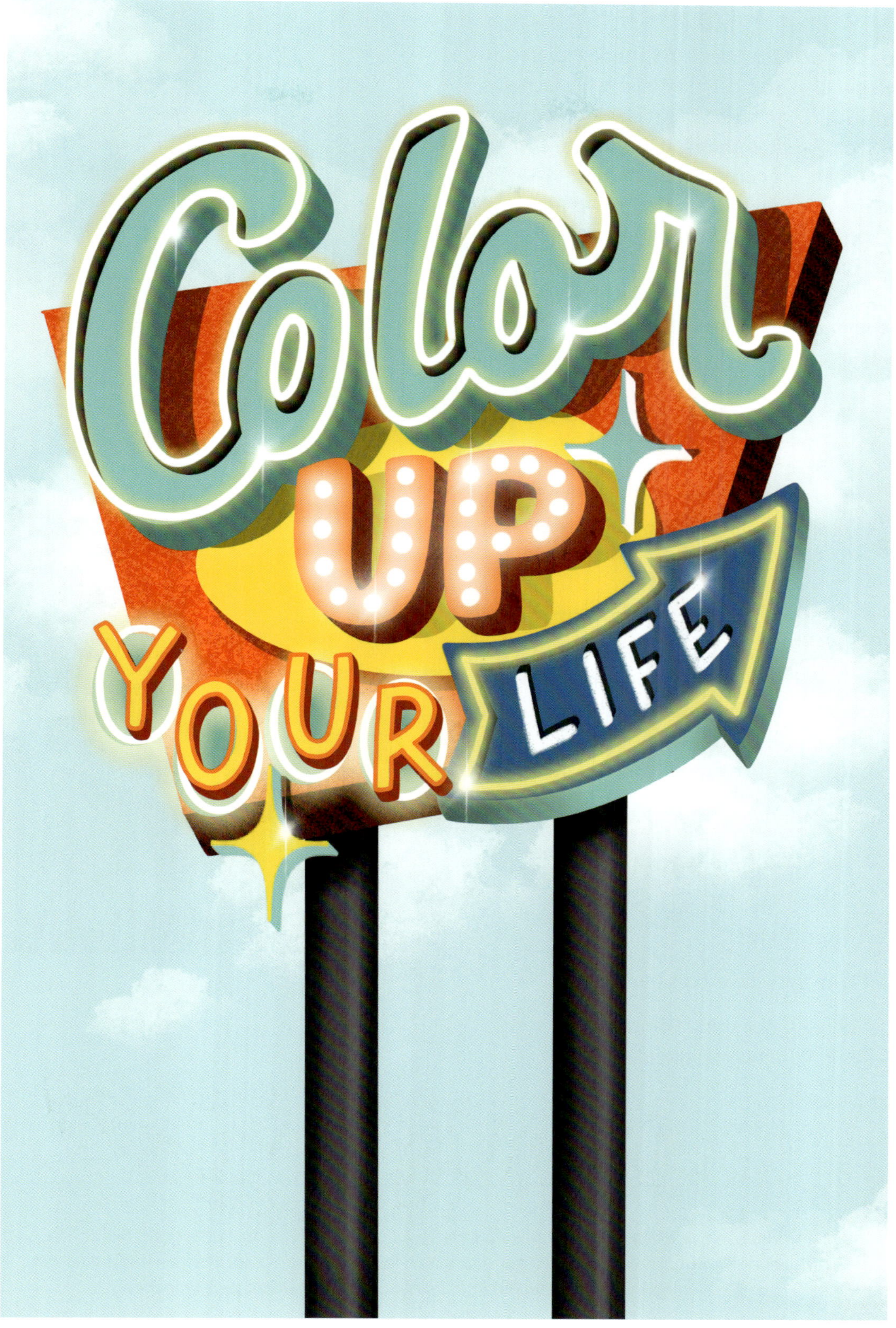
Color
UP
YOUR
LIFE

Schwarz-Weiß & Graustufen

Skizziere und zeichne dein Lettering immer zuerst mit Bleistift oder mit Bleistift und schwarzen Stiften. Nur so lässt sich eine Komposition wirklich fundiert erstellen. Kontraste können leicht herausgearbeitet werden, und Weißräume werden besser entdeckt. Das heißt nun nicht, dass es keine Zwischentöne geben soll. Ganz im Gegenteil. Jetzt ist der Zeitpunkt für Bleistiftschattierung oder schwarze Schraffuren und Muster. Sie sind die Vorstufe zur Farbe.

Ich nenne sie Graustufen-Skizze.

Diese Art der Skizzen sind die Ausgangszeichnung für dein farbiges Werk.

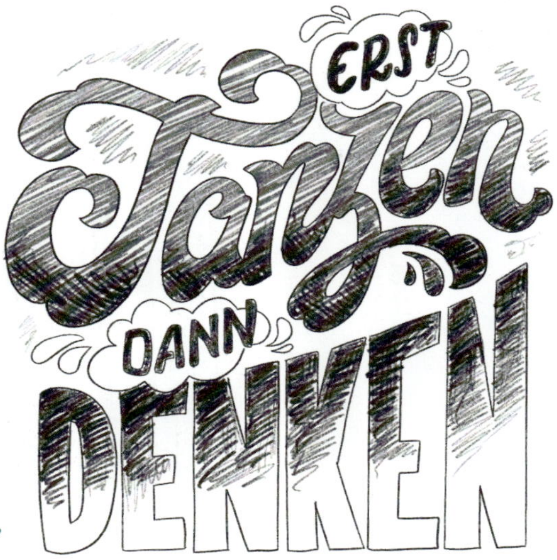

Wenn eine Komposition in schwarz-weiß nicht stimmig ist, wird die Farbe es kaum retten können.

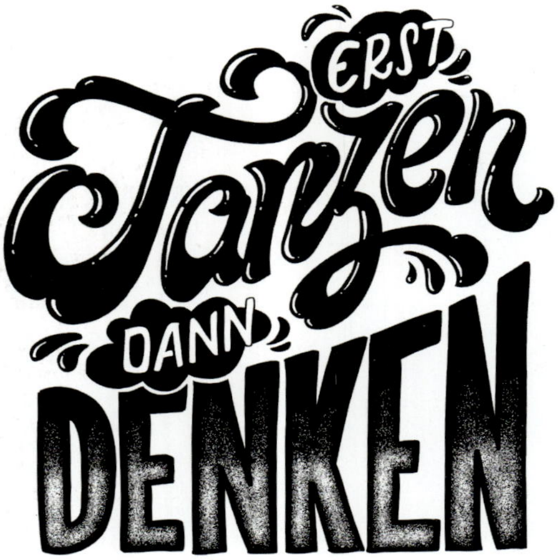

Überprüfe noch einmal, ob deine optischen Entscheidungen während des Platzierens der Buchstaben richtig getroffen sind und ob auch noch nach der ersten Ausgestaltung deine Komposition noch das Wichtigste zeigt.

» Gibt es genügend Kontrast?

» Sind die Schriftgrößen sinnvoll?

» Hat dein Lettering einen oder zwei Schwerpunkte?

» Ist eine Balance erkennbar?

» Ist dein Komposition kompakt, und steht alles in Verbindung miteinander?

Dann ›Color up‹!

Tipp!

Je nachdem, mit welchem Material du kolorieren möchtest, benötigst du eine weitere Skizze, die nur schwache Konturen zeigt, damit du gut übermalen kannst. Wenn du am iPad zeichnest oder mit deckenden Farben, kannst du direkt in deiner Graustufenskizze weitermachen.

13/2 Farbwahl

Nun kommt die Geschmacksfrage. Über Vorlieben von Farben lässt sich bekanntermaßen nicht streiten. Und es gibt weitaus mehr Farben als Buchstaben, daher hat hier jeder selbst die Qual der Wahl. Ich versuche, dir anhand eines ›neutralen‹ Beispiels meinen Weg der Kolorierung eines Letterings zu zeigen.

Schön ist es, dass man sich in der Regel nicht für eine Farbe entscheiden muss, sondern auch die Möglichkeit hat, eine Farbpalette oder eine Farbrange auszusuchen.

Farbwirkung

Um dir die Entscheidung zu erleichtern, mach dir wieder den Inhalt und Sinn deines Textes zunutze. Der steht bereits und damit auch die Aussage.

Welche Stimmung ist in deiner Komposition schon angelegt? Diese sollte sich in der Farbwahl fortsetzen.

Welche Emotion ist vordergründig?

Und welche Farbwelt verbindest du damit?

» Fröhlichkeit und Aufregung – Knallfarben

» Drama oder Drohung – dunkle Farben oder schwarz-weiß

» Zufriedenheit und Romantik – Pastelltöne

Das ist sehr subjektiv, aber dank der Farbpsychologie ticken wir alle in vielen Bereichen doch auch gleich.

Auch die Farbkontraste und ihre Wirkung spielen eine wichtige Rolle. Sie sind zwar nur ein Anhaltspunkt, aber wenn du Inspiration brauchst oder dir noch nicht sicher bist, welche Farbe zu welcher passt, sind die Regeln für Farbkontraste auf der nächsten Seite sehr hilfreich.

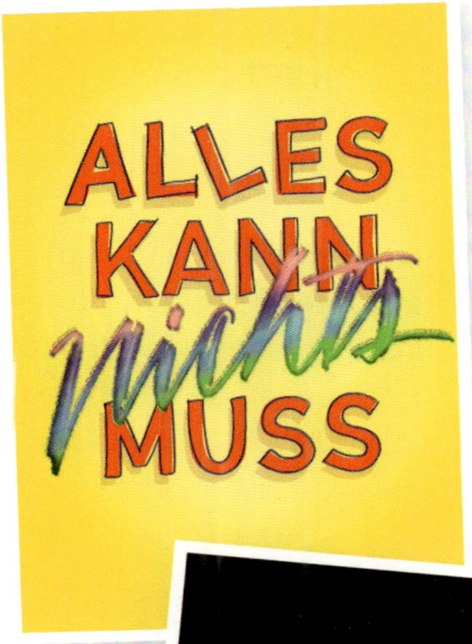

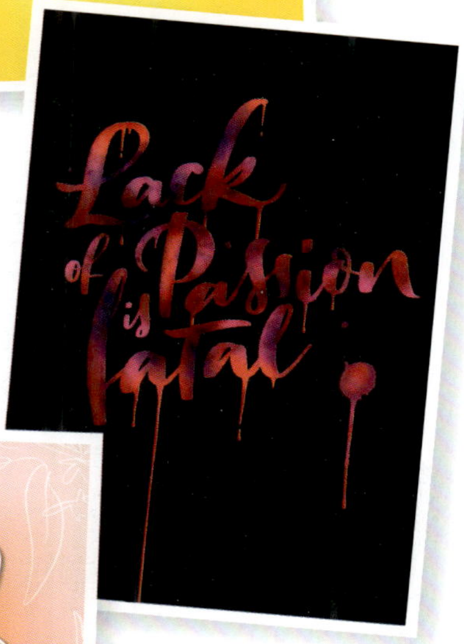

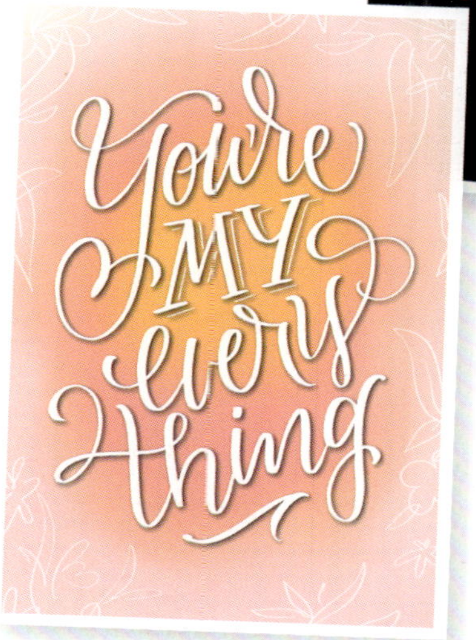

Farbkontraste

Der Maler und Bauhaus-Meister Johannes Itten hat um 1920 herum die Farbkontraste benannt und eingeordnet. Man findet dazu viele Beispiele aus der Malerei, aber ich finde das für das Verständnis von Farben und ihrer Wirkung miteinander auch für den Einsatz im Handlettering sehr hilfreich.

1. Farbe an sich
Zwei oder mehr Primärfarben miteinander. Einfachster Kontrast. Wirkt bunt und fröhlich. Wird gerne bei Kindermotiven verwendet. Wirkt verspielt und teilweise laut.

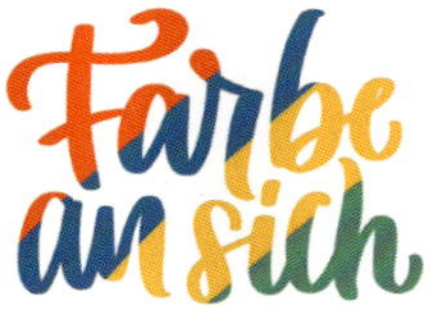

2. Hell – dunkel
Helle Flächen stehen dunklen Flächen gegenüber. Häufigster Kontrast. Findet sich sowahl bei kräftigen als auch sanften Farben. Die Farbflächen verstärken sich gegenseitig. Auch Schwarz und Weiß bilden einen Kontrast, wenngleich es keine Farben im strengen Sinne sind.

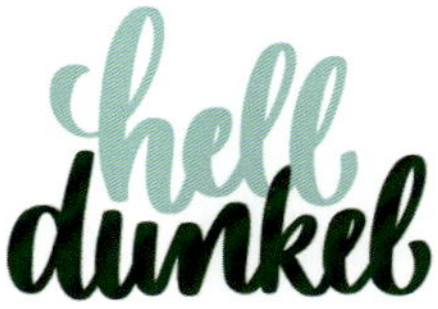

3. Qualitätskontrast
Auch Intensitätskontrast genannt. Reine Farbe gegen unbunte Farben. Satte gegen gebrochene Farben.

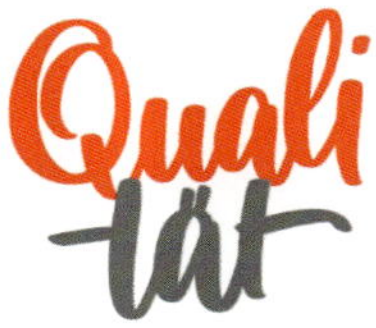

4. Quantitätskontrast
Verschiedenfarbige Flächen in stark kontrastierenden Größen.

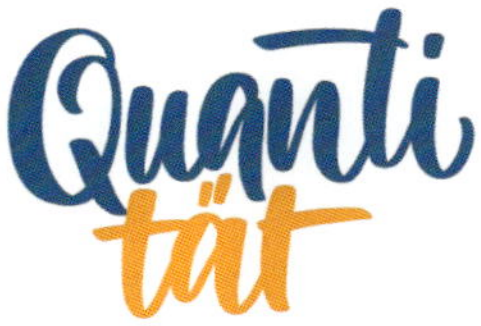

5. Komplementär
Zwei Farben, die sich im Farbkreis gegenüberstehen. Dieser Kontrast wird als besonders harmonisch und ansprechend wahrgenommen.

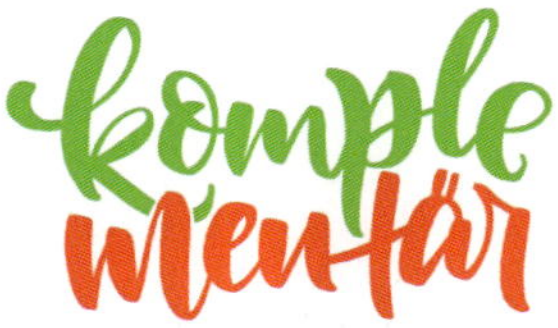

6. Kalt – warm
Rot, Gelb, Orange als warme Farben stehen Blau und Grün gegensätzlich gegenüber.

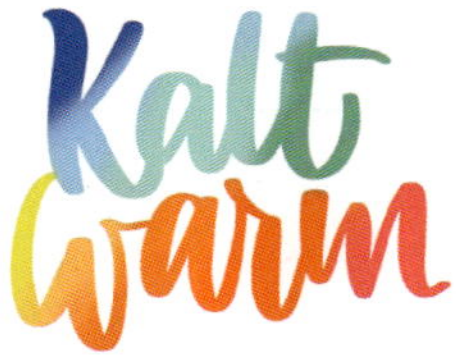

7. Simultankontrast
Bei diesem Kontrast sind Farben nebeneinander abgebildet, die sich im Farbkreis nahe sind. Die Farbkombination wird als beißend und disharmonisch empfunden.

Der Simultankontrast (untere Zeile) ist für ein Lettering nicht wirklich geeignet, da er zu wenig Kontrast bietet und optisch die Farbe verfälscht. Das Faszinierende daran ist, dass unser Auge den Grünton unterschiedlich kräftig wahrnimmt, je nachdem, welche Farbe ihm gegenübersteht. Der grüne Farbton ist in beiden Farbfeldern derselbe und wirkt trotzdem in der Kombination mit Schwarz oder Orange ganz unterschiedlich.

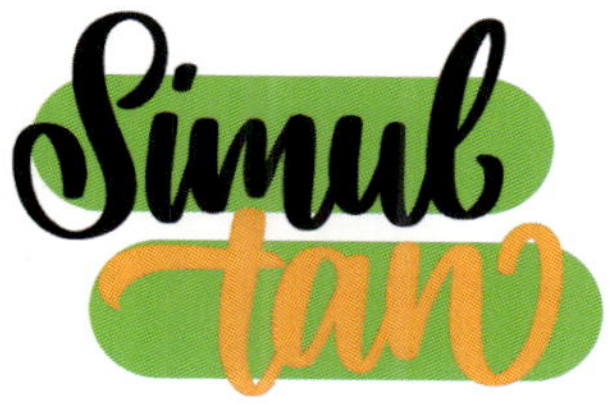

Keine gute Idee für ein Lettering!

Farbhierarchie

Damit die Farben deiner Komposition nicht die Show stehlen oder sie sogar gefährden, solltest du, ähnlich wie bei der Schriftenkombination, nicht zu viele verwenden.

Mit maximal drei Farben machst du nichts falsch.

1. Entscheide dich zunächst für eine Hauptfarbe: deine Lieblingsfarbe oder die Farbe, die am besten zur Stimmung deines Letterings passt.
2. Wähle eine passende Sekundärfarbe: kontrastreich oder analog. Und wenn du magst, noch eine Nebenfarbe. Diese wird nur für Highlights oder Text, der nicht im Fokus steht, verwendet.

Die Gewichtung dieser drei Farben ist im Verhältnis etwa 60/30/10 % zueinander. Das gilt für die hauptsächliche Farbgebung deines Letterings.

Schwarze Konturen und Outlines zähle ich hier nicht mit!

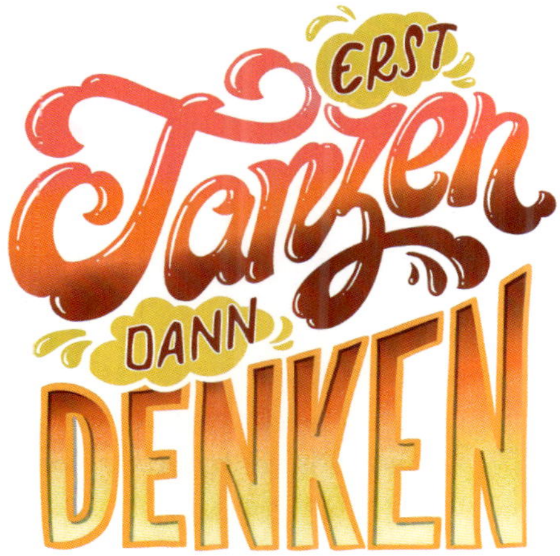

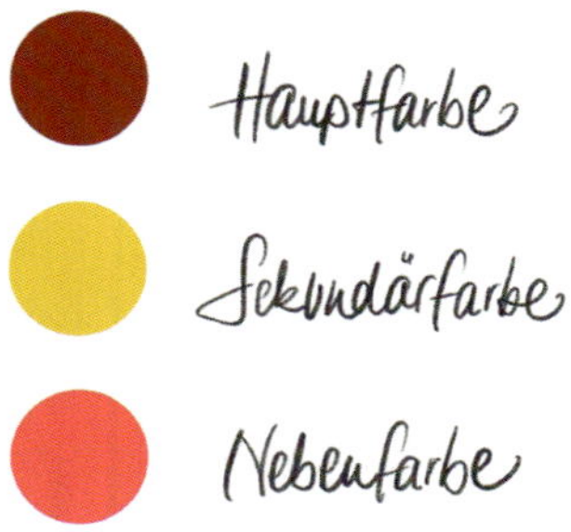

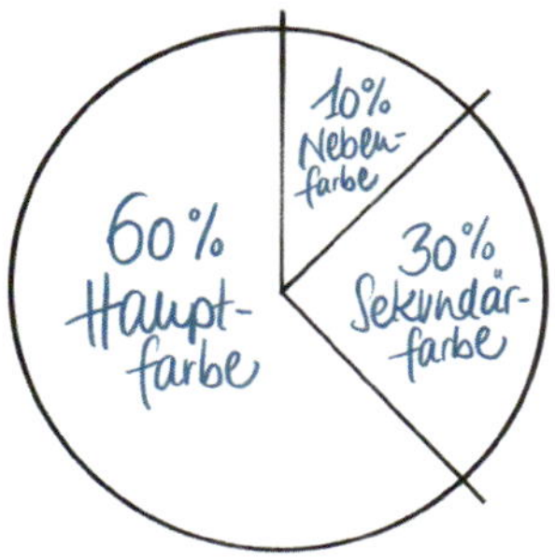

Sättigung & Abstufung

Anhand deiner Graustufenskizze siehst du nun gut, welche Farbe wo platziert werden könnte. Schraffuren und Grautöne bekommen einen helleren oder zarteren Farbton, und die schwarzen Bereiche werden kräftiger oder dunkler beim Farbeinsatz. Wenn du weitere Farbflächen benötigst, wähle aus deiner ausgesuchten Dreifarbskala eine Abstufung der gleichen Farbe. So erhältst du Farbtöne, die weniger satt sind, aber für ausreichend Abwechslung soregen.

Wenn du nur sehr zarte Farben einer Palette hast, dürfen es auch mal mehr Farbtöne sein, da diese dann durch ihre geringe Sättigung verwandt bleiben.

Versuche zum Inhalt des Bildes die richtige Farbintensität zu finden. Wie im **Abschnitt ›Farbwirkung‹ auf Seite 225** beschrieben, hilft auch die Wahl der Farbsättigung deiner Textaussage die beste Wirkung zu verleihen.

Um bei diesem Beispiel den Vintage-Charakter zu erhalten, sind Knallfarben oder volle Sättigung der eingesetzen Farben nicht passend.

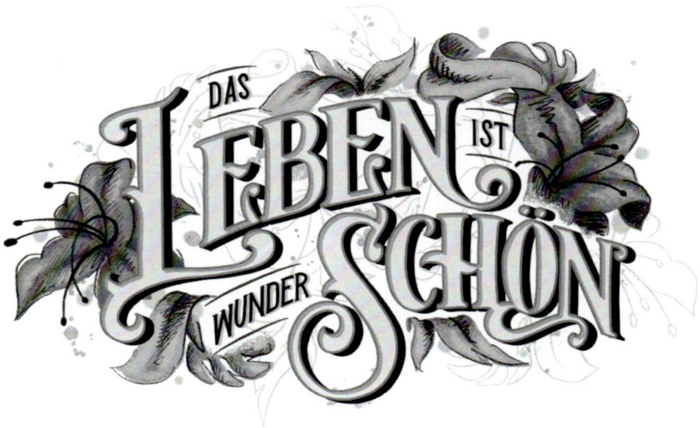

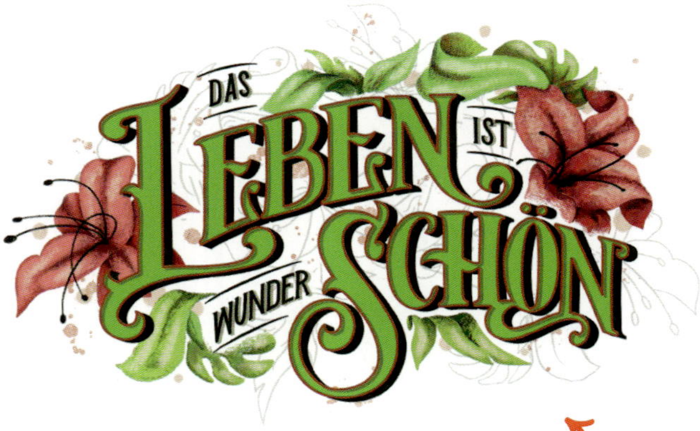

! ***Vermeide bei komplexen Kompositionen, deine Farben nur im vollen Ton zu verwenden. Das lenkt zu sehr vom Aufbau ab und verursacht schnell mal Augen-Aua!***

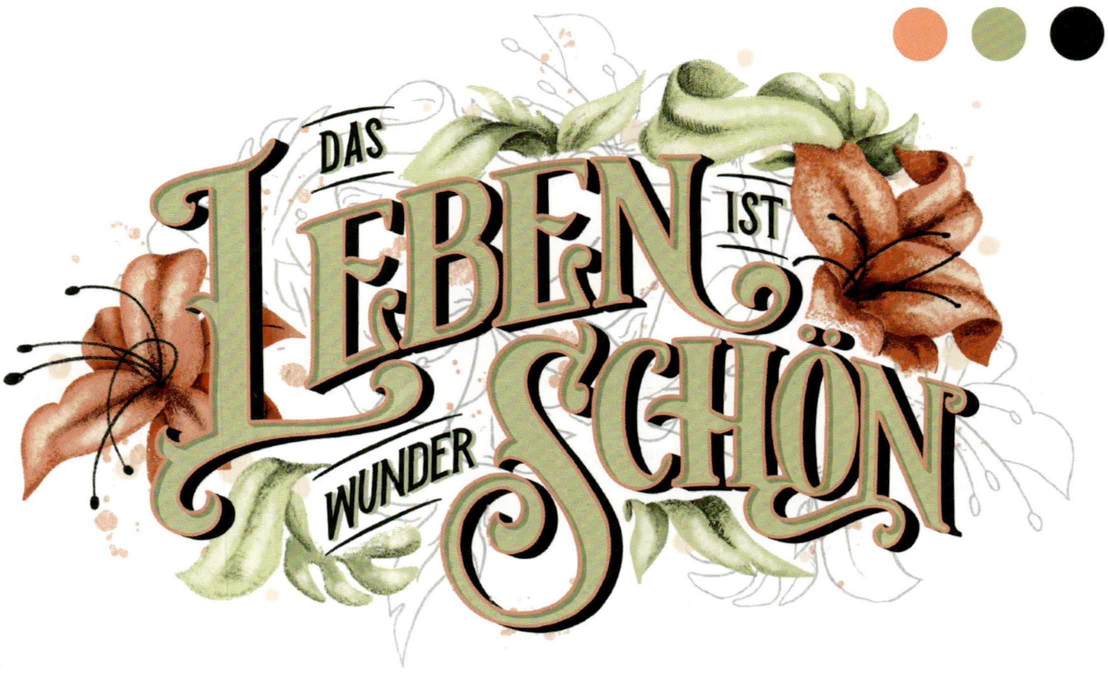

Platziere deine Farbe immer von hell nach dunkel: zuerst die schwachen und zarten Töne bis hin zu Schwarz. Manche Letterings bekommen noch weiße Highlights, die platzierst du natürlich ganz zum Schluss.

Ausnahmen bilden natürlich Metallicfarben, mit denen man meistens auf Schwarz malt, oder Negativ-Letterings, die im Hintergrund farbig oder dunkel sind und deren Schriften hell sind. Dann arbeitest du natürlich umgekehrt.

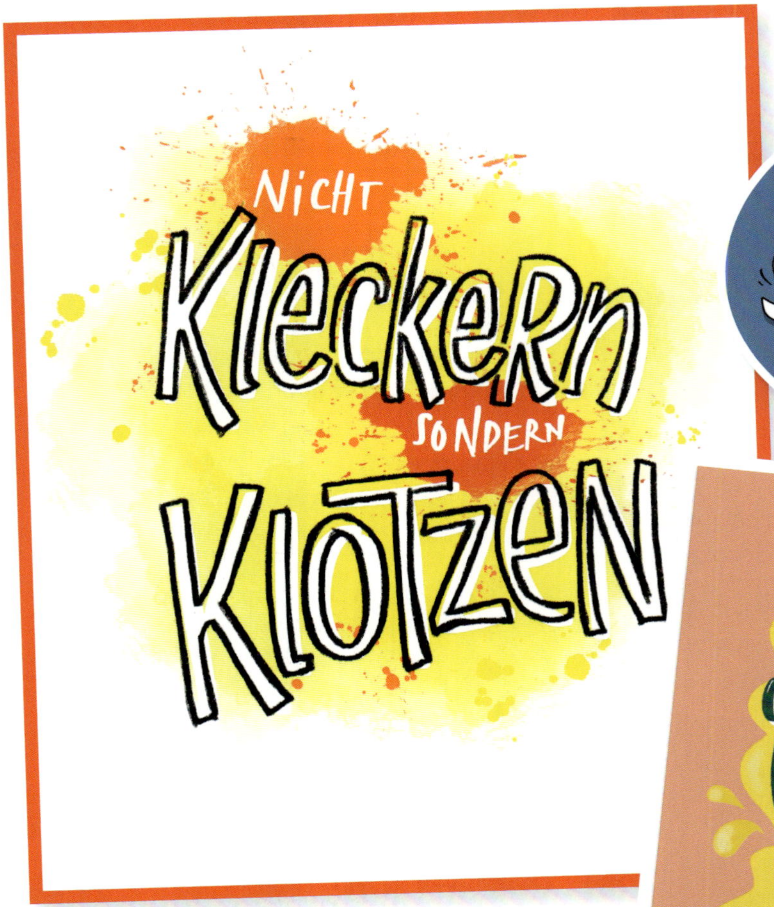

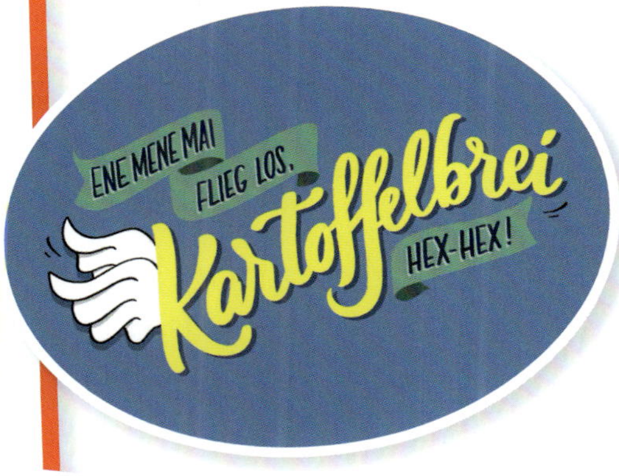

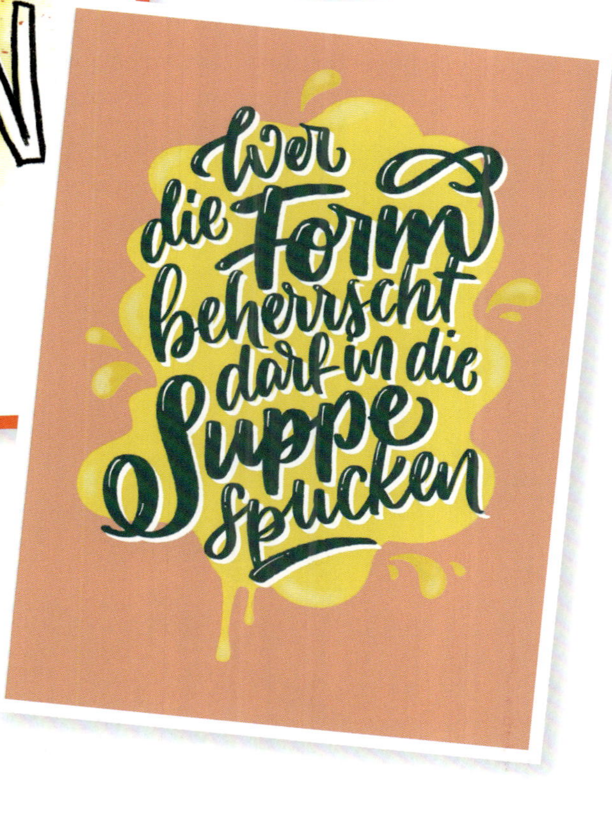

Tipp!

Mache dir nach diesem Prinzip zunächst mal eine Farbprobe auf einem Schmierzettel und optimiere erst, bevor du anfängst, dein Lettering zu kolorieren.

14 / VERZIERUNG

In den Kapiteln zur Komposition hast du schon viel darüber erfahren, wie Weißräume genutzt werden können oder sogar sollten. Verzierung kann nützlich und hilfreich für die Balance deines Letterings sein, kann aber ebenso einfach nur Dekoration sein, weil du einfach Freude am Zeichnen oder Malen hast oder dir einfach viel Dekoration gut gefällt. Dann nur zu.

Beim Handlettering lohnt es sich schon vor Beginn der ›Bauphase‹ zu überlegen, wie viel Wert du auf die Dekoration legen möchtest, um dann zu entscheiden, welchen Weg du einschlägst. Auch wenn dir vielleicht oftmals erst im kreativen Prozess die Idee kommt, dass du Verzierungen einsetzen möchtest – man sollte ja sowieso immer flexibel bleiben.

Lass dich inspirieren von zwei Arten der Verzierung:

14/1 Dekoration im Lettering

Die Weißräume innerhalb des Textes werden mit Schmuckelementen gefüllt, um dein Lettering zu stützen oder auszubalancieren.

Die Verzierung ist schon während der Komposition ein wichtiger Baustein und wird bewusst von Anfang an als Baumaterial miteinbezogen.

Banner und Schnörkel sind bei dieser Art der Dekoration ebenso Teil des Ganzen wie florale Elemente oder Strahlen und Sterne. Versuche, den dekorativen Elementen ein ähnliches Gewicht zu geben wie den Wörtern, damit dein Lettering nicht ins Wanken gerät. So entsteht ein harmonisches Geflecht aus Buchstaben und Dekoration gleichermaßen.

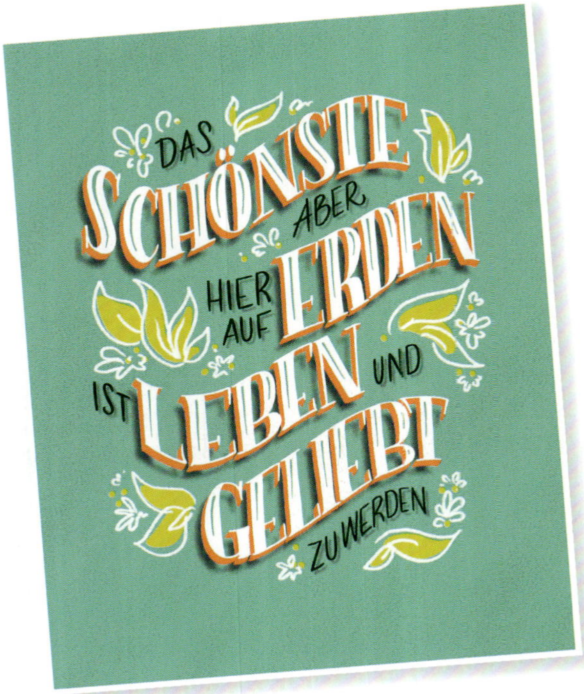

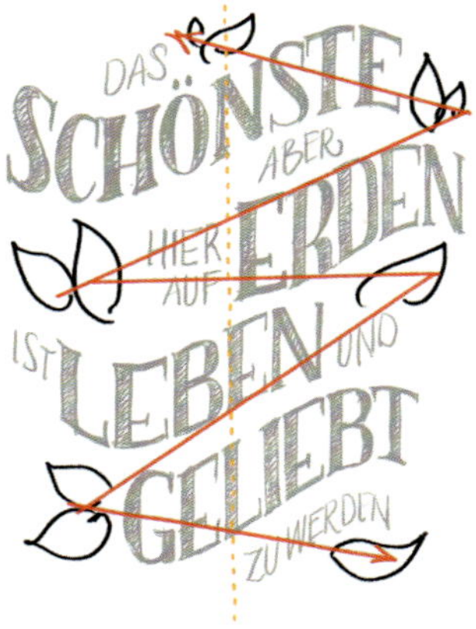

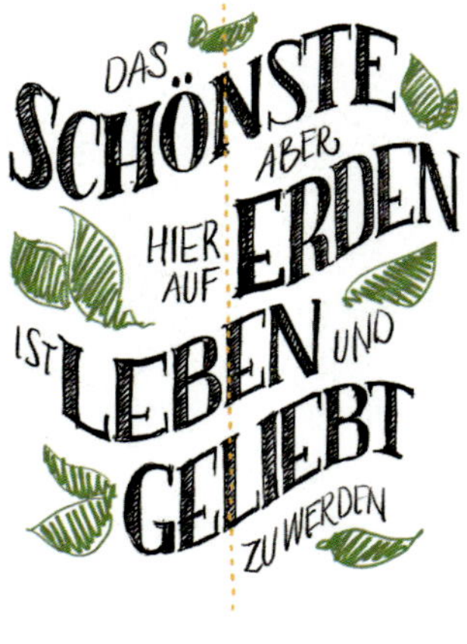

14/2 Dekoration um das Lettering

Der Weißraum des Gesamtlayouts wird genutzt. Die Verzierung dient als dekorativer Rahmen des Letterings und ist gleichwertig zum Lettering. Die Komposition ist schlichter und weniger aufwendig.

Diese Art der Verzierung kannst du leicht nachträglich hinzufügen.

Es eignen sich alle Formen von Kränzen, Ranken und illustrativen Rahmen. Auch pure Farbflächen kann man manchmal dafür entdecken. Für diese Rundumdekorationen entscheide ich mich oft spontan, wenn mein Lettering etwas zu simpel ist oder es besonders schmückend sein soll.

Besonders in der Ein-Wort-Gestaltung oder bei sehr kurzen Texten ist ein üppiger Rahmen eine toller Eyecatcher.

Die Rundumverzierung solltest du sehr harmonisch oder völlig gegensätzlich zum Lettering wählen. Je nach Geschmack und Sinn.

Auch hier ist der Schlüssel zum Glück wieder Kontrast oder Gleichheit.

Der große Vorteil dieser Art der Verzierung ist die natürliche Balance. Auch Letterings, die etwas wacklig auf ihren Grundmauern stehen, bekommen tollen Halt, und der Rahmen lenkt von kleineren Fehlern geschickt ab.

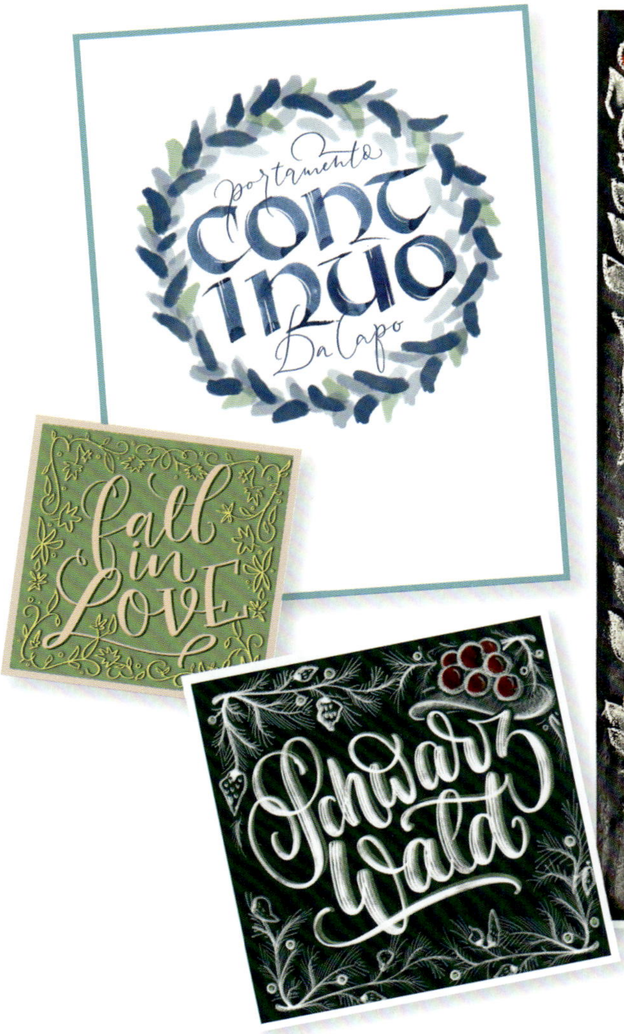

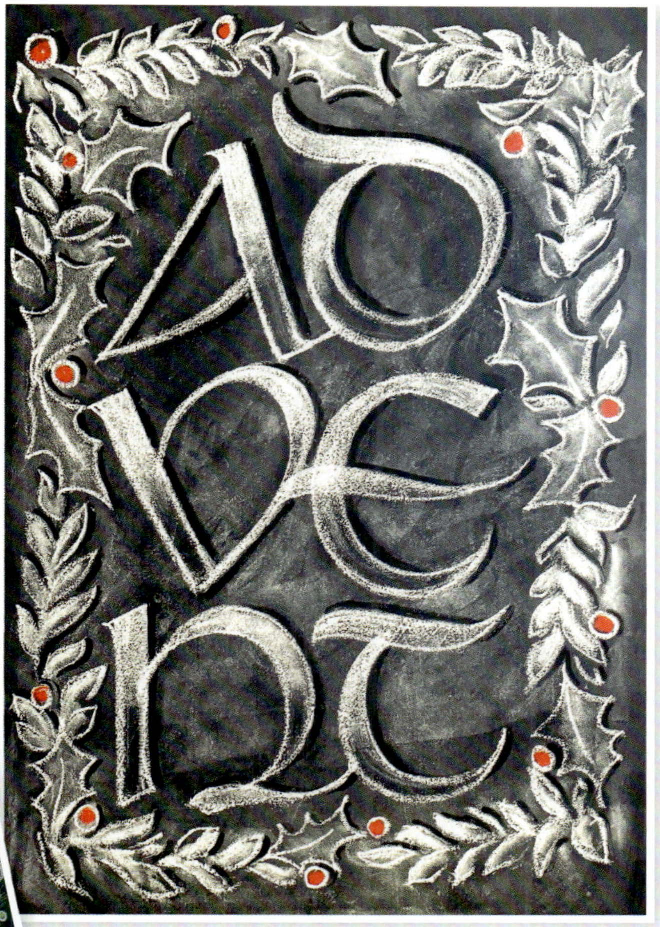

14 / 3 Verzierung mit Schnörkel

Eine Dekoration mit Schnörkeln und Schwüngen bildet einen kleinen Sonderfall. Schwünge wachsen oftmals aus den Buchstaben direkt bis in den Rand hinaus und bilden so Schmuckelement und Rahmen gleichzeitig. Das Lettering erscheint ebenso im Fokus wie die Schnörkel. Im besten Fall ergibt sich eine harmonische Einheit.

Auch hier ist die Balance wieder sehr wichtig und alle Himmelsrichtungen sollten gleichermaßen dekoriert sein.

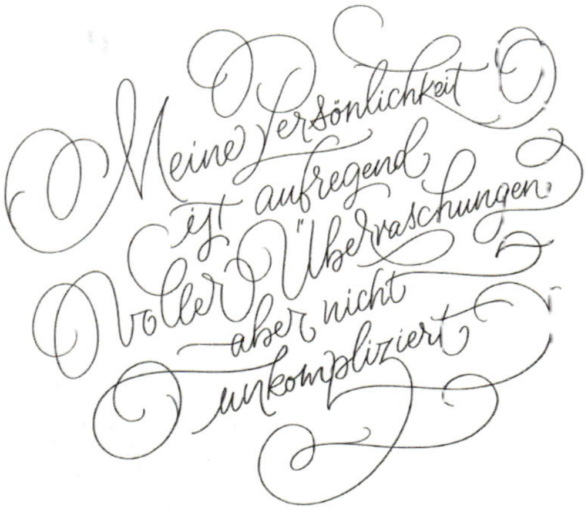

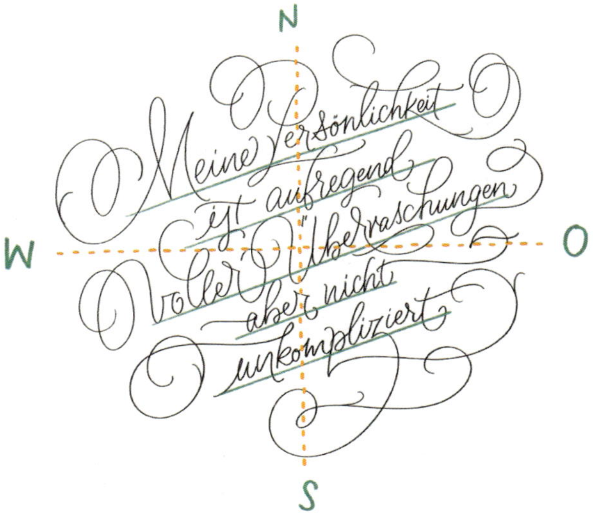

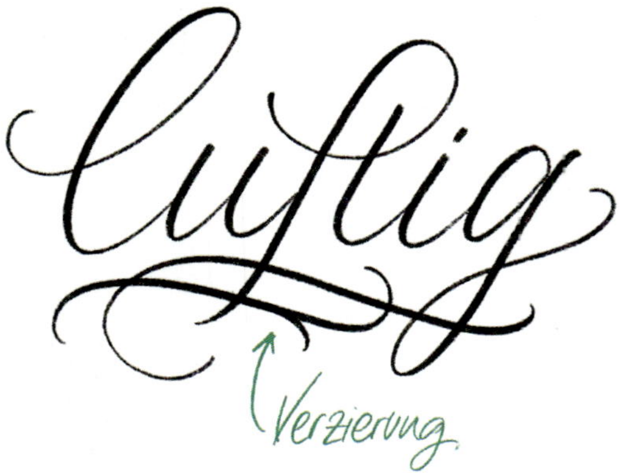

Schwünge sind unauffällige und zugleich sehr wirkungsvolle Verzierungen, da sie eher wie Buchstaben denn als Dekoration behandelt werden. Aber streng genommen ist jeder noch so kleinste Schwung ebenfalls schon Wortdekoration und wird zum Teil deines Handletterings.

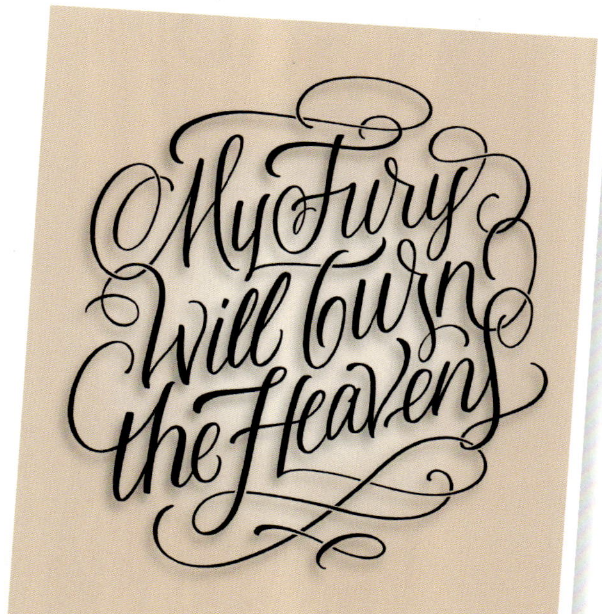

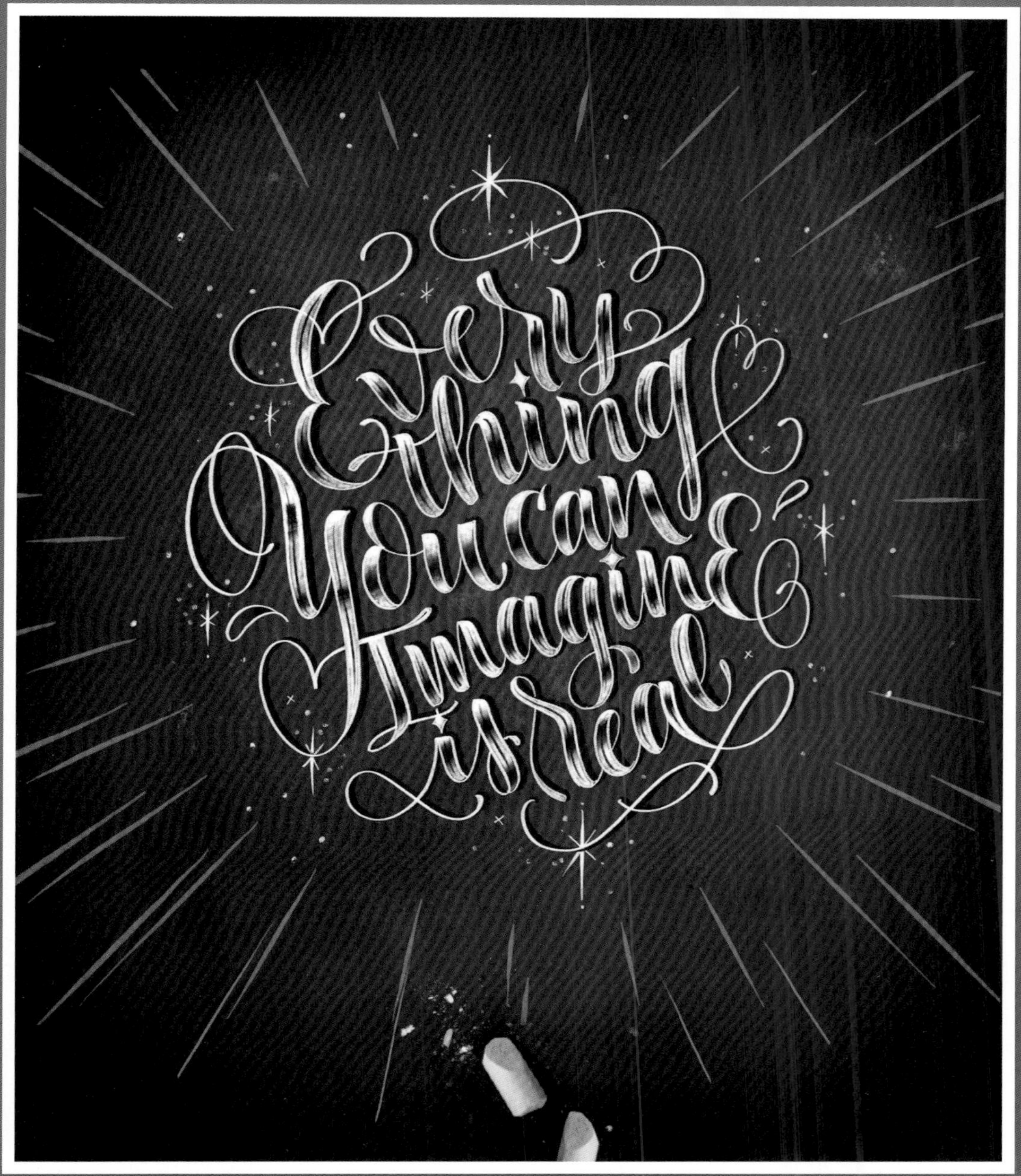
Every
thing
You can
Imagine
is real

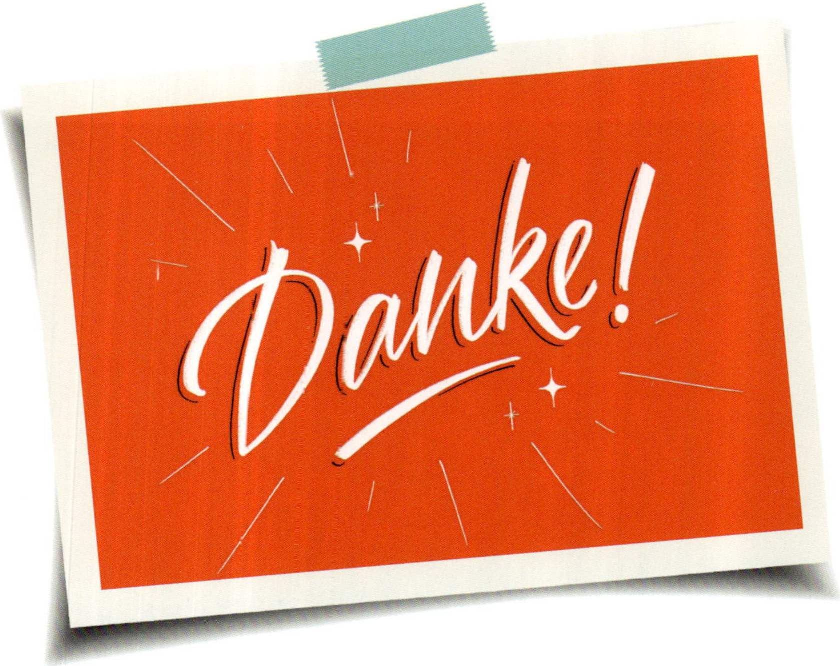

Nun habe ich meine geballte Ladung Kompositionswisssen in diesem Buch niedergeschrieben und es gäbe immer noch viel dazu zu sagen. Als Erstlingsautorin ist es also nicht anders wie als Bildende Künstlerin: den Punkt zu treffen, wann etwas fertig ist, bleibt für mich immer noch ein Mysterium. Daher mache ich nun meinen Punkt mit etwas ganz Wichtigem: ich möchte Danke sagen. Denn es braucht ein ganzes Dorf, um ein Kind großzuziehen, aber es braucht eine ganze Kreativ-Community, um ein Buch zu schreiben.

Liebe **Tanja**, du bist der goldene Schlüssel, den ich rumdrehen durfte, um die Tür zum ›Du-kannst-das-auch-Bücherschrank‹ zu öffnen. Du hast als Erste an mich geglaubt und deiner Überzeugung, dass die Welt mein Wissen braucht, eine laute Stimme gegeben und den Verlagskontakt erfolgreich eingefädelt. Aber nicht nur das, du warst eine großartige Sparringspartnerin für dieses Projekt. Ich durfte von deiner langjährigen Schreiberfahrung profitieren, du hast mir die richtigen Tipps zur richtigen Zeit gegeben, du hast mich immer wieder motiviert und, ganz wichtig, du hast mir aufgezeigt, dass auch jedes kreative Tief dazu gehört und sich auch wieder verzieht. Du hattest in allem recht. Ich danke dir von Herzen für deine liebevolle und oft auch sehr lustige Unterstützung von Tag eins an – und noch weit darüber hinaus. Danke dir!

Sabine, du Lektorin der Herzen! Danke für deine professionelle Beratung und deine fürsorgliche Betreuung eines Autorinnenfrischlings wie mir. Herzlichen Dank für deine außergewöhnliche Geduld und dein großes Vertrauen in mein gewähltes Thema und meine Arbeit. Du hast mich auch in zähen Momenten sanft, aber bestimmt angestubst und warst so der perfekte Support, um dieses Buch zu schreiben!

Dir, lieber **Pavo** aka Djangonaut, habe ich es zu verdanken, dass ich nicht lange überlegt habe, dieses Buchprojekt zuzusagen. Du bist den Autorenweg vor mir gegangen und du hast mich immer wieder an deinen Erfahrungen teilhaben lassen und mich vor der einen oder anderen Stolperfalle bewahrt und mich gleichzeitig vorbereitet auf den Höhenflug, der mich am Ende erwartet. Danke, Space-Cowboy. Der wunderschöne und fröhliche Austausch mit dir ist ein galaktisches Geschenk, nicht nur für ein Buch.

Dass auch ich heute glücklich dieses Buch in den Händen halte, habe ich nicht zuletzt meiner langjährigen Freundin und Design-Queen **Dani** zu verdanken. Du hast mich im entscheidenden Moment, als mir selbst etwas die Puste ausging, beim Layout unterstützt. Und im Gepäck hattest du unseren Indesign-Engel: **Michi** – dein Wissen und deine Ausdauer waren der größte Segen und es war ein riesengroßer Spaß, mit dir zu fachsimpeln und von dir zu lernen. Ihr zwei habt bis zum Schluss den Überblick behalten, habt mich immer wieder neu inspiriert, wenn ich vor lauter Inhalt die Gestaltung nicht mehr gesehen habe, und habt mich auf den letzten Metern lautstark angefeuert. Ihr standet mir mit all eurem grandiosen Design-Knowhow rund um die Uhr zur Seite. Danke Dani, für den hilfreichen Typonerd-Talk und deine treue Freundschaft. Michi, du Retterin der Pixel und Tabulatoren, du liebevolle Nachbarin. Euch schickte der Himmel und ich bin glücklich, dass ihr bleibt!

Und was wäre dieses kreative Buch ohne meine Eltern **Horst & Gudrun**. Ich konnte bei euch aufwachsen, umgeben von leidenschaftlicher Gestaltung und unerschöpflichem kreativen Schaffen. Früh schon durfte ich erfahren, dass ich mich trauen darf, einfach draufloszuzeichnen, dass sich aus absolut allem etwas Künstlerisches schaffen lässt und dass das gestalterische Können in mir selbst liegt. Zeichnen und Schreiben hatte mehr Gewicht als Schulnoten und das war genau das Richtige für mich. Danke dafür. Danke, wie sehr ihr euch bei allem, was ich anstrebe, mit mir freut und wie geduldig ihr mir bei diesem Buch geholfen habt, meine Gedanken für den Inhalt zu ordnen.

Danke natürlich auch an meinen Mann **Frank** und meinen Lieblingssohn **Nik**! Wenn man euch nachts weckt, könntet ihr als erstes Komposition rückwärts buchstabieren, ihr würdet nun wissen, was eine asymmetrische Balance ist und was es heißt, mit einer leidenschaftlichen Autorin das Leben zu teilen. Ganz besonders Danke, dass ihr geduldig an meiner Seite wart, obwohl der Verwandtschaftsgrad zu meinem iPad oftmals enger erschien und ihr monatelang alleine an die frische Luft musstet. Ihr seid einfach das Beste, was mir passieren konnte.

INDEX

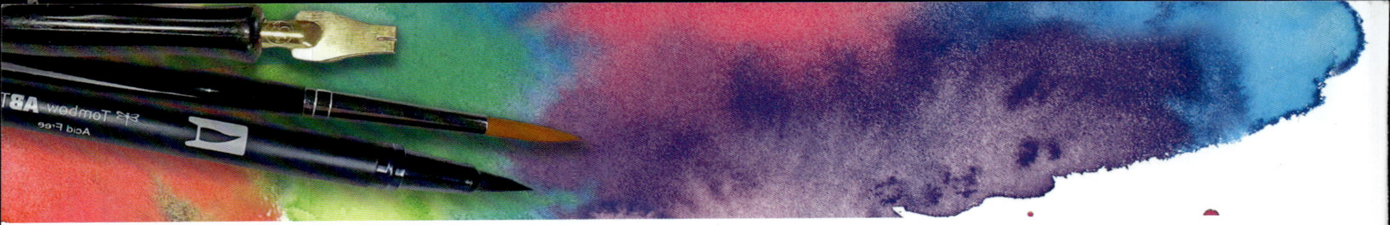

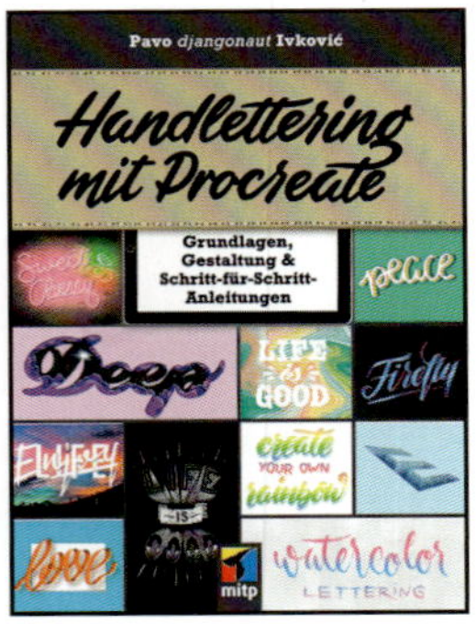

Pavo *djangonaut* Ivković

Handlettering mit Procreate

Grundlagen, Gestaltung & Schritt-für-Schritt-Anleitungen

ISBN 978-3-7475-0137-5
www.mitp.de/0137

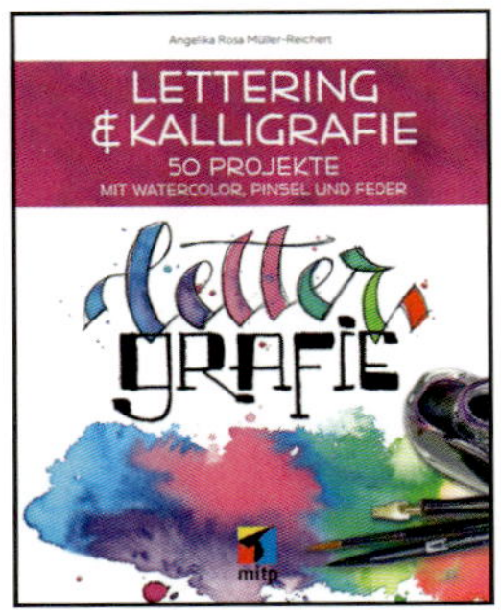

Angelika Rosa Müller-Reichert

Lettering & Kalligrafie

50 Projekte mit Watercolor, Pinsel und Feder

ISBN 978-3-7475-0021-7
www.mitp.de/0021

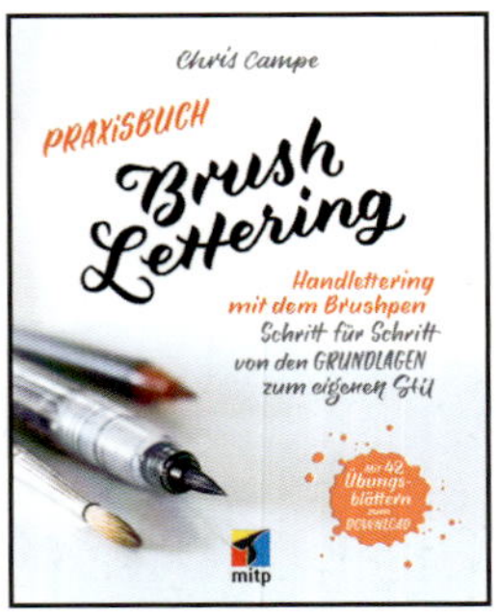

Chris Campe

Praxisbuch Brush Lettering

Schritt für Schritt von den Grundlagen zum eigenen Stil

ISBN 978-3-95845-730-0
www.mitp.de/730

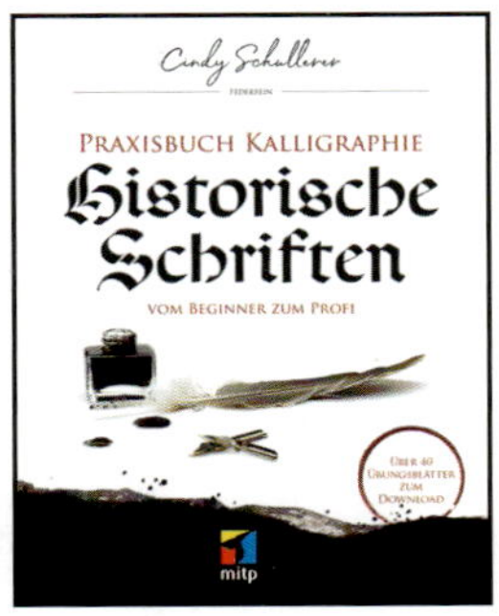

Cindy Schullerer

Praxisbuch Kalligraphie Historische Schriften

vom Beginner zum Profi

ISBN 978-3-7475-0024-8
www.mitp.de/0024

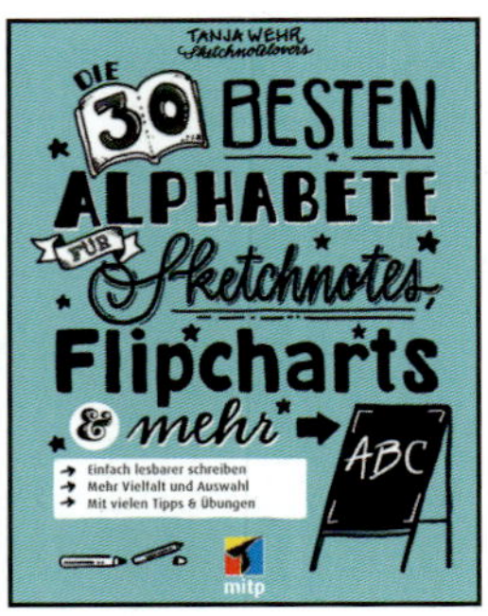

Tanja Wehr

Die 30 besten Alphabete für Sketchnotes, Flipcharts & mehr

ISBN 978-3-7475-0371-3
www.mitp.de/0371

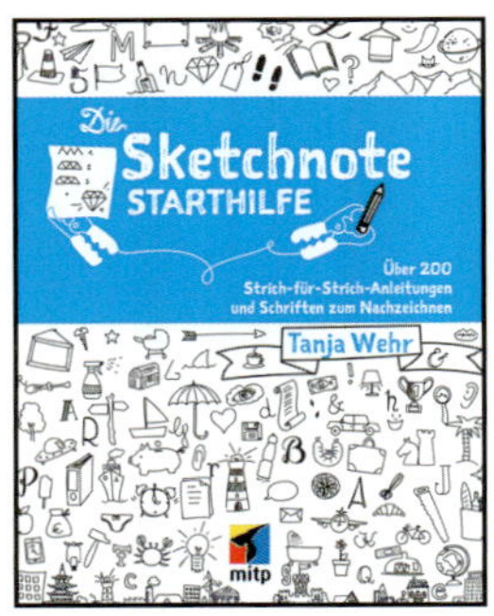

Tanja Wehr

Die Sketchnote Starthilfe

Über 200 Strich-für-Strich-Anleitungen und Schriften zum Nachzeichnen

ISBN 978-3-95845-366-1
www.mitp.de/366

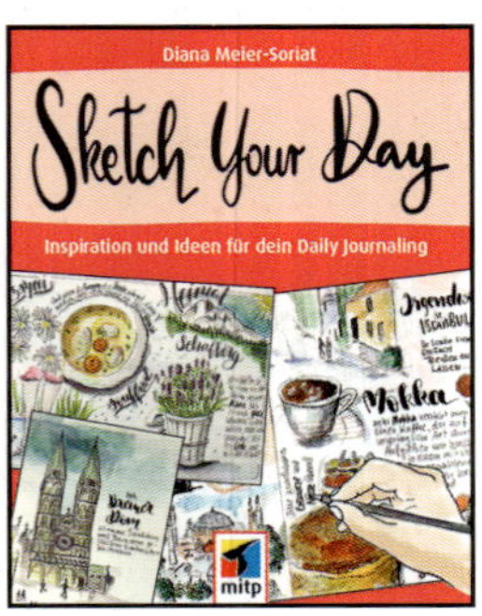

Diana Meier-Soriat

Sketch your Day

Inspiration und Ideen für dein Daily Journaling

ISBN 978-3-95845-986-1
www.mitp.de/986

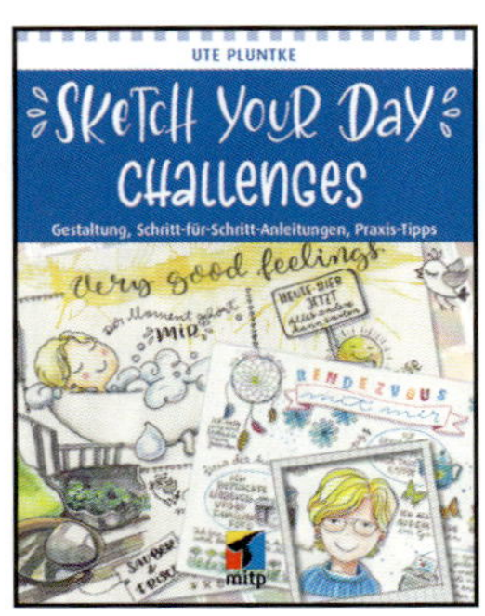

Ute Pluntke

Sketch your Day Challenges

Gestaltung, Schritt-für-Schritt-Anleitungen, Praxis-Tipps

ISBN 978-3-7475-0188-7
www.mitp.de/0188

Probekapitel und Infos erhalten Sie unter: **www.mitp.de**